高等职业学校酒店管理专业教材

餐饮服务管理

（第八版）

[英] 丹尼斯·丽丽卡普
约翰·卡曾斯 ◎著

丛龙岩◎译

中国轻工业出版社

图书在版编目（CIP）数据

餐饮服务管理：第八版 /（英）丹尼斯·丽丽卡普，（英）约翰·卡曾斯著；丛龙岩译. —北京：中国轻工业出版社，2017.8

高等职业学校酒店管理专业教材

ISBN 978-7-5184-1284-6

Ⅰ.①餐… Ⅱ.①丹…②约…③丛… Ⅲ.①饮食业－商业服务－高等职业教育－教材 Ⅳ.①F719.3

中国版本图书馆CIP数据核字（2017）第046908号

责任编辑：史祖福　曾　娅　　责任终审：张乃柬　　整体设计：锋尚设计

策划编辑：史祖福　　　　　　责任校对：晋　洁　　责任监印：张　可

出版发行：中国轻工业出版社（北京东长安街6号，邮编：100740）

印　　刷：河北鑫兆源印刷有限公司

经　　销：各地新华书店

版　　次：2017年8月第1版第1次印刷

开　　本：787×1092　1/16　印张：30

字　　数：672千字

书　　号：ISBN 978-7-5184-1284-6　定价：80.00元

邮购电话：010-65241695

发行电话：010-85119835　传真：85113293

网　　址：http：//www.chlip.com.cn

Email：club@chlip.com.cn

如发现图书残缺请与我社邮购联系调换

111224J2X101ZYW

译者前言

*Food and Beverage Service*一书是英国霍得教育集团（Hodder Education）出版的一 本用于餐饮服务类职业教育和成人教育的书籍。

本书从1971年开始出版至今，已经连续修订再版发行到了第八版，这足以看出本书的受欢迎程度。

现在，你看到的第八版是凝聚了众多餐饮服务行业的专家和大师们的理论及实践经验的精华所在。餐饮服务有种类繁多的方式和各自的特点，如何做到以客人为中心，为客人提供舒心温馨、热情周到的服务，是我们所追求的待客之道，也是本书突出介绍的重点。

本书从餐饮服务业的运营、用餐体验、给客人提供个性化的服务，到员工的管理、培训、人际关系的处理，到餐厅设计、菜单认识、菜品知识、酒水知识以及各种餐饮服务的方式，到增加售卖机会的现场料理、外卖及送餐服务等额外的服务，都做了全面的介绍与说明。本书是一本详尽的用于餐饮服务的百科全书。

我国的餐饮业目前处在飞速发展阶段，酒店与餐馆、饭店随着社会的发展如雨后春笋般筹建起来，相应地，伴随着餐饮行业的壮大，餐饮服务人才严重短缺，高端专业人才更是千金难求，本科及职业院校酒店管理专业学生每一个都是“抢手货”。但是，我们也看到了我国酒店与餐饮服务业的现状，高端人才基本上被国外酒店管理集团所垄断，餐饮服务还没有形成权威的规范性标准。如何改变这种现状是摆在我们面前的最迫切的任务。*Food and Beverage Service*一书的出版为国内的读者提供了一种解决方案，既能接触到国外全面、详尽、标准的餐饮服务技能，又可以做到学以致用，把餐饮服务提升到理论的高度，从理论到实践，再由实践指导理论，整合并提出我们自己的餐饮服务标准，运用到自己的工作中去，这就是我们翻译出版本书的重要目的之一。

中国烹饪博大精深，相对应的餐饮服务却跟不上形势的发展步伐，*Food and Beverage Service*一书充满了以人为本的服务理念，让我们明白了用心服务是真正的处理好与客人关系的根本所在，也是餐饮服务企业发展壮大的立业之本，更是每一位餐饮服务从业人员的成才之路。

希望每一位读者都能够从本书中吸收到对自己工作有帮助的内容，并借助本书形成自己的工作服务体系和规范。

山东商业职业技术学院
丛龙岩
2017年2月

致谢

本书第八版在编纂过程中借鉴了众多专家学者的经验之谈和文献资料。我们要特别感谢作为这一最新版本顾问的泰晤士河谷大学的苏珊·娜维克斯女士，我们也想对在本书文本修订过程中给予了大力帮助和支持的所有组织和个人表达我们最真诚的谢意。我们特别要感谢：

英国皇家烹饪艺术学院；英国食品与葡萄酒服务学院；格拉斯哥市斯特拉思克莱德大学马修·亚历山大讲师；北爱尔兰贝尔法斯特希尔顿酒店；英国航空公司；伦敦博格斯家具有限公司；伦敦城市行业协会；克勒尼尔斯出版社及餐饮公司；伯明翰市皮卡迪利大街皮特勒斯花店的安妮·杜贝里和朱莉·布罗姆菲尔德；达克盈科公司；伦敦前伊灵学院作家和顾问安德鲁·德肯；米德尔塞克斯伊利亚国际有限公司；北安普敦郡沃尔夫德英国 Euroservice公司；英国餐饮服务顾问公司；伦敦泰晤士河谷大学旅游管理学院作家、顾问和院长戴维·福斯科特教授，伊灵学院及学院运营团队成员；伦敦德国葡萄酒咨询服务公司；伦敦丽兹酒店餐厅经理西蒙·格林；苏格兰格拉斯哥希尔顿酒店；苏格兰奥特拉德格伦伊格尔斯酒店；大西部培训有限公司；雪茄进出口公司亨特斯和弗兰克；IFS出版社；国际咖啡组织；国际标准组织；伦敦郎庭酒店；伦敦勒·克鲁比尔餐厅；勒乌维特特纳库姆营销公司；英国迈科有限公司；英国国家标准公司；格拉斯哥斯特拉思克莱德大学讲师凯文·奥格尔曼；Maidaid–Halcyon；英国TEQ帕姆有限公司；大不列颠餐馆协会；伯恩茅斯大学高级讲师约阿希姆·斯查福赫利特；伦敦韦斯特伯里酒店客房部经理阿什利·肖；伦敦六洲饭店；伯明翰路易斯花店路易斯·史密斯；欧洲家纺有限公司；不列颠群岛索迪斯公司；斯特里特国际；茶叶委员会；安伟尔系统有限公司（英国）；苏格兰奥特拉德格伦伊格尔斯酒店厨师长卡蒂·华森；苏格兰烟晶山有限公司首席执行官伊恩·惠特克；伦敦名优葡萄酒展览有限公司董事总经理林登·威尔基；伦敦丽兹酒店行政总厨约翰·威廉姆斯以及威廉姆斯制冷公司。

图3.1，3.2，3.9，3.10，6.4，6.5，6.39，7.3和8.6由安德鲁·卡拉汉拍摄。图2.1~2.6，3.4，3.11，5.1，5.5，6.3，6.13~6.15，6.18，6.31，6.32，6.34，6.37，6.38，6.40~6.42，8.2，8.5，8.7，9.4和12.6由卡尔·特鲁里拍摄。图3.7，3.13，4.4，5.7，5.8，6.3，

6.6~6.10，6.20，6.35，7.1，10.3~10.6和10.8~10.19由迈克·汉弗莱斯、克里夫顿绘制。图3.12，6.11，6.12和7.3由牛津设计师和插图师绘制。

· 如何阅读本书和使用总参考图表

本书中的内容有两种查询方式：

1. 使用本书前面的目录阅读
2. 使用本书的总参考图表。

总参考图表中充分考虑到了各种培训和考核机构的建议以及工作评估的需要，特别是考取英国国家职业资格证书的需要。图表中明确了餐饮服务的各个方面，并对所介绍的详细内容所在的部分和章节进行了标识。

因为酒店有各种各样不同的运营方式，总参考图表内揭示了与餐饮服务运营有关的一系列的理论知识和技能，当确定一个与之相关的特定餐饮服务的运营方式、工作安排或者任职资格时，总参考图表可以作为一个目录册使用，或者作为查询相关信息的一种工具。

使用总参考图表时，首先从工作和职责框架里选择出你所感兴趣的内容，然后翻找到所列出的相关章节/部分所在的页码进行查询阅读。

· 总参考图表

工作和职责	章节/部分
行业知识	
· 餐饮服务的定义	1.1
· 识别餐饮业的部门	1.1
· 识别不同部门之间的变量	1.1
· 介绍餐饮服务周期的不同阶段	1.2
· 描述餐饮服务运营案例	1.2
· 确定餐饮服务运营的各种变量	1.2
· 确定有助于用餐体验的各种因素	1.3
· 顾客餐饮服务的定义	1.3
· 服务水平和服务标准之间的区别	1.3
· 食物制作方式简述	1.4
· 区分服务顺序和服务过程	1.5
· 餐饮运营中不同服务体系之间的关系概述	1.5
· 描述餐饮服务方式	1.5
· 确定餐饮服务业内主要的工作职位和职责	1.6
个人技能	
· 探索餐饮服务成功的因素	2.1
· 开发餐饮服务所需要的理念	2.2
· 遵守服务规范	2.3
· 在法律许可范围内开展工作	12.1
· 专业技术能力的开发	2.4
· 培养良好的人际交往能力	2.5
	2.3
· 有能力认真对待：	
一成年人	2.5
一儿童	2.5
一行动不便者	2.5
一交流困难者	2.5
一顾客投诉	2.5
一发生事故	2.5
健康、卫生和安全	
· 保持个人健康和卫生	2.2
· 保持一个卫生的工作环境	2.6
· 避免危险	2.6
· 事故的处理	2.6
· 发生火灾时的处理程序	2.6
· 有助于清洁的工作	2.6
· 保持一个安全的工作环境	2.6
· 可疑物品的处理	2.6
· 炸弹威胁的处理	2.6

续表

工作和职责	章节/部分
服务区域、设备和产品知识	
· 应知应会	
—服务区域和设备	第三章
—菜单	4.1
	4.4
—菜单知识和配菜知识	4.5
	4.16
—烹饪和服务术语	附录A
—酒水单	5.5
—非酒精性饮料，包括热饮	5.1
	5.4
—葡萄酒	5.8
—其他酒精性饮料	5.6
	5.7
	5.9
	5.12
· 品酒技巧	5.13
· 食物与酒水的合理搭配	5.14
· 了解和实施适量、理智的饮酒方式	5.15
服务程序	
· 餐桌服务的预订程序	6.1
· 服务区域的准备工作	
—餐桌服务	6.2
—自助服务、辅助服务和定点服务	7.1
	7.2
· 食品和酒水的点餐服务以及确定顾客的需求	6.4
· 食品服务	
—餐桌服务	6.3
	6.5
—自助服务、辅助服务和定点服务	7.3
· 饮料服务	
—葡萄酒	6.6
—其他酒精性饮料	6.6
—非酒精性饮料	6.7
· 餐中服务	
—餐桌服务	6.8
—自助服务、辅助服务和定点服务	7.4
· 收银服务	12.6
· 餐后服务	
—餐桌服务	6.9
—自助服务、辅助服务和定点服务	7.5

续表

工作和职责	章节/部分
其他服务技能	
· 提供其他的菜品服务：	
一早餐	8.1
一下午茶	8.2
· 不同的现场服务方式描述	9.1
· 提供现场服务	
一客房送餐服务	9.2
一酒廊服务	9.3
· 提供超值服务	
一桌边服务	10.1
一现场切割、肉类服务	10.2
一在服务区域内准备、烹制食物并提供服务	10.3 10.12
大型活动	
· 大型活动的组织与管理	11.1 11.2 11.3 11.6
· 大型活动的组织	11.4
· 大型活动的准备和服务	11.4
· 婚礼服务	11.15
管理职责	
· 符合法律要求	12.1
· 进行各种销售活动	12.2
· 改善顾客关系	2.5 12.3
· 保持员工服务水准	12.4
· 促进团队和个人的发展	12.4
· 食品和饮料的定价	12.5
· 收银时按照服务程序进行操作	12.6
· 酒和饮料的接收、储存及退货和饮用	12.7
· 酒窖的维护	12.7
· 餐饮运营管理	12.6 12.7 12.8
· 在自己的工作区域内保持清洁	2.6
· 自动售货机的维护服务	3.13
· 一项大型活动的管理	

第八版简介

本书的目标

本书对于那些学习或者工作在各种类型的餐饮企业的人士来说包含着他们所需要学习的理论知识和必备技能知识。本书还为那些想要进一步深造和进一步获得相关知识及经验的人士提供了一个学习的框架。

在“如何阅读本书”的部分，介绍了获取相关信息的方法。在这一部分的内容里还包含有一份总参考图表，里面汇总了工作在餐饮服务部门的员工所需要掌握的工作和职责内容，图表中还列出了在本书中获取相关信息的章节和页码。

在修订第八版的过程中，我们充分考虑到了考试机构和培训机构、教育及培训行业以及大型的餐饮企业给出的最新建议和服务规范要求。

本书给那些希望在餐饮业内获取英国国家职业资格证书1—3级水平评估考核的人们提供了支持，还兼顾了其他的资格证书，像市政和协会资格证书和餐饮服务毕业证书等。另外，本书旨在支持更广泛的基于授予餐饮服务国家级证书项目计划、普通国家职业资格、高级国家职业资格、基础学位证书和本科课程学习的需求，以及旅游管理学院课程等，还可以给公司企业内部培训策划提供强有力的支持。

餐饮业的发展趋势

餐饮业运营方式正在得到持续的改善和发展，连同服务质量也得到了极大的改进。离家外出享受餐饮的趋势在明显增长，同时随着外出用餐人数的大幅增加，顾客的需求也呈现出持续的多元化发展趋势。

食品和餐厅的风格也呈持续的、百花齐放般的发展趋势，用以满足顾客在餐饮知识和价值意识方面不断增长的目标需求。菜单和饮料单中的内容常常会受到各种流行趋势、潮流和时尚、健康和饮食、文化与宗教、素食者人数的增加、顾客的接受程度以及辐射和转基因食品等方面的影响。

餐饮服务业的多元化发展促使餐饮服务必须做出进一步的变化，餐饮服务传统的观念是作为一个交付的过程，顾客被认为是被动地接受服务，只有经营者才能根据本身的需求决定做出他们愿意提供的、打算提供的并且可控的服务。目前这一观点已经发生了显著的变化，并且正在变得越来越好。顾客现在被视为服务过程的中心，并且成为其中的一个积极参与者。日趋激烈的竞争意味着对于力图吸引相同的目标客户市场的餐饮运营者来说，服务质量和顾客在就餐过程中所感知的价值这两者已经成为餐饮运营者之间主要的不同点。因此，去了解顾客的参与过程，以及他们从中所获取的经验，可以预计到的是这会成为餐饮服务运营成功的关键因素。

餐饮业的发展通常意味着会有更多的选择空间。伴随着潜在的技能性人才的缺乏和提高工作效率的动机，造成的结果是餐饮运营状况变得更加精简。在某些地方已经很少强调那些非常复杂的服务方法了，贯穿于整个行业内的更多的声音是掌握售卖产品的相关知识、熟练的人际沟通技巧、技术能力和作为团队一分子的工作能力。

但是，服务，不管是服务水平还是服务标准，在整个餐饮行业内仍然有非常大的差异，有很多能够提供高水准餐饮服务的模范企业。但同样遗憾的是，也有一些餐饮企业业主认为任何人都可以完成餐饮服务工作，这显然是极端荒谬的。只有那些有完善的服务体系的餐饮企业，以及经过服务体系培训的员工才可以在餐饮业内有效和高效地工作。

由于服务人员有信心和时间使餐厅受欢迎，来到餐厅享受美味一餐的顾客数量也大幅提高。

任何成功的餐饮企业需要所有部门作为一个整体来运行：服务员与厨师齐心协力，葡萄酒和饮料单与所售卖的菜品进行合理的搭配。专业的餐饮服务所做出的重要的贡献不容小觑。例如，米其林之星或者玫瑰花星级奖是授予整间餐厅而不是颁发给个人的。正如同其他行业内专业人士那样，餐厅经理和员工的服务技能与专业素养应该同样受到关注。但是餐饮服务也验证了这样一个基本的观点：做得越好，就越不惹人注意。

从各个方面讲，优质的餐饮服务是要让顾客的需求得到满足，经营管理坚定不移地得到执行，支持员工保持明确的技术标准和服务目标。就是在这样的背景下，第八版开始进行了重新修订。

第八版简介

本版内容按照餐饮运营、服务区域和设备设施、菜单和饮品等基础知识的逻辑结构进行排版，一直到人际关系处理和服务技能、高级服务技能知识，之后是监督管理方面的知识。

第一章是餐饮业概述。提供了工作方式、部门划分、外出就餐的原因、服务方式和员工的作用等方面的内容。

第二章中概括了餐饮行业员工需具备的特质、技能和知识以及对维护一个持续健康、安全的环境的保证。

在接下来的三个章节中，提供了关于服务区域和设备设施等方面的最基础的知识（第三章），菜单知识及构成、菜肴举例和配菜知识（第四章），以及所有的非酒精性饮料和酒精性饮料知识（第五章）。

第六章和第七章详尽介绍了包括人际关系和服务技能在内的各种基本技能，并且阐述了如何将其应用到餐桌服务程序中（第六章），以及自助服务、辅助服务和单点服务（第七章）。服务技能又进一步展开为其他具体的服务：早餐和下午茶服务（第八章）；特殊形式的服务（第九章）；超值服务技巧（第十章）；餐饮活动项目管理（第十一章）。

最后，还充分考虑到管理方面的一些因素（第十二章），包括合法报酬、促销活动、员工组织和培训、餐饮定价和收入控制、饮料管理和绩效评估等内容。

附录部分包括：烹饪和服务术语（附录A）；鸡尾酒单、调配饮料单和配方（附录B）等内容。

在本书中，我们也提及工作职位和工作分工，例如服务员、主管、楼层服务员、客房服务员、招待员和管家等。这些术语在任何情况下，无论男女员工都是符合行业的普遍趋势的。

本书基于传统的烹饪和服务内容（上下文和知识体系是以现代餐饮运营为基础），旨在反映行业内的现行方法。本书提供了丰富的信息资源并对餐饮服务的方方面面进行了描述，因此，它不应被简单地视为一本教科书。餐饮服务的实际运营情况会深深地打上每家风格和业务需求不同的餐厅的烙印。

丹尼斯·丽丽卡普　约翰·卡曾斯

2010年4月

CONTENTS 目录

第一章

餐饮业概述

1.1 餐饮业的组成

世界上的餐饮业每天都在各种不同类型的餐饮经营方式中，为我们提供成千上万道不同的膳食品种。

（1）菜品中包含有种类繁多的风味和烹调形式　它们可以按照国家来区分，例如，传统的英式菜肴或者意式菜肴；也可以按照烹饪类型进行区分，例如，东方式；或者按照特别的原料进行分类，例如，鱼类、素食类或健康食品等。

（2）饮料（包括了含酒精类的饮料和非酒精类的饮料）　含酒精类的饮料包括葡萄酒和其他类型的含有酒精的饮料，像鸡尾酒、啤酒和苹果酒、高度酒和利口酒等。非酒精类饮料包括吧台制作的饮品，像矿泉水、鲜榨果汁、南瓜汁和汽水等，还包括了茶、咖啡、巧克力、牛奶和含奶饮料以及特制的饮料，像保卫尔牛肉汁等。

餐饮行业内部有一些不同的业务部门。这些部门根据客人的需求情况而设置。为了让大家了解这些不同的部门，表1–1是一个餐饮业的部门列表，列出了餐饮业内各部门运营的主要目的，同时，还包括了历史数据汇总表，用来帮助我们认识和了解在英国和国际上餐饮业中使用的术语。对于那些研究餐饮服务业的人士来说，这个汇总表也提供了一个更进一步进行相关研究和体验的框架。

图1–1　英国曼彻斯特特拉福德购物中心的多功能餐厅（照片由英国国际膳食协会提供）

表1–1　餐饮业中的部门

英国餐饮业术语	餐饮业运营的目的	餐饮业回顾	国际餐饮业术语
酒店和其他住宿业	食品和饮料随住宿服务一起提供	运输业的发展和商业活动的增加及与休闲相关的旅游活动提供的支持	酒店、汽车旅馆和其他旅游住宿活动现在通常称之为住宿业
餐馆，包括普通餐馆和特色餐馆	食品和饮料通常以高价和高水准的服务一起提供	由酒店内餐厅发展而来（非常正式），大厨们希望展示自己的技艺	将食品与酒水场所分开之后的分类通常受到下述3个判断标准的影响：

续表

英国餐饮业术语	餐饮业运营的目的	餐饮业回顾	国际餐饮业术语
公共餐饮服务，包括咖啡馆、比萨店、扒房特别的咖啡厅、路边餐馆和牛排餐馆	食品和饮料一起供给，通常价格较低/适中，提供一般的服务，顾客盈门	分不同的阶段。现在越来越受到美国的影响	·提供的服务水平，像从快速服务到高水准的服务或者高级餐厅服务 ·菜单的作用，像从简单的菜单到全套的菜单 ·价格系列，像从低价到高价
快餐业，包括麦当劳和汉堡王	在特定的场合，食品和饮料一起供给，特点是高投入、高人力成本和大量的客源	由公共餐饮和外卖组合而成，深受美国的影响，精致的包装和火爆的市场	
外卖，包括民族餐厅、土豆、肯德基、炸鱼店、三明治吧和便利店	快速提供食品和饮料	由多种餐馆形式发展而成，近期受到美国的影响以及食物口味趋势的影响	
零售店	食品和饮料作为商用设施的附属项目	由豪华百货商场最初提供给客人食品和饮料，希望作为购物的组成部分发展而来	零售业市场
活动/宴会/会议/展览	给这些活动提供大批量的食品和饮料	最早与酒店有关，但现在主要活动方都自己举办	举办方
休闲吸引物，像主题公园、博物馆、画廊、影院和剧院	由另外一方按照约定供给	休闲行业的增多，从提供的食品和饮料里获利，吸引了休闲和娱乐行业的供应商	休闲业市场
高速公路服务区	食品和饮料与汽油和其他零售服务一起供给，通常有单独的位置	在20世纪60年代随着高速公路建设而兴起，受到美国的影响并开始专营，因为政府规定餐饮业运营和零售与供应燃料一样要有固定的位置	洲际公路市场
工业化餐饮服务，内部运营或餐饮外包	食品和饮料作为工作餐	给工人们提供良好的饮食，他们工作会更加出色，在第一次世界大战和第二次世界大战期间，得到大幅度的提升。更进一步的发展来自于工会，他们需要保持这种状况，并且出现了专业的餐饮承包人/餐饮运营商	商业/行业市场
福利性餐饮	给大专院校、军队和社会福利机构等提供食品和饮料	目前通过社会道德层面来进行高度监管和维持	餐饮外包/餐饮服务（学生、医疗保健、公共机构和军队）
有营业执照的客栈、酒吧和俱乐部及会员制俱乐部	在经营许可范围内，提供食品和饮料作为主打产品	伴随着管理制度和签发酒类售卖许可要求的增加，从酒吧和其他售卖饮品的地方发展而来	独立式酒吧，但也有一些如上表所描述的那些用餐和饮酒的分区或设施

续表

英国餐饮业术语	餐饮业运营的目的	餐饮业回顾	国际餐饮业术语
交通餐饮业	给那些在旅途中的人们提供食品和饮料	满足那些旅游者日益增长的需求。最初的餐饮服务只考虑提供给各阶层的高管人士。最后，演变成提供给所有的旅游者	交通运输市场
户外餐饮（OCD）（或外送餐饮或举办宴会）	给远离家的地方提供食品和饮料；供应商通常与这些大型活动有关联	从给一些特别活动提供服务的需求发展而来。OCD这个缩写术语会造成与提供户外餐饮没有关系的误解	餐饮市场

为了了解更多的细节，每一个表格内更进一步地分析了所涉及的在不同部门内的各种影响因素（表1–2）。这些不同的参数代表了在这些特殊部门内的各种要素，并且提供了一个在这些不同类型的餐饮服务企业部门运营考核的依据。这些行业部门的图表可以对餐饮服务进行全面性的对照，同时也提供了在这些不同部门之间进行比较的标准。

有许多不同的行业部门，例如酒店、独立或连锁餐馆、公共餐饮企业、酒馆和酒吧、快餐业、休闲娱乐业和宴会服务业。还有一些行业将餐饮业作为额外提供的业务。包括了机场餐饮、福利性餐饮、俱乐部、教育机构食堂、工厂食堂和军队伙食等。

表1–2　影响餐饮服务行业的因素

因素	
· 历史背景 · 客人需求动机 · 部门的大小 　—根据销量 　—根据营业额 · 政策 　—金融 　—营销 　—餐饮	· 对需求的了解/饮食观念 · 科技发展 · 影响力 · 行业发展状况 · 主要的/次要的活动 · 销售类型 · 利润为导向/按需供给 · 公有制/私有制

一些行业为了获取利润而提供餐饮服务，然而，另外一些行业则受到经费预算的限制，通常称为“按需供给”（例如，福利性餐饮和餐饮外包）。除此之外，一些行业给普通大众提供餐饮服务，另外一些则为特定的社会群体提供餐饮服务。

如下所述给这些不同的市场类型进行定义是非常有必要的。

- 餐饮共同市场

  —非受限性：顾客有完全的选择权。

- 局限性餐饮市场

  —受限性：顾客没有选择的余地，例如，福利性餐饮。

  —半限制性：顾客在开始活动之前，就有选择权，例如，乘船、坐飞机、乘火车，选择哪家酒店和哪些休闲活动等，可以在上述之间进行选择。但一旦做出了决定，那么对所提供的食品和饮料就别无选择。

考虑到这些餐饮形式，我们对这些行业进行了总结归纳，如表1–3所示。以以上这种方式来定义餐饮市场的特点，用来帮助我们了解在餐饮运营中为什么会有不同的组织方式。例如，在受限性（市场垄断）情况下，客人会被要求自己清理桌面，然而在非垄断的情况下，则不可能实行这种做法。

表1–3 餐饮业各部门汇总表

获取利润
（公有制或私有制）
(餐饮服务作为主业或者副业)

局限性餐饮市场
交通运输餐饮
社团餐饮
餐饮承包
私立福利性餐饮

一般性餐饮市场
酒店/餐馆
流行餐饮
快餐/外卖
零售餐饮
活动/会议/展览餐饮
休闲游乐餐饮
高速公路服务站
酒吧
户外餐饮

按需供给

局限性餐饮市场
团餐市场
学校餐饮市场
高等院校餐饮
医院餐饮
军队餐饮
监狱餐饮
工厂食堂

1.2 餐饮业的运营

酒店业中餐饮运营所关注的是能够即时消费的食品和饮料的供应（但是排除零售业和食品制造业）。

餐饮业运营中所关注的有如下几点。

（1）在餐饮业中各个方面体现出来的消费者需求和市场潜力。

（2）制定的政策和经营的目标会作为选择何种运营手段的指导。

（3）对需求做出判断，在所提供的餐饮经营范围和种类方面做出决定，和提供的其他服务一样，包括服务水平和制定好的价格。

（4）设施设备规划设计、餐饮业经营的需要、工厂和设备的需要。

（5）业务的组织与实施，对餐饮和其他需采购的原料，要满足食品生产，酒水供应和使用服务方式的需要。

（6）食品生产、酒水供应和服务方式及服务流程方面运营和管理的知识，从众多的服务流程和服务方式上决定出最适合的工作方法，连同管理和员工需要，以满足经营要求。

（7）对原材料和其他花费进行费用监控，例如劳动力成本和日常开支等项目，并关联着食品生产、酒水供应和税收控制等各个方面。

（8）顾客满意度调查，不断地检查那些经营活动是否满足了顾客需求并使顾客获得满意程度。

上述餐饮服务业涉及的8个要素见图1–2中的详细描述。对餐饮服务业运营概况的表述说明食品生产、饮料供给或者餐饮服务并不是简单易行之事。

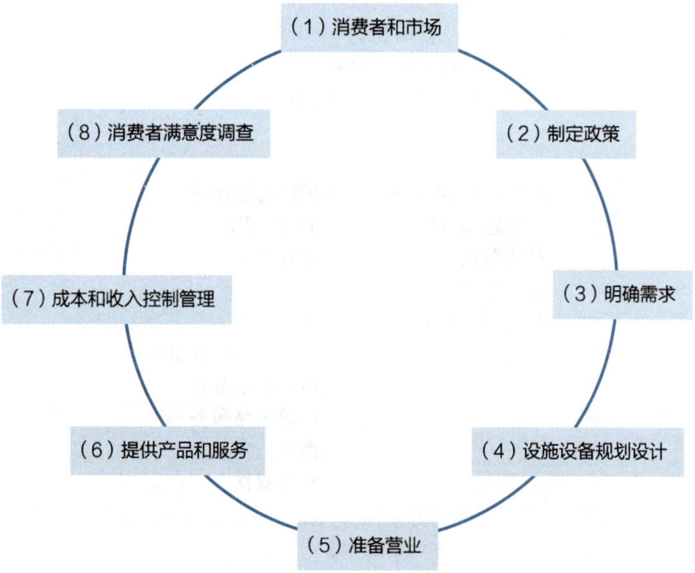

图1–2 餐饮服务业流程图

图1–2餐饮服务业流程图可以用来作为餐饮服务业中不同的运营方式之间分析和比较的基础。它提供了一个标准模板，或者说是一份检查表，以便以一种具体的方式，对特定的运营信息进行详细的整理和组织。这样就可以与已经整理好的另外的餐饮服务业运行情况的信息进行相互比较。

图1–2餐饮服务业流程图同时也是一个动态模型。可以用来帮助理解每一个单独的运营项目是如何工作的。流程图中每一个项目中出现的问题，都会成为下一个项目出现的问题的诱因。例如，在采购过程中出现的问题，就会影响到食品生产和服务以及成本控制。同样的道理，在流程图中一个项目里出现的麻烦就是由上一个单元项目引起的。例如，在餐饮服务中出现的麻烦事情，经常是由于采购到劣质产品、库存不足、设备短缺、房间布局不合理或员工中出现问题这些因素引起的。

餐饮服务运营的类型

餐饮运营包括，例如各种不同的饭店（小餐馆、啤酒店、咖啡店、高级餐厅、民族餐厅、主题餐厅）、咖啡厅、自助餐厅、外卖店、食堂、多功能厅、宴会厅、酒廊、家庭订餐服务，对住店客人的送餐服务等。

服务类型的举例说明见表1-4。

表1-4 餐饮服务运营的类型举例

运营的类型	描述
小餐馆	面积小，设施设备简单，有传统的桌椅，装修装饰随意，还有态度友善提供非正规服务的员工，可以提供价格实惠、制作简单、味道浓郁的菜肴
啤酒屋	通常配置有长的吧台，风格别致，地方相当大的房间，相对于正式的用餐形式来说，提供的是单盘食物服务（在某些啤酒屋里也会采用这两种服务形式）。更常见的是只提供饮料、咖啡或小吃。啤酒屋里通常有穿着传统的长围裙和黑马甲的服务生提供服务
新潮啤酒店（供应美味佳肴）	一流的现代化室内设计，加上与之装修风格相吻合的美味佳肴和服务方式。生意兴隆而繁忙，面积足够大并有多层设计
咖啡厅	与啤酒屋的运营情况有些类似，会经常举行主题餐会，有些是全天候经营的，提供从早餐到宵夜等所有的膳食服务
高级餐厅	通常为高档餐厅，菜肴采用一流的烹调方法进行制备及装盘，提供高水准的餐桌服务方式（使用银器/提供法式桌边服务/餐桌服务）
餐馆	“Restaurant”这个词通常包含着各种不同的运营方式。不同的价格、不同的服务水准以及不同类型的服务方式等内容。装饰布置、设计风格、烹调方式及各种各样的运营类型。服务方式可以采用从正式的桌边服务到辅助服务，例如，可以采用现场切割的经营方式进行服务
国际风味餐厅	印度餐厅、东方风味餐厅、亚洲餐厅、西班牙餐厅、意大利餐厅、克里奥餐厅、卡真餐厅，这些风味餐厅只是众多不同风味菜肴的代表。 随着开发和保护那些具有民族特色的风味菜肴，许多标准菜谱呈系列化的出现在了各种菜单中
主题餐厅	通常为国际风味，像冰岛热岩桌边烹调，日本铁板烧，还包括了像山林、雨林或者音乐/歌剧这样的主题餐厅，顾客在等候服务的过程中可以观看演出
国际著名餐厅	通常为米其林星级餐厅，提供与众不同的风格菜品、环境、酒水和服务。采用各种不同的服务方式，但大部分都提供极具个性化的、贴心的服务方式。这类餐厅通常被称为美食之家，价格昂贵、物超所值
保健食品餐厅和素食餐厅	随着那些专业化运营的素食餐厅和/或保健食品餐厅（尽管素食不益于健康）的增多，满足了对生活方式和饮食方面有不同需求的人士
自助餐厅	主要由客人自己采用自助的形式从摆放在餐台上的各种各样的器皿中选取自己喜爱的食物。由企业供给市场发展而来，但发展到现在，各行各业中都有了自助餐厅

续表

运营的类型	描述
大众餐厅和快餐厅	由茶馆、咖啡馆、牛排馆等发展而来，并且现在还结合了小吃店、报亭、正式餐厅、外卖餐厅和自助餐厅的功能。汉堡、鸡类和鱼类菜肴及民族风味也包括在内。以此满足顾客全天候的餐饮需求和“随取随走”服务。特别适合于休闲市场、产业市场和旅游市场
酒馆	主要指有经营许可的含酒精类的饮料场所。或许只是简易的站立式酒吧，或者环境设施豪华并且提供各种美食的场所，可以只提供简餐服务或者提供全面而周到的服务（这种酒馆有时也称作饮食酒吧或者餐吧）
酒吧	通常是各种酒水一起经营，一般以葡萄酒为主，附带出售各种食品

表1–4中列出的各项餐饮业务，表明了餐饮业运营的种类，这些种类并不都是为了满足客人需求所必需的。例如自助餐厅可以设置在高速公路服务区、机场、火车站或者在零售餐饮业、工业企业、福利性餐饮业中。因此，贯穿餐饮业相类似的运营方式可以在不同的餐饮部门中找到。

餐饮业运营中的各种变量

表1–4中列出的餐饮运营的种类划分，本身表明了很少采用按照组织和管理的方法进行分类。同样的道理，在表1–2中，在不同的餐饮运营企业中也存在着各种不同的变量。这些变量通过各种公开的资源和凭借各种经验得到确认。

它们可以分成三类：

①组织结构；

②客户体验；

③工作指标。

这些不同的变量分组能够系统地检查和比较出餐饮业运营的类型。基于表1–5列出的各种范例，可以描述出运营的不同模式。

表1-5 餐饮业运营的各种变量

组织层面的变量	
·市场种类	·生产力
·法律法规	·员工工作时间
·经营规模	·员工组织
·销售/营销	·员工能力
·菜单和酒水单的类型	·员工人数
·选择范围	·专业化的服务需求
·营业时间/服务时间	·供应和存储方式
·生产方式	·记账方式
·服务方式	·结算方式
·就餐安排	·餐具清洗
·就餐时间	·成本控制/税收方式
·保险	
各种客户体验	
·食品和饮料	·气氛（包括装修、灯光、空调、音响、噪声、房间的大小和形状、其他客户、员工态度）
·服务的水准	
·价格范围/货币价值	
·清洁和卫生	
各种绩效指标	
·翻台/就餐人数	·销售额/每平方米的收益/每个餐位
·客户消费/人均消费	·销售分析
·员工人均收益	·部门利润
·生产力指数	·库存周转率
·食品和饮料占总销售额的比例	·库存量
	·投诉的人数
	·回头客的人数

当搜集有关餐饮业运营的信息时，餐饮服务业的流程图提供了一个非常有用的结构框架或者说是检查清单。当搜集、整理完这些信息之后，将它们组织起来，并用来确定这些搜集到的信息之间的优劣。

在12.8章节的绩效评估中会有更进一步的阐述。客户体验会在下述的1.3章节中探讨。本书中的其他部分也会介绍更多的关于餐饮运营变化的信息。

1.3 用餐体验

餐饮运营的方式有许多不同的种类，用来满足人们各种需求。在特定的时间内，不同种类的运营方式是针对有各种需求的人而设计，而不是为不同类型的顾客而设计。例如，一位客人在一周的时间内或许都是商务客人，但是到了周末，却变成了一个家庭中的一员。在一些场合里，他或许需要快餐午餐，在周末旅行的时候或许需要一份小吃，在另外的场合里可以与家庭成员一起享用大餐。此外，这个客人或许希望预订一个婚宴或者安排其他一些特别的活动。

餐饮运营的主要目的是为了令顾客满意。也就是说满足顾客的需求。这些需求包括如下。

- **生理需要**：例如，满足某人的食欲或仅仅是解渴，或者是特制食品用来供应给糖尿病人或素食主人者享用。
- **经济原因**：例如，感觉到物有所值、上菜迅速、服务快捷、位置优越等。
- **社会需要**：例如，与朋友或商务伙伴在一起；出席某项交际活动。
- **心理需求**：例如，增强自尊心的需求、提升生活品质的需求、满足多样化的需求、广告与促销造成的结果。
- **方便性**：例如，不能按时回家（购物或加班），或者是出席了其他一些活动（看电影、看戏）造成的结果；为其他人工作的愿望；在家里不可能举办的活动等（婚宴和其他一些特别的活动）。

客人希望能够满足他们的全部或部分需求。

说到各种在外就餐的理由，选择哪种类型的餐饮或许是每次都需要考虑的。不同类型的餐饮提供不同的服务方式，在可选择的菜品和价格范围之内，提供的服务水平各不相同。可供选择的余地可大可小。

要真正了解顾客做出选择的具体原因，因为这些选择通常会决定着顾客的满意度，而这比餐饮服务本身更重要。举一个例子，因为社交的需要与朋友一起外出就餐：某人没有到场，或者因为某些举止行为令人不愉快，那么，其他客人也许会对菜肴本身也不满意。

如果没有满足男女顾客的需求，这位顾客就不是满意的顾客。这些不满意包括对客人熟视无睹的服务员、拥挤不堪的就餐环境或缺乏选择的菜品种类。这些方面都是餐饮运营者的责任。然而有时候造成顾客不满意的原因并不是运营者能够掌控的，例如，地理位置、天气原因、由于其他的顾客引起的原因或者交通事故等造成的原因等。

在非垄断市场里，顾客依据食品和饮料两者的消费水平可以选择外出就餐的场所以及他们希望光顾哪种类型的餐馆。某种类型的餐馆吸引了某一类顾客，但并不意味着每一次都会如此。这些顾客或许会根据他们自己每一次不同的需求而光顾不同的餐馆，例如，一顿浪漫的晚餐、一顿简单的工作午餐或一个婚礼宴请等。

在半垄断市场里，这种务实性的选择也是非常重要的。顾客可以根据自己认可的，希望能够满足他们一定的需求而去选择某个航空公司、游轮或酒店。

在垄断市场里，顾客尽管没有选择权，但是仍然有对满意的需求。例如，通常都认为护理员照顾得好，那么患者恢复得也就快。“better fed”这里的意思是不光包括食品和饮料，也包含了整个用餐的体验过程。

从餐饮经营者的观点看来，重要的是认识到顾客的需求是多样化的，并且餐饮经营者应该了解到这些因素可能影响到顾客的用餐体验。从餐厅所处的位置到接受信用卡付账，从员工的观念到顾客的行为特点，这些涉及的因素都归纳在表1-6中。

表1-6 影响用餐体验的各种因素

因素	说明
提供的食物和饮料	包括所提供的食物和饮料，对于特殊需求和食物及饮料的质量具备可挑选性、实用性、灵活性
服务的水平	顾客在某一个时间段内的需求取决于服务的水平。例如，在豪华餐厅内的浪漫晚宴或许需要一张安静的餐桌。但是一伙年轻人可能更喜欢不拘一格的服务方式。在给顾客提供诸如预订和账户设施、可接受信用卡付费和可靠产品等服务时，这个因素的重要性也需要考虑到
清洁和卫生	涉及经营场所、设施设备和员工。过去几年的时间内，清洁和卫生在顾客的心目中所占的位置越来越重要。最近媒体聚焦于食品生产和购买食品时所涉及的风险的报道，使得我们在有关健康和卫生方面的意识得到了明显提高
金钱和价格的感知价值	顾客会感知到他们想要消费的和涉及的不同类型的企业和运营模式。价值是个人估计的能够满足目标的产能，也是对在价值和成本之间平衡的感知。餐饮运营的物有所值（为了满足这些既定的目标，顾客对特定的产品的感知超过了本身的期望）是指对大于总成本的感知（及现金的价格，包含的总价格，例如没有挪作他用的成本，运输和时间成本，短缺的资金，为保持仪容仪表所付出的成本和依据工作的努力挣得的钱所付出的价格成本）。物超所值是指涉及的成本超出了感知到的价值
餐厅的氛围	这些要考虑到的因素包括，像餐厅设计、装饰布局、灯光、室温、家具、音响和噪声值，其他的顾客、员工的机敏程度和员工的工作态度等

对客服务

为了满足顾客的期望值并提升他们的用餐体验，餐饮业要在经营许可范围内，确定顾客希望得到的服务水准。

餐饮业对客服务可以定义为下述5个方面的组合。

① **服务水平**：关注每一位顾客，服务的高度关注和实效性。

② **有效服务**：例如，营业时间、富有变化的菜单及提供的饮料单。

图1-3 豪华餐厅（斯特拉森餐厅，照片由苏格兰鹰谷酒店提供）

③ **服务标准**：例如，食品和饮料的质量、餐厅装饰、使用的设备规格、员工的专业服务水平。

④ **服务的可靠性**：在实际工作中，服务产品要做到始终如一及具有稳定性。

⑤ **服务的灵活性**：顾客可以进行选择，餐厅提供多样化的标准服务产品。

餐饮运营通过考虑到这5个方面的因素，将确定对顾客的服务规范。

可利用的资源

尽管餐饮运营的目的是给顾客提供服务，但也必须有能力利用各种资源。在餐饮业中用到的资源分为三种：

① **材料**：食品和饮料、易耗品（像纸巾等）；

② **劳动力**：人工支出费用。

③ **设施**：经营场所、餐厅及设施设备。

管理团队必须考虑到业务水平对餐饮运营能力带来的影响，为了保证对客服务的需求，同时要确保所有可利用资源的生产能力。

对客服务的标准

在餐饮运营范围内，服务的具体操作标准定义如下：

① **技术规范**：涉及所提供的餐饮服务项目、每份的用量或分量、烹调的方法、火候程度、菜肴上菜的方式、盛器、配菜和所有餐具的清洁等。

图1-4　普通餐厅（多美茵餐厅，照片由苏格兰鹰谷酒店提供）

② **服务规范**：涉及两个方面：第一，服务的程序；第二，执行服务程序的方式。服务程序包括见面和打招呼、点菜、听取客人意见、处理客人投诉、付款方式以及客人的特殊需求。服务程序实行的方法，包括重视员工对工作专注的程度，他们说话的语音语调和身体语言等。

餐饮服务运营者通常会制定操作规范和服务规范的说明书（对客服务规范）。这些规范会在员工手册中的业绩考核标准要求里有详细的说明。

服务水平和服务标准

当涉及服务水平和服务标准时有可能造成概念混淆。

- **服务水平**：餐饮运营中的服务水平可以提供从非常简单到各种综合的服务，同时伴随着高水平的个性化服务。
- **服务标准**：是用来评估经营者提供给顾客的服务水平的能力。

因此餐饮运营者或许会给顾客提供简单的服务，例如快餐厅，但快餐厅也可以给顾客提供非常高标准的服务。同样的，餐饮运营者也可以给顾客提供高水平的服务，例如提供全方位服务的高级餐厅，但服务标准却很低。

1.4 食物制备方法

对于餐饮服务运营者来说，组织食物生产的过程，就是按照正确的标准，利用员工、设备和原材料等条件资源准时、有效、高效地生产出顾客所需要数量的食物。

当空间、设施设备、燃料消耗、维修保养费用和劳动力的成本持续上涨的时候，在生产计划的编制和厨房设计方面就不得不花费更多的时间和精力。食物生产的需求量，对于需求市场，要以合适的价格，与那些要制备、烹调和供应的食物相匹配。所有的空间布局要根据所购买的不同类型的设备来进行合理布局。同时对于厨房的人事组织结构也要进行详细策划。

许多现代食物生产的方式，相对于“partie”（product approach，生产方法）而言，都是基于过程管理（process approach）的方法。 过程管理方法的生产方式，更专注于食物生产的具体方法和食物生产的过程。这种过程管理方法的生产方式贯穿于所需要生产的全部菜品过程中，在辨别那些常用的技法和生产过程方面占有非常重要的地位。随着生产方式的进一步发展，不再以食物或菜品的种类来进行分类，而是基于“partie”（结果方式）来进行，但是从类似的产品生产方法和过程汇总来看，应用了一系列的常规技法，并且促进了它们的灵活运用。

食物生产是一项系统作业，并且可以通过应用这套作业系统来进行管理。因为关键的一些要素都集中在了生产过程、食物制备的方式、加工（烹调）的过程、食物的储存和供应过程之中。这使得各式各样的菜肴可以更恰当地整合到这套系统中。

利用这种系统方法，食物生产系统可以被认定为使用投入/加工/产出系统模式。更进一步地发展下去，就产生了9种标准的食物生产方式，详见表1–7。

表1–7　食物制作的方式

方式	说明
传统方式	“传统的”这个词常用来描述主要使用新鲜的食材和传统的烹调方法制作而成的产品
方便食品	指主要使用方便食品生产的产品
点餐	食物通过顾客（如在自助餐厅里）点菜，或者通过服务生点菜之后进行制作顾客通常可以观看到开放式的烹调区域

续表

方式	说明
大量生产	这种方式包括产品生产线，生产过程的不同阶段可以是分开的（例如：快餐食品）
中心厨房	产品不是直接供应给顾客，而是保存并分发到不同的服务区域
冷藏方式	用控制低温，来保持所加工过的食品质量的方式，对产品进行储存和重复使用
速冻方式	以冷冻来保持所加工过的食品质量的方式对产品进行储存和重复使用。需要特殊流程来帮助食品进行冷冻
真空方式	以真空包装的方式，对储存和重复使用的食品进行管理和保存
装配厨房	这套系统基于吸收并整合最新的生产技术工艺，用于制造和保存食物产品方面

实际上，许多餐饮经营者为了满足顾客的需要，都是结合了几种方式进行经营活动。

1.5 餐饮服务方式

依据下列因素，餐饮服务的方式可以有多种：

- 餐厅的类型
- 提供服务的顾客的类型
- 用餐的时间
- 预期的营业额
- 菜单的种类
- 所供应菜肴的价格
- 餐厅所处位置

传统意义的餐饮运营被认为只包含三个方面的内容：

- 食品生产
- 饮料供应
- 餐饮服务

在这其中，餐饮服务主要被设计和运作成食品和饮料交付的过程。而顾客被认为是服务的被动接受者。只有运营者本身的需求才能够决定服务如何被策划、运用和管理。现在随着顾客被视为服务过程中的主体和服务过程中的积极参与者，这种观念已经发生了变化。所以，认识到顾客的参与，连同于他们可能获得和期望获得的用餐体验，已经变成了餐饮服务运营成功的关键所在。

现在，我们也意识到，餐饮服务本身实际上是由在服务过程中同时出现的、单独的两个子系统组成。它们是：

① **服务程序**：主要关注的是给顾客提供的食物和饮料的服务过程。

② **服务流程**：关注的是顾客能够经历点选菜品、享受服务、享用美食、卫生清理等过程。

这种现代餐饮服务的观点可以概括在如图1-5所示的缩略图中。

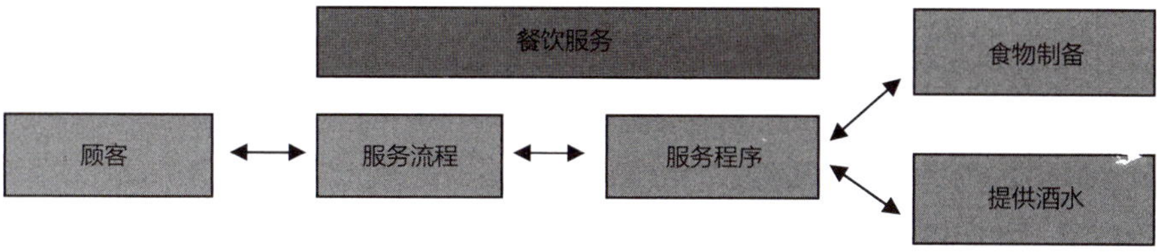

图1-5　餐饮服务运营缩略图

服务程序

服务程序从本质上说是架设在食物生产、饮料供应和服务过程之间的桥梁。服务程序如表1-8所示，由11项服务步骤或者更多的服务步骤组成。

表1-8　餐饮服务程序

1. 服务准备	7. 餐中服务
2. 接受预订	8. 提供账单
3. 迎宾与引位/指引	9. 结账
4. 点菜和酒水	10. 清洗餐具
5. 提供菜品	11. 餐后整理
6. 提供酒水	

这些服务程序中的每一项服务步骤都可以由多种服务方式来完成，这些不同的服务方式在本书中都有描述。每一项服务步骤中服务方式的选择，取决于餐饮业中所采用的经营形式和顾客体验到的服务过程。

服务流程

顾客在获得食品和饮料时，需要保证或遵守某些条款，这就是服务流程。基本可以这样认为，一位顾客进入餐厅，点餐或自己挑选菜品，然后享用（顾客可以现付款或之后结账）。食品和饮料在这个过程中被消耗，之后这个区域被清理干净。

将这些步骤归纳在一起，就如图1-6所示，可以概括出在餐饮运营中的各种服务体系之间的关系。在这个图里，指出了餐饮运营中的关键阶段：顾客、提供餐饮服务的员工、那些所涉及的食品生产、提供饮料的人员。在必须进行管理的同时也强调了在餐饮服务过程中的两个分支系统的存在。

餐饮服务

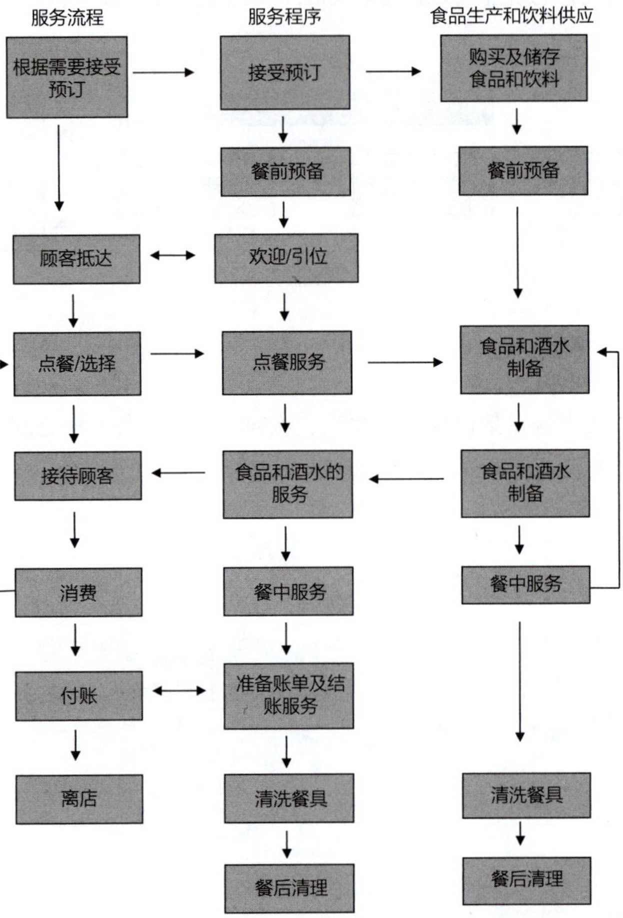

图1-6　餐饮运营中不同的服务体系之间的关系略图

不同的服务方式分类

当从服务过程的角度来考虑餐饮服务时，它不再仅仅是一组产品交付方式。可以确定出5种基本服务过程的类型（见表1-9）。

表1-9　餐饮服务中的服务过程分类简表

服务方式	服务区域	点菜/选菜	服务	用餐/消费	清理
餐桌服务	顾客进入餐厅并就座	从菜单中选菜	由服务员给顾客提供服务	餐具已摆好	员工

续表

服务方式	服务区域	点菜/选菜	服务	用餐/消费	清理
辅助服务	顾客进入餐厅并就座	从菜单中、自助餐台或传递的托盘中选菜	由服务员和顾客一起	餐具通常已摆好	员工
自助服务	顾客进入餐厅	顾客从餐盘中选择食品	顾客用餐	在用餐区用餐或外带	员工与客人一起
一对一服务（单点服务）	顾客进入餐厅	单点食品	顾客用餐	在用餐区用餐或外带	员工与客人一起
原位服务/特殊服务	顾客坐在原位置	从菜单中或预订菜品	由服务员端送给顾客	在顾客就座的原位置提供服务	员工或客人清理

所有的现代餐饮服务方式都可以在表1–9归纳的这5种服务过程中进行如下分组或分类。

① **餐桌服务**：顾客在已经摆好餐具的餐桌旁就座，这种类型的服务包括，菜肴在装盘之后提供给顾客，或者使用银器服务，许多餐馆、咖啡厅和宴会都使用这种服务方式。

② **辅助服务**：顾客在餐桌旁接受部分菜品服务，其余的部分需要自己通过从展台或自助餐台上获取。这种类型的服务方式，多见于现场料理，并且经常在酒店内的早餐中给顾客提供菜品使用，也经常作为一个服务功能项目使用。

③ **自助服务**：顾客需要给自己提供服务，或者自己从自助餐台、柜台上获取食物。这种类型的服务方式可以在自助餐厅和食堂内使用。

④ **一对一服务（单点服务）**：顾客先点餐，然后付账并获得食品和饮料，例如，在食品柜台、特许酒吧、快餐店或者使用自动售货机的情况下。

⑤ **原位服务/特殊服务**：食品和饮料被送到顾客所在处。包括在医院或机场使用的盒饭、餐车服务、上门服务、酒廊服务和送餐服务等。

服务过程中的①到④，顾客要来到供应食品和饮料的地方，所提供的服务也主要是围绕着这个目的来进行，例如，在餐厅里就餐，或外卖。在⑤里，服务则在另一个区域被提供，例如在客房里、酒廊里或者医院病房里。

所有的现代餐饮服务方式都在表1–10中，从A组到D组的目录下详细地列出。对于特定的服务方式，例如服务员在实际的餐饮服务工作中，同时在完成着许多工作和任务。然而，还有另外一些有助于服务的工作和任务。这些在服务流程中使用可能会用到（见表1–8）。此外，餐饮服务的复杂程度与员工的技能密切相关，工作和任务复杂性从A组（最复杂）到D组依次降低。E组包含着特殊形式的服务方式，这些内容在后面的第九章中会有详细的描述。

表1-10　餐饮服务方式

A组：餐桌服务 菜品提供给顾客，餐桌上已摆好餐具		
1. 服务员	①银器服务/英式服务	菜肴的展示和服务由值台服务员完成，使用餐叉和餐勺将菜肴从盛器内捧取到客人面前的餐盘中
	②家庭式服务	配有蔬菜的主菜盘（也可以使用银器）连同多份的主菜放置在餐桌上，供顾客自己选取，少司分开单独提供
	③餐盘服务/美式服务	将已经装好盘的菜肴提供给顾客。目前，此种服务方式已经在宴会中广泛的使用
	④管家式服务/法式服务	由服务员分别给每一位顾客进行菜肴展示和服务，并由客人自己选取
	⑤俄式服务	餐桌上已经摆好餐具和食物（这是一种现代的阐释方式，有时也用来表示法式服务或者管家式服务）
	⑥圆桌服务	食物从服务桌或餐车上盛取到顾客的餐盘中，包括现场切割的肉类、家禽肉和鱼肉等，另外制备好的食物还包括各种沙拉和沙拉汁及火焰类菜肴等
2. 吧台服务		通常给坐在吧台旁边吧椅上的顾客提供服务（吧台通常呈U形）
B组：辅助服务 结合了餐桌服务和自助服务		
3. 辅助服务	①肉车服务	由服务员服务部分的食物给落座之后的顾客，其他部分菜肴的选择由顾客自己从自助餐台上挑选。此种服务方式也可以用于早餐服务和宴会服务中
	②自助餐服务	顾客从自助餐台上或传递过来的托盘上选取食品和饮料；可以是坐下用餐、站立用餐或者是在酒廊里享用
C组：自助服务 顾客自助服务		
4. 自助餐厅	①柜台服务	顾客排队经过服务柜台，从餐台上挑选出自己需要的菜肴，放置在托盘中（可以是旋转餐台—使用旋转的多层餐台，以节省空间）
	②自己选择	顾客像①柜台服务一样选取食品，只是顾客到取餐区可以随意选取；顾客通常到门口缴费
	③多层餐台	在自选区的一角，有许多层的提供丰盛食物的餐台，供顾客自行挑选，这样的摆设可以节省空间
	④超市服务	服务柜台是岛型的，顾客可以自由选取自己喜好和需要的食物
注：自助餐厅内有时也可以包含一些“电话订餐”服务		
D组：单点服务（一对一服务） 给顾客提供单点服务，顾客可以在餐厅消费或者外带		
5. 外带服务	①外带服务	在餐台、窗口或小吃摊，顾客从一个位置点餐及取餐；顾客可以在餐厅内用餐；一些外卖餐厅还提供了用餐区
	②汽车餐厅	如同外带服务，顾客开车通过点餐、付费后取得食物。“Drive-thru”这个术语，原意是用来描述顾客在柜台或窗口用现金或餐票购买全套的食物或菜肴；今天，这个术语常用来描述只提供有限的几种菜品的一种就餐形式，快餐服务有就餐区，也提供外带食品的服务设施
	③快餐服务	

续表

6. 自动售货机	食品和饮料在自动售货机内自动零售
7. 小卖部	常用来在高峰期或者特定的位置提供餐饮服务；顾客也常常可以在此点餐并用餐，或只是用来供员工餐使用。
8. 食品柜台	一系列的食物柜台，顾客可以从这里点餐或用餐（像2里的吧台服务），或者从若干柜台上购买之后在分开的就餐区用餐或者购买之后外带
9. 酒吧服务	“Bar”这个词用来描述在有特许经营许可的酒吧里的消费区域内点选饮料，享用并付账
E组: 原位服务/ 特殊服务 给顾客提供餐饮服务的地方，起初设计的功能不是用来提供餐饮服务的	
10. 托盘服务	全部或者部分菜肴放置在托盘上端送给在原位置上就座的顾客。例如,在医院病床上的病人，在飞机上的乘客，在火车上的乘客等
11. 餐车服务	从餐车上给顾客提供食品和饮料服务，远离就餐区。例如，提供给在办公室加班的工作人员，提供给在飞机上、火车上的乘客等
12. 上门服务	食品直接传送到顾客的家里，或者工作的地方，例如，送比萨上门服务或者将三明治送到办公室
13. 酒廊服务	在酒廊里给顾客提供各种食品和饮料，例如，酒店内的大堂酒廊
14. 房间服务	在客房内或者在会议室内，给顾客提供各种食品和饮料
15. 汽车餐厅	顾客停车之后在车内享用提供的食物和饮料

注：宴会厅/多功能厅（banquet/function）这个词汇，通常用来描述给特定数量的顾客，在规定的时间里，在各种各样布局好的餐厅内提供餐饮服务。服务方式也各有不同。在这些情况下，宴会厅/多功能厅提供的餐饮服务所涉及服务的组织管理要比特定的服务方式更重要。

注：除了快餐业以外，在特定的食品生产方式和特定的服务方式之间没有特别的联系。食品生产和服务也可能因为距离或者时间的原因分开进行。就如同外送户外餐饮服务一样。

1.6 餐饮服务人事管理

图1–7和图1–8是典型的小型和大型饭店组织结构图。在两者的图里，列出了各种餐饮服务的工作任务。餐饮服务不光局限于饭店内部，它的组织结构类似于饭店的组织结构。但

是在不同类型的饭店内，可以用不同的术语来描述各种不同的工作岗位。下面描述了餐饮服务中不同的工作岗位。在一些小型的餐饮企业中，一些工作岗位可以整合在一起。

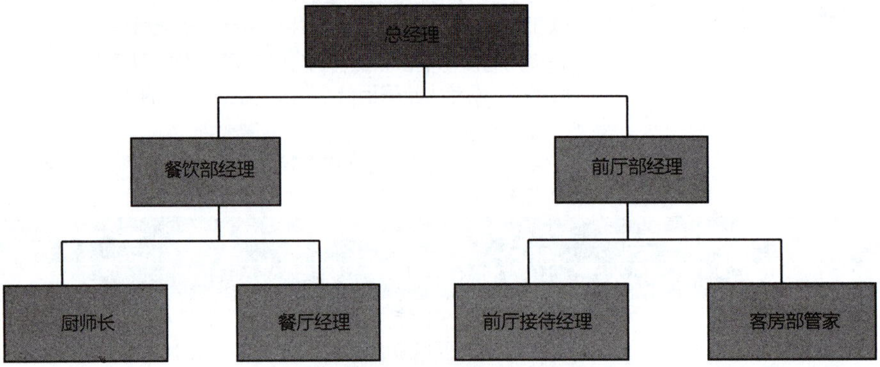

图1-7　小型饭店的组织结构图

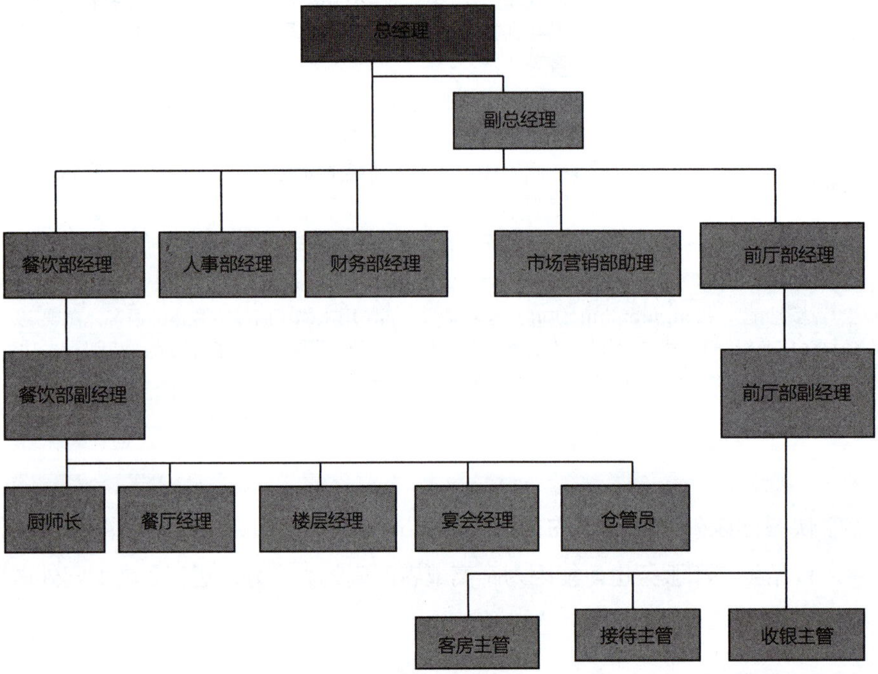

图1-8　大型饭店的组织结构图

餐饮部经理

取决于企业的规模大小，餐饮部经理有责任履行已经达成的工作协议或者为制定餐饮管理制度起到作用。饭店规模越大，餐饮部经理就越较少的参与制定管理制度。通常情况下，餐饮部经理的职责如下。

- 确保在每一个财务期内，每一个餐饮经营区域，都能够完成所要求达到的利润指标。
- 根据顾客的需求、流行发展趋势和酒水的库存情况，更新和编写新的酒水单。

- 与厨房沟通，根据不同的餐厅风格和特殊需求，编写各种菜单。
- 采购食品和酒水所需要的所有原材料。
- 确保设备设施的维修质量和维修费用成正比。
- 决定菜单中每份菜品的分量与售价。
- 确保员工的培训、促销活动和设备维修保持着最高的专业水准。
- 聘任和解雇员工。
- 主持部门主管例会，确保各个服务区域都能够有效地、高效地工作并流畅运转。

餐厅经理/主管

餐厅经理或者主管对于特定的餐饮服务区域的组织、管理负有全部责任。这些区域可以是大堂酒吧、送餐服务、餐厅和一些仅供顾客个人使用的套房。餐厅经理制定出服务标准并负责对任何需要培训的员工进行培训，可以是在岗培训，也可以是岗后培训。他们也负责制订员工值班表、节假日值班表、休班表，并到一线工作（视饭店规模而定），使得所有的服务区域内的工作都能够高效顺畅地运行。

接待领班

接待领班负责接受所有顾客的预订并确保预订记录是最新的。他们负责预订餐位，并分配这些预订到所需要的岗位。接待领班在顾客到达时会迎候顾客，并引领顾客至其预订的餐位，并安排他们就座。

餐厅领班/主管

餐厅领班全面负责员工团队的工作，负责检查服务所需要的所有准备工作是否都在有效地进行，没有任何遗漏。餐厅领班在工作期间会帮助接待领班，也会在值台服务员工作忙碌的时候协助其点餐。餐厅领班也会协助制订员工值班表和假日值班表，在餐厅经理和接待领班休息时，接替他们的工作。

部门领班/部门主管

在大型饭店里，餐厅被划分成不同的部门。部门领班带领一些员工负责一个部门内几个岗位的服务工作。餐厅内每一个部门内的每一张布置的餐台（4~8人的餐台）叫一个岗位。岗位领班必须具备广泛的食品和酒水知识及其正确的服务方式，并能够指导其他员工进行工作。在值台服务员的协助下，服务员负责点菜和酒水（通常与主人沟通），完成餐桌服务工作，这些服务员是部门内一个岗位的员工。

岗位服务员/值台服务员

岗位服务员或值台服务员给一桌顾客提供服务（4~8人），称为餐厅内的一个岗位。值台服务员的工作经验通常略不如部门领班。

岗位服务员助手/值台服务员助手

岗位服务员助手或值台服务员助手是仅次于值台服务员的资深服务员，协助岗位服务员的工作。

服务生/服务员助理

服务生或服务员助理在值台服务员助手指导下工作。主要做些杂项工作，有时也做些蔬菜和少司的服务工作，提供餐包，将餐盘摆放在餐桌上等，也在每一道菜肴撤台之后清理餐桌时提供帮助。在做餐前准备工作阶段，绝大部分的清理工作和准备工作都会由服务员助理来完成。

实习生/助手/学徒工

实习生或助手都是学徒工或者初学者，他们希望将餐饮服务工作作为职业，刚刚成为餐饮服务员工中的一员。在服务过程中，实习生负责按照配备要求将餐具柜内摆满餐具，并根据工作需要，协助做些杂务工作。助手则会在餐前准备工作的阶段做些清理卫生的工作。他们也负责照看相应的餐车，并做些端送开胃菜肴、冷的甜食或者奶酪之类的工作。

切肉师/分割师

切肉师和分割师负责肉车的服务工作，并根据客人的需要，在餐桌旁切割大块的肉。切肉师负责将切好的每一份肉装盘，并搭配好适当的配菜。

楼层或客房送餐服务员工/楼层或客房送餐服务员

楼层或客房送餐服务员工依据饭店规模的大小，房间或套间的多少，一般会负责饭店内全部楼层的客房送餐服务工作。通常只有在豪华饭店内给顾客提供每天所有食品和饮料的送餐服务。小型饭店内的送餐服务或许只局限于早茶和早餐服务，搭配着在顾客房间迷你酒吧内提供的茶和咖啡等配套服务设施。

如果全部的楼层服务都在运营，那么就需要一个楼层服务领班带领适当数量的楼层服务员一起工作。这个工作团队负责所有顾客房间内的食品和饮料（含酒精和不含酒精的饮料）服务。在该团队内工作的员工要全面掌握食品和饮料知识及它们正确的服务方式。这里不能过分强调与客房部服务员保持良好的沟通与合作的重要性。楼层服务员工通常在楼层备餐间或者中心厨房内工作，使得所有的食品和饮料能够在保温餐车内（见9.2送餐服务部分的内容）通过专用电梯，迅速送达顾客所在楼层的房间内。

酒廊员工/酒水推销员

酒廊服务员在大型饭店内或许只是进行酒廊服务工作。在小型饭店内则通常由几个餐饮服务员按照值班表轮流完成这项工作。酒廊员工在午餐和晚餐前后的时间段内负责上午咖啡、下午茶、开胃酒和利口酒及餐后咖啡等的服务工作。在上午，他们也负责酒廊内的布置摆设，随时保持环境卫生的整洁。

酒保/酒吧服务员/斟酒服务员

斟酒服务员是在就餐过程中负责所有的酒精饮料和非酒精调配饮料服务的服务员。斟酒服务员同时也是酒水推销员。他应该具备所服务的酒水的广泛知识，精通食物与酒水的最佳搭配原则，通晓关于特定机构和区域售卖酒类经营许可和相关的法律法规。

酒吧调酒员/酒吧服务员/调酒师

在酒吧工作的员工必须负责和胜任准备及提供葡萄酒、饮料和鸡尾酒的服务工作。他们应该精通饭店内所提供的所有的酒精类和非酒精类饮料的相关知识、调配鸡尾酒的原料配方，还要具备酒类经营许可的法律知识，以确保做到遵纪守法、合法经营。

调酒师是负责在吧台内调配酒精类饮料并给顾客提供服务的员工。调酒师这个词也用来表示那些创造了新的混合酒的人。他们也被叫做鸡尾酒制作者，鸡尾酒调酒师或者简单的叫做调酒师。调酒术是一种制作混合饮料的艺术。

咖啡师

咖啡师（Barista）这个词起源于意大利。在意大利，咖啡师一般来说是一位在吧台里工作的男性或女性调酒师。给顾客提供热的或冷的饮料，也提供含酒精类的饮料。尽管咖啡师的工作不是专门来制作各款以意式浓缩咖啡为基料的咖啡，但现在却经常代表这个意思。Barista的复数形式是Baristas。

自助餐助理/自助餐厨师

自助餐厨师负责餐厅内的自助餐、菜品的展示、肉类的切割和分装服务。这名员工通常归属于厨师队伍里。

收银员

收银员负责开列账单和收取支付款项，或者制作餐饮部运营的分类账目。这些工作包括编写食品和饮料结账账单，或者例如在自助餐厅里，负责收取顾客在他们的托盘内挑选好的食物的费用（见12.6部分中的内容）。

餐台助理

餐台助理在自助餐厅里通常负责餐台上食品的添加，有时候也将食品或者切割好的肉类递送给顾客。日常工作也包括一些顾客点餐的烹调。

餐桌清理员

餐桌清理员在服务员完成服务工作的座位区域工作。这部分员工负责利用特别设计的收餐车收取瓷器餐具、玻璃器皿和刀叉等餐具。

多功能厅餐饮服务/宴会服务员/大型活动员工

在提供多功能厅餐饮活动的饭店内，通常情况下会有固定数量的服务员。这些人员里面，包括了宴会和多功能厅经理，一到两位经理助理，一到两位领班，一位协调员和一位秘书。所有的其他服务员通常是在有接待任务的时候临时召集在一起工作。在小型饭店里，很少有大型的接待活动，经理、经理助理和领班将承担起必须的组织和管理工作。

人员需求

人员需求情况在各个饭店内因为许多不同的原因会各有不同。表1-11给出了各种不同类型的餐饮运营时，餐饮部人员需求情况的实例。

表1-11　不同类型的餐饮运营时，餐饮部人员需求情况的实例

不同类型的餐饮运营，餐饮部人员需求	
中等规模饭店	**自助餐厅**
饭店经理	餐厅经理
饭店经理助理	主管
餐厅领班	主管助理
服务员	餐台服务员
酒吧服务员	餐台清理员
收银员	收银员

续表

不同类型的餐饮运营，餐饮部人员需求	
百货商场内 餐厅经理 餐厅经理助理 主管 主管助理 收银员 吧台服务员 酒水服务员 餐厅服务员	**工厂化餐饮/福利性餐饮** 餐饮经理 餐饮经理助理 主管 主管助理 服务员 管家 餐台服务员 餐台清理员 收银员
大众化餐厅 餐厅经理/主管 餐厅服务员 吧台服务员助理	

第二章

员工素质、技能和专业知识

2.1 餐饮服务成功秘诀

如今，外出就餐的人们比以往更多，为了满足人们就餐的需求，餐饮业提供了琳琅满目、种类繁多的天然食物以及饮料品种。由于产业的扩张，加上不断增加的提高餐饮服务员工专业技能所带来的压力，使得餐饮业员工更需要规划好他们在餐饮服务业中的职业生涯。此外，也需要通过高标准的专业知识和技能培训，增强员工的信心和执行力。

在顾客与菜单之间，餐饮服务是必不可少的一个重要环节，饮料和其他服务的提供则建立在顾客的需求之上。而服务员则是联系顾客和餐厅之间的关键因素。随着在国内和国际上社会地位的提升，他们在其中扮演着重要的角色。放眼到世界范围内，餐饮服务所具备的专业技能和专业知识，在企业和行业内看来，也因此成为一种事业。

要想在餐饮服务工作中取得成功，需要员工们具备：

- 丰富的菜品知识
- 良好的人际交往沟通能力
- 各种专业服务技能
- 作为团队成员工作的能力

在餐饮服务业内工作，会有很多的专业发展和提升的机会——对于那些有志于在旅游行业和在餐饮服务行业工作的人们来说，这里提供了即将到来的能够实现个人抱负的、令人振奋的、愉快的职业生涯。

2.2 餐饮服务人员素质

专业和整洁的外观形象

你给人留下的外观形象和第一印象反映出了餐饮企业的卫生标准和对客服务的服务质量。所有员工要记住下列几项条款，并且作为个人工作守则，确保能够运用到实际工作中。

- 员工的身体要保持洁净，可以使用香体产品（但气味不要太过浓郁）。
- 使用的润肤露和香水气味不能太浓（可能会影响到给顾客上菜时菜肴的味道）。
- 要有充足的睡眠，摄取有益健康而适当的饮食。经常锻炼身体是健康的保证，能够让自己以充沛的体能面对紧张的工作压力。
- 对自己的双手更要给予特别关注。无论何时都要保持洁净，没有抽烟之后留下的尼古丁污迹，指甲保持洁净、修剪整齐。

- 男服务员胡须要剃干净，或者将胡须修剪整齐。
- 女服务员只化淡妆。如果要涂指甲油，只涂透明无色的。
- 除了针形耳环和枕形耳环以外不佩戴其他样式的耳环。
- 工装要干净、整洁，合体而笔挺，所有纽扣要齐全。
- 头发必须干净并梳理整齐。长发必须扎起或盘起，以避免掉落到食物和饮料里，并避免用手指去反复整理头发。
- 鞋子要舒适而洁净，样式要简单、平整。穿着安全、足感舒适的鞋子本身比样式更加重要。
- 上班之前要刷牙。
- 割伤和烧伤处应用防水胶带包扎好。
- 任何感冒和其他传染性疾病应立即报告给上级。
- 上洗手间、吸烟或处理完垃圾之后，要立即洗手。洗手时要使用热水和肥皂。
- 员工要尽量避免那些不良习惯，例如：用手指梳理头发，嚼口香糖或者抓耳挠腮。
- 要遵循餐饮企业的管理规定。不佩戴过多的首饰。

餐饮服务知识和技能

员工必须具备丰富的菜单和酒水单相关知识，以便可以给客人提供建议并进行推荐。另外，他们必须了解如何正确的对菜单中的每道菜肴进行服务，知道提供的配菜的样式，正确的配餐，如何修饰菜肴并进行装饰。对于酒水服务，员工要知道如何对各种不同类型的酒类和饮料进行服务，并使用恰当的器具（例如，玻璃杯、瓷杯）以合适的温度提供给顾客。

遵守时间

遵守时间观念是非常重要的。如果员工上班期间持续迟到，则表明他们对工作缺乏兴趣，对管理人员和顾客缺乏尊重。

熟悉本地情况

为了更好的给顾客提供服务，员工在工作之余应具备一定的本地常识，以便可以给顾客推荐各种形式的娱乐场所以及要到达所在地方的最佳交通方式等资料信息。

个人品行

员工要做到机智灵活、彬彬有礼、心情愉快、性情温和。与顾客交谈时要保持令人愉快的、得体的说话方式并始终保持微笑。

对顾客服务态度

招待顾客时，采用正确的服务方式是最为重要的。员工必须给顾客提供热情的服务，做到不卑不亢，应该能够预见到顾客的需求和他们希望得到的服务。服务过程中要随时保持观察顾客的需求（但不要盯着顾客看），以随时关注顾客用餐的进展情况。

记忆力

对餐饮服务员来说，好的记忆力是一份财富，在他们的工作中会起到各种帮助，使他们能够牢记顾客的喜好、在餐厅里喜欢就座的位置、喜欢喝什么饮料等。

诚实正直

在员工、顾客和管理人员这个三角体系里，在餐饮服务过程中，信任与尊重，引导着高效和良好的团队合作精神这样的工作氛围。

忠诚度

餐饮业主在雇佣和管理员工时，首先考虑到的是员工的责任心和忠诚度。

行为

员工的行为在任何情况下都要做到无懈可击，特别是在顾客面前时。必须遵守餐饮企业的规章制度，对所有资深员工表现出足够的尊重。

销售能力

所有员工都代表着企业的形象。他们在工作中的角色是推销员，因此必须掌握全部的菜品知识和酒水知识以及它们正确的服务方式，这样有助于菜品和酒水的营销以及个人销售。（更多内容，详见12.2个人销售和营销部分。）

紧迫感

在营业时间内，为了能够使得企业生意兴隆，并尽可能的获得高额的净利润，员工在工作中必须具有紧迫感。

投诉

员工要心情愉快、性情温和、举止得当、彬彬有礼、机智灵活。无论在多么困难的环境下，也不能表现出不满情绪。员工即使在工作中遇到无法解决的问题时，也绝不允许与顾客争吵，要迅速将情况反映给你的上级，由上级出面安抚顾客，纠正任何错误。记住：失去了处理顾客投诉的第一时间，只会使情况变得更加糟糕。

为团队做贡献

最为重要的是，员工应该有能力做到成为团队和部门中的一员去努力工作。

2.3 传统服务方式

在餐饮服务业内，那些传统的服务方式，随着时间的推移，就变成了约定俗成的惯例。

它们被称为“服务惯例”，并且所有的服务惯例背后都有其逻辑性。这些传统服务惯例（或者称之为传统服务规范）主要是体现在快速而有效的服务过程中。对员工和顾客来说，传统服务惯例的贯彻落实也确保了服务程序和服务流程的标准化（见1.5部分）。

传统服务惯例的具体内容和阐述见表2–1。

表2–1　餐饮传统服务惯例（传统服务规范）的内容和阐述

传统服务惯例内容	传统服务惯例阐述
始终作为团队中的成员一起工作	团队内所有的成员，应该了解并能够做好自己的本职工作，以确保整个团队顺利的、组织良好的、纪律严明的完成经营活动
安全、卫生的工作	为了保护其他员工和顾客免受伤害，避免事故的发生
从其他员工的右侧行走	每一位员工都要遵守管理规定，靠右（或者靠左）行走，以避免引起混乱，造成事故
避免手指、嘴、头发与食物直接接触	如果手指、嘴或头发等，已经不可避免地与食物接触。那么在继续服务之前，必须洗手。上洗手间之后必须洗手
伤口和溃疡处要包扎好	将伤口和溃疡处用防水胶带或药膏包扎好是基本的卫生和安全措施
做准备工作时使用工作检查清单	使用工作检查清单以确保所有的员工能够以同样的标准完成全部的准备工作。例如，内部整理、家具布置、桌布、餐巾、玻璃器皿、餐具、瓷器、调味品、装饰物、餐桌装饰品、菜单、桌号牌、桌席安排、服务桌/服务台，以及服务设施设备等

续表

传统服务惯例内容	传统服务惯例阐述
按顺序依次做好服务区域的准备工作	确保服务区域在开始服务之前工作准备到位、内部整理完毕。这样可以节省时间和接下来不必要的重复工作
工作中可以考虑使用白手套	在一些餐厅里，员工在进行各种准备工作时，戴着纯棉白手套。手套可以防止一些服务项目免遭污染，并且避免了在瓷器和抛光餐具上留下手指印的痕迹。白手套有时在服务过程中也可以使用，当服务用热的盘子盛放菜肴时，使用白手套，可以用来代替服务餐巾
示范标准餐台	摆设好一个完整的餐台（摆台），用来作为所有员工摆台的标准和参照。每套餐具的间距通常是60厘米宽
拿着玻璃杯或杯子的杯柱或杯座	这是一个卫生规范。员工在服务时不可以直接用手拿着玻璃杯的杯身或者拿着杯子的杯壁
用拇指和食指拿着餐具中间部分的一边	这是餐具最安全的拿法，可以更准确地将餐具摆放到餐桌上，也可以防止在洁净的餐具上沾上指印
在餐桌上摆放成套餐具时从里朝外摆放	这样会使得餐具摆放更容易些，中间先摆放餐垫或者垫盘，然后再从里到外摆放餐具。当摆放若干餐具时，更加有效的摆法是逐一摆放所有的餐具。例如，先摆放所有的垫盘，然后再摆放所有的餐刀等
使用标准统一的摆台	顾客用餐的类别确定下来之后，上菜的顺序和顾客用餐的过程都包括在内
用餐开始之前就摆好餐具或者摆好部分餐具	大多数情况下，顾客用餐之前，餐台上的餐具都已经摆好。但是也有特殊的情况，像餐台在用餐中变得十分凌乱，或者由于餐具不够用，从而使得摆台时餐具没有摆放到位
餐桌上的物品摆放一致	确保所有的瓷器和带图案的餐具或者玻璃器皿在餐桌上总是摆放一致并且间距相同
物品从低到高摆放	较低的物品要摆放在靠近顾客的位置，较高的物品要摆放在较低物品的后面或者旁边。物品这样摆放，顾客容易拿取，并且避免了不安全的因素
餐桌上的物品要根据顾客在用餐时所坐的位置摆放	餐桌上的物品应该摆放在顾客伸手可及的位置，例如，把柄朝向顾客等，应该方便顾客拿取
使用包括所有服务项目的检查清单	这些服务项目检查清单会确保所有的服务内容能够全部完成，并且所有的管理者和员工能够步调一致的完成这些标准化的工作
留意顾客或许他们会有额外需求	留意顾客的需求，并且时刻准备着处理顾客的额外需求，每一位顾客的视力、听力、发音、社会地位和语言都不同。还要做好处理孩童事宜的准备
点餐时使用符号标示	使用符号标示可以帮助每一位服务员明确一桌顾客中每一位点到的特定的食品和饮料

续表

传统服务惯例内容	传统服务惯例阐述
避免朝顾客俯身时靠得太近	虽然这样能够显示出对顾客的礼貌和尊重，但是要记住，不管服务员在服务时多么的干净利落，食品和饮料的味道都会依附在工装上
点餐和酒水时征询主人同意	这是礼貌常识——需要获得主人同意之后才可以给顾客提供。大型宴会，可能每一位顾客会选择自己喜欢的菜品和酒水，但通常做法是要再跟主人确认一下点餐和酒水的所有内容。这样就避免了之后可能会出现的问题纠纷
冷菜先上	当给顾客上热菜时，要提供完整的服务，顾客在享用时，不用再等待着其他的配菜和少司。同样的道理，上热菜时，热菜的所有配餐在服务时要同时提供给顾客
先提供葡萄酒	与上面一条类似。顾客希望在用餐的同时享用美酒。他们不希望在热菜变凉的过程中等待着葡萄酒的服务
使用底盘（垫盘或餐垫）	这样做有4个主要目的：改善摆台效果；使得汤盘、碗和其他的碗状餐具的服务更容易些；使得手指不用直接接触到热的餐盘；使得餐具可以与菜品一起进行服务
使用托盘或装饰盘（上面放餐巾或餐垫以防滑）服务	使用托盘或装饰盘主要有五个目的：改变菜品上菜的方式；使得碗状的餐具更容易服务，摆放的更稳定（也避免了服务员的拇指伸到餐盘里）；一次可以端放服务更多的餐盘；使手指能够与热的餐盘隔离开；使得服务用具能够与餐具一起服务
端送平盘、餐盘和圆托盘时使用手掌	这样的端法会更安全，并且确保了食物能够以最佳视觉效果呈送给顾客。这种端法也更容易些，避免了服务员在平盘、餐盘和圆托盘边缘的拇指或服务餐巾被顾客看到。如果平盘或餐盘是热的，那么服务餐巾可以垫放在下面，折叠并平铺在掌心上以便保护手
在垫盘内使用花纸或衬垫	在垫盘内使用花纸、衬垫（或者纸巾）通常可以使摆台更加美观，减少噪声并防止餐盘从垫盘上滑落。在服务甜食时可以使用花纸，热菜时可以使用衬垫
从主人的右侧开始提供服务，最后服务主人	贵宾一般会坐于主人的右侧，通常做法是逆时针服务每一位顾客，这样可以确保服务员在服务下一个顾客时是正朝着他的方向
女士服务优先	如果不影响到服务的过程，通常要这样做。特别要注意的是，不要混淆了主人是女士这种情况。主人无论是男性还是女性都是最后提供服务
银器服务食物时,从顾客的左侧提供服务	确保银器盘内的食物要靠近提供服务顾客的餐盘，以防止汤汁溅落到顾客身上。顾客也可以更近距离的观看到所提供的食品，如果可能的话，顾客可以选择食品种类，服务员也能够清晰地看到顾客的选择并提供服务
不同种类的食物分开服务	这是服务标准所要求的。可以避免不同的食物或少司之间相互串味，也避免了盛放到顾客盘中的食物外观显得杂乱无章
食物装盘协调一致	要将完整的主菜服务到顾客的主餐盘中，先要将主料放置在6点钟的位置，土豆放置在10点钟的位置，蔬菜则放置在2点钟的位置（这样做也是遵循了英国皇家盲人协会的推荐意见）。带有土豆、蔬菜和/或沙拉的主菜分开上菜时，或者按照半圆形摆放配菜时，主料要放在主餐盘的中间，土豆、蔬菜和/或沙拉单独装盘放在左侧跟上

续表

传统服务惯例内容	传统服务惯例阐述
装好盘的食物从顾客的右侧上菜	装好盘的菜肴可以用右手摆放到顾客面前，同时其他的菜肴用左手端着置于顾客的身后。如果此时发生意外，左手所持的餐盘将会摔落到地上而不要浇淋到顾客身上。装好盘的菜肴应该按照标准摆好，以便所有的顾客都能够享用到同样的美食
所有的酒水从顾客的右侧服务	玻璃杯摆放在顾客的右侧，那么酒水的服务就要在顾客的右侧进行。每一位顾客点的酒水和其他饮料，服务生使用左手端着托盘置于顾客的身后进行服务，其他的饮料，像咖啡和茶，也要从右侧服务。所有饮料也从右侧撤台
服务时使用托盘	使用托盘将食物和酒水端送到服务区域，在服务过程中撤台也使用托盘。托盘可以从餐具柜或服务桌拿取，也可以由服务助手用托盘端送食物（或撤台的餐具）
服务食品和酒水的服务桌与撤台的橱柜或餐桌要分开	确保餐厅内当服务员给顾客提供点餐的食物和酒水时或撤台时，总是有随时给顾客提供服务的人员，并监督整个服务过程。传菜和撤台这些工作可以考虑由新员工来完成，而与顾客接触这些工作则主要由经验丰富的员工来完成
从顾客的右侧撤台	可以用右手从顾客面前撤出餐盘，其他的餐盘则由左手在顾客椅子后面端着。如果出现意外情况，左手端着的餐盘即使摔落到地上，也不要溅落到顾客身上。有一个例外就是摆放在顾客左侧的配菜盘。从左侧撤换会更方便，这样就会避免在顾客面前撤换配菜盘时，将手伸的过长
服务工作完成之后，使用任务检查单，完成所需要的清洁工作	与使用准备工作任务检查单一样（见上文）。使用任务检查单完成餐后的清洁整理工作，确保每一位员工都能够以同样的工作标准完成清洁工作

2.4 基本服务技能

在下面的表2–2中列出了餐饮服务的6项基本技能。同时也举例说明了它们具体的应用方式。

这些基本技能主要在餐桌服务和辅助服务时使用。但也可以在提供其他的服务时使用，例如给顾客提供送餐服务时或在酒吧服务时使用。

如何握住并使用餐勺和餐叉

要掌握这项技能只能靠反复练习。使用餐勺和餐叉服务的目的是使得服务员能够从平盘或餐盘内迅速地将食物夹送并展示在顾客的餐盘内，见表2–2。

- 餐叉要放置在餐勺的上面。

- 展示这一技能的关键在于用小拇指和无名指固定住餐勺和餐叉的尾部。如图2-1（1）所示。
- 餐勺和餐叉使用拇指和食指、中指［见图2-1（2）］来操控。利用这个原理，食物就可以被餐勺和餐叉从餐盘内夹起。

表2-2　服务员应掌握的基本服务技能及应用举例

基本技能	应用举例说明
握住并使用一把餐勺和一把餐叉，或者其他的餐具	在顾客餐桌旁提供食品服务时使用，特别是在提供银器服务时使用，也可以在提供自助餐服务时使用
端盘子	给顾客放置餐盘和清理餐盘时使用
使用服务托盘（圆托盘）	用来端送玻璃器皿，提供茶和咖啡服务，也可以铺垫上餐巾之后服务主菜和土豆、蔬菜等菜肴
使用餐盘	用于往餐桌上端送和撤物品时使用，包括撤餐具、撤配菜盘和餐刀，清洁掉落的面包屑和料碗等
端送玻璃器皿	用手或用托盘端送干净的玻璃器皿，或者从服务区域清理脏的玻璃器皿
使用大托盘	用于端送装备工具或食品、酒水到服务区域，或使用装备从服务区域做清洁服务

- 或者说，餐叉也可以对应着要夹取食物的形状反转过来使用，例如，夹取餐包时［见图2-1（3）］。

有时候也可以使用两把餐叉服务，例如，夹取鱼柳时，这样的方式使得服务会更容易。

当从餐车上使用餐勺和餐叉服务甜食或奶酪时，或者从自助餐或服务桌边服务时，餐叉和餐勺可以分别置于两手中。

另外可以使用的服务器具还包括了服务夹、鱼铲、甜品铲、餐勺、冰淇淋勺、少司勺和大汤勺等。

（1）手法1

（2）手法2

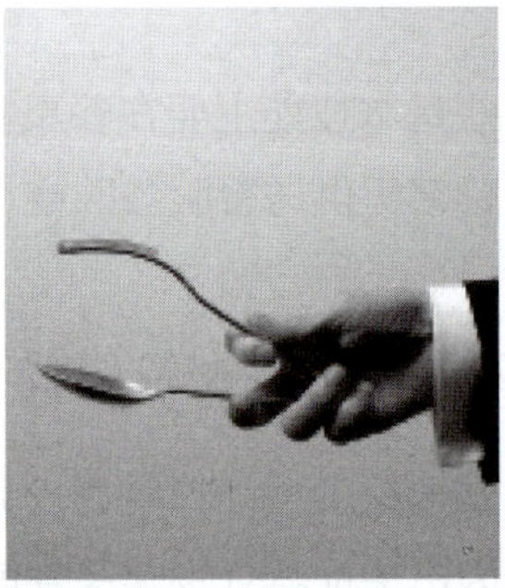

（3）手法3

图2-1　握住餐勺和餐叉时手指的位置

端盘子的手法

干净的餐盘可以用双手以叠放的方式端着，或者使用托盘端放。当干净餐盘端送摆放到餐桌上时，可以用单手端着餐盘（通常使用左手），右手则用来将餐盘摆放到每一位顾客的餐位前。如果餐盘是热的，那么左手掌内可以放置一块餐巾用来握住餐盘，右手可以使用另外一块餐巾，用来将热的餐盘握住并放置在顾客面前。

当端送一盘菜肴给顾客或从顾客面前撤台时，常常要用单手端着盘子（通常是左手），右手常用来在餐桌上摆放菜肴或从顾客的餐桌前撤台。端盘时手指的位置如下所述：

- 图2–2（1）所示的是手指在端第一个盘子时的初始位置。要小心用力以确保第一个盘子端的非常稳定，因为后续的盘子由此开始叠放。第二个盘子用第三根和第四根手指支撑在前臂部位。
- 图2–2（2）所示的是用左手端第二个餐盘时手指的位置。

为了使得撤台服务适时而高效，避免可能的意外情况发生，把给顾客造成的不便降低到最低限度，完美的撤台服务技能会使得撤台效率大为提高，在最短的时间里，以最短的路程在餐桌和橱柜或工作台之间往返。另外，规范化的撤台技能允许把脏盘整齐而安全的叠放在橱柜或工作台上。[详见6.8，图6–36（1）–（2）中内容]。

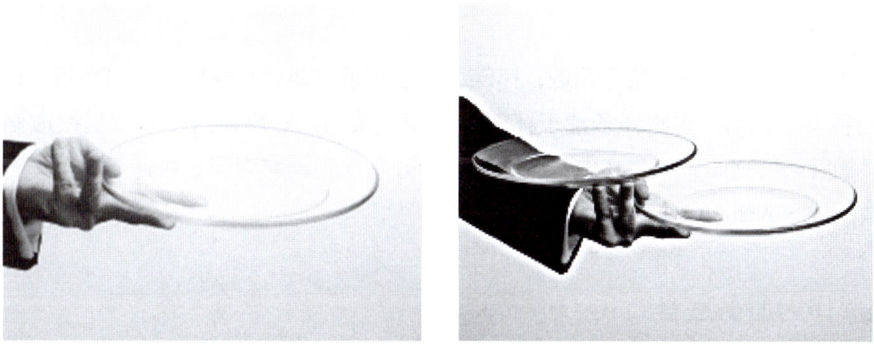

（1）端第一个餐盘示意图　（2）端第二个餐盘示意图

图2–2　当撤台和端送制作好的菜肴时（凉盘），手指的位置示意图

使用服务托盘（圆托盘）

服务托盘是圆的，通常是由银质或不锈钢制成（但现在也使用木质或塑料制成的托盘）。在托盘上放置一块餐巾（折叠平整），以防止物品在端送过程中在托盘内滑动。现在也经常使用特制的防滑垫来代替餐巾。还有一些托盘表面使用的是防滑材料制成。服务托盘可用于：

- 将干净玻璃器皿端送到顾客餐桌上，将脏的玻璃器皿从餐桌上端撤离。
- 将干净的餐具端送到餐桌上或从餐桌上端撤离脏的餐具。
- 将干净的餐具摆放到餐桌上。
- 将干净的杯子和杯碟摆放到餐桌上。
- 当用银器服务蔬菜时，要先在餐桌上摆放底盘。

端送玻璃杯

当用托盘端送玻璃杯时，应该“错误的”倒扣着，以降低玻璃杯翻倒打碎的风险。将玻璃杯放置在餐桌上时，服务员要左手端托盘置于顾客身后，右手将玻璃杯杯口朝上摆放在餐台的右上角位置。服务员服务时只拿着杯柱以确保手指不触碰到杯壁，否则指纹就会留在杯壁上。

端送干净的餐具

当在餐桌上摆放或撤走干净的餐具时，这些餐具可以放置在托盘上。这样做效率会更高、更卫生，也更安全，这比大把的握在手里也更专业。餐刀的刀刃部分应该放置在餐叉中间弓起的地方，如果还要摆放甜品叉和甜品勺时，甜品叉要放置在甜品勺中间弓起部分的地方。要这样放置的原因是，协助餐具以保持在服务托盘内的稳定。要记住，餐具的把柄部分通常都是最重的部位，这样放置餐具的方式防止了餐具在托盘内有太多的滑动。

干净的餐具在最后擦亮之后放置在服务托盘上端送到餐桌上。用拇指和食指拿着餐具的边缘摆放，为的是减少在餐具表面沾上指纹的可能性。

端送杯子和杯碟

咖啡杯和茶杯要用服务托盘端送，杯碟、杯子和茶勺要分开摆放。在将杯碟、杯子和茶勺摆放到餐桌上之前，先将杯子置于杯碟上再摆好茶勺，然后将这一套餐具摆放到顾客面前。这样的服务方式比单独将杯碟、杯子和茶勺分别摆到顾客面前要快速而安全（特别是在顾客人数比较多的情况下）。

使用银器作为服务底盘

当给顾客用银器提供菜品服务时，土豆或蔬菜要放置在餐桌上，这时候就要在顾客面前的餐桌上摆放一个平的服务底盘，用来盛放根据顾客的点餐需要而配备的，或者是一个装着蔬菜的大餐盘或者是几个小的餐盘（见6.5中的内容）。用银器作为服务底盘的目的是：

- 增加要服务菜肴的可观赏性。
- 当服务员使用餐勺和餐叉给顾客从摆放食品的餐盘里夹取菜肴，放置到顾客面前餐盘里的时候，服务员会更好的操控。
- 菜肴意外溅洒时，可以起到较大面积的保护作用，因此，不会减少菜肴的装盘呈现的诱人食欲或者全部菜肴的呈现。
- 可以让服务员增加一道抵御热盘温度的保护层，也可以防止汤汁溅到工作服上。

（更详细的关于银器服务的知识请见6.5中的内容）

服务餐盘的使用

服务餐盘就是摆在餐桌上面放置着餐巾的服务盘。在顾客用餐服务过程中，服务盘还有若干的用途：

- 在餐桌上摆放餐具或撤餐具时，可以使用餐盘。
- 清洁配菜盘和餐刀时，可以使用餐盘。
- 上完主菜之后清洁面包屑，或者在上任何一道菜肴，需要清洁餐桌的时候，可以使用餐盘。
- 提供需要从餐桌上撤配菜和配料等服务时，可以使用餐盘。

端送干净的餐具

当在餐桌上摆放和撤餐具时，可以使用餐盘来端送餐具。使用餐盘端送餐具和上述使用托盘端送餐具的原因是相同的。

清洁配菜盘和餐刀

当从顾客用餐的餐桌上撤下脏的配菜盘和餐刀时，使用餐盘服务就表示服务员的工作量很大，要将餐刀和剩余的饭菜堆叠起来。如图2-2（1）和（2）的手法端着餐盘，撤下的配菜盘可以摞叠在上面的第二个餐盘上，剩余的饭菜要单独分开堆叠在手中的餐盘里，旁边是平放的餐刀。这种做法是比较安全和快捷的服务方式，特别是给非常多的顾客提供服务时可以使用。

清洁配菜和配料

餐盘也用来清洁那些没有摆放在餐台上的，例如，调料瓶、辣椒粉、胡椒磨或其他的调味料时使用。

清洁餐桌

餐盘也常用来清理餐桌上诸如面包屑之类的掉落物。这样做的目的是清理一下桌布，使其洁净，焕然一新，再摆放好甜品叉和甜品勺，为上甜食做准备。更多的有关知识，请见6.8章节中，服务过程中的清洁工作内容。

端送玻璃杯

在提供餐饮服务时，有两种端送玻璃杯的方式：使用手拿取或放置在一个托盘上。

使用手拿取玻璃杯的方法

高脚杯放置在手指之间的距离应该越远越好。高脚杯只应该使用一只手拿取，另一只手要始终保持空闲着，在遇到突发事件时用来稳定身体。

图2–3展示的是一只手拿着高脚杯的特写图，同时也说明了每一个高脚杯底部如何重叠的拿取方法，也是一只手所能拿取的最多高脚杯的手法。手里拿着的高脚杯已经被擦拭干净，它们可以被直接拿到餐厅，摆放到餐桌上的正确位置，杯壁上没有手印的痕迹。

使用服务托盘端送玻璃杯

餐厅内使用服务托盘端送干净的高脚杯的服务方式，见图2–4。

图2–3　使用手拿取玻璃杯的方法

图2–4　使用服务托盘往餐厅端送干净的高脚杯的方法

注意托盘要放置在手掌上使用。这样做的目的是让服务托盘更容易的转动，为的是可以依次的将每一个高脚杯摆放到餐桌上。

图2–5展示了使用服务托盘从餐桌上清理脏的高脚杯的方式。第一个从餐桌上撤下的脏杯子要放置在服务托盘上离服务员身体最近的位置。一旦脏杯子被撤下，它们就要被放置在托盘上，以确保托盘上放置的杯子的重量更好的、更均匀地分布，以减少引发意外事件发生的可能性。同样，脏玻璃杯在撤台时也一样要拿着杯柱，没有杯柱的玻璃杯，撤台时要拿着底座的部位。因为这样做会更卫生，避免了手指触碰到顾客喝酒时嘴接触到杯子的地方。

图2–5　用服务托盘撤离顾客用过的酒杯

用酒杯筐端送酒杯

酒杯筐，通常是用塑料制成的，在餐厅或宴会厅中摆台时常用来盛装杯子使用。在洗碗机中将玻璃杯洗净、拭干之后可以用这些酒杯筐成批的运送。酒杯筐也可以用来盛放撤台的玻璃杯，可以放置在洗碗机内直接洗涤。

拿取和使用大服务托盘

大服务托盘常用来：

- 将菜肴从厨房端送到餐厅。
- 在包房和酒廊里使用。
- 从工作台或服务桌撤走餐具。
- 清洁餐桌时（顾客没有坐在餐桌前时）。
- 端送设备工具。

正确的握住并端送一个方托盘的方法是，将托盘纵向放置在前臂上，以支撑住托盘的重量，同时用另一只手扶住托盘。

图2-6中展示的是如何端送一个方托盘的方法。注意托盘内放置的餐具是按照一定顺序摆放的，以便使最重的物品摆放在离服务员的身体最近的托盘位置上。这样会帮助服务员保持托盘的平衡，也要注意一只手是放置在托盘的下面，另一只手在旁边扶持着托盘。

图2-6 端送装满撤台餐具的方形大托盘

2.5 沟通技巧

服务员工与顾客之间的沟通技巧在餐饮服务中起着重要的作用。其结果是，员工和顾客之间其他的互动只能排在第二位，这也蕴含着对待顾客的方式。顾客与员工之间的交流比员工之间的交流更重要。当与顾客交谈时，员工不应该：

- 与其他员工在说话，没有首先跟顾客解释。
- 打扰到顾客与员工之间的交流时，应该是先等候，直到有了能够引起这位员工注意的合适时机，在这种情况下，他们要先跟顾客致歉。
- 给顾客提供服务时，顾客之间正在谈话。
- 站在房间中与其他员工或顾客谈话。

顾客应该能够感觉到他们是被细心照顾，而不是感觉他们自己妨碍了服务工作。

更多的关于沟通技巧方面的内容，请见12.3部分中的内容。

与顾客打交道

与顾客交谈时，在不清楚顾客姓名的前提下，应该使用“先生”或“女士”的称呼。如果知道顾客的姓名，那么，就应该称呼顾客的名字，例如“斯密斯先生”或者“琼斯小姐”等。在非正式场合下，如果顾客明确的表明了可以接受的情况下，只称呼顾客的名字即可。如果顾客有头衔，那么要合理使用恰当的称呼语（更多有关信息可以参考11.4里有关称呼语部分的内容）。

招呼顾客时，可以使用像“早上好”和“晚上好”这样的问候语。其他的员工在第一次服务顾客时也要这样打招呼，例如，酒廊服务员走过去与准备坐下的顾客打招呼时。

下面叙述的是在服务过程中，在特定时间段内需要使用的沟通技巧的例子。

- **给顾客引位时：**始终按照顾客的步速引路至餐位处。
- **安排顾客落座时：**女士优先，以年龄排序，除非主人是女士。
- **接挂顾客衣帽时：**积极主动的完成。（详见12.1部分中的内容）
- **递送菜单/酒单时：**按照饭店规定的方式，依次打开菜单递送给顾客，等候顾客点菜和酒水。
- **替顾客打开并铺好餐巾时：**轻缓地打开餐巾，不要像抹布一样抖开，先跟顾客说打扰一下，再放置到顾客的膝盖处。
- **提供水或餐包时：**要说，“先生/女士，打扰一下，可以给您提供餐包吗？”
- **提供配菜服务：**只要有配菜就要给顾客提供到餐桌。如果配菜没有和顾客所点的菜肴一起提供，则通常意味着“如果你真的需要的时候，我会给你提供”。
- **服务和清洁的时候：**总是在服务或清洁之前，先说：“打扰一下”，给每一位顾客提供服务或清洁完成后，要说“谢谢”。
- **介绍菜肴和酒水时：**使用顾客能够听懂的词语，而不要使用专业术语，例如切削的蔬菜或各种款式的面包（turned vegetable or pane）。如果使用术语，应该介绍的绘声绘色，例如介绍炖时，可以用砂锅代替，介绍土豆泥时可以用奶油土豆泥（creamed potato）或者土豆泥（pureed potato）而不使用土豆泥专用词汇mashed potato。也不要使用缩写词，像简写蔬菜（veg）。
- **与顾客交谈时：**站在顾客身旁，看着顾客时才与顾客说话。

其他所涉及的一些令人愉快的人际交往的方式，在本章节中都有介绍。也可以参考12.3部分中的内容。

服务过程中突发事件的处理

当意外发生时，必须及时而有效地进行处理，确保没有对其他顾客造成任何干扰。

快速的反应能力能够及时安抚好慌张的顾客，并能够做到让顾客成为回头客。要记住的是，在顾客投诉的最初阶段，不管发生了何种情况，都应该立即报告给你的上级。如果没有直接进行处理，延误了报告的时机，只会引起不必要的麻烦，在多数情况下都会给顾客造成误解。

突发事件发生之后，必须写一份书面报告，要涉及事情发生的原因。

下面列出了一些突发事件发生时的详细处理步骤，以便能够纠正工作中的任何失误。

汤汁溅出

如果上菜过程中，有几滴汤汁或者肉汁滴落到桌布上，可以采取下列步骤进行处理：

① 立刻检查有没有任何一滴汤汁滴落到顾客身上，先给顾客道歉。

② 如果不慎滴落到了顾客的衣服上，用一块干净而湿润的布巾协助顾客擦洗脏了的地方。这样做会除掉污物。

③ 如果有必要请顾客移驾到洗衣房去除掉污迹，那么顾客的菜肴要进行保温，以便顾客回来后可以继续享用。

④ 根据滴落到顾客衣服上污迹的大小程度，饭店方面或许需要给顾客提供一件干净的替换衣物。

⑤ 如果汤汁洒落在桌布上，服务员首先要移走顾客面前所有滴落了汤汁的餐具，或者要先征询顾客的意见。

⑥ 服务员应使用湿而干净的布巾擦洗，或者使用餐刀刮除污迹。

⑦ 一份旧的菜单可以垫放在污染区域内的桌子和桌布之间。

⑧ 另一份菜单可以覆盖在桌布上的污染区域。

⑨ 将另一块卷起来的干净餐巾，展开摊放在污染区域的桌布上，桌布上覆盖的菜单起到一个防止汤汁将餐巾也弄脏的作用。

⑩ 更换顾客餐桌上撤掉的餐具时，新餐具应摆放在原来的位置上。

⑪ 放入热盘柜内的菜肴在必要时，应该退回厨房重新加工并重新盖上餐盖（见6.4部分的图6-27）

⑫ 再一次给顾客引起的不便道歉。

如果顾客不慎打碎了水杯，那么可以按照下述步骤进行处理。

① 确认顾客没有受伤。

② 如果杯里的水洒到顾客的衣服上了，那么就按照“汤汁溅出”中的步骤2及步骤3进行处理。

③ 如果可能，发生这样的事故通常都要更换桌布，这一桌的顾客都要安排到另外的餐桌就座，不要因此而延误顾客就餐，并继续提供服务。

④ 如果顾客无法移到其他餐桌就座，那么就安排顾客坐的离开餐桌一点距离，以便服务员可以进行必要的、快速而高效的清理工作。

⑤ 顾客的菜肴应该同时放置在热盘柜内保温。

⑥ 所有脏的餐具应该用托盘撤换到餐具柜台处，以便准备送至餐具洗涤处。

⑦ 所有的干净餐具应移送到餐具柜处，以备随时使用。

⑧ 应使用干净的、容易吸收水分的布擦拭桌布，以尽可能的去掉污迹。

⑨ 用几份旧的菜单，垫放在餐桌和有污迹的桌布之间有污迹的区域位置。

⑩ 应拿来一块大小合适的干净桌布，以正确的铺台布方式打开，就像备餐时候的铺台布方法一样。餐桌被盖住，所铺的桌布在朝服务员方向落下时，此时要同时撤下脏的桌布。脏的桌布应在干净的桌布铺设的同时被撤下，以便在任何时候都不让顾客看到裸露的餐桌桌面。所放置的旧菜单防止了任何污迹渗透到干净的桌布上。

⑪ 当餐桌上铺设好桌布之后，要立刻尽快地摆好餐台上的餐具。

⑫ 顾客要被请回餐桌重新就座，菜肴要从热盘柜里端送给顾客。

退回食品的处理

如果出现这样的情况，例如，一位顾客提出他点的这道由鸡制成的菜肴没有做熟，那么可以按照下述步骤进行处理。

① 给顾客道歉。

② 这道菜肴要撤下来，并送回厨房。

③ 询问顾客，可否给他或者她重新制作一份同样的菜肴或者更换成另外一道菜肴。

④ 新制作的菜肴要尽快制作好，并迅速提供给顾客。

⑤ 因为上述原因给顾客带来的不便再一次道歉。

⑥ 给顾客更换的菜肴，需不需要顾客付账，要按照饭店管理制度规定执行。

丢失财物的处理

如果出现这种情况，例如，一个服务员在顾客刚才坐过的椅子下面发现一个钱包，可以依照下列步骤去进行处理。

① 立即查找顾客是否离开了服务区域，如果他或者她还在，将钱包还给顾客。

② 如果顾客离开了服务区域，服务员要将捡到的钱包交给领班或者主管负责保管。

③ 领班或主管要与前厅接待员或者行李员联系，看看顾客是否已经离开了饭店。

④ 如果丢失钱包的顾客是住店客人，那么前厅接待员可以给这位顾客所在的房间打个电话，告诉顾客钱包已经找到，可以在顾客方便的时候归还给他。

⑤ 如果这位顾客是一名常客，那么领班或者前厅接待员应该知道在哪里可以联系到这位顾客，以便做出归还钱包的安排。

⑥ 如果顾客是一名常客，但是却联系不上，那么钱包要放在失物招领处，等到这名常客下次来的时候归还给他。

⑦ 如果没有找到失主或者没有立刻联系到失主，主管或者领班要与捡到钱包的服务员一起将钱包内的财物列出清单。主管或者领班以及捡到钱包的服务员都要在这份清单上签字确认。这份清单上必须标注出日期及在何时何地捡到的钱包。

⑧ 这份财物清单的复印件要和钱包一起交给失物招领处，失物招领处在当面与钱包内的财物进行核对之后再接收。这样有关顾客丢失钱包的后续事情就交由失物招领处来处理。

⑨ 另外一份关于钱包内财物清单的复印件要交给行李员，以便他们可以知道有关丢失钱包顾客的询问。任何索求丢失财物的人都要通过失物招领处找回。

⑩ 在失物招领处将任何财物移交给顾客之前，都要问询索取者有关丢失财物的描述和里面财物的内容情况，以确保尽可能的将其归还给真正的丢失者。失物招领处的员工还要核对财物索求者的身份证明。

⑪ 至于所有丢失的财物，上面所提到的工作步骤要尽快地实施，因为这牵连到饭店的利益，并最大限度地减少由此带给顾客的不便。在财物遗失收据上，要求顾客写明丢失财物的名称、顾客的地址和电话号码。

⑫ 所有超过3个月无人认领的财物，拾获人可以通过主管或领班申明之后成为拾获人个人的财产。

患病顾客的处理

如果顾客在餐厅内生了病，可以依照下述步骤去处理。

① 第一时间发现顾客在餐厅里感到身体不适，就要立刻通知管理者。

② 如果生病的是一位女士，那么就由一位女服务员照顾她。

③ 管理者必须征询顾客是否需要帮助。同时，他们也必须设法做出判断顾客的病情是否严重。如果有怀疑，最好拨打120急救电话。

④ 通常明智的做法是搀扶顾客到另外一个房间，观察顾客几分钟之后的恢复情况。顾客用餐的菜肴要放在保温柜里，等顾客返回后再用餐。

⑤ 如果顾客病情非常严重，应该迅速叫来医生、护士或者有急救资格的人帮助。

⑥ 之后不要移动顾客，直到医生给他或她做完检查。

⑦ 如果有必要，这个区域要隔离开。

⑧ 尽管在公众面前这是一个不好处理的局面，但不要大惊小怪，给其他顾客的服务要照常进行。

⑨ 医护人员将会建议是否叫救护车。

⑩ 如果顾客突感胃部不适，在没有用完餐之前希望离开，这时要给离开餐厅的顾客提供帮助。

⑪ 顾客剩余部分没有消费的菜肴如何付账，以及随后顾客的住店费用，应该按照饭店管理制度执行。

⑫ 面对所有的突发事件（无论轻微的还是严重的）最重要的是在意外事故记录簿上做好详细的记录。这是为将来的索赔做好准备工作。

⑬ 如果经过了短暂的时间之后，顾客又返回到餐厅并继续用餐，菜肴从热盘柜内取出之后要盖上餐盖服务给顾客，或者重新给顾客制作一份新的菜肴。

喝醉酒情况的处理

如果感觉到一位顾客酒喝多了，可以依照下述步骤进行处理。

① 如果服务员确认一位顾客是在酒精的作用下要求提供一张餐桌，尽管餐厅内有空位，服务员也可以拒绝为其提供，这种情况并不多见，但稍后可以辨别出他是否喝多了。

② 如果发现对于醉酒的顾客这种情况难以处理，那么可以让另外的服务员帮忙，协助顾客离开就餐区域（根据饭店的管理制度执行，尽量避免实行强制性措施）。

③ 如果一位顾客有喝醉酒的嫌疑，首先要经过主管的确认。

④ 那么宁可要求这位顾客离开，也不要引起其他顾客的反感。

⑤ 如果这位顾客已经消费了部分菜品，行为也没有引起其他顾客的反感，那么剩下的菜肴可以按照正常的服务方式供应，但是主管要确保不再给这位顾客提供任何酒水。

⑥ 在最后，一直要密切关注着这位顾客，一直到离开餐厅为止。

⑦ 明智的做法是将诸如此类的事件写成一份书面报告。这份报告还要交给关注此事的管理人员，以备以后万一有关此类事件的索赔所需。

不符合要求的着装的处理

如果一位顾客的穿戴没有符合饭店管理规定的要求，可以依照下述步骤处理。

① 如果一位顾客着装没有符合饭店管理制度要求，或者是冒犯了其他顾客，那么可以要求这位顾客在饭店内要穿戴适当的着装。

② 员工应该了解一些对有关文化服饰的穿戴要求。

③ 如果一位顾客拒绝按照饭店管理规定着装，那么可以请他或者她离开。

④ 如果顾客已经消费了部分菜肴，那么不管顾客付不付账，都要遵循饭店的管理规定执行，最后的裁决权由领班或主管决定。

⑤ 关于这起事件的书面报告，要由当事的服务员签字确认。

儿童的照顾方式

如果儿童是与顾客一起来的，那么如何照顾他们是由他们的父母、监护人或者陪同他们来的成年人负责。下面几个方面在照顾儿童时可供参考。

- 需要提供儿童椅/座/靠垫吗？
- 不给未成年人提供含酒精的饮料。
- 需要提供儿童菜单吗？
- 如果是从标准菜单中给儿童点的餐，要按照儿童的分量提供。
- 供给儿童“赠品”，像蜡笔、彩色画书等。
- 从儿童和其他人的安全角度考虑，服务员要关注儿童的玩耍情况。
- 应该称呼年纪大些的儿童为先生或小姐。
- 应该迅速的给儿童提供服务，这样会减轻他们父母的压力。

儿童走失情况的处理

对于报失的儿童，必须采取下面的处理步骤。

① 要得到关于走失儿童的完整描述：

- 男孩/女孩
- 姓名
- 年龄
- 最后一次出现的地方
- 穿着打扮
- 主要特征
- 头发的颜色
- 是否随身携带了物品，例如，一个玩具等。

② 迅速报告给管理人员/安全部门。

③ 对所有的进出口进行监控。

④ 检查所有的衣帽间和休息区域、游戏区域以及儿童走失区域的周围。

⑤ 在采取上述行动搜寻毫无结果的情况下，要迅速报警。

对于顾客有额外需求情况的处理

行动不便的顾客

满足需要额外照顾的顾客的额外需求，例如行动特别困难的顾客。遇到此类情况下面这些方法可以考虑使用。

- 将乘坐轮椅的顾客安排到有足够活动空间的餐桌旁边。
- 将乘坐轮椅的顾客安排在远离顾客或员工活动的区域。
- 将乘坐轮椅的顾客安排在靠近衣帽间、出口和消防通道处。
- 先将菜单、酒水单等提供给乘坐轮椅的顾客。
- 在没有提前征询顾客同意的情况下，不要移动轮椅。
- 拐杖和支撑架要放置在安全，易拿、易取的地方。
- 对于行动不便的顾客，首先要询问他们，如何给他们提供最方便的服务。这些帮助内容包括，例如，确保所有的菜品要放置在靠近顾客的位置，给顾客提供牛排/带脊骨的鱼和肉时，要提供切碎的土豆和蔬菜。

遇到盲人和弱视顾客的处理

对于满足那些盲人或弱视的顾客所需要的服务意识也很重要。下面几项在服务时要充分考虑到。

- 对待盲人顾客的额外需求，言谈举止要像对待其他顾客一样。
- 记住，盲人顾客通过触摸可以“看到”你的服务，他们身在其中，可以意识到在他们的周围发生了什么事情。
- 如果有疑问，就直接问他如何能够向他提供最好的服务。

- 即使盲人顾客不在，也不要与他的同伴谈论他。
- 给盲人顾客提供可读的菜单或酒水单。
- 优先立刻给盲人顾客点菜，轻触顾客的手或胳膊就会让顾客注意到你。
- 给盲人顾客提供不带骨的牛柳和剔净刺的鱼肉和猪肉。
- 如果有必要，给盲人顾客提供切碎的土豆和蔬菜。
- 杯子、碗里不能盛装的太满。
- 如果可以的话，使用碗来代替盘子盛装一些特殊的菜肴，但是前提是要先征询顾客的意见。
- 如果你被问到需要你介绍菜肴时，利用钟表指针所在位置介绍菜肴在盘中所在的位置，例如，肉是在6点钟的位置，蔬菜是在10点钟的位置，土豆则是在2点钟的位置。

与顾客沟通困难情况的处理

要知道与顾客沟通困难这样的状况非常难以处理，例如，顾客是一位盲人或者听力不好的客人，或者是一位不懂英语的客人。出现这些情况，下述方法可以一试。

- 直接与顾客交流沟通。
- 站在顾客的对面，让顾客可以清晰地看到你。
- 说话要言简意赅。
- 对菜肴/酒水的描述要使用简洁、准确和易懂的措辞。
- 安排顾客就座时，远离噪声多的位置，否则就会让戴着助听器的顾客感觉非常不舒服。
- 记住要将顾客点选的菜肴或者酒水复述一遍，以确认顾客点选的所有项目内容无遗漏。
- 顾客对你说话时要仔细倾听，以确信你能够理解顾客的所有要求。

处理顾客的投诉

如果在服务过程中发生了问题并且顾客提出了投诉，那么就应该采取下面的步骤进行处理。

① 不要打断顾客的陈述——让顾客述说并论证自己的观点是正确的。

② 道歉——只是针对特定问题或者是投诉本身。

③ 详细复述顾客投诉的主要内容，表示你在倾听和理解顾客的投诉内容。

④ 感谢顾客提出了投诉，引起我们对工作中出现问题的重视。这表明了你是站在顾客的角度看待这个问题。

⑤ 快速反应，按照饭店处理顾客投诉的管理规定，平和的、专业化的进行处理。

以下几点请不要做

- 发脾气

- 认为是针对你个人
- 与顾客争吵
- 说谎
- 责备其他员工或者其他部门

正当合理的投诉会给餐饮企业提供重要的反馈意见，可以用来作为改善服务质量的宝贵学习机会。

记录下来发生的意外事故

当任何意外事故发生时，最好是迅速地写下意外事故报告。基本的意外事故报告内容应该包括如下内容：

- 地点
- 日期
- 时间
- 采取的措施
- 涉及的顾客姓名、地址和电话
- 涉及的员工姓名
- 事件的性质
- 记录下来的意外事故报告要有独立的签名

所有的意外事故处理报告要保存好，如果这之后再发生相类似的意外事故，在需要时可以作为参考。

2.6 健康、安全和保障

保持一个安全的工作环境

从本质上说，安全生产是一种民事责任，玩忽职守就是一种刑事犯罪。对员工而言这种法律的含义应该是：

- 了解食品卫生法规，他们的职责是在这些法律法规监督范围之内工作。
- 任何重大疾病立即报告给上级主管部门。
- 任何牵连到食品加工处理的区域，工作都要以卫生的方式履行职责。重视食品卫生法。
- 他们自己要非常熟悉建筑内所有的逃生通道和消防通道。
- 确保消防通道在任何时刻都保持畅通。
- 参与火灾消防疏散演习和练习。
- 有责任关注自己和其他人的健康和安全，以确保在工作中能够遵循安全和健康法规。
- 任何能够引起顾客和员工伤害或疾病的危害要报告给上级或部门经理。

避免伤害事故

员工有责任去了解可能发生在工作中的能够对自己、同事和顾客造成的伤害。许多责任事故都是由于粗心大意或者漠不关心造成的。例如：

- 没有恰当的防护服，例如，一个围裙。
- 没有穿合适的鞋子（平稳而合脚）。
- 没有立即清理跌落在地面上物品里的溅出物或将物品捡拾起来。
- 没有意识到有顾客的提包放置在地上。
- 设备工具没有摆放在正确的储存位置。
- 打碎的玻璃杯或者瓷器放置到垃圾桶里之前没有将它们充分地包裹起来。
- 清洁电器设备之前忘记拔下电源插头。
- 将烟缸内的废弃物倒入带有纸张的垃圾桶内（易引起火灾隐患）。
- 使用电器设备之后，或者下班之前没有关掉开关或拔下电源插头。
- 没有细心留意自助餐餐台上的台灯或者点燃的蜡烛。
- 咖啡壶、汤盅、玻璃杯等里面盛装的太满。
- 使用杯子、玻璃杯、汤碗等盛装清洁剂。
- 没有正确的叠放托盘。
- 托盘内端放的物品杂乱无序，例如，餐具、瓷器和玻璃杯等。
- 铺设的地毯边缘翘起。
- 手推车或餐具柜的轮子损坏了。
- 没有看到顾客的手杖和拐杖。
- 因为计划不当，没有足够的“安全”空间给顾客服务菜肴和酒水。
- 缺乏从事某项服务工作的相关知识，例如，开启一瓶气泡葡萄酒的常识。

应对意外事故的处理程序

所有的员工在意外事故发生时，必须要参与到急救工作之中。意外事故发生的第一时间应该向受过专业培训并有急救资格的人士寻求帮助。

员工必须保留好在工作场所内发生的所有意外事故的记录。如果你是意外事故中的当事人或者是目击证人，你需要提供或者写下一份完整的意外事故报告。因为这个原因，明智的做法是，在意外事故发生时愈早愈好的做好详细记录。这份报告中应包括：

- 意外事故发生的地点
- 意外事故发生的时间
- 意外事故的陈述报告
- 作为目击者看到的所有细节情况
- 实施的治疗措施

发生火灾事故的处理程序

所有员工在他们的上岗培训中都要有消防演习训练课程内容。这些基本的消防演习训练内容应该与后续的基于消防灭火程序的常规培训内容结合在一起。这些培训内容包括：

- 自己工作场所的消防工作程序。
- 对顾客和员工都适用的消防演习指南。
- 工作场所内自己离消防点的最近位置（员工和顾客在着火后集合疏散的安全场所）。
- 消防通道的位置。
- 使用正确类型的灭火器去灭不同类型的火（见表2–3）。
- 发生火灾时明确自己的职责。

火警警报响起后，员工必须做到下述规定：

① 遵循建筑物内的消防疏散指示。

② 引导所有的顾客和员工迅速而冷静地撤离着火现场。

③ 要重点照顾那些需要特殊关照的顾客，例如那些行动不便的顾客。

④ 快速撤离但不要奔跑。显示出紧迫感。

⑤ 不要惊慌失措，保持头脑冷静，因为你的冷静举止会感染到他人。

⑥ 尽可能快速地赶到最近的撤离集合点。

⑦ 确保有人断后观察没有掉队的人员。

⑧ 按照建筑物内标识的消防疏散指示应急通道撤离。

⑨ 不可乘坐电梯。

⑩ 不可返回火灾现场，直到被告知安全为止。

⑪ 不要浪费时间收拾个人物品。

表2–3　灭火器及其使用方法

灭火器种类	水	泡沫	二氧化碳	干粉	卤代烷
标签颜色#	红底白色	红底乳白色	红底黑色	红底蓝色	红底绿色
电器适用性	危险——具有导电性		安全–非导电性		
适合于	固体火源	部分液体火源	电器火源	液体火源	液体火源
不适合于	油脂火源	电器火源	固体火源	很少部分	固体火源

按照欧盟标准，每个灭火器的外壳，必须标注成红色。但是每个灭火器上都会涂刷上一个色带，代表着灭火器使用的类型——表中说明的是灭火器上的色带代表着使用的灭火媒介材料。与之前使用的灭火器外壳上的彩色编码系统一致。

员工在安全和能够控制的前提下，有责任去协助灭火。

他们必须确保：

- 安全通道畅通。
- 消防器材没有被损坏或滥用。
- 禁烟条例任何时间都适用。
- 尽可能的关掉电器和煤气设备的开关。
- 为了疏散的要求，所有不使用的门窗都要关上。
- 防火门不能锁上或者楔入物品使其打开。
- 使用足够的烟灰缸来盛放烟头或火柴头。
- 了解拨打消防电话的程序步骤。

餐厅的清洁

所有餐饮部员工应该了解餐厅清洁的重要性，以降低并将灰尘、细菌和其他形式的废弃物减至最低范围。基于这个原因，考虑到安全和卫生方面的需要，开始工作时，凡涉及清洁的工作都要付出全部精力。总体上来说，日常保养会使得服务区域看起来很有吸引力，并且顾客会对餐厅留下非常好的印象。

餐厅的清洁工作应该建立在任何区域的清洁工作都必须完成的基础之上。有些清洁工作要每天进行，甚至一天要清洁两次，例如每餐服务时间之前的用餐器具的清洗和擦拭干净工作。另外的一些工作可以每周、每月，或者半年做一次。某些设备工具需要在用餐完毕之后立即清洁。

这些工作包括如下内容：

使用之后需要立刻清洁的	• 肉车 • 甜品车 • 铜锅 • 冷藏车 • 加热灯
日常清理	• 吸尘器 • 擦拭餐椅 • 擦拭服务柜台面 • 清洁铜器
每周清理	• 银器的清洁 • 挂画的清洁 • 冰箱除霜 • 擦拭门框和高处的壁架 • 清洁酒窖/餐具储藏室的地面

每月保养

- 清洗地毯
- 干洗窗帘
- 维护检查固定设备，制冷设备，冰箱，空调系统等
- 所有灯具的清洁

需要注意的几点：

- 在清洁时，手头上使用与之相配的清洁材料
- 随时保持清洁
- 所有的台面要擦拭干净
- 抹布只用来打扫卫生，而不做他用
- 使用适当而高效的卫生清理程序
- 用于清洁卫生间的物品不可再用于其他用途
- 清洁和储存设备要安全并放置在该放的地方
- 不要使用抹布擦拭菜肴出品餐台的台面
- 随时注意安全，伸手去够或者踩在椅子上去够高处的物品——应该使用梯子。

保持一个安全的工作环境

根据建筑物的自然结构，安全的工作环境有许多种考虑因素。作为雇员，员工要意识到所有的涉及自己工作环境的措施。下面是从安全方面考虑给出的一些安全要点。

- 佩戴某些可以识别出身份的徽章的重要性。
- 善于观察和报告“可疑的”人或包裹。
- 上班期间不与顾客讨论或者在工作场所之外讨论自己的工作。
- 在工作场所，无论进还是出，根据情况需要，允许检查顾客的袋子、包裹和随身物品。
- 要清楚地认识到企业的安保程序，因为有可能突然需要采取紧急措施。
- 确保对外的消防门是保持在关闭状态，但不要上锁，或者半开着。
- 确保当发出“锁门”指令时，所有的服务区域空无一人。所有的卫生间和衣帽间必须仔细搜寻过，同时，检查所有的门窗，确保它们都被关闭。
- 所有的钥匙只交给当事的领导保管。当员工需要使用钥匙时，要在使用登记簿上签字。
- 钥匙不可无人看管。
- 当处理现金业务时，所有大面额的钞票要仔细检查，所有使用支票和信用卡结账的也要如此，以防止诈骗、接受了非法钱币和伪造的信用卡。
- 请随时保持警惕性和细心观察，任何可疑的情况，立刻毫不犹豫的报告给直接上司。

遇到可疑物品或包裹的处理

所有员工对可疑物品或包裹应该时刻保持警惕性。

- 如果发现可疑物品，必须立刻报告保安部，经理或主管。
- 不要试图移动或触碰可疑物品。
- 如果可疑物品旁有顾客，尝试着小心谨慎的去确定可疑物品的主人。
- 如果能够确定可疑物品的主人，那么就要求他随身带走可疑物品，或者要求他妥善保管好这些物品。
- 如果可疑物品无人认领，那么这片区域内的顾客要被疏散，业主要立刻下达通知。

处理炸弹恐吓

必须立即采取行动，因为炸弹随时可能爆炸。因此员工应该：

- 谨记并遵循有关爆炸物方面的政策和疏散程序。
- 从接近的工作区域内疏散开。
- 搜寻工作区域以确保所有人员全部撤离，这是员工的一部分工作责任。
- 从建筑物内疏散并引导所有的顾客/员工通过最近的可用出口到达指定的会合地点。
- 清点所有人数，以保证他们每个人的安全，使得致命事故的风险最小化。

第三章

餐饮服务区域和设施设备

3.1 设计和采购事宜

在任何一家餐厅里，顾客进入服务区域后所留下的第一印象是非常重要的：每一位顾客都会对这家餐厅留下好的或者坏的印象。由那些与环境相匹配的装饰物、配套的家具和设备设施所创造出的氛围，成为餐厅设计成功的主要因素。根据造型、设计和色彩平衡的整体装修风格而精挑细选所有物品，或者根据主题的设计，这些都有助于使餐厅达到一个完美和谐的程度。餐厅内家具的挑选及布局，还有布草、餐具、小型设备和玻璃器皿等诸多物件的挑选是由多方面因素决定的，例如以下这些因素：

- 预期顾客的类型
- 企业的地点和位置
- 餐饮服务区域的布置图
- 给顾客提供的服务类型
- 可用资金情况

当为餐饮服务区域采购设备时，一般要考虑如下一些因素：

- 使用的灵活性
- 提供的服务类型
- 顾客的类型
- 餐厅设计
- 色彩
- 耐用性
- 易于维护性
- 可堆叠性
- 使用的长期性
- 可更换性
- 存储设施
- 餐具的破损率，例如，瓷器
- 外形
- 对顾客造成的心理影响
- 设备交货时间
- 可用资金及成本

餐厅服务区域是一家酒店最忙碌的地方之一，特别是在营业时间里。因此为了运营的需要，精心设计这些区域是非常重要的。部门经理要确保所有的员工熟知他们的职责所在，知道如何有效和高效的完成工作任务。

有些工作区域不直接面对顾客，这些区域叫做后勤部门区域。这些部门包括了食品储藏室、热盘柜区域和洗碗间。这些区域通常设置在餐厅和厨房之间的地方，或者设置在餐厅服务区域。这些区域在餐厅设计时是非常重要的组成部分，因为它们起着连接厨房和餐厅或食品制备区域和餐饮服务区域的作用。他们在工作中还会与其他各个不同的部门进行协作交流，因此，他们必须与各部门以及各部门的员工保持密切的联系。对这些区域精心的布局设计是必不可少的，以确保各部门的员工能够按照系统的流程完成所有的工作。这些工作区域也要组织得当，经过精心设计布局的设备要在监管之下高效率地工作。

3.2 储藏室

储藏室提供了餐饮部门所需要的为顾客提供菜品服务时所使用的所有器具，这些器具不需要从其他部门提供。例如，厨房里的肉房和饼房。储藏室（图3–1）里要完成的工作根据提供的餐别不同和餐厅的大小不同而各有不同。

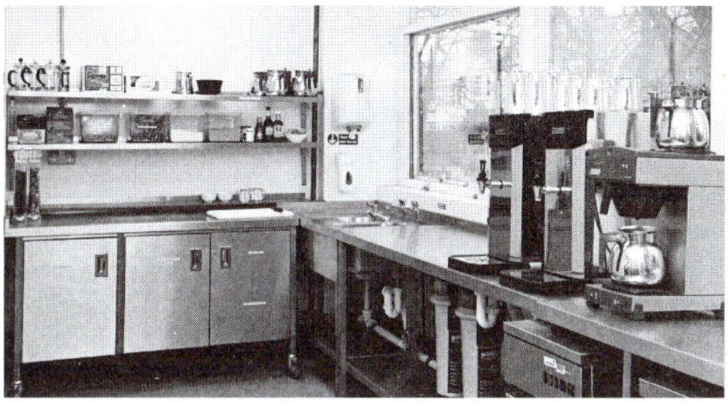

图3–1　餐厅储藏室

人员配备

在大型的餐饮企业里，由一名主管负责储藏室的工作。根据执行任务和工作的多少，下面会有若干员工在他的领导下工作。主管负责编排储藏室所有员工的考勤表以使得人尽其责，并且营业时间内所有的营业区域都配备了服务员。储藏室主管也负责从指定的干货商店订购产品，并有效地控制这些分发给各个部门使用的产品。

因为储藏室持续营业时间比较长，就需要员工轮班工作，以确保储藏室的高效运行。

储藏室设备

所有的储藏室使用的设备基本上都是大同小异。要考虑到使用足够的设备为顾客提供各种不同的食品的同时，能够确保食物得到适当的储存，制备并服务给顾客。下面举例说明的是在储藏室内可以使用到的设备。

- 用于冷藏牛奶、奶油、黄油、果汁等的冷藏冰箱。
- 制作冷饮和热饮的设备。
- 大号的带滤水板的双槽水池。
- 在储藏室内可以放得下的洗碗机，但是效率要足够高以确保设备的使用率。
- 焗炉或烤吐司炉。
- 面包切片机。
- 工作台和切菜板。
- 小型的物品，像瓷器、玻璃器皿和餐具储存的地方。
- 储存所有纺织品的储藏柜，也可以用来储存像花纸、厨房用纸、餐巾等餐厅用品。
- 咖啡研磨机，用来研磨冲泡所需要的咖啡。
- 制冰机。

食品供给

作为一项基础的工作，下述食品项目通常会由储藏室分发下去：

- 所有的饮料，像咖啡、茶、巧克力、草本茶、保卫尔、好立克、阿华田以及其他的饮料等。
- 各种水果汁：橙汁、番茄汁、菠萝汁以及西柚汁等。
- 牛奶、奶油和含奶饮料等。
- 糖类：散装糖、份装袋糖、红糖、金砂糖等，以及其他种类的糖。
- 果酱类：橘子果酱、樱桃果酱、李子果酱、草莓果酱、杏酱和蜂蜜等。从控制成本和减少浪费角度考虑，现在许多餐厅在早餐和随后的下午茶时间里都供应份装果酱或罐装果酱而不使用餐盘盛装果酱。
- 黄油：可以使用专用工具将黄油切割成小块，或者制作成卷曲形状，或者使用份装黄油均可。
- 切成片并涂过黄油的黑面包、白面包及麦芽面包等。
- 面包卷、蛋奶面包和牛角面包等。
- 其他面包：不含麦麸面包、黑面包、米饼等。
- 饼干：消化饼干、薄脆饼干配奶酪；甜饼干配早茶和下午茶及咖啡等。
- 各种早餐用谷粮类：粟米片、维多麦、什锦麦片等。在许多餐厅里，所有种类的谷粮类都是以预制好的份装供应。
- 司康面包和茶点等。
- 点心：蛋糕和三明治等。

储藏室管理

管控从储藏室流出的物品主要有两种方式：

- 如果餐厅需要大批量的物品，像黄油、白糖、果酱等，在储藏室发放它们之前，需要使用有主管签字的申领单。
- 收到服务员的领货清单，发放茶、咖啡或者其他所需要的饮料。

3.3 热盘柜

热盘柜是服务员和厨师之间工作的结合点。两者之间积极合作及良好的人际关系有助于确保顾客在品尝美味佳肴时，能够享受到高效、快捷的服务。

热盘柜里应该备齐上菜所需要的所有餐具。应该包括部分或者全部下述餐具：

- 汤盘
- 鱼盘
- 主菜盘
- 甜品盘
- 清汤碗
- 平盘
- 汤盅

盛放在餐盘内需要上菜的菜肴通常都会放置在热盘柜上保温等待端送给顾客。热盘柜（图3–2）通常是使用煤气或者使用电来加热保温，在开餐之前使用开关控制温度，以确保所有需要使用的餐具和银器在使用之前温度足够。

图3–2　热盘柜区域

叫菜服务员

叫菜服务员，就是在开餐期间负责并掌管热盘柜区域的员工。作为上菜服务员的帮手，叫菜服务员掌管着“沽清板”，沽清板上直接就会写出要告诉服务员的、菜单上的哪些菜已经售完。它要放置在一个显眼的位置上以便所有的人都可以看到上面的内容。

叫菜服务员首先从餐厅服务员那里接到点菜单。交给叫菜服务员的点菜单上面写下来的菜名必须清晰可辨，这样每道菜都不会由此而耽搁。叫菜服务员检查点菜单中顾客所点到的菜肴，确保这些菜肴菜单中都有。这样每一道菜肴就被分配到厨房内不同的部门或岗位进行制作。如果一道菜肴根据顾客点餐情况被厨房制备和烹制了，那么在服务员来到热盘柜处取菜之前，叫菜服务员安排这道菜肴制作完成就显得非常重要了。这样对准备上菜的服务员来说就确保了没有耽搁太多的时间，或者对于顾客来说他是在等候下一道菜肴的上菜。当菜单中每道菜肴上完之后，菜单就会放置在质管箱里。质管箱要上锁，只有质管部的员工为了核查的需要才可以打开此箱，这份菜单与交给厨房的菜单和交给收银的菜单一样都是该菜单的副本。

随着现代化的EPOS系统（电子点餐系统）的使用，电子点餐可以从餐厅内直接到达厨房内的各个部门，叫菜服务员起到了协调各部门菜肴同时送到热盘柜处的作用。在递送给传菜服务员之前叫菜服务员要检查菜肴的质量。

然后质管部需要使用EPOS系统管理销售和收入相关信息（无线点菜与通讯管理系统，请见6.4部分图6–20）。

热盘柜服务用语和专业术语

为了确保任何菜肴没有耽搁的送到热盘柜处，叫菜服务员要叫菜，以使得厨房能够留出足够的时间对菜肴进行切配、烹调和装盘。各种各样的厨房专用词汇就是用来提醒工作在厨房内不同岗位上的厨师开始准备制作某些菜肴。由于来自于不同国家的厨师在一起工作，现在许多厨房内都使用唯一一种特殊的厨房语言，这种语言通常都是所在国家的语言。例如在英国使用英语。所有的员工需要掌握自己饭店内使用的这套术语。

这些传统的厨房用语包括：

- *Le service va commencer*：通知厨房开始制作。
- *Ca marche trois couverts*：告诉厨房桌上餐盖的数量，这里指三个餐盖。
- *Poissonnier，faites marcher trois soles Veronique*：通知鱼档需要准备制作菜品的数量，这里的例子是顾客点了三份维罗尼克式鳎鱼（sole Veronique）。
- *Poissonnier，envoyez les trois soles Veronique*：当服务员在热盘柜处需要起菜时，叫菜服务员需要叫菜。这里的例子是告诉鱼档需要制作三份维罗尼亚式鳎鱼。
- *Oui*：部门厨师长对叫菜服务员点到的菜肴的确认答复。
- *Bien soigne*：这个词组是叫菜服务员在顾客正常点的菜肴上菜之前有额外的需求时的用语。
- *Depechez-vous*：这个词组用来催菜。
- *Arretiz*：表示取消点菜。
- 食物需要烹调到特别的程度时，使用下列术语：

  —*Omelette baveuse*：蛋卷里面的鸡蛋不要做熟。

  —铁扒牛排：

  （a）bleu：（三成熟）表面变成褐色，里面是生的。

  （b）saignant:四成熟。

  （c）a point：半熟

  （d）biencuit：全部做熟，全熟。

不管使用什么样的工作方法，为了更精确地领会在热盘柜岗位的工作和酒店的工作，所有在岗员工都应该熟知这些专用词汇，以确保快捷而有效的给顾客提供优质服务。

3.4 洗碗间

洗碗间的位置要必须选好，以便使得员工从餐厅到厨房的路上可以快速的、高效率的工作。服务员应将脏的托盘在服务区域内先摞起来，同样尺寸的餐盘放置在一起，餐刀堆放在一个餐盘里，刀刃端放置在餐叉拱起的位置。

所有没有沾染上油污或者油脂的玻璃器皿应该分开洗涤，通常是在吧台清洗。

当服务员从餐厅进入储藏室时，洗碗间应在最靠外的位置。在这里放下所有的脏盘子，按大小不同摞好，将所有的刀叉等餐具放置于特制的餐具筐或容器里以备洗涤。服务员必须将所有餐具碎片放置到垃圾桶里或者破碎物品收集箱内。所有使用过的纸张，例如餐巾纸、花纸或厨房用纸应放置于单独的垃圾桶里，以便可以回收资源。

洗碗的方式

餐饮企业里有4种主要的洗碗方式，概括如表3–1所示。

表3-1 洗碗方式汇总（由康纳餐饮管理公司提供Croner'S Catering）

洗碗方式	说明
人工洗涤	使用手工或使用刷光机洗涤脏的餐具
自动洗碗机	脏的餐具装入架子筐内，由使用者放置在洗碗机上通过洗碗机自动清洗
链传式洗碗机	脏的餐具放置到安装在洗碗机里的链条上，由使用者操控通过洗碗机自动清洗
篮传式洗碗机	脏的餐具收集在一起，由使用者清理、分类、摆放在不同的筐子里，传送到洗碗机里清洗

人工洗涤

脏盘子放置到加有清洗剂的热水槽中。洗涤之后，盘子要放置在线筐里，浸入第二个放有干净的、温度大约75℃ 的热水和消毒液的水池内。线筐在浸泡两分钟之后捞出，将餐具控干。如果水中的消毒液保持在75℃，捞出后的瓷餐具将会自动干燥，而不需要使用布拭干，这样会更卫生。干燥之后，餐具要依据尺寸大小摞起来放，放置在层架上以备使用。

自动洗碗机

许多较大规模的餐厅都会使用洗碗机。这些都是必须的，因为餐具的使用率非常高。洗碗机使用说明书通常都会由生产厂家提供，连同如何使用清洗剂及使用数量方面的详细资料。应该严格按照这些使用说明进行操作。

餐具放置到线筐内之前要将废弃物清理干净，之后线筐就可以送入洗碗机内，餐具依次经过清洗、漂洗、消毒。传送出来之后，餐具要被拿出控干2~3分钟，然后就可以摞放起来，并放置在层架上以备使用。与手工洗涤相比较，经过自动洗碗机洗过的餐盘不需要使用干布拭干。洗碗机新开发的型号包括了餐具自动传送以及链板传送方式，如表3–1所描述。

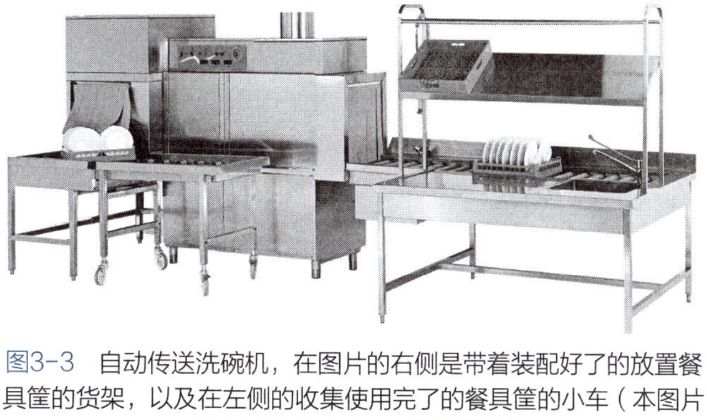

图3-3 自动传送洗碗机，在图片的右侧是带着装配好了的放置餐具筐的货架，以及在左侧的收集使用完了的餐具筐的小车（本图片由Maidaid-Halcyon公司提供）

3.5 色彩与灯光

色彩

对于众多潜在的顾客来说，餐厅的环境可以在给顾客心目中留下价廉物美、物超所值方面做出很大的贡献。适合快餐运营的那些色彩不会适合餐饮业里餐厅的运营氛围。在酒吧墙上或许可以找到明亮的浅色灯光，但是餐厅区域内的墙上最好使用可调光源的暖色灯光，因为这样可以给顾客营造一个更放松以及更友好的气氛。色彩也有助于给顾客带来清洁卫生的感觉。

在餐厅内使用色彩的搭配也会反映出经营的特点。还必须要考虑到的是餐厅中的色彩也会关联到所呈现给顾客的菜肴上。对于呈现给顾客的菜肴，色彩搭配通常也被确认为能够起到锦上添花的作用，这些色彩包括：粉红色、桃红色、浅黄色、淡绿色、米黄色、蓝色以及蓝绿色。这些色彩会影响到盘中菜肴的自然色彩。

正如装饰和灯光起到的重要作用一样，餐桌上的装饰品也需要认真挑选：装饰布、餐巾和餐垫都会让餐厅的氛围变得更加吸引人。

灯光

经过精心设计的灯光如果缺乏系统的规划很容易损坏，因此在餐厅灯光设计初期，要一起考虑这两方面的因素。

现代灯光设计往往倾向于将灯光系统设计的功能齐全。通过这套系统，餐饮服务区域在午餐时间段内灯光可以使用明亮的聚光，在晚餐时灯光则可以变成更加漫射的散光形式。这套灯光系统的另外一个优势是可以变化灯光的色彩，以用于餐厅内的特殊场合。餐厅在灯光设计上可以有多种选择。三种主要的光源分别是低压射灯、吸顶安装的节能灯以及LED灯。

低压卤素灯的灯光是暖色调的，但是与同等功率的节能灯比较而言功效低下。但它们可以很容易地安装在特定的地方，像特殊的桌面或者特别的区域之类的地方。低压分色灯克服了在使用白炽灯时发现的有许多色彩偏差的问题，当光线变暗时会发出黄色的光线。卤素灯的另外一个缺点是灯泡会发热。

节能灯的一大优势是可以降低用电的成本，但是却因为光照度呆板和毫无生气而广受诟病。食物如果使用蓝白色灯光照射会使人食欲大振，但是蓝白色的灯光也使得温馨、浪漫的就餐氛围逊色不少。因此，通常餐厅内都不会使用，况且蓝白色灯光不易聚焦也不易控制。

LED灯光相比较而言是一种新的光源。最初是作为低能耗光源，用在电视机和其他电器设备中作为低温报警灯来使用的，现在则是作为普通的光源被广泛使用。它的优势是数量繁多。它产生鲜明的定向灯光，最适合用于增强某些特定产品的亮度。LED灯有超长的使用寿命，通常可以使用十万小时以上。灯光的颜色根据输入的电压不同可以瞬间有不同的变化，因此一组LED灯可以产生多种不同的颜色或者混合色。使用时不发热的特点可以在顾客能够接触到灯具的地方安全使用，例如，可以使用一串LED灯在地板上从下方照明。

通常管理者需要考虑在低的运营成本和低能消耗的灯具以及需要低压卤素灯的出色的灯光质量和LED灯光之间取得平衡。这种平衡需要从全部照明系统的安装和运营成本的预算情况一起考虑。

餐饮服务区域需要使用比正常情况下更多的装饰性的灯光设计。其中照明灯光要占据主导地位，厨师制作菜品、服务员上菜、顾客享用所点选的菜品时都要给予适当的灯光。照明灯在数量上差不多要达到整个餐厅照明系统的75%左右，在餐厅里，有两个基本的区域需要照明：餐桌和包间。将装饰灯和照明灯相结合的目的是可以尽可能的降低成本。

当餐桌照明的灯光从天花板上照射下来，并从表面反射回去时，这种灯光效果最能取悦顾客。卤素灯可以更好地达到这个目的。但是，一定要小心，确保使用的灯泡不要发出太刺眼的灯光，因为这样的话，与餐厅内灯光照射不到的地方之间会形成明显的对比。餐桌上一尘不染并晶莹明亮的银器、玻璃器皿和餐具，或者酒廊里反射着亮闪闪灯光的桌面，都会闪烁着淡淡的光泽，与吸顶灯一起相互补充，相得益彰。布置这些顶灯的位置非常重要，要确保灯光是照射在餐桌上，而不能照射到顾客的头上。将灯光照明系统设计在餐桌上方，可以增强就餐的氛围并渲染气氛，这些灯光系统还应包括蜡烛、煤气灯、罩灯等。这些低亮度光源最令人称道之处在于，它们作为筒灯灯光照射不到的地方的补充光源，能够减少顾客区域的阴影面积。

餐厅内的功能灯设计必须达到如下要求。

- 天花板和墙上的直射灯应根据房间的面积大小朝向顾客方向，朝向能够特别吸引顾客眼光的装饰物品，像照片和旧的橡木横梁。低压分色灯最适合用于这个目的。
- 灯光不应该设计成减弱顾客就餐的气氛，在餐厅内灯光亮度和黑暗区域之间形成对比，餐桌桌面吸引了大部分灯光的同时使得天花板和高处的墙面变暗了。
- 对于餐厅内特色功能区域来说，例如自助餐区域或者自助沙拉吧区域来说，美轮美奂的灯光设计是必需的。

餐饮服务区域需要丰富而美观的装饰和各种各样功能的灯光，更加明亮的灯光则会下意识的暗示顾客要快速的用餐并早点离开餐厅，因此，建议在顾客盈门、生意特别繁忙和需要快速翻台的餐厅内使用。

3.6 酒吧

酒吧可以坐落在餐饮服务区域内，分发并服务其他含酒精类饮料给要消费的顾客，或者在酒廊里售卖。但是在许多餐厅里，因为规划布局的原因，葡萄酒和其他含酒精类的饮料在用餐消费时，有时要到餐厅之外的酒吧处取回——也就是说，酒水要从一个公用酒吧取回到餐厅。分发的所有饮料必须进行核查和严格控制（见6.4部分和12.7部分）。

酒吧设备设施

为了高效地服务顾客所需要的所有形式的葡萄酒和饮料，酒吧应该有制作鸡尾酒、醒酒、服务酒水、制作不含酒精的水果鸡尾酒等所需要的所有设备和工具。这些在酒吧内应该包括的设备设施描述如下。

主要的设施设备

- **鸡尾酒调酒壶：**用来混合原材料的完美器皿，不是通常意义上的通过搅拌将原材料混合在一起。该器皿由三部分组成。
- **波士顿调酒壶：**由两个圆锥体型的部件组成，一个部件与另外一个部件重叠在一起以密封住调酒壶内的混合液体不外泄。调酒壶可以是不锈钢、玻璃或镀银材质。调好的饮料要使用过滤器过滤。
- **调酒杯：**像一个没有把手的玻璃罐，但边上有唇缘，用来混合透明的不包含果汁或奶油的饮料。
- **过滤器：**过滤器有许多种类，最流行的是霍桑过滤器。这是一个在边缘上缠绕着一圈弹簧的扁平勺样式的器皿。用来放置在雪克壶上和调酒杯上，将调配好的饮料中的冰块过滤掉。还有一种特制的过滤器可以在榨汁机和搅拌器上使用。
- **吧勺：**在调配鸡尾酒时与调酒杯一起使用。扁平的一端在制作某些饮料时，可以用来将糖和薄荷弄碎。
- **榨汁机和搅拌器：**用来制作需要将水果制成浆的饮料时使用。
- **奶昔机：**用来制作不需要液化的饮料，特别是那些含有奶油和冰淇淋的饮料。如果需要加入冰块，只能加入碎冰。

其他酒吧用品

包括有：

- 各种酒杯
- 冰桶和冰桶架
- 酒篮
- 水壶
- 比特酒：桃味、橙味
- 安格斯塔苦精
- 菜板与刀
- 洗涤水槽
- 冰箱
- 制冰机
- 玻璃杯清洗烘干机
- 奥普力克量杯/烈性酒量杯
- 量酒器
- 冷却架

- 杯垫
- 瓶塞器
- 碎冰器
- 小冰桶和冰夹
- 碎冰机
- 吸管
- 鸡尾酒搅棒
- 醒酒器
- 葡萄酒和鸡尾酒/饮料单
- 色糖
- 擦杯布、餐巾和服务餐巾
- 开瓶器
- 棉布和漏斗
- 柠檬夹
- 调酒棒
- 过滤器和漏斗
- 服务盘
- 酒刀和雪茄刀（如果允许吸烟的话）
- 保温箱
- 热饮机
- 榨汁器
- 小搅拌器

酒吧用调配料

包括有：

- 橄榄
- 辣酱油
- 盐和胡椒
- 豆蔻
- 安格斯拉特苦酒
- 砂糖
- 鸡蛋
- 薄荷
- 橙子
- 椰奶
- 黑樱桃酒
- 美国辣椒汁
- 桂皮粉
- 丁香
- 方糖
- 金砂糖
- 奶油
- 黄瓜
- 柠檬
- 青柠
- 咸味坚果/香脆味
- 酸黄瓜

图3-4 （1）酒吧调配鸡尾酒使用的器皿

①—调酒壶 ②—波士顿调酒壶 ③—调酒杯和吧勺 ④—霍桑过滤器
⑤—罐内过滤器 ⑥—小搅拌器 ⑦—吸管 ⑧—刨冰器 ⑨—榨汁器 ⑩—冰桶和冰夹

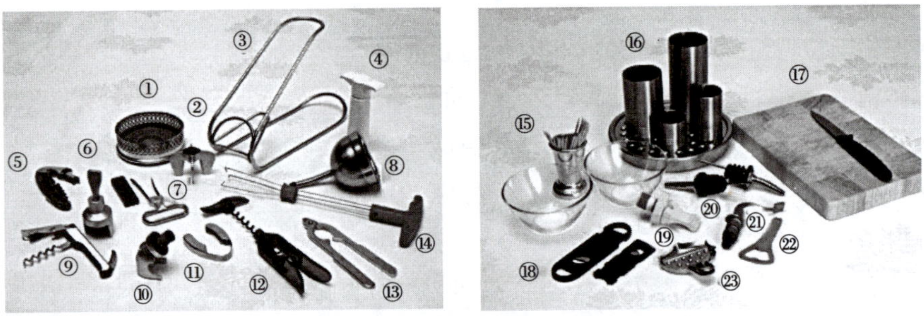

图3-4 （2）吧台使用的器具

①—瓶托 ②—香槟酒启 ③—酒架 ④—抽真空塞 ⑤⑦⑨⑬—酒启
⑥⑩—香槟酒塞 ⑧—斟酒漏斗 ⑪—酒瓶箔切割刀 ⑫—香槟酒启
⑭—软木塞拔出器 ⑮—开胃小吃碗和牙签盅 ⑯—量杯连滴水盘 ⑰—菜板与刀
⑱—雪茄剪 ⑲㉑—瓶塞 ⑳—倒酒器 ㉒—开瓶器 ㉓—小号压汁器

酒吧经营策划

开设任何一家酒吧时，有某些物品是必须要用到的。当策划一家酒吧或者组建一家用于特殊场合的临时酒吧时，有几方面的因素要认真考虑，这些因素如下所述。

选址

酒吧选址是最主要的因素。在此位置上，酒吧要达到最大化的销售量。

吧台区域

要给酒吧服务员留出足够的工作区域和四处走动的面积或空间。从吧台到后面的酒架和酒水展示柜之间最少要留出1米（3英尺3英寸）的间距。

酒吧布局

酒吧布局一定要经过深思熟虑，在最初的设计阶段，吧台布局里要设计出足够的储存空间，像货架、酒柜、酒架，满足用于所有的库存需要和设备设施的需要。每件器皿工具都要取用方便，这样吧台员工在工作中不需要忙乱的走来走去，而无法给顾客提供更快速更高效的服务。

图3-5　吧台后部装修布局（本图由威廉姆斯制冷公司提供Willmas Refrigeration）

上下水和用电

用于清洗酒杯的冷热水是必不可少的。还有用于冷却架、冰箱和制冰机等必须的电源。

安全与卫生

必须非常小心的观察以确保酒杯内使用的原材料符合卫生和安全的标准。酒吧地面要使用防滑材料。酒吧吧台使用的材料要适合于总的装修风格并使用耐磨材质。容易擦拭并且没有锋利的边角部分。吧台的平均高度大约为1米（3英尺3英寸）并且宽度（穿过吧台到服务区域）约为0.6米（20英寸）。

3.7 家具

餐厅使用的家具等设施必须按照餐厅实际需要进行选择购买。各种家具等设施列表见表3-2。

表3-2 餐厅家具设施列表

摆放形式	家具设施描述
随机摆放	放置在一个指定的服务区域内，非特殊样式的、独立的家具
随机组件	放置在一个指定区域内的从独立样式的家具到定做样式的家具，可以使用或者不使用隔断，用来将大的区域分割成许多小的区域部分
卡座隔断	固定的座位（长椅），通常是高靠背椅子，用来创建出一个有安静环境的区域
高密度的座位	家具按照最小尺寸制作，通常是固定样式的，放置在一个给定的区域内，用来创建出最大化的座位数
组合式	餐桌连着座位，椅子连在一起，有些是固定在地面上的
原位置	顾客所在的区域不是用来就餐的设计。例如在飞机上，在医院的病床上等
酒吧和酒廊区域	顾客所在的区域最初的设计不是用于餐饮服务的目的

（图表根据康纳餐饮管理公司提供Croner's Catering）

使用材料及涂饰

使用不同的材料，设计制作并经过精心布局摆放的餐厅家具，可以使餐厅服务区域的氛围和整体外观富于变化而各具特色，用来适应不同的场合所需。

餐厅内可以使用各种类型的木材和木纹装饰制成的家具，每一种家具都可以与特定的装饰物融合在一起。木质家具材质坚硬，耐磨损，抗污迹。在大多数的餐厅里都可以使用这种流行的材质来制作餐椅和餐桌。但是这类家具不适合在食堂、员工餐厅和自助餐厅内使用。

尽管木材一直用来作为家具的主导材料，但是更多的金属材料（主要是铝、黄铜和镀铝钢）逐渐被用来制作餐厅家具。铝重量轻，经久耐用，可以用来制成各种各样的家具，它们容易进行清洗，而且价格适中。现在，木制台面金属基底的餐桌连同轻量化金属框架结构与塑料材质的椅子面及靠背组合而成的椅子市面都有售卖。

在许多自助餐厅或员工餐厅内都使用由防火胶板或塑料涂层制成桌面的餐桌。这些餐桌非常容易清理，经久耐用，可以不使用桌布。这些餐桌的桌面五颜六色，可以适合各种各样的就餐环境。在这些餐厅里，餐垫常用来代替桌布使用。

椅子

椅子的需求数量巨大，款式、材质以及颜色要适合各种情况和各种场合的需要。因为椅子的种类繁多，高度和宽度也各不相同，但是作为一个使用指南，椅子面通常离地面高度为46厘米，从地面到椅子背的高度大约为1米，椅子面从前到后的深度为46厘米。

塑料和玻璃钢现在也被广泛地用来制作餐椅，这些材料可以非常容易的用模具一次成型，将椅背做出适合身体轮廓的造型。而桌腿则通常使用金属材料制作。它们的特点是坚固耐用、易于清洁、重量轻、可以叠放、颜色丰富、种类繁多、价格相对便宜。对于高级酒店和餐馆来说，这些椅子常用于酒吧、酒廊和员工餐厅之中。

购买椅子时要考虑到的主要问题是尺寸、高度、形状和对座位的要求。例如，卡座（固定的长椅，见图3-6）、扶手椅、直靠背软椅等，给了顾客可以挑选座椅的选择。记住，我们购买椅子时，椅子的高度必须要有足够的空间，让顾客坐在餐桌前就餐时可以感到非常舒服。皮革和呢绒比PVC或人造纤维更适合制作餐椅，后者往往让座位和靠背不舒服。

图3-6 由传统座椅和卡座组成的餐厅区域（照片由英国顿可·尹柯餐厅提供Dunk Ink UK）

餐桌

餐桌主要有3种类型：圆桌、方桌和长方桌。一间餐厅可以是这几种餐桌的组合，以给顾客多样化的选择，或者根据餐厅的形状和所提供服务的风格，将所有的餐桌都选取一个样式。方形或长方形餐桌可以坐4～6人，也可以将两张餐桌合并在一起以安排更多的顾客就座。

或者将更多的餐桌合并在一起，用来给顾客要求的特殊午餐、晚餐和婚礼等宴会形式提供服务。

要将这些餐桌正确的组合成各种形状的宴会造型，可以充分地利用餐厅场地面积并能够在最少的空间内最大限度的安排顾客的餐位数量。桌面上可以放置一个塑料泡沫垫或者一个绿色台面呢绒，用来防止烫坏桌面并防滑，这样桌布就不会因为铺设在光滑的木制桌面上而滑落。这两种覆盖物也防止了在餐桌上放置餐盘和餐具时发出声响。作为使用指南，餐桌大体上有下述尺寸。

方形桌

- 边长75厘米（2英尺6英寸）的方桌可以坐2人。
- 边长1米（3英尺）的方桌可以坐4人。

圆桌

- 直径1米的圆桌可以坐4人。
- 直径1米52厘米的圆桌可以坐8人。

长方形桌

- 1米37厘米×76厘米（4英尺6英寸×2英尺5英寸）可以坐4人，组合扩展开之后可以用于大型的宴会。

边桌（服务桌，餐具柜）

这种样式和设计的边桌（服务桌），每家餐厅各有不同，使用它们的根据是：

- 服务方式和所提供的餐饮服务
- 一个工作区域内服务员工的数量
- 一个工作区域内服务餐桌的数量
- 预计可以使用的设备设施的数量

边桌的优势是尺寸小，可携带，所以需要时可以非常容易的移动位置。对于边桌来说如果太大会占用一定的空间，这些空间可以用来安排更多的顾客就座，在一些餐厅里，当服务顾客和清理餐桌时，会使用小型的边桌，也会使用托盘架（可折叠移动式托盘架，如图3-7所示）。

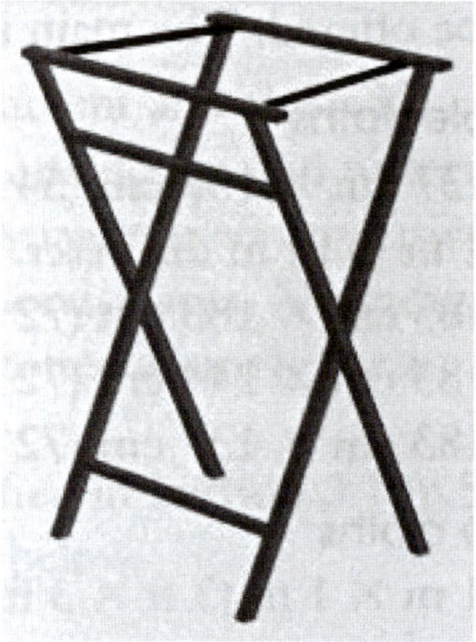

图3-7　托盘架

制作边桌的材料可以使用餐厅装修时剩余的原材料。边桌的桌面可以使用耐热材料，这样桌面就可以反复清洗。边桌使用完之后可以完全清空，或者放入仓库储存好待到下一次再使用。在一些餐厅里，服务员负责管理他们自己服务区域内的设施设备。如果边桌在使用之后需要入库储存，那么要连同所使用的桌布一起储存。这样，在此种情况之下，边桌里要装备好服务员服务区域内所需的所有物品或者摆台所需要的所有物品。

边桌内实际储存的物品数量首先依赖于边桌的构造——层架的数量和放置餐具的抽屉的数量等。其次要根据所使用的菜单的类型和提供的服务类型。因此各家餐厅内所使用的边桌内储存的物品都各有不同，都是能够适合于自己的需要和服务的方式以及摆台的要求。建议

图3-8　边桌（服务桌）（照片由英国Euroservice公司提供）

每家有特色的餐厅里所有制作的边桌风格要相互协调一致。

如果是这样设置的话，员工在工作中通常会习惯性的在某一个位置找到某一件所需要的物品，这种方式有助于给顾客提供更快捷的服务。

3.8 布草

目前餐厅内使用的布草品质多样，从质量最好的爱尔兰亚麻布和纯棉布到化纤材料，例如尼龙和人造丝。使用的布草类型将决定着餐厅的等级，顾客的类型和所涉及的价格，以及菜单的风味，提供的何种服务等。餐厅内使用的布草主要的种类简述如下。

桌布

- 137厘米×137厘米（54英寸×54英寸）适合于在边长为76厘米（2英尺6英寸）的方桌或直径为1米（3英尺）的圆桌使用。
- 183厘米×183厘米（72英寸×72英寸）适合于边长为1米（3英尺）的方桌。
- 183厘米×244厘米（72英寸×96英寸）适合于长方形的桌子使用。
- 183厘米×137厘米（72英寸×54英寸）适合于长方形的桌子使用。

装饰布

- 1米×1米（3英尺×3英尺）适合于覆盖有些污迹的桌布。

餐巾

- 如果是亚麻布的，46～50厘米（18～20英寸）方巾。
- 如果是纸巾的，36～42厘米（14～17英寸）方巾。

自助餐台用桌布

2米×4米（6英尺×12英尺）——这是最小尺寸值，长桌布可以用于更长的餐台。

服务员用布巾或服务巾

- 在工作中服务员用来隔热和用来保护工作服的洁净时使用。

擦拭餐具用服务巾（茶巾和玻璃巾）

- 这些布巾是用来擦拭那些经过洗涤的餐具，茶巾在擦拭餐盘时使用，玻璃巾用来擦拭玻璃杯。它们的材质最好是使用亚麻或者纯棉制成并且不脱绒毛。

布草的使用与管理

布草在餐厅里使用时要专物专用，不可以用来清理卫生，因为这样做会在布草上留下清洗不掉的痕迹，以至于无法再继续使用。

布草应放置在垫有纸张的层架上，依次分门别类的摆放好，摆放时要将折痕朝外，以利于计数和管理。如果布草没有储存在橱柜里面，那么要覆盖好以避免落上灰尘。

干净布草的领用通常需要供应部负责人在领用单上签字。剩余的布草通常由餐饮部保存，以备不时之需。

在每一餐服务工作结束时，应该先清点脏的布草数量，做好记录并送返签发部门，以换回干净的布草。因为布草洗熨的成本非常高，如果一块桌布只是有一点污迹，可以在其上铺上一块装饰桌布进行遮挡，以使得服务工作能够尽善尽美地完成。

一些一次性布草，包括餐巾、餐垫和桌布，可以选择不同的颜色和质地。还有一些桌布在中间带有一层薄的聚乙烯涂层，可以防止所有洒落的汤汁从一面渗透到另一面。尽管这样的一次性布草价格或许有些高，但对比洗熨布草更高的成本来说还是有许多优势的。关于一次性布草的更多的相关信息，请看3.12部分中的内容。

3.9 陶瓷餐具

陶瓷餐具必须与餐厅总的装饰风格相吻合，同时也要与餐桌上其他的餐具相互协调。一家餐厅从控制管理的角度考虑，通常会使用相同设计和风格相近的陶瓷餐具，但是当餐饮部有几个不同的餐厅时，最简单的控制管理方法是每一个餐厅都使用不同的设计和风格的陶瓷餐具。现在，生产厂家都会生产各种样式和风格的系列化的陶瓷餐具，并保证长达十年的供货期，为的就是使得餐厅随时可以替换那些破碎的餐具。

当购买陶瓷餐具时，以前常见的一些观点见3.1部分内，应该谨记。其他方面需要考虑到的内容可以参考如下所述。

- 每件陶瓷餐具都应该有一层完全覆盖的釉面涂层以确保其适当的使用寿命。
- 陶瓷餐具的外沿应该有一个卷边以增加边缘的厚度（记住卫生最重要——有缺口的餐具可以藏匿细菌）。
- 图案应该刻画在釉面之下而非在釉面之上。因为这需要增加一层釉面并经过高温烧制。在釉面之上的图案会很快地磨损和掉色。图案在釉面之下的餐具价格更贵些，但使用寿命会更长些。

- 陶瓷餐具必须可以在高温洗碗机内清洗。

一些陶瓷餐具制造商在餐具的底面上刻印上了制作的年月日。因此餐具的使用寿命可以精确的确定下来。适用于餐饮行业而生产的陶瓷餐具通常被称呼为“酒店用品”，生产商也趋向于在其生产的饭店用品上做出商标印记以彰显自家产品的强度或耐用性。

一些著名的商标是：

- vitreous
- vitrex
- vitresso
- vitrified
- vitrock
- steelite
- ironstone

餐饮业中使用的陶瓷制品

在餐饮业中使用的陶瓷制品种类繁多。尽管这里都叫做陶瓷用品（本书也是如此），从传统上讲所有的釉面餐具都叫做瓷器，它们包括了：

- 服务用餐具：例如，餐盘和汁碗，以及服务平盘等。
- 杯子和碗，例如，茶杯和咖啡杯，汤碗和甜品盅以及其他各种餐具等。
- 凹凸餐具，例如罐和瓶之类。

陶瓷餐具的种类

骨瓷

非常细腻、硬度非常高的骨瓷餐具价格也非常高。餐具上的装饰图案都封在釉里面。生产商还可以根据餐厅需要制作出各种厚度规格的骨瓷餐具，对于一般的饭店来说，骨瓷餐具过高的价格使得它们被摒弃在日常使用的普通餐具之外，只有少数豪华饭店和餐厅使用骨瓷餐具。金属化的骨瓷餐具是专门为旅游行业开发的。它包含着添加的金属氧化物，使得这种骨瓷比普通的骨瓷强度更高。

饭店用陶瓷

陶瓷（或者玻璃瓷）在英国产量非常大。这些陶瓷餐具非常便宜，但比普通日用陶瓷更经久耐用。它们有标准化的系列设计和花色品种，色彩也是琳琅满目。

日常使用的陶瓷餐具要比酒店用陶瓷餐具更轻也更薄（或玻璃陶瓷）。因为它们的使用寿命较短，强度也不够，并且相对较高的破损率使得它们不被认可为适合于商业。

炻器

这是由英国生产的一种传统的陶瓷材料，使用非常高，大约1200℃（2200℉）温度烧制而成。由传统的手工艺制作而成，因此它们形状各异，产品多样，从无光釉面到高光釉面。它们结构密实、经久耐用、耐热温度高、抗冲击性强。因为它们确保了可以长期使用，所以价格比陶瓷餐具略微要高些。

瓷器

这是一种含有不同的成分，带有半透明性质的餐具，通常是乳白色和灰色，具有很高的抗碎性。

餐具的尺寸

餐具用途广泛［见3-9（1）］，它们本身大小的精确性根据产品制作商和产品设计的不同各有不同。如下尺寸可以作为参考：

• 配菜盘	直径15厘米（6英寸）
• 甜品盘	直径18厘米（7英寸）
• 鱼盘	直径20厘米（8英寸）
• 汤盘	直径20厘米（8英寸）
• 主菜盘	直径25厘米（10英寸）
• 麦片碗/甜品碗	直径13厘米（5英寸）
• 早餐杯和汁碗	230～280毫升（8–10安士）
• 茶杯和汁碗	190毫升（6 2/3安士）
• 咖啡杯和汁碗（小咖啡杯）	95毫升（3 1/2安士）
• 茶壶	284毫升（1/2品脱）
	568毫升（1品脱）
	852毫升（1 1/2品脱）
	1136毫升（2品脱）

所需要的其他餐具还包括：

- 清汤杯和汁碗
- 汤碗/汤杯
- 平盘（椭圆盘）
- 半月形沙拉盘
- 蛋盅
- 黄油碟
- 烟灰缸
- 盐和胡椒瓶
- 茶壶
- 热水壶
- 咖啡壶
- 奶壶
- 奶油盅
- 热奶壶
- 糖罐

尽管餐具作为传统的器皿用来盛装和服务菜品，但现在使用流行时尚的玻璃器皿来代替传统的餐具来盛装菜品已经开始呈增长的趋势。图3-9中给出了传统餐具和现代风格餐具的图例，两者可以交替使用。

图3-9 （1）成套的餐具——传统风格

图3-9 （2）成套的现代流行餐具

餐具的储存

餐具应该两打左右（24个左右）一起摞放在货架上。摞的更高的话可能会翻倒或者因为下坠的重量太大会将最底层的盘子压碎。餐具储存在货架上的高度应方便存放和取用，而不用担心会发生意外事件。如果可能的话，餐具应该覆盖好，以防止溅落灰尘和滋生细菌。

3.10 餐具（刀、叉、勺和壶、盅、碗等）

这部分餐具包括了所有的刀叉勺和壶、盅、碗等。可以如下分类。

- flatware（扁平餐具，指叉勺等）在餐饮业里表示所有的勺和叉，以及服务餐盘等。
- cutlery（餐刀）指餐刀和其他的切割餐具等。
- hollow-ware（空心餐具）包含着除了扁平餐具和餐刀之外的其他餐具，例如，茶壶、奶缸、糖罐和服务餐盘等。

生产厂商提供了种类繁多、形形色色、包含各种价位的扁平餐具、空心餐具和餐刀等产品，以满足各种餐饮场合的需求。还有一些扁平餐具和刀具是按照正常比例缩小至3/4大小，以方便用于托盘服务中。

尽管在传统的flatware中包括叉和勺，而在cutlery中包括刀具，但现在来说这两个词汇的意思已经发生了变化。所有的勺，叉和刀等用来用餐的餐具现在都可以叫作cutlery。“cutlery”这个词在本书后续的内容中也用来表示所有的刀、叉、勺等器皿。

图3-10　餐具样式：（从左到右）鱼叉、甜品叉、肉叉、鱼刀、小餐刀、肉刀、咖啡勺、茶勺、汤勺、甜品勺、服务勺

大多数的餐饮服务区域都使用银器或者不锈钢餐具来盛放并展示菜品。

这里再一次强调的是，先前关于购买餐具时提到的几点应该牢记，另外，当购买配备刀、叉、勺这些餐具时，重点要考虑到以下几点。

- 服务的类型和提供的服务方式
- 最大餐位数和平均接待的人数
- 就餐高峰时期的翻台率
- 餐具洗涤设备及餐具洗涤的能力

银器

银器餐具生产商通常根据银器餐具使用20年、25年、30年来报价。这个报价是指生产商宣称的根据他们的镀银餐具在一般情况下或正常使用的情况下银器餐具的使用寿命而定的。另外，银器餐具的使用寿命也依赖于餐具上使用的镀银层的重量。镀银餐具有3个等级标准——标准镀银、三倍镀银和四倍镀银。

在镀银餐具中规定了两个等级标准。

① 一般使用的标准；

② 用于餐厅使用的更厚的餐厅等级标准，用‘R’标识。

最薄的镀银层根据使用情况，使用寿命至少应该为20年。

银器上的印记可以说明两件事情：它表示着银器的使用标准和检验机构的证明。

这两个字母是制作者的标记和生产日期标记。

普通的刀叉勺等餐具比带有花纹的餐具更受到人们欢迎，一个简单的原因是这些普通餐具价格便宜也容易清洗干净。带着钎焊的镀银把手的餐刀和镀镍餐刀以及优质不锈钢刀具都是最好的投资选择。餐具的使用管理是非常重要的因素。塑料材质的餐刀相对来说更便宜也更能够令人满意。

银器的保养方式

所有的银器要轮流进行保养。这是餐具保管主管的工作，以确保这项工作能够按时完成，银器能够定期进行保养。正在使用中的银器餐具尤其需要给予更多的关注。主管还要将破损的或者需要抛光的，或者需要重新镀银的餐具分别搁置存放，以便能够顺利地送返厂家修复这些有问题的银器。

银器的保养有许多种方法，具体使用哪种方法通常要根据公司的大小和等级来区分，银器保养所使用的主要方法归纳如下，见表3-3。

表3-3　银器的保养方法汇总表

方法	描述
银器保养液	将需要保养的银器短暂而完全的浸泡在塑料盆中的保养液中，之后使用清水漂洗，使用茶巾擦亮。这是一种非常迅速的处理方式，但浸泡时间过长对金属餐具会有损伤
抛光机	将需要保养的银器餐具放入到一个含有许多钢珠的鼓形容器内，加入肥皂粉和水。鼓形容器在高速旋转之下，银器上失去光泽的地方就会被众多的钢珠擦亮。之后所有的银器需要在热水中浸泡之后再用茶巾拭干
铝片	将需要保养的银器餐具放置到一个搪瓷或马口铁盆内，里面放置有带孔洞的铝片，加上些苏打混合。一次至少可以放入一件银器进行保养。将开水倒入到需要保养的银器上。银器餐具在化学反应过程中会自动去掉污痕。3～4分钟之后将银器取出，用开水漂洗干净，控净水并用一块干燥的、洁净的茶巾擦拭光亮 比上述更简单的做法是将变得晦暗的银餐叉尖的抛光。将一个铝制汁煲放在炉灶上加热，煲内加入一半微开的热水，开水是用来浸泡餐叉的尖部用的，餐叉要互相紧挨在一起并与汁煲的边缘接触，这时就会发生化学反应。在这个反应的过程中就会很容易的去掉餐叉上发暗的部分，比使用保养液保养能够更简单、更方便
洁银粉	将粉色的洁银粉与少许酒精混合成均匀的糊状。将糊状物用一块干净的布仔细的擦拭在银器上需养护的部位上，将银器放好，直到糊状物变干燥，然后再用一块干净的布将其擦拭掉。然后银器必须使用热水漂洗之后再用一块干燥而洁净的茶巾擦亮。对于有图案或者雕花的银器，可以使用一把小牙刷将糊状物涂抹在图案上或雕花上，之后再使用另外一把干净的牙刷将其刷掉，这种方式比较耗费时间并显得零乱，但是效果却非常好。[有关银器餐具详细保养的信息来自于餐具和联合贸易研究会（CATRA）]

不锈钢餐具

可供使用的不锈钢餐具有各种等级划分。价格昂贵的不锈钢餐具通常含有合金铬的成分（可以使金属成为不锈钢）和镍（细晶粒细腻圆润、色泽晶莹光亮）。英国优质的不锈钢餐具是由18/8或18/10不锈钢制成的，由含量18%的铬和8%的镍组成。然而，越硬的不锈钢用来制作餐刀时，越难制造出锋利的餐刀。

不锈钢餐具因为最后抛光程度的不同而有所不同：

- 高抛光
- 粗磨光
- 浅灰色亚光，无反光

不锈钢的抗磨损性远比其他金属更强，正因为如此，所以说也更卫生。尽管没有什么污迹可以对不锈钢造成影响，但是有一些针对不锈钢特制的清洁产品，例如去污粉的使用，在冲洗不锈钢餐具之前可以将餐具用湿润的海绵或者湿布先蘸些去污粉擦洗一遍。像去污粉这一类的产品可以用来保持不锈钢餐具的洁净和光亮度。

餐刀需要注意时刻保持刀刃的锋利。餐刀通常都很锋利，根据餐具和联合贸易研究会（CATRA）的建议，刀刃的边缘角度大约为60° 的角度（与厨师用刀为30° 角度对比而言）。现在许多餐饮行业中使用的餐刀的刀刃都比较厚，而在刀刃一侧都带有锯齿状的纹路。但是对于餐刀来说，好的餐刀必须带有锯齿更像一个神话故事。因为带有锯齿的餐刀对于肉块来说只是将肉块撕裂开而不是切割开。

特制的服务器皿

今天，餐饮业中所使用的餐具种类可以说是无穷无尽。对顾客来说，在一天之中的任何时间内无论采用哪种用餐方式，使用这些服务器皿给顾客提供高效而快捷的服务是必需的。

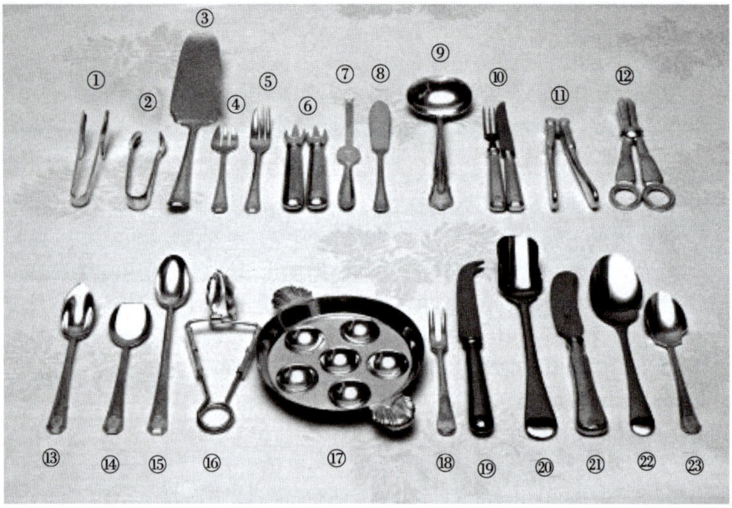

图3-11 特制的服务器皿

表3-4列出了多种特制的服务餐具及用途

表3-4 特制的服务餐具列表及用途

餐具名称	餐具用途
① 芦笋夹	用于在就餐时夹取芦笋
② 糖夹	夹取方糖用
③ 甜品铲	用于甜品车中——服务切成块状的蛋糕用
④ 生蚝叉	用于贝壳类海鲜开胃菜/生蚝
⑤ 糕点叉	用于下午茶
⑥ 固定器	用于穿刺到玉米棒的两端固定

续表

餐具名称	餐具用途
⑦ 龙虾钩勺	用于从龙虾螃蟹等的螯爪中取肉
⑧ 黄油刀	用于切割服务黄油
⑨ 少司勺	用于少司碗中（汁碗）
⑩ 水果刀叉	用于甜品——要成套摆放
⑪ 坚果钳	用于甜品——水果篮内的坚果
⑫ 葡萄剪	用于剪断一个和一串葡萄
⑬ 西柚勺	从切开的西柚中取肉用
⑭ 冰淇淋勺	从冰淇淋模具中挖取冰淇淋用
⑮ 圣代勺	用于圣代冰淇淋用
⑯ 蜗牛夹	用于夹住蜗牛壳
⑰ 蜗牛盘	带两个把手的圆盘，有6个或者12个独立的凹槽用来盛装蜗牛用
⑱ 蜗牛叉	用来从蜗牛壳中提取蜗牛肉
⑲ 奶酪刀	用于奶酪盘中取用奶酪用
⑳ 斯提尔顿奶酪勺	用来服务斯提尔顿奶酪用
㉑ 鱼子酱刀	用于服务鱼子酱
㉒ 少司勺	用于浇淋少司用
㉓ 果酱勺	与果酱盘一起使用

每一个人都熟悉这些我们每一天都在使用的诸如餐刀、餐叉、汤勺、平盘、蔬菜盘连盖、主菜盘连盖、汤盅、茶壶、热水壶、糖罐等餐具。除了这些，还有一系列的专用餐具在给顾客提供某些特殊的菜品时使用。这其中的一些较普遍使用的餐具，见表3-4所述，表中也简明扼要地介绍了这些餐具的用途。

餐具的储存

在大的餐饮企业里，会有专门的银器房，或者餐具储存室。这是一个单独的完全用于储存服务菜品所需要餐具的服务区域。在这里面储存的餐具要略有盈余，以备不时之需时使用。用于宴会服务的餐具最好有不同的规格，并且这些餐具只在宴会部使用。小型的餐饮企业，餐具通常是与洗碗机合二为一。

大的餐具像平盘、浅盘、汤盅、餐盖等通常都要储存在架子上，同一尺寸型号的要存放在一起。所有的货架上要贴上标签，标示出每一种不同的餐具名称。这样做的目的是方便管理，对于沉重的餐具的储存应该放置在货架的低处位置，小的和轻些的餐具要放置在货架上的高处位置。这种摆放餐具的方法是为了防止意外发生。所有的小型餐具，像调味瓶、黄油碟、专用餐具、桌号牌和菜单夹等，可以储存在抽屉里，抽屉底下要铺上一块绿色的呢子布。在抽屉里铺设呢子布可以防止噪声并且防止各种餐具四处滑动和相互擦伤。

理论上讲，所有的餐具应该储存在可以上锁的一定的空间里或者橱柜里，因为这些餐具占用了很大一部分餐饮运营的投资资金，所以要妥善保管好。

餐刀可以储存在餐具车里，或者托盘里以备随时使用，当然也可以锁在储存室内保存。

员工

在大型的餐饮企业里，餐具室有一名主管领导和一些员工进行工作。在小型的餐饮企业里这些工作常常与洗碗间的工作结合在一起。确保所有的餐具保持洁净是洗碗间员工的工作职责，也是传菜员的工作。

3.11 玻璃器皿

经过精心设计制作的玻璃器皿边缘纤巧、晶莹剔透，集高贵典雅、感性力量于一体。因此，所有的玻璃器皿应该保持洁净无污，光可鉴人。

在餐饮业里有许多种摆台的标准模式，玻璃器皿有助于提升餐厅摆台的视觉效果，聚焦餐厅服务区域的整体吸引力。现在绝大多数玻璃器皿生产商为了方便酒店企业订购玻璃器皿产品，并且能够快速运输，都提供成套的标准型号的玻璃器皿供酒店企业使用。

现代生产的饮料杯采用了多种新的形式和造型，尽管所有这些饮料杯最初的设计都是为了满足一系列的，提供给顾客现代饮料的需要。有关这些饮料杯的样式和用途，请见图3–12。

一个质量上乘的葡萄酒杯应该是朴实无华和清澈透明的，可以非常清晰地欣赏到杯子中酒的色泽和亮度。酒杯要有杯柄可以握住，使得人手掌的温度在品尝酒的时候，不会影响到酒的口味。玻璃杯壁应略向内弯曲，用来协助保持住酒的芳香气味，杯子还要足够大，要能

鸡尾酒杯：用于常用的鸡尾酒和开胃酒：红粉佳人、白夫人等。

香槟鸡尾酒杯：用于香槟鸡尾酒和黛西酒。现在已经不常使用了。

郁金香杯：用于所有的香槟酒和汽酒，也用于巴克鸡尾酒和绿色蚱蜢。

细长杯：常用于汽酒，也可以用于白兰地亚历山大和皇家基尔

巴黎高脚杯：有各种大小，用于各种葡萄酒、水和啤酒。也可以用于可乐达和绿衣。

奥辛顿杯：用于瓶装啤酒、软饮和皮姆酒，冷却并长饮，像水果杯。

威士忌杯/老式杯：常用于烈性酒和混合酒。也用于古典鸡尾酒和尼克诺尼。

海波杯/科林斯杯：用于烈酒和混合酒，还有海波酒、约翰科林斯酒汤姆科林斯酒、薄荷朱莉酒、龙舌兰日出和汽酒。

白兰地杯：小号杯用于白兰地和B&B以及使用白兰地和利口酒为基底的鸡尾酒，果汁刨冰以及利口酒、大杯子用于长饮，像皮姆斯。

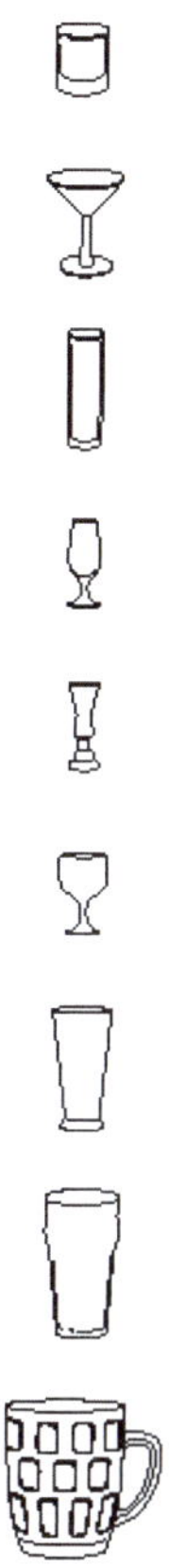

酸酒杯：用于烈性酒和混合酒以及酸味酒，也可以代替古典杯使用。

马提尼鸡尾酒杯：用于干、半干和甜的马提尼酒和曼哈顿酒，也可以用于其他的鸡尾酒。

吉姆杯：用于烈性酒和混合酒以及酸酒或者用来替代海波杯。

雪利杯：主要用于雪利酒，但也用于甜葡萄酒。

埃尔金杯：常用于计量单份和双份量的雪利酒（schooner杯），小号的埃尔金杯有时也用于利口酒。

波特杯或雪利杯（道克杯）：用于波特酒、雪利酒以及甜葡萄酒。

拉格/皮尔森啤酒杯：杯子大小不同，用于瓶装啤酒或生啤。

啤酒杯（直饮）：用于啤酒的传统杯，有各种大小型号，半杯或一杯任何啤酒的量，也用于以啤酒为基底的混合饮料。

啤酒杯（迪普杯）：用于啤酒的传统杯，有各种大小型号，半杯或一杯任何啤酒的量，也用于以啤酒为基底的混合饮料，包括黑天鹅绒以及皮姆酒。

图3-12　饮料杯及其用途

够盛下要品尝的特别的葡萄酒。尽管可以使用标准酒杯来盛装各款葡萄酒，但是各种特殊造型的玻璃杯与某些葡萄酒已经形成了传统的搭配。这些相关的酒杯如图3-13所示。

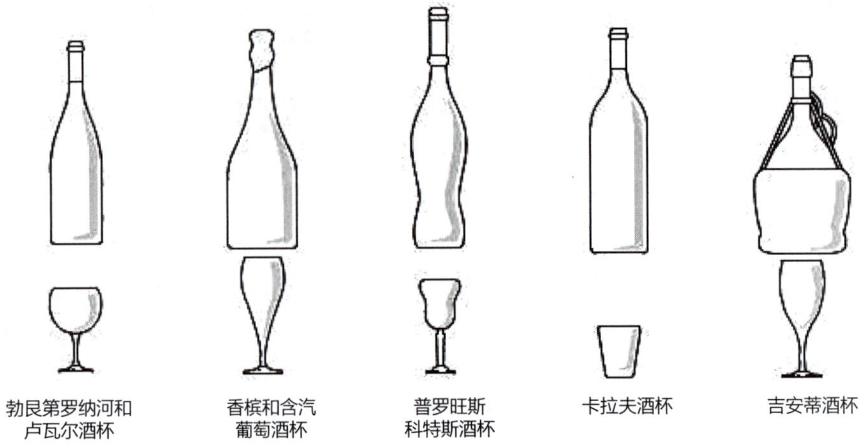

图3-13　酒瓶的形状和使用的酒杯

葡萄酒杯的种类和尺寸大小

玻璃是产自于硅砂（二氧化硅）与其他物质结合在一起所形成的特定性质的产品。混合材料经过高温处理之后，形成一个熔融体，再经过吹拉或浇铸就会形成不同的形状，然后使其冷却和凝固。餐饮行业中所使用的各种各样的玻璃器皿，在下面的文章中都有介绍，饮料杯的大小尺寸见表3-5。

表3-5　各种尺寸的玻璃杯举例

玻璃杯名称	尺寸大小
高脚杯	142,189.3,227.2,280毫升（5,6⅔，8,10，液量盎司）
细长杯/郁金香杯	180～230毫升（6～8液量盎司）
香槟酒杯	180～230毫升（6～8液量盎司）
鸡尾酒杯	40～70毫升（1.4～3液量盎司）
雪利酒杯、波特酒杯	50毫升（1.75液量盎司）
海波杯	230～280毫升（9～10液量盎司）
劳波杯	180～230毫升（6～8液量盎司）
奥辛顿杯	280～340毫升（10～12液量盎司）
拉格杯	280～340毫升（10～12液量盎司）
白兰地杯	230～280毫升（8～10液量盎司）
利口酒杯	25毫升（0.88液量盎司）

续表

玻璃杯名称	尺寸大小
平底杯/吉姆杯	280.40毫升（1/2品脱）
啤酒杯	250～500毫升（1/2～1品脱）

钠钙玻璃

此种玻璃以硅砂、苏打和石灰岩作为主要成分。可以供日常使用，属于非常便宜的玻璃品种。

铅晶质玻璃

此种玻璃含有硅砂、红丹和碳酸钾的成分，属于有些柔和的高亮度玻璃。玻璃表面可以做成平整的或者削切出光亮四射的棱镜效果。

硼硅玻璃

此种玻璃由额外添加的硼砂制成，硼砂用来增加玻璃的硬度和耐热性。此种玻璃可以用来制作耐火器皿。

回火和钢化玻璃

此种玻璃经过特殊处理使之能够更加耐高温。这种玻璃大部分用来制作可以用于烘烤的器皿，也可以用于制作那些需要经受得起大量使用的玻璃器皿。

玻璃器皿上的装饰

玻璃器皿的表面上可以进行装饰：

- 切割出各种造型或者落款
- 玻璃表面喷砂处理
- 经过酸浸法蚀刻上造型或落款
- 用磨轮打磨出各种造型
- 在玻璃表面转印上各种造型

就像用于饮料杯、水壶和花瓶等一样，现代的玻璃器皿也可以用来取代陶器制品用于盛装和服务菜品。（见3.9部分中的内容）

玻璃器皿的储存和清洗

玻璃杯通常储存在备餐间里，应该呈单排摆放在薄的格子状塑料垫上，杯口朝下以防止杯中落入灰尘。专门用于玻璃杯摆放和存放的塑料层架是储存玻璃杯的另外一种方法。将玻璃杯从一处移送到另外地方，使用这些层架也是一种减少破损的便捷方法。

不要将另外的玻璃杯摞放在平底玻璃杯和其他的直边玻璃杯里，因为这样做的玻璃杯容易破损并会造成员工的意外伤害。

在餐饮行业里大部分日常使用的玻璃杯都可以用洗碗机洗涤。但是，对于另外某些玻璃杯这种方法不适用，这些杯子需要进行手洗。随着时间的推移，大部分的玻璃杯外观看起来都会变得不透明，那么这部分玻璃杯就要被更换。除非使用手洗，否则越精致的杯子这种变化越快。

玻璃水瓶应该使用手洗。也可以使用专用的玻璃水瓶清洁器来洗涤。还可以使用含有小滚珠的器具代替清洁器使用，将含有小滚珠的器具放入水瓶中，加入温水和少量的洗涤剂。摇晃水瓶，滚珠就会在水瓶内四处滚动。将滚珠从水瓶中倒入到过滤器里回收以备下次使用。然后将水瓶用热水漂洗。经过清洁和漂洗之后，水瓶应该倒放在专用的垫子上，或者放置在带销子锁止机关的塑料或木制基座上（防止水瓶翻倒）。这样就确保了水瓶控净水之后能够充分干燥，不会留下水垢的痕迹。

3.12 一次性用品

餐饮业中在使用一次性用品的地方越来越多，有时候一次性用品也叫做“直接扔掉”，这是因为基于以下几个因素。

- 降低成本的需要
- 很难找到清洗餐具的劳动力
- 减少洗涤布草的高额成本
- 提高卫生标准
- 最小化的餐具破损率
- 减少所需要的储存空间
- 烹调和储存技术发生变化，例如，烹调/冷藏和烹调/冷冻
- 火车、轮船、飞机等移动餐饮的需要
- 快餐业和外卖业务的发展需要
- 顾客接受能力的提高

尽管许多餐饮企业使用一次性用品以降低成本，但是一次性用品必须具有款式新颖、美

观大方、顾客可以接受的原则，并且也要起到能够吸引顾客的效果。一次性用品的选择由以下几方面决定。

- 因为餐饮运营需要所必需：
  —户外餐饮
  —自动售卖
  —外卖

考虑到成本因素，像：
  —传统方式的服务设备
  —洗涤布草的成本
  —餐具洗涤的成本

一次性用品的品种

各种主要的一次性用品通常用于：

- 储存和烹调的需要
- 卫生——擦拭巾
- 服务菜品和饮品的需要，例如，餐盘、餐刀、餐叉、杯子等
- 服装，像围裙、厨师帽、手套等
- 装饰品——餐巾、台布、防滑布、桌布、餐垫等
- 包装——市场和展示的需要

一次性用品的许多品种可以用来代替餐厅内正常使用的布巾类，像餐巾、餐垫、垫布、桌布和杯垫等。今天，许多式样的一次性用品色彩丰富、花样繁多，或者带有风格独特的座右铭或者修饰物都出现在一次性用品身上。丰富色彩得以让在服务每一餐别的时候，可以使用不同颜色的一次性用品，以区分开不同的服务区域。

在很短的就餐时间段内，对于顾客来说，在餐厅翻台率非常高的情况下，使用一次性包装的餐刀、餐叉和餐勺更方便也更卫生。在产业化的餐厅内和运输工具的餐饮供应中都可以使用一次性包装的餐具。一次性包装的餐具在洗碗机忙不过来的情况下可以使得服务不产生延误。

一系列的一次性用品在餐饮业中引进使用之后，已经取得了相当大的使用份额，几乎可以说有了与陶瓷餐具并驾齐驱的趋势。例如，它们具有高质量的、整体精加工的、平顺光滑的、牢固结实的洁白表层。餐盘本身具备了强度和刚度，不易弯曲和折断，可塑性的原料确保了它们防油和防水的效果，甚至可以盛放热油和热汤。椭圆形的餐盘、快餐盘以及分割餐盘都适用于在餐饮业中使用。

一次性餐具带来的环境保护问题

当采购一次性餐具时，重要的是要考虑到所购买的产品要绿色环保。随着新材料的不断

研发，许多一次性用品现在也可以进行分解或者生物降解了，因为它们是用可再生资源材料生产的。例如：

- **甘蔗纤维**——与传统的纸制品非常相似，可以用来制作碗、盘和杯子。
- **清聚乳酸**（PLA）——从植物中提取的碳纤维，例如玉米纤维可以用来制作杯子，容器和吸管。不适合用来盛放热的液体，但是可以用于冷冻。
- **淀粉餐具**——由淀粉基聚合物以及白垩制成。
- **竹制品**——竹木复合重组竹可以用来制作盘子、碗、杯子和餐具等。

使用一次性餐具的优点

- **节省设备和劳动力：**一次性餐具可以减少餐具清洗设备、减少员工和材料的使用费用。
- **卫生标准：**使用一次性餐具改善了餐厅里的卫生标准。
- **节约时间：**使用一次性餐具可以加快服务的速度，例如在快餐服务时使用。
- **提升性能：**一次性餐具有良好的保温和隔热性能。
- **促销市场：**一次性餐具可以在市场促销活动中使用。
- **节约资金：**使用一次性餐具可以减少投入资金的数量。
- **运输方便：**一次性餐具运输方便。
- **价格便宜：**一次性餐具比租用常用设备要便宜。

使用一次性餐具的缺点

- **可接受性：**顾客接受程度低。
- **价格因素：**一次性餐具可能比使用一些常用设备要贵些。
- **储存费用：**需要大量的备用储存。
- **供应时间：**一次性餐具严重依赖供应和交货时间。
- **污染环境：**除非一次性餐具使用的是可再生资源材料制成的，可以完全生物降解，否则的话会对环境造成污染。

3.13 自动售货机

广义上来说，自动售货机可以定义为自动化销售。这是自动零售的一种形式，使用如下的一种支付方式：

- 硬币
- 代用币

纸币

- 免费发放
- 银行卡

自动售货机通常可以用来提供服务设施或者消耗品，例如：

服务设施

- 电视时间
- 煤气
- 水
- 电
- 擦鞋服务
- 泊车服务
- 卫生间
- 行李商店

消耗品

- 冷热饮
- 菜肴
- 糕点糖果
- 卷烟
- 含酒精饮料

餐饮业中使用的自动售货机的种类

在餐饮业里，自动售货机主要是用于售卖一系列的食品和饮料，冷热饮均可。自动售货机可以放置在食堂、工厂、办公室、工人聚集处、火车站、车库（包括高速公路收费站）、学校、医院、休闲娱乐中心和酒店里。在餐饮业中使用的自动售货机，包括：

- **自助销售型**：顾客可以查看产品使用说明进行操作，例如，售卖糖果。可以选择冰镇的饮料（瓶装和罐装）以及预包装食品和快餐小吃。也可以通过内置的加热设施将食品和快餐小吃加热。
- **热饮型**：将粉状原料与热水混合做出成品饮料。
- **预装饮料杯型**：原料已经提前放置在每个杯内，只需加入热水。
- **冷饮型**：将水和速溶糖浆混合均匀（碳酸饮料或非碳酸饮料）。
- **微波炉型**：提供一系列的热的或冷的食品，顾客可以做出选择，之后使用附带在一起的微波炉加热。

自动售货机的数量及类型由它们所放置的位置、所能提供的服务顾客的人数、价格和所能提供的各种食品和饮料所决定的。

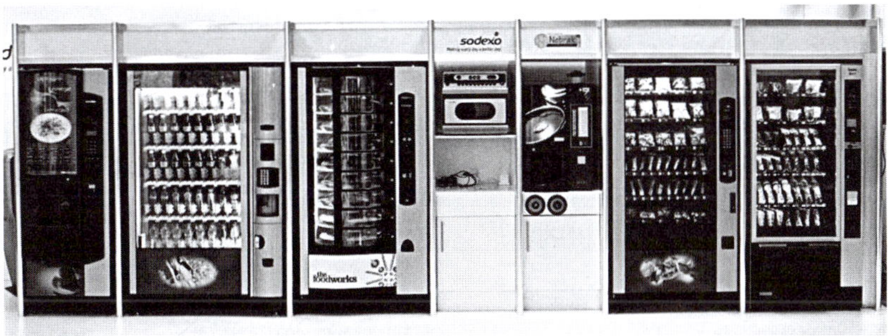

图3-14 餐饮业使用的自动售货机（图片由英国及爱尔兰的索迪斯集团提供）

自动售货机需要单独安装或者成组的安装，作为传统餐饮企业的补充或者满足零散的销售需求，不需要员工额外的劳力和设备开支。与此对应的是，如果顾客的需求程度高度不稳定 ，可以安装功能齐全的自动售货机。但是使用空间的限制以及需要使用人工操作使其变得不是十分经济。

通常有些因素在采购自动售货机之前需要进行充分考虑，这些因素可以归纳如下。

- **成杯供应**：当收费时，每人每天可以提供一到两种饮料，但是如果免费供应的话，可以双倍提供。
- **材料的容量**：与补充原料的周期有关。
- **可以选择的种类（品种）**：这里通常与顾客的需求有关（预计的顾客人数）。
- **卫生清理**：容易清理。
- **提取方便**：使用加热/蒸汽系统。
- **补进存货**：材料易于填充。
- **容易维护**：例行的维修保养合同。
- **外形尺寸/可接受性**：自动售货机是否能够适应环境以及融入装饰中。
- **摆放位置**：尽可能地接近使用自动售货机的顾客是可行的，也就是说，可以放置在工作楼面上或者食品服务区域，以便可以最大化的保证使用。
- **售货机的重量/楼板承重**：选址的目的是为了便于移动清洗。
- **服务的可用性**：售货机使用的功率及水管设施。
- **可用资金**：售货机是租用还是自己购买。
- **培训**：员工是否经过培训可以简单地添加材料、清洗及保养售货机。
- **政策**：必须有清晰明了的关联到机器故障和保险保障方面的使用说明。

餐饮业使用自动售货机的优点

自动售货机本身可以与传统的厨房产品结合在一起使用。同时它们可以吸引一部分顾客离开柜台到售货机处购买产品，以缓解柜台收银和服务人手的工作压力。在提供的有限的几种快餐食品中，与之一起供应的占快餐食品一定百分比的饮料来说，在只提供热饮和冷饮时，使用自动售货机提供快餐食品服务效果尤其明显。在使用自动售货机时，其他方面的一些优点如下。

- **提供24小时服务**：自动售货机可以提供24小时服务。
- **成本低廉**：自动售货机比普通的餐饮服务方式成本更低。
- **控制食品成本**：这是自动售货机最大的优势，考虑到了产品按照严格的份装进行管理
- **节省人工成本**：可以减少餐饮服务的人工费用支出。
- **随时茶歇**：伴随着自动售货机的出现，固定的茶歇时间被随时都可以进行的茶歇所取代，此举可以提高员工的劳动生产率。
- **新鲜的饮料**：主食被提供之后，如果饮料可以由售货机提供，那么饮料在需要的时候

可以随时拿取。

- **种类多样**：自动售货机提供多款冷的和热的快餐食品以及饮料，这些品种因为空间的原因会比按照传统形式供应的产品要小些。
- **减少浪费**：只要顾客的需求判断正确，就可以最大限度地减少浪费。
- **易于维护**：有固定的员工经过培训之后负责每日补充产品，并对自动售货机进行清洁。

使用自动售货机的缺点

在最终确定使用自动售货机之前，要充分考虑到在整个餐饮运营系统中使用自动售货机的缺点。这些缺点归纳如下。

- **服务的速度**：对于一杯饮料大约需要10秒钟，但是在自助餐厅中可能会更快。传统的餐饮服务方式更适合于大范围内的经营活动。
- **质量**：尽管无论是产品还是包装的质量都得到了改进，但是来自于顾客方面的抵触心理依然存在。
- **人的因素**：这方面的原因可能非常少，如果有来自于人的因素方面的原因，生产商已经针对这个问题进行了研究，尝试通过提供吸引人的精美设计和色彩丰富的机器等克服这些问题。
- **电力损耗**：自动售货机受到突然停电和电力不稳的影响。
- **维护保养**：自动售货机根据经营方式的不同，需要日常维护和清洁。有些自动售货机或许需要每日维护和清洁两次。
- **故意损坏**：大部分的自动售货机牢固可靠，但是因为缺乏可用的服务，人为破坏会导致收入的巨大损失。
- **机器故障**：浪费至关重要的服务时间进行维修。

自动售货机的清洁工作

自动售货机不管是自动清洁还是自动维护，提供人工帮助都是必须的。因此，需要定期的维修保养服务并且还要保证，确保所有的自动售货机可以运行平稳，没有出现机械故障方面的问题。自动售货机的种类和服务需求对于确定自动售货机服务的规律性会有所帮助。

自动售货机的清洁和补给方面，尽管每日需要增加额外的巡视，但是定期的日常清洁和补给还是必不可少。

应该对员工在自动售货机进行清洁技能方面和补给方面进行培训。要考虑到的关键因素包括：

- 在需求量最低的时间内进行清洁，以避免不必要的销售损失。
- 使用最少量的水清洗自动售货机时，也要防止发生漏电事故，最好是拔掉电源插头。
- 仔细阅读使用说明，并且只使用指定的清洁剂。

- 确保温控正常运行。
- 确保销售的所有产品清晰可见，操作说明简单易学。
- 当往售货机内补充产品时，检查产品的保质期，并将生产日期早的产品放在最前面。
- 确保所有产品的包装和标识准确无误。
- 按照商品的生产日期和保质期，全面认真检查所售卖的产品。
- 在售货机内相关的容器内加注好所售卖的相关的粉状类产品。
- 确保售货机内杯子、盘子和纸巾够用。

自动售货机的外观清洁总是从上到下按顺序进行，以保持自动售货机的良好的外观卫生形象。

注：以这种方式售卖食品和饮料时，必须要随时关注所涉及的卫生和食品安全的各个方面。

第四章

菜单、菜单知识和配菜知识

4.1 菜单的起源

菜单的主要目的是用来帮助我们销售菜肴。在最初的时候，“bill of fare，食品的清单”（英国人对菜单的称谓）或者“菜单，menu”（法国人的称谓）是不展示给顾客看的。在宴会中通常会包括两道菜，每一道菜都由许多种菜肴组成，这些菜肴的数量从10～40种不等。第一道菜肴是在晚宴开始之前就已经摆放在餐桌上——因此，就产生了一个新的单词“entree”（法语意思是正餐前的菜肴）——随着第一道菜肴被吃完，接下来这些餐盘被撤下或者被另外的菜肴所替换——这里使用的词汇是“releves”或者使用“removes”来表示。

“菜单”这个词最早可以上溯到18世纪。虽然说为顾客写下所上菜肴的清单的时间可能更久远些。现代菜单第一次呈现在顾客面前的时间是在19世纪初期，在巴黎皇家宫殿的巴黎餐馆中。

4.2 传统的上菜顺序

在过去的大约一百多年的时间里，欧洲菜单里的上菜顺序已经形成了一个固定的格式或者说是固定的点菜模式。这种格式或者模式展示出了菜单以及顾客点选出的各种菜肴的数量。尽管菜单中实际菜肴的数量，以及每道菜中的菜肴的种类是由餐厅的大小和餐厅的等级所决定，但是大多数餐厅都遵循着传统的上菜顺序。

这些上菜的顺序如下所述。

1. 开胃菜（*Hors-d'oeuvres*）

从传统意义上讲，开胃菜包含了各种形式的沙拉，但是现在我们所说的开胃菜则包含有：例如肝酱、慕斯、水果、各种肉制品和烟熏鱼类等菜肴。

2. 汤（*soups，potages*）

包括所有的汤类，无论是冷的，还是热的。

3. 蛋类菜肴（*egg dishes，oeufs*）

在普通的蛋卷一类菜肴之外，还有数不清的其他蛋类菜肴，但是这些蛋类菜肴在现代菜谱中却鲜有提及。

4. 意大利面和米饭（*pasta and rice，farincux*）

包括所有的意大利面和米饭类菜肴，也可以叫做面点（farinaceous dishes）。

5. 鱼类菜肴（*fish，poisson*）

这类菜肴中包括了冷的和热的鱼类菜肴。鱼类菜肴中像烟熏三文鱼或者海鲜杯等菜肴主要当作开胃菜来使用，因此应作为第一道菜肴上桌。

6. 前主菜（*entree*）

前主菜通常分量都是小份的，并且带有装饰类配菜的菜肴，由厨房直接出菜，它们通常都伴有味道浓郁的少司或者肉汁。如果下一道主菜中有土豆和蔬菜，那么前主菜中通常不使用土豆和蔬菜做配菜。如果这是一道包含有肉类的主菜，那么土豆和蔬菜可以作为配菜一起上桌。这一类的菜肴包括小牛排托尼多（tournedos）、诺兹特（noisettes）、牛胰腺（sweetbread）以及带装饰菜肴的吉列肉排（garnished cutlets）或填馅酥盒（filled vol–au–vent）。

7. 雪拔（果汁冰*sorbet*）

传统的果汁冰（有时候也叫做格兰尼特granites），表示菜肴之间的暂停休息，服务员清理餐桌。它是清淡的冰水，通常以不甜的果汁为基底加冰水而制成，也可以是烈性酒、利口酒或者是香槟酒加冰水。在用餐的这个时段也可以提供俄罗斯雪茄服务。

8. 肉菜（*releve*）

主要指烤肉或其他大的带骨的肉类菜肴，上菜时配土豆和蔬菜。

9. 烤肉（*roast，roti*）

传统意义上，主要指烤野味类或者烤家禽类菜肴。

10. 蔬菜（*vegetable，legumes*）

蔬菜除了可以用作肉类或者烤肉类的配菜以外，某些蔬菜（像芦笋和洋蓟心），可以作为单独的一道菜肴供应，尽管这类蔬菜菜肴现在常常用来作为开胃菜使用。

11. 沙拉（*salad，salade*）

通常指小份的沙拉，在主菜之后提供，比较常见的是配着沙拉汁的普通蔬菜沙拉。

12. 冷盘（*cold buffet，buffet froid*）

这道菜里包括了各种冷切的肉类和鱼类、奶酪和鸡蛋类菜肴，可以配各种沙拉和沙拉汁。

13. 奶酪（*cheese，fromage*）

包括各种奶酪及各种配菜，包括有饼干、面包、西芹、葡萄和苹果等。这道菜也指以奶酪为原料的菜肴，像奶酪苏夫里（soufflés）。

14. 甜点（*sweets，entremets*）

主要指冷食和热食的布丁类。

15. 可口小吃（*savoury，savoureux*）

可口小吃通常非常简单，像威尔士焗奶酪（welsh rarebit）以及其他的可以放置在烤面包片上或点心上的食材，或者各种苏夫里，都可以当作可口小吃使用。

16. 水果（*fruit，dessert*）

新鲜的水果、坚果，有时候也可以使用果脯。

17. 饮料（*beverages*）

传统上说，这一道菜肴指的是咖啡，但是现在包括了更多的内容，包括茶、咖啡（含有或不含有咖啡因的咖啡）以及其他的各种饮料，例如香草茶、牛奶饮料（冷或热的）和特制饮料，例如保卫尔（bovril）、好立克（horlicks）。它们都是日常生活中常见的饮料，可以配自选的牛奶、奶油（包括非乳制品奶，又称奶末、奶精、植脂末）和糖（包括非糖制作的甜味剂，又称无糖甜味剂）。

注：这里列出的是菜肴的上菜顺序，当一餐中有许多道菜时，饮料不作为一道菜来考虑。因此，如果一餐中包含有4道菜，这就是说有4道菜肴，最后提供的饮料不包括在内。

如上所述，按照传统的上菜顺序列出的菜单，是基于符合味觉的逻辑思维顺序。这一传统的上菜顺序对于零点和套餐菜单也提供了一个指导性意见（参考如下的定义），这在现代菜单中可以明显的看出来。现在，许多道菜肴通常都组合到了一起，使其简单化，这些组合包括了：

- 开胃菜—第一到第四道菜肴
- 主菜—包括了第五、第六和第八到第十二道菜肴
- 餐后—包括了第十三到第十六道菜肴
- 饮料

上菜的顺序也用来作为编制和确定节假日菜单和特殊聚会菜单的指导。

在这里的上菜顺序里奶酪是在主菜之后，甜点之前供应。但是甜点有时也会在奶酪之前供应。

注：这里列出的现代经典的欧洲菜单，受到源自于传统的欧洲烹饪和服务的影响（主要指法国、俄罗斯、瑞士和英国）。菜肴组成和上菜顺序可以根据各国烹饪文化的不同而有所变化，菜单中所使用的术语也不尽相同，例如在美国，一道主菜叫做an entrée，甜食通常叫做dessert。因此，“dessert”这个词，目前更普遍地用于泛指所有的甜食。

4.3 菜单的分类

菜单可以分成两大类，传统上可以分为零点（a la carte ）和套餐（table d’hôtel）。两

者之间的主要区别是在零点菜单中，每道菜肴都有单独的价格，而套餐菜肴不管是对于整套菜肴或者对于一个指定菜肴道数的菜单都只有一个价格，例如，任何包含有两道或者四道菜肴的菜单，因此，只限于在每道菜中选择菜肴。

有时候词组“menu du jour”可以用来代替词组“套餐”。另外一个用于菜单的术语是“carte du jour”（字面意思为“每日特餐”），或者“menu of the day，每日菜单”，也是指有一个固定价格的一道或者两道固定菜肴的菜单，与固定价格的菜单（fixed price）类似。“tasting menu，厨师精选菜单，也称为menu degustation品尝套餐”也是一个有许多道菜肴组成的套餐菜单（通常有6～10道菜肴）。厨师精选菜单由大厨在主菜单中选取几道菜肴作为标准菜肴在餐厅内提供给顾客。这些厨师精选菜单也可以与选择好的佐餐酒一起提供（有时候每道菜肴提供的佐餐酒都不同）。对于所有类型的菜单来说，菜肴的价格也可以包含有佐餐酒或者其他种类的饮料。

套餐菜单（table d'hotel menu）

套餐菜单中的主要特点是：

- 菜单中菜肴的道数是固定的
- 每道菜肴的选择受到限制
- 菜单的价格是固定的
- 菜肴通常在约定的时间内提供

零点菜单（a la carte menu）

零点菜单的主要特点是：

- 菜肴的选择范围通常更加广泛
- 每一道菜肴都分别标有价格
- 点餐之后因为有些菜肴制作或装盘的原因，等候的时间可能会比较长。

所有的菜单，无论多么复杂和简单，都是基于套餐菜单类和零点菜单类中的一种。某些菜单结合了套餐菜单和零点菜单的特点，给顾客提供在一个固定价格之内的菜单选项或者分别定价的另外菜单选项。

TODAY'S SEASONAL MENU

PRESENTED BY JOHN WILLIAMS EXECUTIVE CHEF

DRAWING INSPIRATION FROM THE HISTORY OF THE RITZ AND THE CLASSIC FARE OF THE LAST CENTURY HERE IN OUR RESTAURANT, EXECUTIVE CHEF JOHN WILLIAMS IS PROUD TO PRESENT HIS SEASONAL CHOICES FOR THE AUTUMN.

FRIDAY 13TH NOVEMBER 2009

£36 for Three Courses

Ceviche of Scallops with Ginger Jelly,
Horseradish and Marinaded Kohl Rabi, Wood Sorrell

Terrine of Foie Gras with Ginger Bread Tuille, Spiced Jelly and Pears

Vichyssoise with Spiced Spinach Puree,
Curried Crushed Potato and a Beignet of Smoked Haddock

~~~

Pithivier of Salmon with Oyster Veloute

Cannon of Lamb with Sheppard's Pie, Carrots and Root Vegetables

Roast Chicken with Jerusalem Artichoke Puree,
Sautéed Gnocchi and a Fricassee of Mushrooms

~~~

Mint Soufflé with Liquorice Ice Cream

Nougat Glacee with Spiced Gingerbread and Poached Pears

Granny Smith Mousseline with Chocolate Cremeux and Caramelized Apple

~~

Ritz Blend Coffee served with Friandises

~

RITZ CLASSICS

MONDAY	Poached Breast and Ballotine of Chicken with Autumn Vegetables and Morels, Jura Wine Sauce
TUESDAY	Navarin of Lamb with Glazed Sweetbread, Parmesan and Chorizo Tart
WEDNESDAY	Saddle of Lamb 'Belle Epoque'
THURSDAY	Braised Breast of Stuffed Veal with Morels and Mashed Potatoes
FRIDAY	Pithivier of Salmon with Oyster Veloute
SATURDAY	Honey Glazed Loin of Suckling Pig with Spiced Pear Puree and Toasted Fennel Jus
SUNDAY	Traditional Roast Organic Sirloin of Beef

SOMMELIER RECOMMENDATION WINE BY THE GLASS

CHAMPAGNE	Ruinart, Blanc De Blancs NV	£21
WHITE WINE	2006, Sauvignon Blanc, Gravitas, NZ	£16
RED WINE	2006, Ritz Pauillac, Premium Selection, Baron Philippe de Rothschild, Bordeaux, France	£14
DESSERT WINE	2006, Sauternes, Chateau Villefranche, Bordeaux, France	£12

图4-1　套餐菜单样张（照片由伦敦丽兹饭店提供）

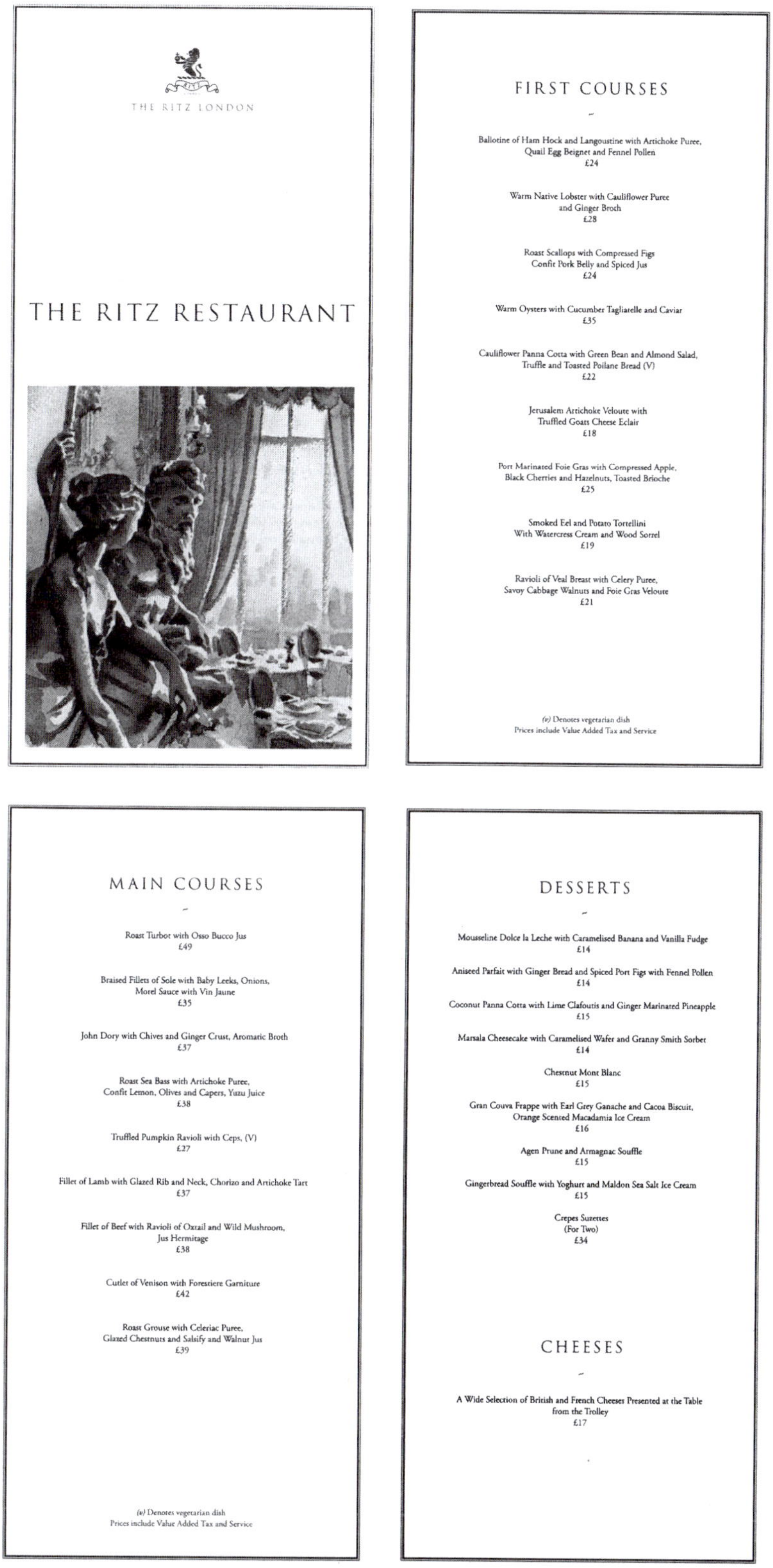

THE RITZ LONDON

THE RITZ RESTAURANT

FIRST COURSES

Ballotine of Ham Hock and Langoustine with Artichoke Puree,
Quail Egg Beignet and Fennel Pollen
£24

Warm Native Lobster with Cauliflower Puree
and Ginger Broth
£28

Roast Scallops with Compressed Figs
Confit Pork Belly and Spiced Jus
£24

Warm Oysters with Cucumber Tagliatelle and Caviar
£35

Cauliflower Panna Cotta with Green Bean and Almond Salad,
Truffle and Toasted Poilane Bread (V)
£22

Jerusalem Artichoke Veloute with
Truffled Goats Cheese Eclair
£18

Port Marinated Foie Gras with Compressed Apple,
Black Cherries and Hazelnuts, Toasted Brioche
£25

Smoked Eel and Potato Tortellini
With Watercress Cream and Wood Sorrel
£19

Ravioli of Veal Breast with Celery Puree,
Savoy Cabbage Walnuts and Foie Gras Veloute
£21

(v) Denotes vegetarian dish
Prices include Value Added Tax and Service

MAIN COURSES

Roast Turbot with Osso Bucco Jus
£49

Braised Fillets of Sole with Baby Leeks, Onions,
Morel Sauce with Vin Jaune
£35

John Dory with Chives and Ginger Crust, Aromatic Broth
£37

Roast Sea Bass with Artichoke Puree,
Confit Lemon, Olives and Capers, Yuzu Juice
£38

Truffled Pumpkin Ravioli with Ceps, (V)
£27

Fillet of Lamb with Glazed Rib and Neck, Chorizo and Artichoke Tart
£37

Fillet of Beef with Ravioli of Oxtail and Wild Mushroom,
Jus Hermitage
£38

Cutlet of Venison with Forestiere Garniture
£42

Roast Grouse with Celeriac Puree,
Glazed Chestnuts and Salsify and Walnut Jus
£39

(v) Denotes vegetarian dish
Prices include Value Added Tax and Service

DESSERTS

Mousseline Dolce la Leche with Caramelised Banana and Vanilla Fudge
£14

Aniseed Parfait with Ginger Bread and Spiced Port Figs with Fennel Pollen
£14

Coconut Panna Cotta with Lime Clafoutis and Ginger Marinated Pineapple
£15

Marsala Cheesecake with Caramelised Wafer and Granny Smith Sorbet
£14

Chestnut Mont Blanc
£15

Gran Couva Frappe with Earl Grey Ganache and Cacoa Biscuit,
Orange Scented Macadamia Ice Cream
£16

Agen Prune and Armagnac Souffle
£15

Gingerbread Souffle with Yoghurt and Maldon Sea Salt Ice Cream
£15

Crepes Suzettes
(For Two)
£34

CHEESES

A Wide Selection of British and French Cheeses Presented at the Table
from the Trolley
£17

图4-2　零点菜单样张（照片由伦敦丽兹饭店提供）

ALL DAY DINING

STARTERS

Pomodoro tomato, red pepper and pesto soup	£8.50
Spicy corn fed chicken and coriander velouté with ginger wonton	£8.25
Smoked organic Scottish salmon Old England	£16.00
Parma Ham, white balsamic and mango	£12.00

SALADS & SANDWICHES

Classic Blue Fin Tuna Niçoise	£13.00
Salad with avocado, tomato and asparagus	£14.00
Classic Caesar Salad	10.00
with corn fed chicken	£13.50
with Tiger prawns and avocado	£15.00
Confit duck salad with saladaise potatoes	£14.50
Crotin goats cheese, poached pear, chicory and walnut salad	£14.00
100% pure Angus beef burger with hand cut chips	£16.00
Croque Madame - baked chicken, Gruyère cheese with fried free range egg	£15.50
Croque Monsieur ham and Gruyère cheese	£15.50
Club with corn fed chicken, and hand cut chips	£14.75
Baked Ruben on rye pastrami, sauerkraut, Savora mustard and Montgomery cheddar	£14.50
Angus beef steak sandwich with Pomodoro tomatoes, onion rings and iceberg lettuce	£ 16.50

All sandwiches served on either bloomer, rye bread or sliced white and brown bread.

MAIN

Pink Paris mushroom risotto	£16.75
Deep fried plaice fillets and chips with mushy peas	£17.00
Seared Scottish Salmon, spring onion mashed potatoes and grain mustard sauce	£18.50
Tiger prawn penne pasta, garlic and crispy shallots	£18.00
Tomato tart, goats cheese, roquette and confit onions	£17.50
Rump of English lamb with thyme and seasonal vegetables	£20.50

FROM THE GRIDDLE

Corn fed chicken Supreme 160g	£17.00
Angus rib eye steak 175g / 225g	£20.00 / £24.00
Castle of Mey sirloin steak 175g / 225g	£21.50 / £25.50

All griddle mains are served with a baked Pomodoro tomato with confit onions, field mushroom and gaufrette potatoes with either béarnaise, red wine or green peppercorn sauce

SIDE ORDERS

Petit pois, spring onion and mint	£3.75
Green beans and shallots	£3.75
Potatoes chipped, mashed or buttered	£3.75
Market vegetables	£3.75
Green salad with tomato and cucumber	£3.75

All prices are inclusive VAT. A discretionary 12.5% service charge will be added to your bill.

图4-3　餐厅菜单（棕榈苑餐厅部分菜单，照片由伦敦朗廷酒店提供）

4.4 影响菜单的各种因素

现代的菜单是许多方面结合所形成的产物。菜单的内容，传统上是基于古典菜肴，并不断地受到食品发展趋势、时尚风情、流行潮流等各方面的影响。大体上来讲，顾客的需求受到以下几方面更深刻的影响：

- 健康和饮食之间的关系
- 饮食的特殊需求
- 文化与宗教的影响
- 素食主义者
- 伦理的影响

因为受到上述几方面的影响，现在更加注重于给顾客提供更多的可供选择的食品，例如低脂奶（像脱脂奶或半脱脂牛奶），用于调配饮料的奶末等。甜味剂、果汁冰和冰淇淋中糖类的替代品和由不饱和脂肪酸以及非动物脂肪制成的黄油等。这些原材料会影响到烹饪原料以及烹调方法的使用，随着低油脂类菜肴的开发，更清淡的烹调方法的使用，对于素食者来说可以使用更多的动物蛋白质替代品，像阔恩（quorn）和豆腐（tofu），都是具有吸引力和令人满意的原材料。

健康和饮食之间的关系

在健康和饮食之间的关键议题是确保要养成一个健康的饮食习惯。这就是说均衡的饮食比食用单个的菜肴，从而认为健康或者不健康来说更加重要。 顾客正在不断地寻求那些可以让他们达到饮食均衡的精选菜肴。同时他们也渴望了解更多的有关烹调方式方面的特别信息，例如，低脂肪或低盐分的烹调方式。一般认为正常的饮食应该由至少1/3的面包、谷物、米饭和土豆，1/3的各种水果和蔬菜，剩下的1/3为乳制品，包括低脂牛奶、低脂肉类和鱼类以及少量的脂肪和含糖食品组成。

饮食的特殊需求

每个人的身体情况各有不同，例如食物过敏症状，现在比以前能更好地理解这方面的问题。顾客因为自身身体的原因需要某些特定的饮食（包括预防过敏反应等）。这部分顾客需要了解在菜肴中使用了哪些原材料，因为食用了某些食物或许会让他们病情加重甚至为此丢掉性命。尽管这极少部分的顾客都会知道自己什么能吃什么不能够吃，但是重点在于，当他们询问时，服务员能够准确地描述出菜肴中所使用的原材料，以便顾客能够做出适当和正确的选择。服务员千万不要去猜测这道菜肴中所使用的原材料，如果对菜肴中所使用的原材料有任何疑问，应该寻求相关更详尽的信息帮助。有关饮食的特殊需求方面的具体实例，详见表4–1。

表4–1　饮食的特殊需求举例

症状	举例
过敏	能够引起人体过敏的食物，包括小麦和黑麦及大麦中的谷蛋白（称为腹腔过敏）。花生和它们的衍生产品，芝麻和其他的坚果类，例如腰果、山核桃、巴西胡桃和核桃等，如同牛奶、鱼、贝壳类海鲜、鸡蛋、热带水果一样，在某些情况下，这些食物在很短的时间内，可以通过嘴唇、舌头或喉咙的急剧膨胀引起过敏性休克，在这些情况发生时，要及时提供药物治疗
糖尿病	这里指的是身体本身控制血液内胰岛素的水平。适用的饮食清单中包括低胆固醇食品以及要避免食用含糖分高的食物等
低胆固醇	饮食中可以包含多元不饱和脂肪酸，并限制食用动物脂肪的量。其他可供食用的食物还包括煮或铁扒的肉类和鱼肉，水果和蔬菜以及低脂奶、奶酪和酸奶等

续表

症状	举例
低钠/低盐	这一类的饮食需要减少钠或盐的摄取量。日常饮食包括低钠/低盐食物，在烹调时要限制盐的使用量或者不使用盐。

文化与宗教的影响

不同的宗教信仰对于食物和原材料的使用都有各种不同的要求，这些要求通常也包含在从食物制备到烹调阶段以及厨房设备的使用等各个方面。这些方面的举例，见表4-2。

素食主义者

素食主义或许是源于文化、宗教、道德、伦理或者生理上的原因。因此，对菜肴进行准确性的描述是非常重要的。

各种类型的素食主义者归纳在下述的表4-3中。

表4-2 各种宗教信仰对饮食的禁忌要求

宗教	饮食禁忌
印度教	不吃牛肉以及只食用少量的猪肉。有一些印度教徒不吃任何的肉类、鱼肉或者鸡蛋。日常饮食包括了奶酪、牛奶和素食类菜肴
犹太教	只食用“洁净的”（符合犹太教规的洁净食物）动物肉。犹太教不吃猪肉或者猪肉类产品。贝壳类海鲜或者动物脂肪和兽类的胶质部分被认为是不洁净的或者没有按照犹太教的方式进行屠宰。对于食物的制备和烹调都有所限制。不允许在同一餐中制作、食用肉类及奶制品
锡克教	不吃牛肉和猪肉。有些人会坚持素食，有些人会吃鱼、羊肉、奶酪和鸡蛋。锡克教徒也不吃清真肉类
拉斯特法里教	不吃任何经过加工的食品，猪肉或没有鳍的鱼（像鳝鱼）。也不喝茶、咖啡或酒类
罗马天主教	在饮食上很少有限制。通常在大斋首日或耶稣受难日不吃肉类。一些教徒还保留着过去的习惯要求在周五不吃肉，而是用鱼和奶制品代替

表4-3　各种素食主义者的形式

素食主义者类型	饮食形式
半素食主义者	除了家禽肉外，不吃红肉，或者全部的肉类。所食用的食物包括鱼类或者包括奶制品以及其他的动物制品等
蛋奶素食主义者	不吃肉、鱼或家禽肉，但是可以喝牛奶，食用奶制品和鸡蛋
奶素食主义者	不吃肉、鱼、家禽肉和鸡蛋，但是可以喝牛奶以及食用奶制品
纯素食主义者	不吃任何含有动物原料的食品。食物主要由蔬菜、蔬菜油、谷物、坚果、水果和瓜子构成
水果素食主义者	这是更受限制的素食主义者。不食用所有的与动物有关的食物以及豆类和谷物类。食物主要包括生的水果和果脯、坚果、蜂蜜和橄榄油

伦理的影响

顾客越来越意识到伦理对食物的影响，例如：

- 确保食物可以持续性的消耗
- 公平交易
- 接受或者不接受转基因食品或辐照食品
- 减少食品包装和食品浪费
- 减少在食品生产和食品运输过程中对环境造成的影响

还有一个日益增长的趋势是，当产品质量、口味、新鲜程度和营养价值都在最佳状态，产品供应更充足和更便宜的时候，可以更多地使用当季和当地来源的食物以及饮料。对于餐饮企业来说，这么做的益处还包括：

- 对菜单进行改进，因为供货商可以提前给出他们所提供的原材料方面的信息。
- 使用更多信得过的产品和服务，可以更加灵活的满足顾客的需求。
- 通过使用当地的餐饮资源制作出有特色的产品，在不同的季节和餐饮经营特色项目中，通过特别的促销手段增加营销的机会。
- 由当地供货商支持，对员工进行培训。

在法律方面所需要注意的事项在12.1部分中进行了归纳总结。其他有关如何满足顾客的需求方面的信息，见12.2部分中的内容。

4.5 菜单与服务知识

菜肴知识是餐饮服务成功的核心内容，掌握这方面的知识可以使得服务员能够对顾客所需要的菜肴内容，菜肴制作过程中使用的烹调方法，确保提供给顾客相应的上菜服务以及对恰当的配菜等方面的内容给出正确的搭配建议。在本章其余部分的内容中，还提供了对于顾客从菜单中选择的菜肴上菜服务和配菜相关知识的内容。

其他信息包含在附录A：烹饪和服务术语中。

某些菜肴在一般情况下可以使用传统的配菜。有些菜肴提供的配菜主要目的是帮助改善风味或者用来帮助消化菜肴中的油腻成分。对于部分菜肴要使用传统的上菜和服务方式。本章节中下面的内容，就包含有这些菜肴的服务和配菜知识。但是要注意的是，这部分的内容并不是想成为服务规范，因为会随时随地的发生各种各样的变化，新的配菜知识也会随机而变。另外，更健康的饮食习惯也会带来一些观念上的改变，例如，像植物黄油，通常可以用来替代黄油提供给顾客，面包在提供给顾客之前也不需要提前涂抹好黄油，从而使顾客可以选择他们自己需要的形式。可食用性的低脂牛奶、植物奶末、甜味剂等现在也都成了餐饮服务过程中的标准配置。

对于上菜服务来说，要考虑到的重点是帮助顾客享用好菜肴的过程。例如，鱼刀和鱼叉的使用，已经变得不那么时尚了（最初的原因是在维多利亚时代，尽可能多地使用这些餐具是人们想要显示他们的银餐具都是崭新的，这样做能够使得这些餐具与其他的餐具分开）。小的咖啡杯目前在餐厅内已经很少使用了，尽管这些小咖啡杯还可以专门用来制作意大利浓缩咖啡（espresso）。

少司在使用时的注意事项

尽管少司看起来种类繁多，但是绝大部分都是基于一些基础少司变化而来。这些基础少司归纳在表4-4中。

表4-4 基础少司

少司种类	制作原料
基础褐色少司（Fond brun）	褐色的肉类基础少司
基础白色少司（Velouté）	用于鱼、肉、家禽或者蔬菜汤中的白色少司
德国少司（allemande）	用鲜奶油和蛋黄增稠的白色少司

续表

少司种类	制作原料
白色奶油少司（béchamel）	用牛奶制作而成的美味白色少司
番茄少司（tomato sauce）	可以使用新鲜的、罐装的或者番茄蓉制成
蛋黄酱（mayonnaise）	使用蛋黄、油脂、醋、盐、胡椒和芥末制成的冷少司
荷兰少司（hollandaise）	使用融化了的黄油、蛋黄、香葱、醋和其他调味品制成的热少司
油醋少司（vinaigrette）	使用油脂、醋和精选的调味品一起混合制成的冷少司

上述少司是制作其他种类少司的基础少司。通过加入各种不同的原材料，例如，在白色奶油少司中加入奶酪就做出了莫内少司（morny sauce），由此而制作出了各种不同的少司。

4.6 开胃菜和其他开胃品

传统意义上讲，开胃菜是汇集了鱼和肉的开胃沙拉。这些开胃沙拉服务时使用冷的鱼盘并配鱼刀和鱼叉。现在摆台餐具的使用，更有可能由所服务的菜品的类型和装盘的方式来决定。按照传统，油醋汁在服务时也会提供，但是现在这种情况越来越少见了，因为需要使用油醋汁的菜肴，在上菜之前就已经浇淋好油醋少司了。将面包烤至焦黄之后再涂抹上黄油提供给顾客的情况现在也不多见了，现在会让顾客自己选择喜欢的面包品种和黄油，或者只选择自己喜欢的面包。

可以给顾客提供装好菜肴的餐盘服务，或者从单独的沙拉盘内选择，从托盘内，餐桌上，或者从开胃小吃餐车上选择，目前，这种开胃小吃餐车在餐厅内已经不多见了。常见的开胃菜菜品和其他开胃小吃举例见表4–5、表4–6。

表4-5　常见的开胃菜菜品举例

开胃菜菜品	举例
沙拉（salads）	有单一或复合口味，单一口味的沙拉包括鱼类和肉类沙拉、黄瓜沙拉、番茄沙拉、土豆沙拉、甜菜沙拉、紫甘蓝和菜花沙拉等。复合口味沙拉包括像俄罗斯沙拉（Russian Salad，用蛋黄酱混合蔬菜制成）、安德鲁沙拉（Andalouse用西芹、洋葱、柿椒、番茄、米饭和油醋少司制成）、意大利沙拉（Italienne，蔬菜沙拉里加入色拉米丁、银鱼柳和蛋黄酱制成）和巴黎沙拉（Parisienne，用螯虾片、松露、俄罗斯沙拉以及蛋黄酱和肉冻混合在一起制成）
鱼类（fish）	包括了像银鱼、鲱鱼（新鲜的或腌制的）、龙虾、马鲛鱼（腌制的、烟熏的或新鲜的）、烟熏鳗鱼（鱼柳或鱼片）以及虾（配鸡尾少司或制作成慕斯）
肉类（meats）	包括像肝酱、火腿（生的、煮熟的或烟熏的）和各种色拉米
小吃类（canapés）	这些小吃类是将各种切片的面包除掉边缘之后，切成各种形状，然后烤好或者用油或黄油煎好之后装饰而成。这些装饰物可以是烟熏三文鱼、鹅肝酱、虾仁、奶酪、芦笋、番茄、鸡蛋、水瓜纽、酸黄瓜、色拉米和其他的肉类材料
蛋类（eggs）	鸡蛋可以是焓熟、摆放在胶冻上或者蛋黄酱上，或者是用煮熟的鸡蛋，切成两半之后进行装饰或者添酿各种馅料制作而成，这些馅料中可以包括煮熟的蛋黄在内

表4-6　其他开胃小吃举例

其他开胃菜菜品	举例
芦笋类（asparagus）	新鲜的芦笋可以热食，配上例如融化的黄油或者荷兰少司等一起食用，或者配着油醋少司或蛋黄酱冷食。通常可以在餐盘的右侧垫放一把翻放的餐叉，使得餐盘略微倾斜，这样盘内的少司就会朝向左侧流到餐盘的底部，可以使用餐刀和餐叉食用芦笋，也可以使用芦笋夹或者直接使用手指拿取，如果使用手指食用芦笋，那么就要提供洗手盅，盅内放置一片柠檬并加入温水，配上餐巾之后一起提供给顾客
鳄梨（avocado）	通常切成两半配着沙拉摆放在鱼盘中提供给顾客食用，单独配油醋少司（现在更多的是使用酒醋），或者跟虾一起配鸡尾少司食用。也有一些菜肴使用切成两半的鳄梨作为盛器。与黑面包和黄油一起提供给顾客的方式现在已经不多见了，鳄梨还有其他的食用方式，例如，将鳄梨切成片之后摆成扇形，可以使用餐刀和甜品叉食用。
凯撒沙拉（Caesar salad）	直叶生菜（罗纹生菜）沙拉，配油醋少司或者其他类似的少司（含有生鸡蛋、大蒜、面包丁和巴美贤奶酪。使用的原材料有很多种变化。使用餐刀和甜品叉。有时候这道沙拉也用碗盛放
鱼子酱（caviar）	在摆台的右侧配鱼子酱刀或餐刀。要盛放在冷的鱼盘内，配菜包括了薄饼（荞麦薄饼）或者热的烤面包片、黄油、柠檬角、葱末及切碎的煮鸡蛋的蛋清和蛋黄。每一份的量通常在30克(1安士)左右

续表

其他开胃菜菜品	举例
肉制品（charcuterie）	包括了一系列的肉制品（主要指猪肉制品），像巴约纳火腿（Bayonne ham）、色拉米（Salami）、烟熏火腿（Smoked ham）、巴马火腿（Parma ham），以及肝酱和肉批等。所使用的餐具是餐刀和甜品叉，如果作为主菜供应，要使用肉刀和肉叉，配菜是卡宴辣椒、酸青瓜，以及洋葱，还要配上胡椒末。有时候也可以配送一小份土豆沙拉。一般情况下也会提供面包，但是目前黑面包和黄油很少有提供的了
玉米棒（corn on the cob）	通常要配着特制的用来支撑玉米用的像小的剑或者叉子样式的餐具一起食用。也可以在玉米棒的一端插上三支牙签，但是要避免使用两把甜品叉来食用玉米，因为牙齿可能会咬到叉尖带来危险。也可以使用特制的餐具来盛放玉米，还可以使用汤盘来盛放，汤盘可以将融化的黄油或者荷兰少司保留在一起。提供的洗手盅里要使用温水并要带着一片柠檬，如果配上餐巾服务效果会更好
新鲜水果（fresh fruit）	可以盛放在碗中或餐盘里。如果使用的是餐盘，要使用餐刀和甜品叉（最好是水果刀和水果叉），如果是盛放在碗里要使用甜品勺和叉，水果一般不用配菜，有些人可能会喜欢在水果上撒上糖之后食用，瓜类水果如果单独提供的话，可以配上白糖和姜粉
什锦水果（fruit cocktails）	通常使用玻璃杯盛放或者使用异形碗盛装。使用茶勺服务，特别要指出的是什锦水果里如果有西柚的情况下，还要提供白糖给顾客使用
果汁（fruit juices）	通常使用玻璃杯盛放。如果配着白糖，那么就要提供一把茶勺，用来搅拌白糖。对于番茄汁，要提供盐和辣酱油（使用之前要摇均匀），还要提供一把茶勺用来搅拌用
洋蓟（globe artichokes）	这种蔬菜通常都是整个用来作为开胃菜食用。可食用部分的叶瓣在蘸过汁液之后（例如冷食时的油醋汁，热食时融化的黄油或荷兰少司等）用牙咬着，可以“吸入嘴里”。洋蓟叶瓣可以用手指拿取，洋蓟心最好使用餐刀和甜品叉取食，配盛放有温水和一片柠檬的洗手盅以及餐巾。盛放洋蓟心要使用特制的餐具，有时候也可以使用鱼盘搭配一个盛少司的小碗在一起使用。在这种情况下，还要额外配一个盛放废弃的叶瓣的餐盘。还可以选择使用一个主餐盘来盛放洋蓟
腌渍三文鱼（gravlax）	三文鱼使用盐、糖和莳萝腌渍。通常使用鱼刀和鱼叉食用，或者使用餐刀与甜品叉，传统的配菜是微甜的芥末和莳萝少司，以及半个柠檬（使用棉布包扎好，以防止在挤汁时溅到顾客身上），配各种没有涂抹过黄油的面包，另配黄油和其他调料
慕斯和肝酱（mousses and pates）	通常这些食物要使用餐刀和甜品叉食用，配烘焙至金黄色的、没有涂抹过黄油的吐司面包或者面包，另外再配黄油或者其他调味品，其他的配菜则与菜肴一起提供。例如，柠檬角配鱼慕斯，一般情况下，柠檬可以搭配使用肉类为主制作的肝酱类菜肴
尼斯沙拉（Nicoise salad）	尼斯沙拉有许多种不同的制作方法。使用的原材料通常包括煮土豆、整根的四季豆、番茄、煮鸡蛋（切成角或片）、去核黑橄榄、吞拿鱼肉和银鱼柳等。装盘时，尼斯沙拉通常会搅拌好之后再装盘。有时上尼斯沙拉时也会与油醋汁一起提供给顾客

续表

其他开胃菜菜品	举例
其他的沙拉（other salads）	沙拉可以在制作好之后装盘服务给顾客，也可以在餐桌旁现场制作。沙拉汁种类繁多，使用的餐具通常与沙拉中使用的主料有关，例如，鱼刀和鱼叉用于以鱼肉为主的沙拉服务中，但是餐刀和餐叉可以通用。餐桌旁现场制作沙拉，参见第10.5部分中的内容
生蚝（oysters）	生蚝通常放置在其半壳中摆放在汤盘中的碎冰上供应。一般都配上生蚝叉，但也可以使用甜品叉。通常生蚝是用一只手拿着壳，另一只手使用叉子食用，这样就要为顾客提供带有一片柠檬并盛放温水的洗手盅和餐巾，配菜包括半个柠檬和生蚝调味品（卡宴辣椒、胡椒末、醋和辣椒汁）。也可以提供烤面包片和黄油
跑特虾仁（potted shrimps）	餐台上可以摆放鱼刀和鱼叉或者餐刀和甜品叉，配菜包括热的没有涂抹黄油的吐司面包（因为菜肴中已经有了很多黄油）、卡宴辣椒、胡椒末和柠檬角
海鲜咯嗲（海鲜杯，seafood cocktail）	通常是制作好之后盛放入玻璃或碗状的咯嗲杯（海鲜杯）内。茶勺和小叉子用来食用海鲜咯嗲。有时候餐具直接摆放在海鲜咯嗲的垫盘上，然后与海鲜咯嗲一起服务给顾客。配菜可以是一块柠檬角、胡椒末，有时候上些卡宴辣椒和传统的烤面包片及黄油，不过现在已经很少采用这样的方式服务了
烟熏三文鱼（smoked salmon）	通常使用鱼刀和鱼叉食用烟熏三文鱼，或者使用餐刀和甜品叉食用，传统的配菜包括切半的柠檬（用棉布包好以防止挤柠檬汁时，汁液溅到顾客身上）、卡宴辣椒、胡椒末和烤面包片及黄油，现在提供给顾客的大部分都是没有涂抹过黄油的各种样式的面包以及另外单配的黄油。有些餐厅也给顾客配上橄榄油和切碎的洋葱以及水瓜纽
其他的熏鱼（other smoked fish）	与烟熏三文鱼提供的配菜相同，奶油辣根酱是各种烟熏鱼的标准配菜，烟熏鱼类包括烟熏虹鳟鱼、烟熏马鲛鱼、烟熏鳕鱼、烟熏比目鱼和烟熏吞拿鱼等
蜗牛（snails）	蜗牛夹摆放在左侧，蜗牛叉摆放在右侧。蜗牛放置在蜗牛盘中服务给顾客，蜗牛盘上面有六个或十二个凹孔。提供的法包用来蘸食盘中的少司，还可以提供切半的柠檬（用棉布包好，以防止在挤柠檬汁时，汁液溅到顾客身上）以及放置有温水和一片柠檬的洗手盅，还有餐巾，作为餐具的一部分要摆放在餐桌上

4.7 汤类菜肴

汤可以分成很多种。它们包括清汤、浓汤、奶油汤、蓉汤、蔬菜汤、大虾浓汤以及肉汤等。汤的举例详见表4-7。各个国家的著名汤菜举例见表4-8。

表4-7　汤的分类和服务的方式

汤的分类	服务的方式
清汤（consommé）	用家禽、牛肉、野味或蔬菜汤制成的澄澈的汤，通常使用清汤碗配甜品勺一起服务给顾客。清汤在喝的时候可以借助于汤碗的柄，勺子用来吃汤中的装饰料。现在的服务方式除了可以使用清汤碗之外，还可以使用清汤碟或者汤盘，一些清汤碗上的柄进化成了现在的耳状。在上汤之前，有些餐厅有时候会在清汤中加入雪利酒或者马得拉酒。尽管清汤通常是热食，但是也可以做成冷汤或者胶冻类的汤（en gelee）
浓汤、奶油汤和蓉汤（Velouté，crèmes and purees）	这些汤通常盛放在汤盘里，带着垫盘和汤勺。然而现在常会见到形状各异的各种汤碗。传统上，只在上蓉汤和奶油番茄汤时，提供炸面包丁。但现在基本上各种汤都可以提供了
蔬菜汤、肉汤和大虾浓汤（potages，broths and bisque）	这些汤通常会盛放在汤盘里，用汤勺进食，但是现在也可以使用各种形状的汤碗来盛放

表4-8。　各国的汤菜举例

各国的汤菜	制作原料
俄罗斯菠菜冷汤（batwinia，Russian）	由菠菜蓉、酸模草、红菜头和白酒加上碎的冰块制成，单份上，冷喝
波兰罗宋汤（Bortsch，Polish）	鸭肉清汤，用鸭肉丁、牛肉丁和切割好的根菜制成，配菜是酸奶油、红菜头汁（甜菜）和鸭肝酱小馅饼。因为配菜太多，罗宋汤通常会使用汤盘来盛放
法国浓味鱼汤（bouillabaisse，French）	这是炖鱼的一种形式。尽管使用汤盘盛放，并配汤勺，但通常的做法是配餐刀和甜品叉用来食用浓味鱼汤。切成薄片的法式面包，淋上橄榄油之后焗至金黄色（sippets），与大蒜蛋黄酱（rouille）配汤一起提供给顾客（见附录A：烹饪和服务术语中的内容）
德国樱桃汤（cherry，German）	牛肉汤中加入樱桃蓉、樱桃汁和红酒制成，配去核樱桃和海绵手指饼干
美国周打汤（chowder，USA）	周打汤是浓汤，通常由海鲜、土豆和奶油或者牛奶制成。最著名的周打汤是新英格兰蛤周打汤，用土豆、洋葱、培根或咸肉、面粉及蛤肉制成，配蛤肉丸子，用切碎的蛤肉与黄油面糊炸制而成
苏格兰大葱鸡肉汤（cock-a-leekie，Scottish）	小牛肉和鸡肉清汤，用葱丝和鸡肉点缀。配西梅，可以在上菜之前放入到汤里
西班牙番茄冷汤（gazpacho，Spanish）	以番茄为基底的冷汤。包含有番茄、洋葱、面包糠、青椒、黄瓜、大蒜、冰水、糖和香料等材料。面包丁、黄瓜丁、青椒、番茄和洋葱可以作为配菜一起供应。做好的汤经过冷藏之后盛放在汤盘里，置于底盘上服务，用汤勺进食

续表

各国的汤菜	制作原料
俄罗斯大麦清汤（kroupnich，Russian）	使用大麦和部分家禽内脏做成的清汤，表面装饰着用家禽肉做馅心的小酥盒
意大利芳蒂汤（mille fanti，Italian）	在牛肉清汤里加入混合着巴美贤奶酪和鸡蛋的面包糠制作而成
意大利蔬菜汤（minestrone，Italian）	用切成片的蔬菜和意大利面条制成的汤。传统的配菜是磨碎的巴美贤奶酪和焗长笛面包
日本味噌汤（miso，Japanese）	味噌是用发酵之后的黄豆制成的豆酱。这道汤是由在木鱼汤中加入味噌制作而成的汤，而木鱼汤则是由木鱼花（鲣鱼）和昆布制成的汤，汤中使用的其他材料还有春葱和美味的豆腐。在味噌汤中的材料还可以使用土豆和海带等，在上汤时，它们可以作为装饰配菜一起提供给顾客食用
法国蔬菜汤（petit marmite，French）	牛肉和鸡肉风味的蔬菜汤，用削好的根类蔬菜以及牛肉丁和鸡肉丁做装饰，使用特制的带盖汤锅盛放，这种汤锅有点类似于小的砂锅。配菜是焗长笛面包，煮牛骨髓和擦好的巴美贤奶酪片。有时候会将奶酪放在面包上焗好，然后在上汤之前摆放在汤的表面
法式奶油汤（potage germiny，French）	清汤在上菜之前用蛋黄和奶油一起勾芡使其变成浓稠状的汤。配奶酪棒
俄罗斯圆白菜汤（shchi，Russian）	罗宋汤上面放上酸泡菜。红菜头汁和酸奶油单独提供给顾客
法式洋葱汤（soupe a l'olgnon，French）	法式洋葱汤一般是使用清汤碗或者汤碗盛放。可以配焗长笛面包和巴美贤奶酪，但通常做法是在汤面上放一片法式面包，撒上奶酪之后再焗至金黄色

4.8 鸡蛋类菜肴

近些年来，鸡蛋类菜肴作为单独的一道菜肴来食用已经非常少见了。只有蛋卷独自捍卫着这项荣誉，而像炖鸡蛋（eggs en cocotte）一类的菜肴只会偶尔出现在菜单里。表4-9中列出的鸡蛋类菜肴对服务会有一些特殊的要求。

表4-9 鸡蛋类菜肴和特殊的服务要求

鸡蛋类菜肴	特殊的服务要求
焗鸡蛋（oeuf sur le plat）	鸡蛋在耐热焗盅内烤制而成，然后放置在垫盘内服务给顾客。通常要配甜品勺和叉，根据具体的配菜情况也可以配餐刀，耐热焗盅是一个小的、圆形的白色双耳陶器或双耳金属餐具
炖鸡蛋（oeuf en cocotte）	鸡蛋在炖锅里制作而成，然后配着各种装饰配菜一起服务给顾客。炖锅放置在带垫布的底盘上，配一把茶勺。炖锅是一个小的圆形陶器餐具，外边是直的，尺寸大小如茶杯一般
蛋卷（omelettes）	蛋卷作为一道蛋类的菜肴，放置在热的鱼盘上，使用肉叉进食，肉叉摆放在餐具摆台的右侧。如果蛋卷是作为主菜来食用，应该放置在热的主菜盘里，使用的餐具是肉刀和肉叉，土豆和蔬菜或者沙拉可以作为蛋卷的配菜。通常蛋卷都是装好盘之后提供给顾客，但也可以用两把餐叉、两把鱼刀或者使用甜品铲从浅盘中服务给顾客。蛋卷的两端也要进行装饰，作为菜肴的一部分服务给顾客

4.9 意大利面和饭菜类

这一类菜肴，也被称之为谷粮类菜肴，包括所有的意大利面，例如意大利细心面条（spaghetti）、空心面条（macaroni）、意大利饺（ravioli）以及一些饭类菜肴，例如肉菜烩饭（pilaff）或者调味饭（risotto）。还包括了像皮埃蒙特鸟其（gnocchi piedamontaise 土豆制品）、巴黎夫人式泡芙（choux paste）以及罗纹粗麦等（romaine semolina）。

绝大部分意大利面和饭类菜肴现在都是使用餐盘盛放。对于意大利细心面条，应在餐台的右侧摆放一把主餐叉，而在左侧摆放一把甜品勺。对于其他的菜肴，可以使用甜品勺和餐叉，甜品勺摆放在右侧，而餐叉摆放在左侧。所有的意大利面和饭类菜肴都要配擦碎的巴美贤奶酪。某些情况下配一些从巴美贤奶酪块上擦成片状奶酪的效果会比擦碎的奶酪更好些。

4.10 鱼类菜肴

一般来说，鱼类菜肴在食用时要使用鱼刀和鱼叉，但是这种传统惯例目前正在被打破，对于鱼类菜肴，通常的摆台餐具是鱼盘和餐刀以及甜品叉。如果鱼是作为主菜供应给顾客，可以使用主餐盘配鱼刀和鱼叉或者主餐刀和主餐叉的摆台方式。鱼类菜肴常用的配菜见表4–10。

表4-10 鱼类菜肴常用的配菜

鱼类菜肴品种	常用的配菜
配少司的热的鱼类菜肴（hot fish dishes with a sauce）	通常没有配菜
不配少司的热的鱼类菜肴（hot fish dishes without a sauce）	这些菜肴通常提供荷兰少司或者其他的以热的黄油为基底制成的少司。也可以提供柠檬角
裹面包糠煎鱼（a l'anglaise）	这些菜肴通常会配塔塔少司或者配另外的以蛋黄酱为基底制成的少司。也要配柠檬角
煎鱼或者铁扒鱼类菜肴，不使用面包糠（fried or grilled fish dishes，not bread crumbed）	这些菜肴通常要配柠檬，有时候也可以提供像荷兰少司或者塔塔少司这一类的少司
裹面糊炸鱼类菜肴（a l'orly）	有时候提供番茄少司（厨房自制）和柠檬角。也可以提供特别的少司，像炸鱼片就可以提供醋给顾客
冷煮鱼类菜肴（cold poached fish dishes）	通常提供的是蛋黄酱或者其他的以蛋黄酱为基底制成的少司，例如绿酱（sauce vert）等，可以与柠檬角一起提供给顾客

服务鱼类菜肴时的一些特殊要求详见表4–11中的内容。

表4-11 服务鱼类菜肴时的一些特殊要求

鱼类菜肴品种	特殊要求
铁扒鲱鱼（grilled herring）	作为开胃菜可以使用热的鱼盘上菜。传统的摆台餐具是鱼刀和鱼叉，但现在摆台使用更多的是餐刀和小的（甜品）叉，通常要配芥末少司
银鱼（whitebait）	作为开胃菜可以使用热的鱼盘上菜，传统上是使用鱼刀和鱼叉进食。现今摆台更多的则是使用餐刀和小的（甜品）叉。配菜是卡宴辣椒、胡椒末、柠檬角以及黑面包和黄油
青口贝（mussels）	通常是盛放在汤盘里或者汤碗里置于底盘上配着黑面包和黄油一起服务。现在更普遍的做法则是可以配着各种各样的面包和黄油。也可以配卡宴辣椒。在摆台的时候经常使用的是鱼刀和鱼叉或者餐刀和小的（甜品）叉及甜品勺。收集吃剩贝壳的餐盘和洗手盅也要一起提供，盅内要放置温水和一片柠檬，还要给顾客提供餐巾

续表

鱼类菜肴品种	特殊要求
冷龙虾（cold lobster）	摆台餐具是鱼刀和鱼叉或者是餐刀和小的（甜品）叉和一把龙虾钩勺配着一个收集龙虾碎壳的餐盘以及一个洗手盅，盅内放置温水和一片柠檬，与餐巾一起提供给顾客。柠檬和蛋黄酱少司是最常见的配菜

4.11 肉类、家禽和野味类菜肴

烤肉类菜肴

在任何情况下，都要给顾客提供烤肉汁。对于那些味道清淡的烤肉类菜肴（例如烤肉时不使用香草腌制）的配菜见表4-12。

表4-12 烤肉类菜肴的配菜

烤肉类菜肴品种	配菜
烤牛肉（roast beef）	配辣根少司，法式和英式芥末以及约克郡布丁
烤小羊肉（roast lamb）	尽管有时候可以提供红加仑胶冻，但传统的配菜少司还是薄荷少司
烤绵羊肉（roast mutton）	尽管有时候也可以配薄荷少司，传统上配的还是红加仑胶冻。另外一个可以选择的配菜少司是白洋葱少司
烤猪肉（roast pork）	配苹果少司、鼠尾草和洋葱酿馅

煮肉类菜肴

煮肉类的配菜见表4-13。

表4-13 煮肉类的配菜

煮肉类的品种	配菜
煮绵羊肉（boiled mutton）	水瓜纽少司是传统的配菜少司

续表

煮肉类的品种	配菜
煮牛臀肉（salt beef，silverside）	配切削好的根类蔬菜，肉丸和煮牛肉汤
煮鲜牛肉（boiled fresh beef）	配切削好的根类蔬菜、煮牛肉汤、岩盐和酸青瓜
煮火腿（boiled ham）	配香芹少司或者白洋葱少司

其他的肉类菜肴

其他肉类菜肴的配菜见表4-14。

表4-14　其他肉类菜肴的配菜

其他肉类菜肴的品种	配菜
爱尔兰炖肉（Irish stew）	这道炖菜通常盛放在汤盘内并配一把甜品勺和肉刀及肉叉一起上菜。配菜是辣酱油少司和紫甘蓝泡菜
咖喱类菜肴（curry）	使用热的主餐盘上菜并配一把甜品勺及肉刀和肉叉。常用的配菜是poppadums（味道浓郁的香脆薄饼）、龙头鱼（印度洋出产的鱼干）和芒果酸辣酱。也可以配一个咖喱料盘，料盘里面包括有苹果丁、葡萄干、香蕉片、酸奶和椰丝等配料
什锦铁扒和其他铁扒类菜肴（mixed grill and other grills）	这些菜肴可以用水芹、番茄、土豆条和香芹黄油进行装饰。各种芥末（法式和英式）以及特制的少司（番茄沙司和布朗少司）可以作为配菜提供给顾客
牛排（steak）	如果用于什锦铁扒中，夏多布里昂（chateaubriand，大块牛排）可以配边尼士少司（béarnaise sauce），有时候其他种类的铁扒牛排也可以配边尼士少司

家禽、剥除毛皮和羽毛的野味类菜肴

家禽、剥除毛皮和羽毛的野味类菜肴的配菜见表4-15。

表4-15　家禽，去掉羽毛和外皮的野味类菜肴的配菜

野味类菜肴分类	配菜
家禽类	
烤鸡（roast chicken）	配菜是面包少司、烤鸡肉汁、香芹和百里香酿馅、炸薯片和西洋菜。有时候也可以使用洋葱和鼠尾草作为烤鸡的酿馅

续表

野味类菜肴分类	配菜
烤鸭（roast duck）	配鼠尾草和洋葱酿馅，苹果少司和烤鸭汁
野鸭（wild duck）	配烤野鸭的原汁，传统的配菜是橙子沙拉和酸味奶油少司
烤鹅（roast goose）	配鼠尾草和洋葱少司酿馅、苹果少司和烤鹅的原汁
烤火鸡（roast turkey）	小红莓少司、栗子酿馅、西班牙式香肠、油炸土豆片、西洋菜和烤火鸡原汁都是经常使用的配菜
剥除毛皮的野味	
炖野兔肉（jugged hare）	配心形的烤面包片、肉丸和红醋栗胶冻
鹿肉（venison）	配肯柏兰少司（又称金巴里少司，Cumberland Sauce）和红醋栗胶冻
去掉羽毛的野味	
烤野味（when roast）	烤所有野味去掉羽毛时，像松鸡（partridge）、山鸡（grouse）和野鸡（pheasant）的配菜是煎炸过的面包糠，烘烤过的小块面包片上涂抹好热的肝酱之后再摆放上烤好的野味肉、面包少司、炸土豆片、西洋菜和烤野味原汁等

4.12 土豆、蔬菜和沙拉类菜肴

各种土豆和蔬菜，包括各种沙拉都可以作为种类繁多的主菜的配菜和一道菜肴的配菜。它们可以是：

- 作为在银器餐盘服务中主菜的配菜。
- 提前放置到主餐盘中作为主菜的配菜。
- 作为银器服务中的组合餐盘或者配菜盘，与主餐盘分开，摆放在主餐盘的左上方位置。单独的小（甜品）叉或者勺可以摆在餐台的左手边作为这些沙拉或者土豆和蔬菜等配菜的专用餐具。
- 提前将它们从主餐盘中分离开，在组合餐具或者配菜盘中摆放好，然后摆放在主餐盘的左侧。一把专用的甜品叉或勺可以摆放在摆台餐具的左侧用来取用这些沙拉或者土豆和蔬菜等配菜。
- 将它们放置在多格的餐盘中摆放在餐桌上，这样顾客可以使用服务勺和餐叉自助服务（家庭式服务方式）。

烤土豆通常会单独放置在热的配菜盘中，盘中单配一把小（甜品）叉。配菜是卡宴辣椒、胡椒末和黄油。但是黄油现在一般都不直接放置在烤土豆上，而是单独和其他配料一起上桌，供顾客自己选择使用与否。

更多关于土豆和蔬菜的服务方式，见6.5部分中的内容。

沙拉

沙拉主要有两大类。

1. 素沙拉（plain salads），有两种主要类型：由绿叶蔬菜原料制作而成的绿色蔬菜沙拉，或者由一种主要的蔬菜原料为主料制作而成的蔬菜沙拉，这种主要原料主导着整个菜肴的风味。素沙拉通常也可以作为主菜的配菜，或者作为主菜之后的一道单独的菜肴。各种沙拉汁可以搅拌到沙拉里或者配着沙拉一起上桌提供给顾客取用。

2. 混合沙拉（compound salads），可以是素沙拉加上其他的原材料，像肉类、鱼和蘑菇混合好，或者几种原材料组合在一起，再使用沙拉汁或者少司将它们混合搅拌到一起制作而成。

表4-16　沙拉类菜肴举例

沙拉菜肴种类	制作材料
法兰西沙拉（Francaise）	由生菜心、去皮切成块的番茄、煮鸡蛋制作而成，单独配油醋汁
青菜沙拉（Verte）	由生菜心制作而成，单独配油醋汁
时令蔬菜沙拉（Saison）	由生菜心加上其他的应季蔬菜制作而成，单独配油醋汁
香橙沙拉（d'orange）	由切成块状的生菜心，呈瓣状的橙子肉，浇上现做的酸味奶油汁制作而成
含羞草沙拉（Mimosa）	由生菜心、橙子肉瓣、去皮去籽的葡萄、切片的香蕉制作而成，撒上煮熟的鸡蛋黄碎，单独配酸味奶油汁
日本沙拉（Japonaise）	生菜、香蕉、苹果、番茄都切成丁，去皮的核桃仁，单独配鲜奶油
洛雷塔沙拉（Lorette）	玉米沙拉、红菜头丝、生芹菜心，单独配油醋汁
俄罗斯沙拉（Russian）	煮熟的包括土豆在内的各种蔬菜，通常会加上其他原料，像番茄、鸡蛋、凤尾鱼、龙虾、火腿和牛舌等用于装饰点缀，用蛋黄酱搅拌均匀
尼斯沙拉（Nicoise）	四季豆、番茄块、切片土豆、凤尾鱼、水瓜纽、橄榄油。用油醋汁搅拌均匀
苦苣沙拉（endive）	生菜心、苦苣与油醋汁一起搅拌均匀

当沙拉作为主菜的配菜单独供应时，应盛放在新月形的餐具中（四等分的月形餐具）或者盛放在一个小的木制沙拉碗里，配一把小（甜品）叉，或者是配一把小木勺和餐叉。如果小叉作为摆台餐具的一部分，要放在新月形餐具的边上时，小叉的叉齿要朝下摆放。如果是银器，这样做也可以避免餐具受到沙拉汁中的酸性物质的氧化。

当沙拉作为主菜之后的一道菜肴服务给顾客时，摆台餐具是：

- 一个冷藏过的鱼盘或者碗，例如一个汤盘。
- 小号的餐刀和餐叉。

一些精心制作的沙拉通常也可以作为开胃菜服务给顾客，服务的方式也按照开胃菜的方式进行。

对于桌边服务现场制备和服务的沙拉和沙拉汁，见10.5部分中的内容。所有的沙拉在服务时，要求的标准是凉爽、脆嫩并且诱人食欲。记住一道沙拉如果没有像油醋汁或者蛋黄酱这样经过精心制作的沙拉汁或者少司就不是一道好的沙拉。沙拉汁的制作详见10.5部分中的内容。

4.13 奶酪

奶酪根据它们的质地，以不同的风味和种类而著称。有诸多的原因会影响到奶酪彼此之间的不同特点，在加工制作过程中，奶酪主要通过发酵产生各种变化。在形成糊状和在凝结过程中（这里涉及时间和温度），外皮产生了不同变化，从而制成奶酪。奶酪品种由于使用不同种类动物的奶源而有所不同，例如使用奶牛、绵羊和山羊的奶制作的奶酪。

由于使用的目的不同，奶酪可以购买整个的或者是切成块状的。奶酪应该储存在低温、避光的地方，空气流通良好或者将其储存在冰箱里。如果在原包装内没有密封，要使用防油纸、保鲜膜或者锡纸将其密封好，以防止奶酪变干燥。在储存时奶酪还要远离其他食品，因为奶酪容易吸收别的味道和气味，例如乳制品的味道。

奶酪的质地在很大程度上取决于它的成熟期。奶酪公认的分类是：

- 新鲜奶酪
- 软质奶酪
- 半硬质奶酪
- 硬质奶酪
- 蓝奶酪

5种奶酪分类中的常用奶酪品种详见表4-17。

表4-17　常用奶酪品种

奶酪分类	举例
新鲜奶酪（fresh cheese）	
农家奶酪（cottage）	未成熟的带着凝乳颗粒的低脂肪、脱脂牛奶奶酪。最早起源于美国，现在已经变化出了许多种类
奶油奶酪（cream）	与农家奶酪类似，但制作时使用的是全脂奶。有许多种不同的奶油奶酪，其中有一些不是使用牛奶制作的
马祖丽娜奶酪（mozzarella）	意大利奶酪，使用水牛奶制作而成，但现在也有使用奶牛奶制作而成的
乳清奶酪（ricotta）	意大利奶酪，使用奶牛奶的乳清制作而成。也有一些意大利乳清奶酪是使用绵羊奶制作而成的
软质奶酪（soft cheese）	
贝尔佩斯奶酪（bel paese）	这种清淡的乳脂状的意大利奶酪的名字意思是“美丽的乡村”。在1929年首次出产
布里奶酪（brie）	著名的法国奶酪，从8世纪就有出产。其他国家目前也制作这种风味的奶酪。其区别在于在外包装上增加了国家的名字或者产区的名字，以表示与原产国法国有所区别，像德国布里奶酪、萨摩赛特布里奶酪等
卡门贝奶酪（camembert）	著名的法国奶酪，比布里奶酪味道更浓郁也更强烈
东方广场奶酪（carre de l'est）	法国出产的一种软质奶酪，用采用巴氏消毒后的奶牛奶制成，并用方形盒子包装。像卡门贝奶酪一样，在成熟过程中会变的软化，颜色比布里奶酪要深一些。熟化之后的味道非常柔和
伊泊斯奶酪（epoisses de bourgogne）	个头小的、有黏性、淡橙色的水洗软质奶酪，属于高脂厚奶油牛奶奶酪，马克·得·勃艮第出品，中间部位呈流动的软质乳脂状。最早是在16世纪初由西多会的修士所制作。在1956年由法国勃艮第的伊泊斯庄园重新注册生产
飞达奶酪（feta）	产自希腊，由山羊奶和绵羊奶制成的奶酪
利普陶奶酪（liptauer）	产自匈牙利，通常由绵羊奶和奶牛奶制成。奶酪中经常会添加其他的原材料，像洋葱、芥末或其他香料等
蒙特维奶酪（mont d'or vacherin du haut doubs）	柔软、带着浓郁的香草味道和淡淡的酸味，经过浸洗的，由奶牛奶制成的奶酪。Vacherin mont d'or（产自瑞士）和vacherin du haut-doubs/le mont d'or(产自法国)奶酪产自瑞士法国边界地区。只在每年的八月十五日和来年的三月三十一号之间出产，为秋冬季节所独有。盛放在圆形的松木或云杉木盒里出售，并且直接在原木盒里服务给顾客，也可以在木盒里用餐勺直接食用
明斯特奶酪（munster）	法国孚日山脉出产的奶酪，形似卡门贝奶酪，但外皮呈橙色。美国、德国和瑞士都有出品

续表

奶酪分类	举例
利古里亚奶酪（stracchino）	意大利奶酪，原产于伦巴第。质地柔软、清淡可口的奶酪，现在已经有了很多的品种
半硬质奶酪（semi-hard cheese）	
阿彭策尔奶酪（appenzeller）	典型的瑞士奶酪品种，阿彭策尔这个名字来自于拉丁语“abbot's cell”（修道院的小屋）
卡尔菲利奶酪（caerphilly）	软膏状脱脂乳风味的奶酪。有些人认为它是糊状的。原产自威尔士，但现在整个英国都能够生产这种奶酪
康塔尔奶酪（cantal）	法国奥弗涅出产的奶酪，与切达奶酪（cheddar）类似
切达奶酪（cheddar）	传统的英国风味奶酪，现在世界各地都有出品，依据产地的不同分别叫做苏格兰切达奶酪、加拿大切达奶酪等
柴郡奶酪（cheshire）	易碎的、略微带些咸味的奶酪，有白色和红色之分。12世纪时原产自柴郡，但现在整个英国都有生产
阿健特奶酪（chevre d'argental）	chevre d'argental的意思是“山羊”，所指的是制作这种奶酪最初采用的奶的来源。味道浓郁、质地密实、乳脂状的奶酪产自于罗纳-阿尔卑斯，带着粉衣般的外皮
得比奶酪（derby）	英国德比郡所出产的奶酪，现在因为添加有各种不同的鼠尾草风味而被人们所熟知的叫做鼠尾草得比奶酪
红波奶酪（edam）	产自荷兰的奶酪，与高德奶酪（gouda）相似，但比高德奶酪更硬一些，有着非常平淡的黄油味道，外面包裹着一层黄色或红色的蜡皮。偶尔也会有带着小茴香味道的红波奶酪
埃曼塔奶酪（emmenthal）	这种奶酪的名字指的是出产自埃曼大峡谷（Emme Valley），与格鲁耶尔奶酪相似（gruyere），但比其要更柔软些，味道也更清淡些
艾斯诺姆奶酪（esrom）	与法国普索洛奶酪相似，这种丹麦奶酪有着红色而不是黄色的外皮
格洛斯特奶酪（gloucester/double gloucester）	全脂的、经典的英国奶酪，最初出产的奶酪只使用格洛斯特奶牛的奶制作而成
高德奶酪（gouda）	有着黄油般的质地，风味柔软而平和，以黄皮或者红皮而闻名的荷兰奶酪
格鲁耶尔奶酪（gruyere）	主要出产于瑞士。但是法国和瑞士的奶酪都可以合法的以此命名。奶酪中有豆粒大小的孔洞，有着幼滑的、相对硬实的质地。法国出产的品种其中的孔洞相对要大些
亚尔斯堡奶酪（jarlsberg）	类似于埃曼塔奶酪，这种挪威奶酪在1950年后期被首次生产出来。外层有黄色的蜡皮包裹

续表

奶酪分类	举例
兰开夏郡奶酪（lancashire）	另外一种类似于柴郡奶酪（白色的柴郡奶酪有时候当做兰开夏郡奶酪售卖）的英国奶酪
莱斯特奶酪（leicester）	味道清淡的橙色英国奶酪
林堡奶酪（limberger）	味道很刺激，林堡奶酪原产于比利时，但是目前德国也有出品
曼切格奶酪（manchego）	相对来说质地有些硬的奶酪，可能有孔洞，中间有白色的或者也有一些是黄色的膏状，由西班牙的绵羊奶制作而成
蒙特利奶酪（monterey）	奶油色、质地柔软、带许多孔洞的美国奶酪，硬质的奶酪叫做杰克蒙特利奶酪，适合用来擦碎使用
庞特伊维克奶酪（pont l'évêque）	与卡门贝奶酪相似，但外观是方形的，这种法国奶酪产自于诺曼底
庞特萨鲁特奶酪（port salut）	味道柔和的奶酪，字面意思是“避风港”，涉及大修道院，法国大革命后返回的被流放的特拉比斯特派修士
瑞布罗神奶酪（reblochon）	奶油色，味道柔和的奶酪，产自于法国的上萨瓦地区。原本制作的奶酪名字来自于非法的“二次挤奶”
泰尔西特奶酪（tilsit）	味道浓郁的奶酪，产自于德国东部城镇，奶酪是由居住于此的荷兰人首先制作并依此命名的。现在德国的其他地区也有出品
威斯利达尔奶酪（wensleydale）	约克郡奶酪，最初使用的是绵羊奶或者山羊奶制作，目前是使用奶牛奶制作。这种奶酪是苹果派的传统配菜
硬质奶酪（hard cheese）	
擦奥维奥奶酪（caciocavallo）	原产自古罗马时期，奶酪名字的意思是“马背上的奶酪”（cheese on horseback），因为奶酪的形状被认为像极了马鞍袋
凯发洛特里奶酪（kefalotyri）	字面上的希腊语意思是“硬奶酪”。产自希腊的一种美味奶酪，适合于用来擦碎之后使用
帕尔马奶酪（parmesan）	传统的意大利硬质奶酪，更准确的应该叫做parmigiano reggiano。以作为擦碎的奶酪用于意大利菜肴中或者撒在菜肴上而闻名，特别是在意大利面中使用，以及用于意大利蔬菜汤中
佩科里诺奶酪（pecorino）	坚硬的、绵羊奶制作的奶酪，在意大利南方，擦碎后使用或者作为餐桌奶酪使用。在西西里岛，人们在奶酪里加入胡椒粒制作成pecorino pepato奶酪
珀弗洛奶酪（provolone）	产自于美国、澳大利亚和意大利的烟熏奶酪，目前使用奶牛奶制作，但是最早的时候是使用水牛奶来制作的。熟化期短的奶酪比保存期长熟化好的奶酪更柔软，味道也更柔和
蓝纹奶酪（blue cheese）	

续表

奶酪分类	举例
奥佛涅奶酪（bleu d'auvergne）	产自于奥佛涅的味道强烈、香浓而丰厚的使用奶牛的奶制作的蓝纹奶酪。回味柔和持久并略带咸味。有着自然形成的外皮，乳脂状带着芳香扑鼻的湿润感。在1845年由农场主安东尼·拉塞尔所创制，他使用一根针在奶酪上插出一些针眼让空气进入到奶酪内部，以利于在奶酪中形成蓝色的纹路
布雷斯奶酪（bleu de bresse）	非常柔软味道柔和的法国奶酪，产自于法国soane-et-loire和jura地区
柴郡奶酪（bleu cheshire）	味道最好的蓝纹奶酪之一，尽管奶酪制作者在温度适宜的环境里采取针刺奶酪和熟化奶酪这些辅助措施过程，以协助蓝纹这一进程的产生，但是奶酪中的蓝纹还是很偶然的才能形成
丹麦奶酪（Danish blue）	最著名的蓝纹奶酪之一。质地相当柔软，味道柔和，这是第一种在英国受到普遍欢迎的欧洲蓝纹奶酪
都斯拿铁奶酪（dolcelatte）	工厂化生产的戈尔根朱勒奶酪（gorgonzola）。意大利语的字面意思是“甜牛奶”。此种奶酪具有乳脂般的质地，相当柔软并带着蓝色的纹理
多赛特奶酪（dorset blue）	坚硬的、经过压榨的奶酪，质地密实，由脱脂奶制作而成。稻草色中带着深蓝色的纹理，非常易碎并且外皮粗糙
安贝尔奶酪（pourme d'ambert）	味道浓郁，出产自奥佛涅，没有经过压榨的奶牛奶制成的圆柱形蓝纹奶酪，带着自然形成的黄灰色外衣，具有乳脂般的质地，味道厚实，略带一点刺激感，在窖穴内大约要熟化八周左右的时间。在法国出产的各种蓝纹奶酪中，安贝尔奶酪的味道最刺激。这种奶酪的名字来源于拉丁语forma，意思是模型（form）
戈尔根朱勒奶酪（gorgonzola）	质地柔软、味道强烈、带着蓝色纹理的意大利传统奶酪，此种奶酪的生产开发出了奶酪的模具文化
罗科福奶酪（Roquefort）	传统的绵羊奶制成的奶酪，出产自法国南部的中央高原。在窖穴中所提供的独特潮湿环境中熟化，有助于蓝色纹理的形成
斯提尔顿奶酪（stilton）	由奶牛奶制成的著名的传统英国奶酪。因为此种奶酪最初是在斯提尔顿的贝尔旅馆里售卖给住店的旅客而得名。根据史料记载，此种奶酪首先是由梅尔顿莫布雷的paulet夫人生产。传统上每次供应一勺量的奶酪，但现在通常则是或者说更确切的是，按照每份的用量来供应。将波特酒倒在整个斯提尔顿奶酪的表面，这样奶酪的顶层外皮就会被除掉，这种做法非常受欢迎，但是目前这种做法已经不常见了。白色的斯提尔顿奶酪现在变得十分流行，但是在味道上要略逊一筹

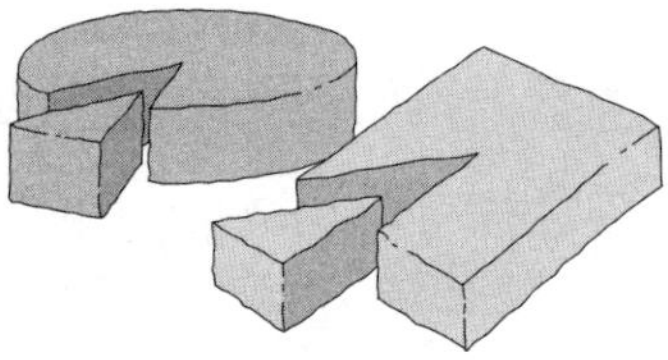

圆形和方形的奶酪可以整个展示给顾客欣赏，然后切成三角块状。注意，方形或者长方形的奶酪要从一个角上开始切割。

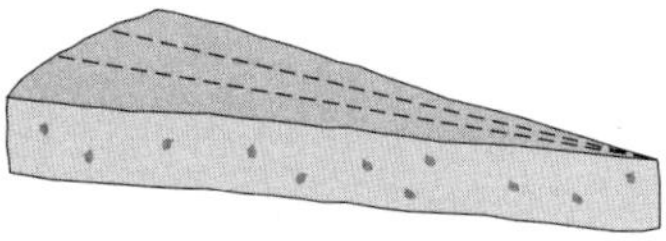

布里奶酪和其他类似的奶酪可以整块展示，或者切成三角形的片状进行展示，然后根据需要切成份状的片（采用像切割蛋糕一样的方法）。

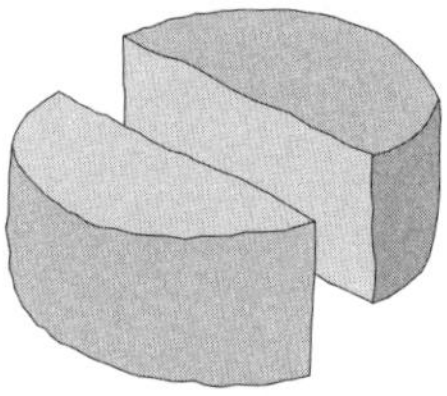

小块柔软的奶酪，像山羊奶酪，可以整块展示，然后可以根据顾客的需要切成两半或者四等份。

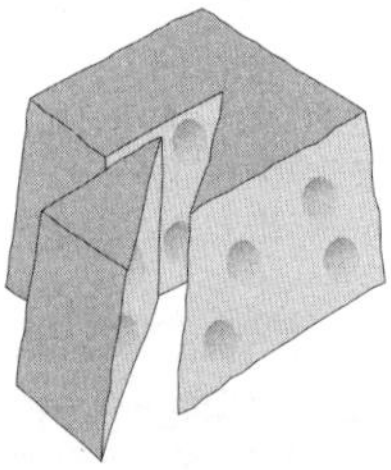

扁平形或金字塔形的奶酪可以整块进行展示，然后可以切成小三角的块状，保持每一个切块的一边上都切成一个角度。

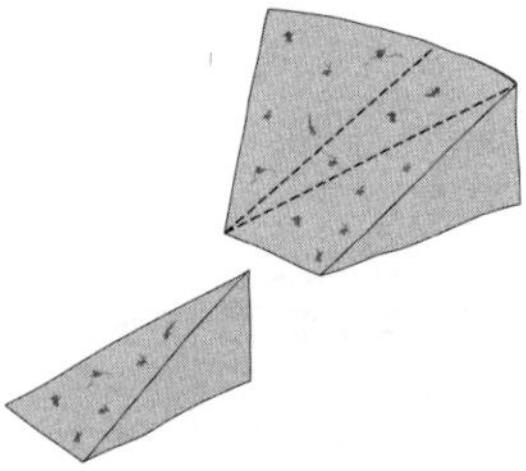

可以从圆柱形或半圆柱形奶酪上切下来一块稍大些的楔形的蓝纹奶酪块用作展示，然后这些楔形的大三角块可以切成更小的三角形的块状提供给顾客。购买的其他种类的圆柱形或半圆柱形奶酪按照此种方式先切成块展示，然后再切成小块提供给顾客。

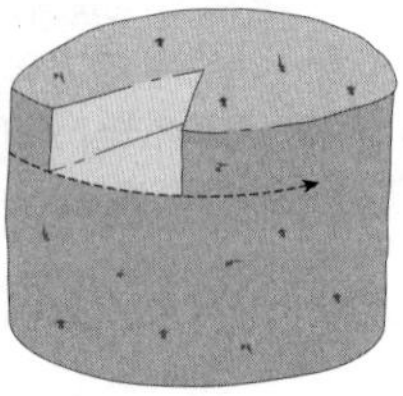

一个圆柱形或半圆柱形的奶酪，也可以整个展示，然后从上面切割成单个的小角形块。为了达到这样的效果，先在圆柱形奶酪上横切25～30厘米的圆形。这样的切割方式也可以替代传统的斯提尔顿奶酪，经过去皮之后，通过在顶端挖舀的方式服务给顾客。

图4-4　切割奶酪的服务方式举例

服务奶酪使用的餐具、配菜和服务方式

餐具

用于服务奶酪的餐具是：

- 配菜盘。
- 餐刀。
- 有时候可以使用小的（甜品）叉。

配菜

餐桌上的配菜可以是：

- 调味料（盐、胡椒和芥末）。
- 黄油（可选）。
- 放在玻璃盘内的芹菜，玻璃盘内放些碎冰，然后放在垫盘上。
- 泡菜（腌制的时令蔬菜）放在玻璃碗内，置于垫盘上，配一把茶勺。
- 如果是奶油奶酪要配细砂糖。
- 各种饼干（奶油克力架、黑麦饼干、甜消化饼干、薄脆饼干等）或者各种面包。

服务方式

如果不使用餐盘，使用奶酪拼盘或者奶酪餐车展示奶酪给顾客，要包括多种成熟的奶酪，配着实用的奶酪刀，用于不同奶酪的切割和装盘（见图4–4的图例，切割的方式和服务的方式）。如果奶酪包裹在锡纸中，必须在服务之前由服务员将其除掉。如果奶酪的外皮不可食用，服务员还要将奶酪的外皮除掉。对于卡门贝和布里奶酪来说不用如此，因为这两种法国奶酪的外皮美味可口，是可以食用的。

4.14 甜品

大多数的甜品通常都使用甜品盘盛放或者提前装好盘。布丁以及各种热的甜品可以提前装好盘，或者使用形状各异的碗来盛放。甜食配套使用的餐具通常是甜品勺和甜品叉。有时候顾客也许会要求给他们提供搪盅。各种不同的甜品所使用的餐具也许各有不同，例如可以使用圣代勺、冰淇淋勺或者茶勺等。使用哪种餐具需要考虑的主要问题是方便顾客食用甜品。可以提供给顾客选择的甜品种类繁多，样式多变。各种甜品的举例详见表4–18中的内容。

对于甜品来说没有特定的配菜，也没有规定说甜品必须要盛放在餐盘中或者是碗里，一切都要根据并满足顾客的需要。配甜品的少司，像科斯得奶油酱和打发的奶油等可以盛放在少司碗里（方便顾客使用勺舀取），或者可以盛放在个人份的罐中。少司碗可以放置在垫盘上，置于餐桌上，这样顾客可以自助服务。如果少司是直接服务给顾客，那么通常不要浇淋到甜品上，而要浇淋在甜品的边上——除非顾客要求你将少司浇淋到甜品上。

表4-18　甜品菜肴的种类举例

甜品菜肴的种类	举例
巴伐利亚（bavarois）、慕斯（mousses）、乳酒冻（syllabubs）	
夏洛特（charlottes）	模具内使用海绵蛋糕做衬底，填入各种口味的巴伐利亚，有时候也可以放入水果
水果冰淇淋和圣代（coupes and sundaes）	通常是冰淇淋和各种水果结合在一起，使用高脚杯或者圣代杯盛放
鲜奶油	像尚提妮（chantilly，加入香草打发的甜奶油），科斯得酱（sauce anglaise）以及像科斯得鸡蛋布丁或者焗布里等
油炸水果（fritters，beignets）	
水果类（fruit dishes）	像水果沙拉、煮水果（烩水果）和烤苹果等
加多（又称架都gateaux，水果蛋糕）	
冰（冰淇淋、冷冻的酸奶）和水果沙冰（sorbets）	有各种各样的上菜方式，包括使用模具制作的冰淇淋（bombs，使用模具将冰淇淋制作成半球形）
蛋卷（omelettes）	可以使用各种馅料，有各种不同的风味，例如，朗姆酒味道、果酱或苹果馅料
班戟（pancakes，又称之为薄饼）	可以使用各种不同的馅料，例如，樱桃或者其他各种水果等
各种派、馅饼和其他的酥皮（pie，flans and other pastries）	
布丁（puddingss）	包括面包和黄油布丁、大臣布丁（cabinet）、外交官布丁（diplomat）以及各种水果布丁
苏夫里（soufflés）	各种热的或者冷冻的蛋奶酥

4.15 餐后小吃

在午餐和晚餐菜单中，小吃通常是指作为甜食的替代品。在宴会上，也可以是单独的一道菜，作为附加菜肴代替甜食或者奶酪。各种小吃举例详见表4-19中的内容。

表4-19 各种小吃举例

小吃种类	举例
以吐司做底（on toast）	通常在一片吐司上使用各种材料做出各种造型，像凤尾鱼、沙丁鱼、蘑菇、烟熏鳕鱼以及传统的威尔士奶酪（welsh rarebit，奶酪、鸡蛋和白汁经过调味之后混合好，涂抹在吐司面包上）。或者带荷包蛋的威尔士奶酪（buck rarebit，在威尔士奶酪上放上一个荷包蛋）
肯那批或造型面包片（canapé or croutes）	将面包片切成6毫米厚（1/4英寸）涂刷上融化了的黄油，然后焗至金黄色，或者煎至金黄色。举例如下： · 苏格兰丘鹬（scotch woodcock，炒鸡蛋放在吐司面包上、上面摆好格子状的凤尾鱼，再酿嵌上水瓜纽） · 戴安（croute diane，鸡肝用培根包裹好） · 得比（croute derby，火腿泥上用腌制的核桃仁装饰） · 马背魔鬼（devils on horseback，培根包裹着梅铺） · 马背天使（angels on horseback，培根包裹着煮熟的牡蛎） · 查理曼肯那批（canapé charlemagne，咖喱虾仁） · 郡魏达森肯那批（canapé quo vadis，铁扒鱼籽配小蘑菇）
迷你塔（tartlettes）	小圆形的塔皮内填上各种馅料，像蘑菇或者奶酪苏夫里配上各种装饰，又或者虾仁以及各种配着少司的鱼类等
船形迷你塔（barquettes）	各种馅料填入到船形迷你塔中，与迷你塔类似
迷你酥盒（bouchees）	在小酥盒（vol-au-vent）内填入各种馅料
蛋卷（omelettes）	使用2~3个鸡蛋制成的蛋卷，可以使用各种风味的材料或馅料，如香芹、凤尾鱼、奶酪或者香草等
苏夫里（soufflés）	在苏夫里盅内，配上各种风味的材料，例如蘑菇、菠菜、沙丁鱼、凤尾鱼、烟熏鳕鱼或者奶酪等制成
馅饼（flans）	可以是整个上桌，或者切成份状使用，例如洛林乳蛋饼（quiche lorraine）

小吃使用的餐具、配菜和服务方式

小吃通常都是由厨房提前制作成份状，然后使用热的鱼盘供应给顾客。服务小吃菜肴所使用的餐具主要是餐刀和小（甜品）叉。配菜（调料）通常有：

- 盐和胡椒。
- 卡宴辣椒。
- 胡椒末。
- 辣酱油（通常只配肉类的开胃品）。

小吃使用餐盘提供给顾客，餐具摆好之后，将配菜（调料）摆上餐桌。小吃就可以作为甜食或者奶酪的替代品服务给顾客了，由餐桌上的其他顾客选取食用，这些小吃的服务顺序通常是先服务冷小吃再服务热的小吃（不用听取主人的意见）。

4.16 甜品（新鲜水果和坚果）

虽然大多数最受欢迎的水果一年四季都有供应，但是甜品尽量要使用所有种类的应季新鲜水果和各种干果类。一些最受欢迎的用于甜品的水果是苹果、梨、香蕉、橙子、柑橘、金橘、黑白葡萄、菠萝以及各种坚果，像巴西胡桃等。有时候在水果篮里也可以使用大枣。

水果通常由餐具室员工装入水果篮里，可以放在冷菜自助餐台上作为装饰餐台，让顾客取食。

甜品使用的餐具、配菜和服务方式

餐具

用于甜品的餐具一般可以是普通使用的餐具：

- 水果盘。
- 水果刀和叉——通常是放置在水果盘里。
- 备用餐巾。
- 洗手盅，放置在垫盘上，盅内是温水以及一片柠檬，洗手盅要放置在右上角，用于顾客洗涤自己的手指。
- 一个洗手盅，放置在垫盘上，盅内放冷水，用于洗葡萄使用，这个洗手盅要放置在餐具摆台的左上角。
- 坚果钳和葡萄剪，要放置在水果篮里。
- 备用餐盘用于收集果皮和果壳。

配菜（配料）

下述配菜要提前摆放在餐桌上：

- 放置在底盘上的搪缸。
- 用于食用坚果的盐瓶。

服务方式

水果篮要展示给顾客欣赏，以便顾客可以选取自己喜欢的水果或者坚果。如果顾客选取了坚果，那么要从果篮里拿取坚果钳放置在配菜盘里摆放到顾客餐具的前面。如果顾客选取了葡萄，那么服务员要将果篮放置在餐桌上，用一只手扶好，用另外一只手拿着葡萄剪将顾客选取的葡萄剪断。

这些葡萄连接成一串，一旦从葡萄串上剪断顾客选取的葡萄，要用葡萄剪夹住葡萄放置到顾客左手边的洗手盅内洗涤一下，再放置到顾客的水果盘内。如果使用的是桌边服务方式，服务的过程相同，只是这些过程可以在边桌上或餐车上完成。

如果顾客从水果篮里选取了他或者她所需要任何一种其他种类的新鲜水果，并将选取的水果放置到了自己的餐盘中，如果他们需要将新鲜水果去皮、去籽、切成片或切成块，这些步骤需要服务员在边桌或者餐车上完成，服务完成后，水果在果盘中要摆放得美观漂亮。餐桌服务水果的内容见10.12部分。

第五章

饮料——非酒精类和酒精类

5.1 茶

茶被偶然发现已经有超过了5000年的历史。当叶子从茶树上偶然落入开水中时，将开水变成了美妙而回味无穷的液体。茶最初是作为具有药用价值的饮品来饮用的，并且直到18世纪才开始作为我们今天所知道的可口的饮料来消费的。茶是由热带常绿灌木被称呼为茶树的叶芽和顶端的叶子制作而成。茶这种产品被认为是一种健康饮料，包含着只占有咖啡中的一半的咖啡因，并且同时帮助放松肌肉和刺激中枢神经系统。叶片的大小被用来进行分级筛选。它们是白毫（pekoe）——精致高档的茶叶，橙黄白毫（orange pekoe）——卷起而细长的叶片，以及白毫末茶（pekoe dust）——叶片的尺寸最小。在这些等级里有些等级标准叫碎茶。用茶的术语来说，“flush”指的是采摘，可以在一年四季的不同时期内进行。

茶叶生产国

茶叶在世界上的25个国家里都有生产。酸性土壤、温暖的气候和每年不少于130厘米的雨水会使得茶树生长良好。茶树是一年生的植物，茶叶的风味、质量和品质都受到地理环境、海拔高度、土壤类型以及气候变化的影响。

主要的产茶国家介绍如下。

中国

中国是最古老的茶叶生产国，并以特制的混合茶而闻名，像祁门红茶、正山小种、乌龙茶及绿茶。

东非（肯尼亚、马拉维、坦桑尼亚、津巴布韦）

这片区域出产高品质的茶叶，茶叶亮丽鲜艳，主要用于制作混合茶。肯尼亚出产的茶叶很容易辨认，带微红的色泽或者像铜一样的色泽，味道轻快柔和。

印度

印度是最大的茶叶生产国，产量约占到全世界产量的30%。最著名的茶来自于阿萨姆邦（味道强劲而醇厚），大吉岭茶（味道精致而柔和），以及尼尔吉利茶，这是仅次于阿萨姆邦的茶，所出产的茶叶与那些产自于斯里兰卡的茶叶相类似。

印度尼西亚

这里提及的产自于印度尼西亚的茶叶，味道清淡而芳香，带着亮丽鲜艳的色彩，茶叶主要用于制作混合茶叶。

斯里兰卡（旧称锡兰）

这里提及的茶是倾向于带着柔和而清淡的柠檬味道。通常被认为是下午茶绝妙的搭配，饮用时要加冰。

所有的茶叶在制作过程中都要经过发酵（氧化的过程），这样会让茶叶变成黑色。唯一的例外是中国的绿茶。

茶叶的购买

绝大部分饮用的茶叶是混合茶，以自己的品牌或名字在销售，其他的茶，有时候叫做特制茶或者顶级茶，是以特定茶叶的名字来销售的（见表5-1中的内容）。

表5-1　各种不同的茶叶的服务方式

茶叶的种类	服务方式
下午茶（Afternoon Tea）	通常是由柔和的大吉岭茶和高地锡兰茶调配出的一种清淡雅致的茶。就像这种调配好的茶的名字一样，这种茶适合下午茶饮用，但也适合于其他的时间内饮用。单独配牛奶或者柠檬以及糖一起服务
阿萨姆茶（Assam）	味道醇厚浓郁带有麦芽糖风味的茶，适合于在早餐饮用。通常配牛奶，糖可以单独提供
中国茶（China）	属于特殊调配的茶，比其他任何一种茶味道都要更细腻、更芳香。相对来讲，比制作印度茶和锡兰茶时需要使用的茶叶数量要少一些。传统意义上饮用中国茶时很少配牛奶，可以使用普通的方式泡茶，并且最好使用瓷壶泡茶。中国茶通常要原味饮用，但是也可以有所变化，例如根据口味，可以增加一片柠檬，柠檬皮要和甜品叉一起在配菜盘内单独提供。如果需要糖，也要单独提供。
大吉岭茶（Darjeeling）	细嫩的茶叶带着清淡的葡萄味道，叫做“特色茶”。通常作为下午茶或者晚上茶饮用，如果喜欢还可以配着柠檬或者牛奶
伯爵茶（Early Grey）	大吉岭茶和中国茶的混合茶，带有佛手柑油的风味，饮用时通常会配着柠檬或者牛奶，糖可以单独提供
英式早餐茶（English Breakfast）	一般是阿萨姆茶和肯尼亚茶的混合茶，以制作出特色鲜明的、芳香扑鼻、清爽宜人的茶饮。通常作为早茶饮用，但也适合于其他任何时间内饮用，配牛奶，也可以配柠檬，糖单独提供
冰茶（Iced Tea）	这是一种味道浓郁、经过冰镇和过滤的茶。茶制作好之后要冷藏。使用玻璃杯，例如平底无脚杯是传统的饮茶工具，杯子内可以放上一片柠檬，制作俄式茶时，要另外单独配一些柠檬片，也可以提供糖
印度茶或锡兰茶（Indian Or Ceylon Blend）	印度或锡兰混合茶可以用瓷茶壶或者金属茶壶泡制。这些茶通常要配着牛奶，糖要单独提供

续表

茶叶的种类	服务方式
茉莉花茶（Jasmine）	绿茶（未被氧化的茶）与茉莉花一起干制而成，产品具有天然茶香和茉莉清香的风味特点
肯尼亚茶（Kenya）	平和而清爽的肯尼亚茶，通常配牛奶一起饮用，糖可以单独提供
正山小种茶（Lapsang Souchong）	带烟香味、滋味醇厚、香气高长的茶，口感细腻，可以说是一种奢侈品
多用壶（保温桶）（Multi-Pot）	有许多场合需要使用到散装茶叶。这些场合也许是大型餐饮活动举办的招待会、茶歇等场合，或者是为盛大的集会准备的餐饮项目。在这些活动中，可能需要使用多用壶来泡茶，就像使用茶壶泡茶一样。多用壶的规格多样，容量从1升到25升（1到5加仑）的都有。这些多用壶根据容量的大小浸泡所需要用量的茶叶。随着开水的注入浸泡茶叶的过程就开始了。这个过程需要几分钟的时间。25升的容器最长时间不要超过10分钟。为了保证所浸泡之后茶水的品质，茶叶要过滤掉。所泡茶的质量与所服务的人数有直接的关系——这样会确保给顾客提供最快捷的服务以及最少的浪费
俄罗斯茶或柠檬茶（Russian Or Lemon Tea）	茶在一个特制的类似于瓷茶壶中冲泡，此种茶壶还可以用来制作印度茶或者锡兰茶。以普通方式冲泡，但要配一片柠檬。用1/4升容量（半品脱）的玻璃杯盛装，放置在带把手的银器托上，另配一个带茶勺的餐盘。杯子内可以放入一片柠檬，其他几片柠檬单独配送。糖也要单独配
斯里兰卡茶（Sri Lanka）	令人回味无穷的淡金色茶。售卖时仍然使用锡兰茶作为字号。配柠檬或者牛奶，糖通常要单独配上
草本茶（Tisanes）	这些茶带有水果和香草的味道，主要作为药用茶使用，随着人们对健康饮食的要求，草本茶有流行的趋势，因为草本茶里不包含咖啡因。举例如下： 香草茶包括：· 甘菊茶 · 胡椒薄荷茶 · 玫瑰果茶 · 薄荷茶 水果茶包括：· 樱桃茶 · 柠檬茶 · 黑醋栗茶 · 蜜橘茶
	上述这些茶一般都是在瓷制茶壶中冲泡，或者在茶杯或在玻璃杯中冲泡。有时候要配上糖

“blend”这个词说明了茶叶的名字可以由几种不同的茶叶一起组成，生产出一种适合市场需要的茶。对于普通消费者来说这是可以接受的。例如，有时候一个标准茶叶里或许包含着某个地方茶叶产区内的15种不同的茶叶，其中有一些茶可以几乎肯定的说是用来在印度茶中增加浓度、非洲茶中增加色彩、中国茶中增加风味和口感。

茶叶可以根据需要购买到各种各样的形式，像产量、设施类型和客户需求、场合、服务方式、储存设施还有价格等因素。

购买茶叶的不同方式有：

- **散装**：叫做叶茶（也叫做散装茶），可以使用传统的服务方式。
- **袋泡茶**：经过高温密封，内含标准茶或者特制茶叶。包括一杯、两杯、一壶的用量或者浸泡几升的散装的量。
- **带线和标签的袋泡茶**：用于一杯量的袋泡茶带有附加的一根线段和一个标签，放置在杯子或者茶杯的外面，主要用来让顾客可以非常容易和快速的识别出袋泡茶。
- **密封袋茶**：这也是一种带一根线和标签的袋泡茶，但是放置在密封袋内以保证卫生。通常放在托盘内，与泡茶、咖啡器具一起供顾客在房间内使用。
- **速溶茶**：颗粒状速溶茶。
- **茶饼**：这些茶叶是特别设计的份装茶，通常用于专门的茶和咖啡壶中使用。每一个茶饼制作供一个人分量的茶，茶饼使用之后就丢弃了。

茶叶的储存

茶叶应该储存在：

- 一个干燥、清洁的密闭容器内。
- 区域内通风良好。
- 避免受潮。
- 远离任何有刺激味道的食物，因为茶叶极易吸收异味。

沏茶

使用何种茶叶沏茶，当然要靠顾客自己选择，大多数的企业都会储存一些像印度茶、锡兰茶、中国茶以及特制茶，与各种芳香味的茶一起（tisanes，水果风味的茶和香草饮品），按照顾客的需求提供给顾客。

每一茶壶或者每一加仑茶叶使用的量，随着使用茶叶种类的不同会略有出入。但是可以使用如下所述方法作为使用参考：

- 42.5～56.7克（1 1/2～2盎司）茶叶加入4.546升（1加仑）水。
- 1/2升（1品脱）的牛奶足够20～24杯茶使用。
- 1/2千克（1磅）白糖大约可以够80杯茶使用。

在茶水间冲泡少量的茶时，例如供一个人或者两个人喝的一壶茶的用量时，通常会建立一个使用散装茶叶的合适标准。这样就会确保了沏茶的标准，并且控制了散装茶叶的使用数量。同样的道理，份状茶也可以使用此标准，例如袋泡茶。

当为一个团队冲泡大量的茶水并且需要计算使用茶叶的数量时，大约每杯使用1/6升（1/3品脱）或者24杯使用4.546升（1加仑）的用量。如果使用早餐杯，它的容量大约是1/4

升（1/2品脱），那么4.546升（1加仑）可以做出16杯的量。

因为茶叶在冲泡的过程中风味会浸到水中，为了达到最佳效果，可以使用一些简单的方法：

① 壶内放入茶叶之前先将壶加热，这样就可以从热水中获取最大的温度值。

② 准确的测量茶叶的使用量。

③ 使用刚烧开的水。

④ 确保倒入壶内的水是开水。

⑤ 让茶叶在开水中浸泡3～5分钟（根据茶叶种类的不同），以获取最大的风味。

⑥ 如果需要浸泡之后去掉茶叶，特别是在使用多功能保温桶时更应如此。

⑦ 确保冲泡茶叶使用的器具非常洁净。

5.2 咖啡

有充分的证据表明，大约1000年以前，在也门，就已经开始人工种植咖啡树了。在15世纪阿拉伯地区的也门首先开始了商业化种植咖啡树。到了16世纪中期，喝咖啡的习俗已经传播到了埃及、叙利亚和土耳其等国家。威尼斯商人在1615年首次把咖啡带到欧洲，之后的1650年在英国的牛津开设了第一家咖啡馆。

喝咖啡习俗从英国传播到了美国，到了1773年波士顿茶叶事件之后，生活在北美人们的习惯才从喝茶转移到了喝咖啡上来。

咖啡树隶属于茜草科家族的咖啡属常绿植物，属于茜草科。在这些地区大约有50个不同的咖啡树种，却只有两种具有商业价值。这两种咖啡是众所周知的阿拉比卡咖啡和罗布斯塔咖啡。阿拉比卡咖啡约占全世界产量的75%。

咖啡树是一种常绿植物，人工种植的高度可以达到2～3米。咖啡树的果实被戏称为“樱桃”，果实的长度在1.5厘米左右，为椭圆形。果实中包含着两粒咖啡豆。咖啡树在种植之后的3～5年才开始生长果实，可以连续生长超过15年。

咖啡生产国

咖啡在许多南美洲和中美洲、非洲和亚洲的热带和亚热带国家属于天然生长的产品。它们生长在不同气候下的不同海拔高度，以及不同的土壤环境里，被认为是在世界范围内消费的国际性饮料。巴西是世界上最大的咖啡生产国，哥伦比亚排名第二，象牙海岸排名第三，印尼第四。

咖啡的购买

购买咖啡时的不同点在于：

- **散装咖啡**（*bulk*）：（无论是咖啡豆还是真空包装的咖啡粉）要考虑到使用传统的咖啡制作方式和服务方式。
- **袋装咖啡**（*coffee bags*）：这些袋装咖啡属于热密封成形的，有一杯、两杯用量的，还有一壶用量或者散装达到几升的用量不等的包装。
- **速溶咖啡**（*instant*）：颗粒状速溶咖啡，根据大小从一杯用量到一壶用量的都有。
- **份装咖啡**（*individual filters*）：单份真空包装的咖啡。
- **咖啡粉饼**（*pods*）：这是经过特别设计的份装咖啡粉，在专用的制作咖啡或茶的器具中使用。每一个咖啡粉饼可以制作一份用量的咖啡，使用之后粉饼要丢弃掉。

尽管实际上进口的咖啡豆每一批次质量都各不相同，但是咖啡销售公司都会有他们自己的咖啡调配专家，这些咖啡调配专家的工作就是确保公司专属品牌咖啡的质量和味道会始终保持一致。

绿色的咖啡豆样本在港口从生产国的包装袋中取出。咖啡豆样本被派送到那些潜在客户手里，经过专业级的烘焙、研磨、冲泡并品味这些咖啡豆的品质之后，这些潜在客户再决定购买哪些适合于自己特制咖啡的咖啡豆种类。

许多在商店中销售的品牌咖啡，实际上是两到三种或者更多种类批次的咖啡豆的混合体。因为它们无臭无味，绿色的咖啡豆一定要经过烘焙，为的是能够释放出咖啡豆本身的香气和味道。在烘焙过程中咖啡豆的颜色要均匀一致。不同批次出品的烘焙咖啡豆用来混合不同的咖啡。

常用的咖啡豆烘焙程度有：

- **轻度烘焙**（*light or pale roastings*）：适合于那些味道较清淡的咖啡豆，以保持它们清淡的香味。
- **中度烘焙**（*medium roasting*）：烘焙之后咖啡豆味道浓郁，通常用作给特色鲜明的咖啡增添风味。
- **深度烘焙**（*full roastings*）：此烘焙法在许多南美国家流行，带有苦味。
- **高度烘焙**（*high roastings coffee*）：虽然经过高度烘焙之后，大部分的原始风味都已经失去，但是却突出了咖啡豆浓重的苦味。

商业化的咖啡豆烘焙机可以将咖啡豆烘焙之后再转化成速溶咖啡（可溶性）或者将咖啡豆制作成可以出售的烘焙好的咖啡豆或者咖啡粉。

某些咖啡还需要添加各种风味，这些风味可以在混合时加入，也可以在制作过程中加入。这些添加的风味材料包括：

- 土耳其咖啡—香草。
- 法国咖啡—菊苣。
- 维也纳咖啡—无花果。

研磨咖啡豆

烘焙好的咖啡豆在制作咖啡之前必须磨碎。磨碎的咖啡豆有不同等级的精细度以适应不同的冲泡方法。一些常用的冲泡咖啡所需要的研磨精细程度如下。

冲泡方法	咖啡豆磨碎的等级
咖啡壶	颗粒中等
浓缩咖啡	颗粒非常细腻
滴滤咖啡	颗粒介于中等和细腻之间
水壶	粗颗粒
煮咖啡壶	颗粒中等
土耳其咖啡	粉末状
虹吸咖啡	颗粒中细到细腻

咖啡的储存

储存咖啡的一些基本常识：

- 储藏室内通风良好。
- 咖啡粉要储存在密封容器内，以确保咖啡油不挥发，以免造成咖啡味道和浓郁度的损失。
- 保持咖啡远离过多的水分。
- 远离任何有异味的食物或者其他物质，因为咖啡会吸收它们的气味。

咖啡的制作

冲泡咖啡的方法多种多样，从使用杯子冲泡速溶咖啡，到使用1.5～3升（3～6品脱）器皿，或者使用咖啡机冲泡大批量的用于大型集会的咖啡。咖啡豆可以根据需要购买并研磨。咖啡豆最好在使用之前才研磨，因为这样可以确保最大限度的保留咖啡豆内的咖啡油的风味和香浓程度。如果购买的是咖啡粉，通常要购买真空包装的，为的是在使用时能够保持咖啡的最佳品质。这些真空包装内有一定数目的咖啡，可以冲泡出4.5升（1加仑）和9升（2加仑）不等的咖啡。

大批量冲泡咖啡时，283.5～340克（10～12盎司）咖啡粉可以冲泡出4.5升（1加仑）的咖啡。假如咖啡杯的容量是1/3品脱，那么冲泡好的这些咖啡可以提供24杯纯咖啡，或者48杯加入一半牛奶的牛奶咖啡。如果使用早餐咖啡杯，那么可以提供16杯纯咖啡，或者32杯加入一半牛奶的牛奶咖啡。晚餐使用的咖啡杯的容量是1 1/3升（1/6品脱）的小咖啡杯，可以提供48杯纯咖啡，或者96杯加入一半牛奶的牛奶咖啡。

大批量的冲泡咖啡时，要遵循下面的一些规则：

- 使用刚烘焙好的咖啡豆和现研磨的咖啡粉。

- 购买配套的用于各种咖啡机使用的研磨刀。
- 确保在使用之前所有的设备都是洁净的。
- 使用量勺量取咖啡：每4.5升水使用283.5～340克咖啡粉（每加仑水使用10～12盎司咖啡粉）。
- 使用开水冲泡咖啡并且要浸泡一会儿。
- 浸泡的时间必须根据所使用咖啡的品种和咖啡制作的方式具体而定。
- 控制好温度，因为煮咖啡的过程也是释放出咖啡味道的过程（苦味将会变浓）。
- 过滤之后再服务给顾客。
- 提供牛奶（冷的或者热的）或者奶油以及糖供顾客选择。
- 咖啡最好的饮用温度是82℃（180℉），牛奶是68℃（155℉）。

高品质咖啡的特点

咖啡应该具有：

- 味道浓郁。
- 芳香扑鼻。
- 颜色纯正，当加入牛奶或者奶油后不呈灰白色。
- 主体醇厚。

咖啡品质低劣的原因

味道不浓的咖啡：

- 水没有烧开。
- 咖啡用量不足。
- 浸泡时间太短。
- 使用了保存期过长或者过期的咖啡。
- 没有正确的研磨咖啡。
- 设备正在运行中没有加热完毕。

过期或者不新鲜的咖啡：

- 上述各项都包含在内。
- 咖啡使用之前储存的时间过长。
- 或者温度不当。
- 使用的设备没有清理。
- 没有使用淡水。
- 咖啡重新加热过。

咖啡太苦：

- 使用了过量的咖啡粉。
- 浸泡的时间过长。
- 咖啡豆没有经过正确的烘焙。
- 浸泡咖啡时的温度太高。
- 咖啡在使用之前保存的时间过长。
- 使用了残留的咖啡。

制作咖啡的方法

制作咖啡的方法有很多种，咖啡的服务方式依据制作咖啡时使用的方法不同而不同。下面介绍了多种制作咖啡的方法。图5–1中举例说明了咖啡制作的各种方法。在表5–2中举例说明了现代咖啡的服务方式。

图5–1 冲泡咖啡的不同方式（顺时针从上到下）：直滤式咖啡机、单罐过滤器：土耳其/希腊/阿拉伯咖啡壶、咖啡壶和活塞式咖啡壶

表5–2 现代咖啡的服务方法举例

现代咖啡的种类	服务方式
过滤式咖啡（filter）	传统的制作咖啡的方法。通常配热的或者冷的牛奶，或者奶油在一起服务
咖啡壶（cafetiere）	使用单人用量或多人用量咖啡壶制作和服务咖啡是最常见的方法。通常配热的或者冷的牛奶，或者奶油在一起服务
浓缩咖啡（espresso）	传统的浓香、醇滑的黑咖啡
双倍浓缩咖啡（特浓咖啡 espresso doppio）	使用大杯盛放的双倍浓缩咖啡（又称特浓咖啡）
黄金咖啡（café creme）	使用现磨的咖啡豆制作的普通咖啡，每一杯使用的咖啡粉都是现磨的，在表面上有一层厚重的丝绒般的奶油

续表

现代咖啡的种类	服务方式
莱斯托咖啡（espresso ristretto）	比浓缩咖啡的味道更加浓郁，在欧洲大陆服务莱斯托咖啡时，通常要配一杯冰水
美式咖啡（americano）	在浓缩咖啡中增加热水的用量以制作出普通的黑咖啡。也可以指使用过滤的方式制作出的普通黑咖啡
浓缩玛琪朵咖啡（espresso macchiato）	在浓缩咖啡的表面放上一勺热的或者冷的牛奶或者是热的奶泡
浓缩康宝蓝咖啡（espresso con panna）	在浓缩咖啡的表面放上一勺打发的奶油
卡布奇诺咖啡（cappuccino）	在浓缩咖啡的表面有一层使用蒸汽发泡的牛奶，通常会在表面撒上些巧克力（粉或末）
拿铁咖啡（caffe latte）	一小杯浓缩咖啡加上热牛奶，奶泡可加可不加
奶香咖啡（flat white）	双份小杯浓缩咖啡表面搅入从奶缸中倒出的平滑的奶沫，做成一个比奶泡更绵密柔顺的奶油质地的形状
拿铁玛琪朵咖啡（latte machaccino）	蒸汽奶泡中加入浓缩咖啡
摩卡咖啡（caffe cocha ）	巧克力（巧克力酱或粉）与一小杯的浓缩咖啡混合，然后咖啡杯或者玻璃杯内加入现打的蒸汽奶泡，再放上打发的甜奶油和可可粉
冰咖啡（iced coffee）	普通冰镇的咖啡，有时配牛奶或者只是一份浓缩咖啡中加入冰镇过的牛奶
土耳其/埃及咖啡（Turkish/Egyptian）	使用研磨的、非常细的咖啡粉，在特制的咖啡壶中制作的味道浓郁的咖啡
不含咖啡因咖啡（decaffeinated）	去掉咖啡因的咖啡。可以用来替换上述列表中的各种咖啡
速溶咖啡（instant coffee）	咖啡被制成粉末状（通常是采用干冻的方式）。有普通的和不含有咖啡因的种类

速溶咖啡

速溶咖啡可以按份制作或者在茶杯内冲泡，也可以大批量的制作。它涉及混合的速溶咖啡粉和开水的用量。当在咖啡壶中冲泡速溶咖啡时，大约冲泡71克（2 1/2盎司）咖啡可以使用4.5升（1加仑）水。将开水倒入一定量的咖啡粉中，搅拌均匀，在顾客有需求时，这样制作的咖啡会非常的快捷方便。

使用炖锅或者水壶冲泡的方式

这是美式制作咖啡的方式，在家里制作比在餐馆里更普遍。先将一定量的咖啡粉放入炖锅内或水壶内，再加入所需要用量的开水。然后需要静置几分钟以便释放出咖啡的全部的风味和味道，过滤之后服务给顾客。

使用咖啡壶冲泡

咖啡壶，或者水壶和冲压壶冲泡咖啡，使得通过注入的方式制作咖啡简单而快捷。这样就确保了咖啡的味道和香味，并隽永耐闻。咖啡壶是一种玻璃盛器，带着一个黑色、金色或者镀铬的把手的盖，盛器内还有一个起密封和活塞作用的盖子。

制作咖啡的过程非常的简单，通过将开水注入到咖啡粉中，搅拌，然后按压起活塞作用的盖子，盖在一定的位置。使用咖啡粉的数量可以参考如下指南：

- 2平甜品勺的量可以制作3杯。
- 6平甜品勺的量可以制作8杯。
- 9平甜品勺的量可以制作12杯。

之后浸泡3～5分钟。浸泡的过程中，颗粒状的咖啡将会漂浮到表层上来。这样如果轻轻的按压活塞式的盖子，咖啡颗粒就会落入杯子的底部。当这些颗粒落入杯底之后，活塞式的盖子就会非常容易的按压下去。

使用过滤器冲泡咖啡

这种冲泡咖啡的方式，家用的情况比商用的更多。过滤器内放入一定量的咖啡粉，加入水，当水的温度微开时，开水通过过滤器上的过滤管上升并开始冲泡咖啡，这个过程中就会萃取到咖啡本身浓郁的风味、纯正的色泽和醇厚的味道。冲泡好的咖啡中可以加入冷热牛奶、奶油、糖调味。这种制作咖啡的方式目前已经不多见了。

虹吸式冲泡咖啡

这种传统的制作咖啡的方法在餐厅里非常吸引顾客的眼球，它的特点是咖啡每时每刻都是新鲜的，唯一的缺点就是每次制作的数量有限。

这些机器上的容器可以用于不同的需求，同时可以有两个一组、三个一组、四个或者五个一组的。它们小巧玲珑，便于携带，并且也非常容易清洗。

有的时候在这种真空型的设备中使用的过滤器是用玻璃制成的，但大多数情况下是塑料或者使用金属制成的。盛装咖啡的球形器皿可以使用玻璃或金属制成。

以这种方式制作咖啡时，在下面的球形器皿装入冷水，或者为了加快出品速度，使用烧热的水，但不可以使用开水，水量不要超过刻度要求。上面的球型器皿固定在下面的器皿上，要确保固定到位。过滤器放置在上面的器皿中，也要确保固定好，根据下面水的用量加入所需要数量的咖啡粉。然后将水加热。

当水达到沸点时，就会顺着管子流到上面的球形器皿中，与咖啡混合。当水流到上面的器皿中时，最好轻轻的搅拌以使得咖啡粉完全浸泡在水中，因为有时候咖啡粉会在表面形成一个帽状的浮沫体，因此水不要全部注入。同时必须注意过滤器不能敲打，因为这会让咖啡的颗粒落入到下面的器皿中。

随着加热温度的降低，泡好的咖啡进入到下面的器皿中，而咖啡粉就会留在上面的器皿中。上面的器皿和过滤器随即移走并要清洗干净，以备下次使用。下面器皿中冲泡好的咖啡就可以使用了，咖啡服务的温度大约在82℃。

过滤式咖啡

这种冲泡咖啡的方法起源于法国，是一种传统的法国冲泡咖啡的方法，可以分别在咖啡杯内冲泡或者在咖啡壶内冲泡。这种方式可以冲泡出绝妙风味的咖啡。现烧的开水注入到盛放着研磨的非常细腻的咖啡粉的器皿中，这个器皿放置在咖啡杯或者咖啡壶上面。容器内放置着定量的咖啡粉，浸泡之后的咖啡就会滴落到下面的咖啡杯或者咖啡壶里。可以使用过滤纸以防止咖啡粉末滴落到下面的咖啡杯内，但这要根据咖啡粉研磨的粗细情况而定。现在有各种可以研磨出不同粗细咖啡粉的电子器具，在水槽内加入冷水烧开，然后滴落到咖啡粉上制成所需要的咖啡。

直接过滤法

这是制作过滤咖啡最好的方法，在过去的这些年里这种方法呈增长的趋势。越来越多的人购买直滤式咖啡机，或者由咖啡供货商租借给咖啡购买者使用。

这种咖啡冲泡方法主要特点是当一定量的水加入到上方的机器中后，这部分水代替了机器中本身的开水，这些开水冲泡咖啡粉之后作为泡好的咖啡注入到了咖啡杯内，然后迅速端送给顾客。一次冲泡的过程需要3～4分钟。

以这种方法冲泡咖啡时，要确保：

- 插好电源，打开开关。
- 冲泡指示灯亮，这表示机器内的水在合适的可使用的温度范围内。
- 使用适量的现磨的咖啡，通常采用真空包装的咖啡，每一次冲泡都要使用新的咖啡粉。
- 每一次冲泡都要使用新的过滤纸。

一次性过滤咖啡

这种方式可以代替咖啡壶冲泡咖啡。塑料质地、用完可丢弃、一次性的过滤咖啡，产品的过滤纸中密封着一定数量的咖啡。每一个一次性过滤咖啡可以制作一杯咖啡，在使用完之后可以丢弃掉。这种冲泡咖啡的方法，优点是每一杯咖啡都可以在顾客需要之后再制作。制作过程明白无误的告诉了顾客，他们也可以看到他们喝到的咖啡是现场制作的，这个制作咖啡的过程对顾客来说还带有猎奇效果。

当以这种方法冲泡咖啡时，一次性过滤咖啡要放置在咖啡杯上，将刚烧开的水倒入到所需要的刻度。咖啡就会在被冲泡之后滴落到咖啡杯内。一次性过滤咖啡的上面可以盖上一个盖子，以帮助保持水温。制作一杯咖啡大约需要3～4分钟。

浓缩咖啡

这种冲泡咖啡的方法起源于意大利。制作浓缩咖啡的机器在几秒钟之内就可以提供单杯的咖啡，有一些机器每小时的产量可以达到300～400杯。

浓缩咖啡的冲泡方式是蒸汽通过研磨的细咖啡粉，在压力之下冲泡。优点是每一杯咖啡都是现冲泡的。冲泡好的纯咖啡，叫做浓缩咖啡（espresso），用小咖啡杯盛放。如果需要牛奶，要使用高压蒸汽喷射管将咖啡变成卡普奇诺咖啡。作为参考值，如果使用12千克咖啡，可以产出80杯味道浓郁的咖啡。

这里所叙述的是制作咖啡的通用规则，但是使用这种特制的、绝佳的浓缩咖啡机设备制作咖啡时，要特别留意下述使用说明。

蒸馏咖啡机

这种冲泡方式通常由在中间位置的器皿并带有合适尺寸的过滤纸组成。然后，将带手柄的细网状的金属过滤器放置到过滤纸上，再将咖啡粉放置到过滤器上。这样就根据需要形成了一个两层过滤的容器。这个容器尺寸大小可以是4.5、9、13或者是18升（1、2、3或者4加仑）。

图5-2　浓缩咖啡机

这些蒸馏咖啡机操作非常简单，但是必须时刻保持洁净并定期进行保养。水壶应在使用前后都要清洗干净，清洗之后流出的水要变清澈才可以，这样的操作会将粘在壶壁上的一些咖啡残液清洗掉。如果壶壁上有残留物，将会影响到接下来冲泡的咖啡的香气和味道。

图5-3　现代蒸馏咖啡机

冲泡咖啡时，开水会通过底部流动，咖啡则会通过容器的边缘。完全冲泡4.5升咖啡（1加仑）需要6～8分钟，可以使用中度研磨的咖啡粉。牛奶在高压蒸汽管中加热，温度要调整在68℃，因为温度如果调整的过高，煮开或者加热的速度太快，在接触到咖啡粉时，就会破坏掉咖啡粉中的风味并影响到口感。同时，牛奶本身也会脱色。牛奶和咖啡应该分开服务，并在各自合适的温度下调配在一起。

不含咖啡因的咖啡

咖啡之中包含有咖啡因，咖啡因是一种兴奋剂。不含咖啡因的咖啡是用提取咖啡因之后的咖啡豆精制而成的。咖啡使用普通的方式制成。

图5-4　用于冲泡咖啡和茶服务的保温壶和开水壶（图片由Elia®提供）

冰咖啡

味道香浓的纯咖啡可以按照普通的方法制作而成，然后经过过滤冷藏好直到售卖。它可以与等量的冷牛奶混合之后制作成柔滑的牛奶咖啡，或者与奶油混合制成。冰咖啡要使用高脚杯盛放，加入冰块，配吸管，奶油或者牛奶通常单独配送，糖也是如此。

土耳其咖啡或埃及咖啡

这些咖啡使用的是深度烘焙的摩卡咖啡豆，然后研磨成细粉制作而成。咖啡使用特制的铜壶制作，铜壶放置在炉子上或者专用灯上加热，将水烧开。此刻将糖加入，以增加咖啡的甜味，但是在咖啡倒入杯中之前不要搅拌。将研磨的非常细的咖啡粉加入壶中，或者将开水冲入咖啡粉中。大约一满满茶勺的咖啡粉的量可以供一人饮用。咖啡粉一旦冲泡好，铜壶要停止加热使其冷却以利于咖啡颗粒的沉淀。咖啡沉淀之后要再次烧开，然后再次沉淀，之后再淋入一些冷水使得所有的咖啡颗粒都沉淀下去。煮好的咖啡使用小咖啡杯盛放。煮咖啡时，也可以加入香草荚增添风味，但这些口味要根据个人爱好选择添加。

爱尔兰咖啡和其他特制咖啡

特制咖啡通常在顾客的餐桌旁制作完成，使用下列设备工具：

- 服务托盘
- 托盘垫布或者口布
- 20厘升（7盎司）矮脚杯放在旁碟上
- 茶勺
- 一罐鲜奶油
- 25毫升量杯
- 咖啡壶
- 配咖啡的糖缸及一把茶勺
- 可以使用瓶装烈酒或者利口酒

制作爱尔兰咖啡的步骤是：

① 使用容量大约为20厘升（7盎司）的巴黎高脚杯或者其他适合的矮脚杯。

② 首先在杯内放入红糖（制作这种咖啡时，需要一定量的糖，它可以帮助奶油漂浮在咖啡上面）。

③ 加入一份用量的爱尔兰威士忌。

④ 然后在咖啡倒入杯中之前，将一个茶勺先放入到杯中。这样做，茶勺就会在热而浓的咖啡倒入到杯中的时候分散开咖啡的热量冲击，以避免烫碎玻璃杯体。

⑤ 搅拌咖啡至糖完全溶解，并确保混合均匀。搅好的咖啡距离杯口有2.5厘米（1英寸）。此时可以继续搅动咖啡，以形成漩涡状，但不要过度的搅动，这是因为过度的搅动会让倒入的奶油溶解到咖啡中。

⑥ 奶油应顺着茶勺的背面慢慢倒入到咖啡的表面上，直到大约1.9厘米厚（3/4英寸）。不要搅拌咖啡：要品尝到最佳的风味是通过奶油层饮用含有威士忌风味的咖啡。

⑦ 当制作好爱尔兰咖啡后，咖啡杯要放置在旁碟的餐垫上，再摆放到顾客的面前。

图5-5 托盘内摆放的用于制作爱尔兰咖啡的用品

其他的制作咖啡所需要的利口酒，还包括：

皇家咖啡，或者		**牙买加咖啡**，或者	
巴黎妇人咖啡	白兰地酒	加勒比咖啡	朗姆酒
僧侣咖啡	本尼狄克丁酒	卡利普索咖啡	天万利酒
俄罗斯咖啡	伏特加酒	高地咖啡	苏格兰威士忌酒
塞维利亚咖啡	君度酒	瑞士咖啡	樱桃白兰地酒

5.3 其他酒水间制作的饮料

其他提供给顾客的饮料通常会在酒水间内制作好。这些饮料包括可可饮料、巧克力饮料、好立克、阿华田和保卫尔等。这些饮料的准备和制作要遵照说明书进行。

如果需要制作奶昔，那么需要下述基本的材料：

- 冷牛奶
- 糖浆
- 冰淇淋

奶昔在搅拌机或搅拌器内制作好之后，通常盛放在细高玻璃杯内配着吸管服务给顾客。

5.4 非酒精类饮料

酒吧内非酒精类饮料可以分成如下5大类：

① 汽水类。

② 天然泉水/矿泉水类。

③ 果汁类。

④ 鲜榨果汁类。

⑤ 糖浆类。

汽水类

这些饮料内含有二氧化碳气体。目前最常见的是人工充气汽水。各种不同风味汽水的获得是因为在这些汽水中添加了各种各样香精的缘故。

这些汽水举例如下：

- **苏打水**（*soda water*）：无色无味。
- **汤尼水**（*tonic water*）：无色带有奎宁的味道。
- **干姜水**（*dry ginger*）：带着姜味的黄金般的稻草色。
- **甘柠水**（*bitter lemon*）：灰白、浑浊的黄色带着刺激的柠檬味道。

其他口味的汽水类，属于这个范畴的，还有：

- 气泡柠檬水（‘fizzy’ lemonades）。
- 橙味汽水（orange）。

- 姜汁啤酒（ginger beer）。
- 可乐（cola）等。

汽水可以是瓶装和听装，并且许多也可以现场调配。“现场调配（post-mix）”表示现场混合糖浆和苏打水的饮料，而不是预制的（或者调配的）如听装或者瓶装饮料一样。现场调配的饮料从酒吧内的手持式分配器内制作。在分配器上有些按钮用来选择特制的饮料，现场调配饮料的最大优点是节省了储存空间，特别是对于营业额高的酒吧来说更是如此。分配器系统需要定期清洗和保养，以确保系统清洁卫生、工作正常。现场调配饮料的比例需要定期进行检查：糖浆太少饮料味道会太淡；糖浆太多味道就会太浓。

天然泉水/矿泉水

欧盟将瓶装水划分为两大类：矿泉水类和泉水类。矿泉水类内有矿物质元素（经过严格控制），天然泉水除了卫生标准方面以外，很少有监管。水在装瓶时可以是自然状态或者是加入二氧化碳。

用于盛装矿泉水的瓶子大小变化各异，例如200毫升到1.5升的都有。有一些品牌有塑料瓶和玻璃瓶盛装的矿泉水售卖，其他一些品牌，根据市场需求情况和市场的流行趋势要么选择塑料瓶，或者是玻璃瓶售卖。

天然矿泉水从大地中的天然泉水中获得，泉水中本身包含着土壤中供给的天然矿物质元素，有时候也会天然的充进去气体。这些矿泉水的价值，就像它们所描述的一样，一直得到医学界的认可。发现天然泉水的地方，通常就是我们所说的温泉，那里的泉水可以直接饮用，或者根据对人体的治疗效果用来洗浴。许多著名的矿泉水在天然矿泉水旁直接装瓶（在源头装瓶）。

最近消费者对瓶装水的需要情况有了转变，主要是因为对环境污染和可持续性发展情况的担忧。在某些场合，对此的需求已经大幅度的减少。可饮用的合格的自来水，切实可行的商业化供应方式，在餐饮业中已经变得十分盛行，顾客也越来越期待这种供应方式。

表5-3　各种品牌的矿泉水

品牌	类型	产地
阿波林（apollinaris）	天然带气矿泉水	德国
波多（badoit）	略微带气矿泉水	法国
巴克斯顿（buxton）	静态或者带气矿泉水	英格兰
匡翠（contrex）	静态矿泉水	法国
依云（evian）	静态矿泉水	法国

续表

品牌	类型	产地
毕雷（perrier）	带气并可以带有水果味	法国
圣培露（san pellegrino）	带气矿泉水	意大利
斯帕（spa）	静态、天然带气矿泉水，有些可以带有水果味道	比利时
维希（vichy）	天然带气矿泉水	法国
维尔特（vittel）	天然带气矿泉水	法国
福维克（volvic）	静态矿泉水	法国

表5-4　各种品牌的泉水

品牌	类型	产地
阿什本（ashbourne）	静态或者带气泉水	英格兰
巴各文（ballygowen）	静态或者带气泉水	爱尔兰
高地（highland spring）	静态或者带气泉水	苏格兰
雷蕊（lianllry）	静态或者带气泉水	威尔士
莫尔文（malvern）	静态或者带气泉水	英格兰
斯莫尔（strathmore）	静态或者带气泉水	苏格兰

矿泉水和泉水要经过冰镇或者与冰块一起服务，这在餐饮业中十分流行。餐饮业中也出现了商业化的过滤系统。所提供的可实用性的自来水经过企业的过滤处理，然后提供冰镇的静态水或者带气水，以品牌所属的饮料瓶或者玻璃瓶盛装，由企业自行定价进行销售。

果汁类

果汁可以用水、苏打水或者柠檬水稀释。果汁类也可以用来与烈酒混合或者用于鸡尾酒中，或者用来作为水果杯的基料。举例如下：

- 橙子果汁
- 柠檬果汁
- 西柚果汁
- 青柠果汁

鲜榨果汁类

在酒吧内库存的主要果汁类型有：

瓶装或听装果汁类

- 橙汁
- 菠萝汁
- 西柚汁
- 番茄汁

鲜榨果汁类

- 橙汁
- 西柚汁
- 柠檬汁

除了鲜榨果汁本身要冷藏服务之外，鲜榨果汁也可以用来制作鸡尾酒以及与烈性酒混合之后饮用。

糖浆类

这些浓缩、甘甜、水果风味的糖浆主要用作鸡尾酒、水果杯或者混合苏打水之后作为长饮等的基底。这些糖浆有：

- cassis（黑醋栗糖浆）
- cerise（樱桃糖浆）
- citronelle（柠檬糖浆）
- framboise（覆盆子糖浆）
- gomme（白糖浆）
- grenadine（石榴糖浆）
- orgeat（杏仁糖浆）

糖浆也可以作为冷牛奶饮料的“增味剂”，例如奶昔。

有关服务非酒精类酒吧饮料的详细内容可以在6.7部分中找到。

5.5 葡萄酒和饮料单（酒水单）

酒水单的作用与菜单的作用相类似，目的就是用来售卖酒水。在酒水单的策划、内容设计、整体布局、色泽选择、外观造型等方面要特别注意，以确保能够与餐厅的风格相得益彰。

餐厅员工应熟悉酒水单上的所有酒水知识和它们的主要特点。他们同时也要具备葡萄酒或者其他的酒水知识，对于不同的食物提供最适合的酒水（食物与酒水的配合见5.14部分内容）。

酒水单的类型

酒吧和鸡尾酒单

酒吧和鸡尾酒单可以包括最基本的每天能够提供的常用的开胃酒，像雪利酒、味美思酒、苦味酒，一系列的烈性酒、啤酒和软饮以及一些可调配的鸡尾酒等，通过提供的非常全面的酒水，让顾客可以在不同的范围内选择到自己满意的酒水。酒水单的实际格式和内容由餐厅经营的风格和所希望吸引的顾客消费群体的类型所决定。基于这一点，酒水单里的重点项目可以是某几方面的内容，例如：

- 鸡尾酒单：传统鸡尾酒或者流行鸡尾酒
- 麦芽威士忌
- 啤酒
- 新世界葡萄酒
- 非酒精类饮料（软饮料）

鸡尾酒单，以及鸡尾酒配方和鸡尾酒服务要点，详见附录B中的内容。

餐厅酒水单

餐厅酒水单有各种各样的规格，例如：

- 包罗万象的世界各地葡萄酒，重点是那些经典的产酒区出品的葡萄酒，像波尔多/布根地酒，再加上优质名酒/拉菲尚品系列等。
- 中等价位，珍藏精选的葡萄酒，例如，产自法国、德国和意大利的葡萄酒，加上产自美洲的葡萄酒等。
- 小范围内选择的世界著名的葡萄酒或者品牌葡萄酒——声誉卓越系列。
- 著名产酒国家最有名的葡萄酒。

餐后酒水单（帮助消化）

尽管有时候餐后酒水单会作为单独的利口酒单使用——这些酒水单中通常还包含着葡萄酒。酒水单中应包含各种利口酒，以及一些特选的白兰地和/或者一些特选的麦芽威士忌。酒水单里也可以提供佳酿和陈酿波特酒。另外一系列的特制利口酒/高度酒，咖啡通常也可以包含在酒水单中（详见5.2部分的内容）。

宴会和各种活动使用的葡萄酒单

酒单中葡萄酒品种的多少通常由宴会和各种活动的人数和类型所决定。在大多数情况下，要提供一些精选的流行葡萄酒。价格区间从酒店特选葡萄酒到佳酿葡萄酒的都要包括在内，以适应所有顾客的选择需求。有时候，宴会用酒水单与餐厅使用的酒水单相同。更多这方面的知识，请见11章节的内容。

送餐服务酒水单

客房内可以设置迷你吧，或者送餐服务菜单中还可以提供一些从酒吧酒水单中选择出的一些酒水。根据餐厅类型的不同，酒水单中所提供的有限的几种酒水价格也有所不同。

酒水单的内容

酒水单中所包含的内容通常是按照它们被消费的顺序排列的。

① **开胃酒**（aperitifs）：起泡葡萄酒和无气葡萄酒中的芳香葡萄酒、强化葡萄酒以及天然泉水和矿泉水。

② **鸡尾酒**（cocktails）。

③ **烈性酒**（spirits），以及各种与之相关的混合酒，像碳酸水等。

④ **葡萄酒**（wines）：起泡葡萄酒和无气葡萄酒。

⑤ **啤酒**（beers），苹果酒（cider）汽水和果汁饮料。

⑥ **餐后酒**（digestifs）：像利口酒，也可以包括各种烈性酒，像白兰地、麦芽威士忌以及波特酒等，以及其他的强化葡萄酒、甜味佐餐酒、天然甜葡萄酒等。

⑦ **特色咖啡**（specialty coffee）。

葡萄酒单

葡萄酒在酒水单中主要有3种排列方式：

① 以葡萄酒的原产地排列（地理位置）。

② 以葡萄酒的类型排列。

③ 以葡萄的种类排列。

以葡萄酒的原产地排列

传统的排列方式是按照葡萄酒的产地区域来排列。这种方式以国家或产地区域来排列，例如法国或者澳大拉西亚（可以包括澳大利亚和新西兰），之后按照产地区域进行排列。这种排列方式通常也是按照每个国家、区域或者地区排列，白葡萄酒排在最前面，之后是玫瑰葡萄酒和红葡萄酒。使用这种排列的方式，葡萄酒单中可以包括：

① 香槟酒和汽酒

② 法国

③ 德国

④ 意大利

⑤ 西班牙

⑥ 澳大利亚

⑦ 美洲（美国和南美）

⑧ 新西兰

⑨ 南非

⑩ 世界上其他葡萄酒

⑪ 葡萄牙
⑫ 英格兰
⑬ 欧洲其他的葡萄酒
⑭ 特选葡萄酒

以葡萄酒的类型排列

现代葡萄酒的排列方式是以葡萄酒的类型进行排列：

- 起泡葡萄酒
- 白葡萄酒
- 玫瑰葡萄酒
- 红葡萄酒
- 餐后甜酒

这样排列之后，葡萄酒可以在每一个类型之下以3种主要的方式进行排列：

① 按照国家进行排列。

② 按照地区进行排列（与上述按照地理位置进行排列类似）。

③ 按照葡萄酒的风格进行排列。

如果葡萄酒是按照类型和风格进行排列，那么葡萄酒可以在下述的标题之下列出：

- 汽酒
- 玫瑰红酒
- 白葡萄酒
  ——白葡萄酒
  ——青色果味白葡萄酒
  ——味浓白葡萄酒
- 红葡萄酒
  ——果味红葡萄酒
  ——紫红色红葡萄酒
  ——香草味红葡萄酒

为了帮助顾客挑选出自己钟爱的葡萄酒并且使得员工有能力向顾客做专业的酒水推荐，对每一组的葡萄酒的口味按照从清淡到浓郁这样的方式进行排列是非常实用的。

表5-16中是按照葡萄酒的类型、风格、从清淡到浓郁给出的实例说明。

以葡萄的种类进行排列

如果葡萄酒是以葡萄的品种来排列的，那么可以按照葡萄品种的字母顺序进行如下排序。

白葡萄

- 莎当妮
- 白诗南
- 格乌兹莱妮
- 白比诺
- 灰比诺
- 雷司令

红葡萄

- 卡百内
- 佳美
- 梅乐
- 黑比诺
- 桑吉奥维斯
- 普兰尼洛

- 白苏维浓
- 赛美蓉
- 其他白葡萄
- 仙粉黛
- 其他的红葡萄

这里一一列出了每一个标题下酿造葡萄酒所使用的葡萄品种，以及作为主要葡萄材料制作而成的葡萄酒所使用的葡萄品种。在“其他白葡萄”或者“其他红葡萄”标题之下的葡萄酒，制作此款葡萄酒所使用的葡萄应该列在葡萄酒名称的旁边。

另外，为了帮助顾客挑选出喜爱的葡萄酒，并且帮助员工能够做出恰如其分的建议，对每一组的葡萄酒按照从清淡的风味到浓郁的风味进行排列很有必要（参见表5-16部分中内容）。

基本信息

对于葡萄酒和饮料单中的内容通常要做一些描述性的介绍，用来帮助顾客做出挑选酒水的决定，同时也可以帮助员工进行酒水推荐建议。这些基本信息的内容如下所述：

葡萄酒

- 酒窖编号
- 酒的品牌
- 原产地和国家
- 质量指标（例如AOC，法定产酒区，法国葡萄酒等级。Qmp德国葡萄酒等级）
- 发货商
- 酒庄名称/酒庄装瓶
- 葡萄品种
- 年份
- 酒精度
- 半瓶装、瓶装、大瓶装
- 价格
- 供应商
- 装瓶信息

其他饮料

- 饮料的种类，例如，果汁、威士忌、金酒、雪利酒
- 酒的名称，例如，马提尼
- 酒的类型（甜型、干型等）
- 简介，例如，鸡尾酒介绍
- 酒精度
- 装瓶信息

酒精度

两种主要使用的测量酒精度的方法归纳如下。

① **国际计量组织标准（OIML，欧洲使用）**：按照体积从0%～100%计算酒精度。

② **美国计量标准（USA）**：0°到200°，与塞克斯（Sikes）标准类似，但衡量到200°而

不是175°（90°相当于以体积测量酒精度的40%）

国际计量组织标准（OIML），以前叫做盖·吕塞克标准，直接等于在20℃饮用时，以体积计算的酒精含量的百分比。这是被人们普遍接受的测量酒精度的标准。通过体积测量表示在液体中纯酒精的含量。这样液体中测量出含有40%的酒精度，表示含有40%的纯酒精。饮料中用体积表示的酒精含量，目前都会在标签中标注。表5-5中给出了各种饮料中所含的大致酒精量。

表5-5　饮料中的近似酒精度数（国际计量组织标准OIML）

酒精度数	举例
0%	不含有酒精
不超过0.05%	可忽略
0.05%~0.5%	含有酒精的
0.5%~1.2%	低酒精度
1.2%~5.5%	酒精含量少
3%~6%	啤酒、苹果酒、酒精风味饮料（FABs*）和波普饮料（alcopops**），以及其他任何在10%以下的含酒精饮料
8%~15%	葡萄酒，通常在10%~13%
14%~22%	加强葡萄酒（利口酒），像雪利酒和波特酒。芳香葡萄酒，像味美思酒。天然甜葡萄酒，像伯姆-维尼斯蜜思嘉，还有米酒（sake***）
37.5%~45%	高度酒，通常在40%
17%~55%	利口酒，种类很多

* FABs 是用来描述含有酒精风味饮料的术语，例如百家得冰锐（bacardi breezer，5.4%）

** alcopops 是用来描述通常含有酒精的人造风味饮料（通常为甜味和水果风味）的术语，例如将金酒加入到饮料中。也通常被称为酒类软饮或者酒类柠檬水。通常酒精含量为3.5%~5%，有些可以达到10%

*** sake是用大米制成的带有略甜口味的烈酒（18%）

5.6 鸡尾酒和混合饮料

英格兰、墨西哥、美国和法国都声称有原创的鸡尾酒和许多典故传说，但却没人能够证明它们的权威性。鸡尾酒首先开始在美国流行，鸡尾酒大多数情况下是作为酒吧饮料预制而成的，在这个阶段开始用于体育场合的酒精类刺激饮料。图5-6是一些鸡尾酒的图片。

现代调配的鸡尾酒通常是不超过10厘升的短饮（3.5～4盎司）——超过者通常叫做“混合饮料”或者：“长饮”。但是鸡尾酒这个词目前通常被认为是指所有的调配饮料。

表5-6中给出的这些饮料可以归类于鸡尾酒中。

图5-6　鸡尾酒（图片由六洲饭店提供）

表5-6　鸡尾酒的类型

类型	制作方法
搅拌饮料（blended drinks）	使用榨汁机制作而成
香槟鸡尾酒（champagne cocktail）	例如Fucks Fizz,在香槟酒中加入了橙汁
高柏乐（cobblers）	以葡萄酒和高度酒为基酒，配吸管和装饰水果
柯林斯（collins）	适合在炎热天气时饮用，以高度酒为基酒，要配大量的冰块
库勒斯（coolers）	差不多与柯林斯相同，但通常配有切成螺旋状的果皮，以高度酒或葡萄酒为基酒
科斯塔（crustas）	可以使用任何高度酒调配而成，最受欢迎的是白兰地，杯子边缘要蘸些糖粉进行装饰，杯内装有碎冰
考珀（cups）	适合于在炎热天气时饮用，以葡萄酒为基酒
达士（daisies）	可以使用任何高度酒调配制作，通常使用大杯或葡萄酒杯盛放，要加入碎冰
蛋诺（egg nogs）	传统的圣诞节饮料，使用朗姆酒或白兰地以及牛奶做基料，使用无脚酒杯（平底玻璃杯）盛放
菲克斯（fixes）	将高度酒浇淋到碎冰上而制成的短饮，用水果装饰，配短吸管
费斯（fizzes）	与柯林斯类似，在调酒器内摇动制作而成，再放入苏打水，调好之后要立刻饮用
菲利普（flips）	与蛋诺类似，含有蛋黄，但不包含牛奶，以高度酒、葡萄酒或者雪利酒为基酒
弗拉普（frappes）	加有碎冰
海波（highballs）	美式风味，使用高度酒和调酒棒快速调配而成的简单的鸡尾酒

续表

类型	制作方法
朱丽普（juleps）	美国风味，包含薄荷，以马德拉酒或者波本威士忌为基酒
提神（pick-me-up）	帮助消化的鸡尾酒
彩虹（pousse-cafe）	用利口酒和高度酒来分层，使用不同的有特定相对密度的饮料来分层——重的在下，轻的在上
斯麦斯（smashes）	小号的冰镇薄荷酒
思慕雪（smoothies）	混合饮料，要冷饮，有时候也制成甜味饮料，通常使用鲜水果或蔬菜制成
酸味（sours）	要使用鲜果汁对饮料提味
斯维斯（swizzles）	由用来搅拌饮料的搅拌棒而得名，“搅拌”使得杯子外壁能够出现一层结霜
棕榈（toddies）	提神清凉饮料，可以是热饮或者冷饮，包含有柠檬、桂皮和豆蔻

鸡尾酒的调制

一杯真正的鸡尾酒是使用摇动或搅动这两种方法之一制作而成的。调配一杯好的鸡尾酒的技术是通过摇动或搅动将所有的原材料混合到一起，以使得品尝起来时没有一种原料的口味占主导地位。

决定一杯鸡尾酒是使用摇动还是搅动的方法来调制的经验法则是看其是否包含一种水果汁作为其中的一种材料，如果是，那么这种鸡尾酒可以使用摇动的手法。如果材料是以葡萄酒作为基酒，并要求是清澈的，那么可以使用搅动的方法。

根据使用的调制方法不同，调配一杯鸡尾酒所需要的最关键的工具是：

摇动调酒法

- 鸡尾酒调酒壶（雪克壶）或波士顿调酒壶和过滤器。
- 搅拌机（用于混合使用）。

搅动调酒法

- 调酒杯。
- 带勺搅拌棒。
- 过滤器。

调配鸡尾酒时的注意事项

- 冰块要澄澈透明和卫生洁净。
- 调酒壶内不要盛装的过满。
- 泡沫饮料不可以使用摇动法制作。
- 避免外溢，不要装满到玻璃杯口。
- 使用蛋清和蛋黄作为调酒的材料时，使用之前，要先将蛋清蛋黄分离到容器里。
- 用冰过的玻璃杯盛放鸡尾酒。
- 摇动调酒时，动作要短暂而有力。
- 要先将冰块放入到调酒壶或者调酒杯内，然后是不含酒精的饮料，其次是含酒精饮料。
- 要搅动的话，就要快速搅动，一直到液体变冷却。
- 一般说来，调酒杯是用来搅动那些以利口酒或者葡萄酒为基酒的鸡尾酒用的（鸡尾酒清澈透明）。
- 使用调酒壶调配的鸡尾酒可以使用果汁、奶油、糖和类似的材料。
- 使用蛋清或者蛋黄作为一种调酒的材料时，通常要使用波士顿调酒壶。
- 鸡尾酒调配好装杯之后要进行装饰点缀。
- 要衡量所有的材料，如果使用的材料不够准确，就会破坏材料之间和口味之间的平衡。
- 冰块不可以重复使用。

调配鸡尾酒和混合饮料的材料和制作方法，在附录B中，有全面而详细的介绍。服务鸡尾酒所使用的各种各样的杯子，请见3.11部分内容中的图3–12。

5.7 苦味酒

苦味酒可以作为餐前酒（开胃酒）饮用，或者作为调配混合饮料和鸡尾酒的调味酒使用。受欢迎的苦味酒见表5–7。

表5–7 受欢迎的苦味酒

苦味酒的种类	举例
艾玛·皮孔（Amer Picon）	色深味苦的法国开胃酒。经常加入红石榴糖浆或者黑醋栗甜酒以使其味道更容易让人接受。传统的做法是按照2：1的比例加入水

续表

苦味酒的种类	举例
安格斯特拉苦酒（angostura bitters）	因玻利维亚一个城镇而得名。但是现在那里已经不可见，而是出现在特立尼达拉岛。颜色为棕红色，用来制作粉色金酒和其他的鸡尾酒，被认为是一种主要的调味酒
皮尔（byrrh）	这是在法国靠近西班牙边境地区生产的一种苦味酒。以红葡萄酒为基酒，以奎宁和香草以及白兰地来增加风味
金巴利（campari）	粉红色，带甜味的意大利开胃苦酒，带些橙皮和奎宁的味道，使用18.93厘升（6 2/3盎司）的巴黎高脚杯或者海波杯盛放。将一个分量的酒放到冰块上，并用一片柠檬装饰，然后根据顾客的需求倒上苏打水或者冰水
菲奈特·布兰卡（fernet branca）	意大利版本的艾玛·皮卡酒。最好是使用冰水或苏打水稀释之后饮用。最适合于宿醉者饮用
恩德伯格（underberg）	德国产的苦酒，像极了碘酒，味道也几乎与之相似。可以加上苏打水用于提神
其他的苦酒（other bitters）	橙味和桃味苦酒，主要用来作为调配鸡尾酒的材料。其他有名的苦味酒有阿莫拉黑山（amora montenegro）、拉迪（radis）、尤妮肯（unicum）、阿波（abbots）、贝萨（peychaud）和北内卡普（boonekamp）。许多苦味酒是用来对“宿醉”者解酒而使用的，有时候加入黑醋栗甜酒或者红石榴糖浆，用来使得这些饮料更加可口宜人

5.8 葡萄酒

葡萄酒是用新鲜采摘葡萄的汁经过发酵之后获得的酒精饮料。发酵的过程是在葡萄的原产地，依据当地的传统和习俗进行。

世界上相对来说只有少部分地区出产葡萄酒。

这是因为只有两个气候条件都具备，所出品的达到所需要质量的葡萄汁才可以转化为可以饮用的葡萄酒：

- 使葡萄成熟的充足的光照。
- 冬季气候适度，但足够凉爽，使葡萄树有充分的机会为茁壮成长和盛产葡萄而休生养息。

这些气候条件在两个主要的葡萄酒产区都具备，这两个主要的产区位于赤道以北纬度30°～50°和赤道以南30°～50°。

世界上3/4的葡萄酒由欧洲生产，欧盟生产的不到一半。法国、意大利是主要的葡萄酒生产国。而意大利是最大的葡萄酒生产国，接下来是西班牙、美国、澳大利亚、阿根廷、德国、葡萄牙、智利和南非这些国家。

葡萄酒的酿造

葡萄酒酿造的核心过程是发酵——糖分通过酵母菌的作用转化成酒精和二氧化碳。这个转化过程对于制造所有的酒精类饮料都是必须的——不管是含气葡萄酒、无气葡萄酒和强化葡萄酒，还是高度酒、利口酒和啤酒（尽管对于不同类型的饮料来说有更进一步的加工过程和各种变化过程）。

葡萄藤的种类

葡萄藤出产适合于酿造酒的葡萄，这些葡萄藤生长于世界上的绝大多数的葡萄园内。叫做酿酒葡萄（vitis vinifera）。目前它们大多数种植在欧洲，其他地方引进的葡萄藤品种是通过杂交培育而成，以适应当地的土壤和气候。不同产区内的同一种葡萄或许名称各有不同，例如，在罗纳大区的格连纳什（grenache）也叫做加尔纳恰（garnacha），是制作西班牙优质葡萄酒的葡萄品种。还有一些葡萄品种已经被认为极具当地鲜明的特色。这些世界上主要的葡萄品种，以及它们的一些特征描述，详见表5.8中的内容。

葡萄

葡萄中包含如下一些成分：

- **葡萄皮**——给葡萄酒提供单宁和颜色。
- **葡萄梗**——给葡萄酒提供单宁。
- **葡萄籽**——给葡萄酒提供苦油。
- **葡萄果肉**——含有糖分、果酸、水分和果胶。

葡萄酒发酵过程所需要的酵母菌被发现存在于葡萄皮的外面，以白色的粉衣状存在。

葡萄酒的颜色，主要来源于葡萄皮，在发酵过程中萃取而成。红葡萄酒的颜色可以只来自于葡萄的皮。但是白葡萄酒可以用白葡萄和红葡萄酿造，如果使用红葡萄，葡萄皮要在开始发酵之前除掉。

表5–8列出了用于酿造葡萄酒的主要的白葡萄和红葡萄品种。

表5-8　用于酿造葡萄酒的主要的白葡萄和红葡萄品种

白葡萄品种	生长国家和地区	葡萄酒的常见特点
莎当妮（chardonnay）	世界各地	来自勃艮第、香槟和新世界产酒区出品的白葡萄品种。与莎当妮芳香味相互搭配的包括成熟的香瓜和新鲜的菠萝。而果味浓郁的、由橡木桶酿造生产的新世界葡萄酒的味道趋向于带有黄油般的质地和蜜糖般的口感，带着热带水果的果香和丰富敦厚的味道。在勃艮第，葡萄酒是多汁的，但却是极干而不甜的，带着浓郁的坚果风味。夏布利，产自于勃艮第气候凉爽的北部地区，带有强烈和清洌的酸味，还可能带有浓郁的橡木风味。莎当妮也是制作香槟酒的三大葡萄品种之一
白诗楠（chenin blanc）	卢瓦尔、美国加州、和南非地区（又称施特恩）	品种很多：包括极干、中等甜度、极甜或者含气葡萄酒，酒中带有非常高的酸度，使酿造好的葡萄酒口感非常清爽。而葡萄酒的香气则趋向于苹果风味
格乌兹莱妮（Gewurztraminer）	法国阿尔萨斯、澳大利亚、智利、东欧、德国、新西兰、美国	最具芳香风味的葡萄品种之一，由此酿造而成的葡萄酒具有独特的芳香风味，就像玫瑰花瓣、西柚和热带水果荔枝风味一样芳香扑鼻。气味馨香浓郁，口感略带微甜风味
麝香葡萄（muscat）	世界各地	主要用于制作甜味和芳香味的葡萄酒，葡萄和葡萄干闻起来的味道和口感以及在风格上从浅白色、亮色和花香系列到金色、甘甜而略带橙色，或者褐色不等，浓郁的如同蜜糖般。通常是强化葡萄酒（像法国的天然甜酒、威尼斯的彭姆蜜思嘉）。也是用于酿造艾斯提系列麝香含气葡萄酒的主要品种
白比诺（pinot blanc/weissburgunder）	法国阿尔萨斯、东欧、意大利北方、德国、美国	干型、中型、新鲜带水果味的葡萄酒，最佳味道为带有苹果味道和柔和的芳香气味以及如同蜂蜜般的香气
灰比诺（pinot gris/pinot griglo/rulander/takay pinot gris）	法国阿尔萨斯、加拿大、德国、匈牙利、意大利、新西兰、斯洛文尼亚、美国	通常为芳香醇厚的白葡萄酒，酒精度数高，酸度却很低。意大利出产的为中性而新鲜的葡萄酒，阿尔萨斯出品的则是芳香而浓郁型。其他地方的出品则加有蜂蜜。也可以用来制作金色甜葡萄酒。这是阿尔萨斯地区的特产
雷司令（薏丝琳riesling）	法国阿尔萨斯、澳大利亚、加拿大、德国、新西兰、南非、美国	从味道单一到饱满的一系列的葡萄酒，总是充满令人心旷神怡的芳香气味，具有陈年潜质。芳香气味趋向于杏和桃味。德国出品最好的全系列的雷司令。酸度灵敏，风味从青苹果、青柠到蜜桃味、矿物质风味以及根据所在庄园的状况而定。葡萄酒的风格从鲜亮和味道浓郁到带有强烈的甜味

续表

白葡萄品种	生长国家和地区	葡萄酒的常见特点
白苏维浓（sauvignon blanc）	世界各地	一般常见的芳香气味与醋栗相似，制成的葡萄酒为绿色，清新扑鼻并且带辛辣口感。当使用橡木桶发酵时，就会生产出不同的葡萄酒。例如加州的热带水果，经典的波尔多葡萄酒通常是与赛美蓉混合，酿造时加入些油桃，然后随着发酵时间的推移，变得更加具有坚果的味道，颜色会呈乳白色泽。这种酒，可以叫称之为白富美（blanc fume）
赛美蓉（semillon）	主要在法国波尔多，澳大利亚和新西兰也有出品	柠檬味道，蜡质的干白葡萄酒，在橡木桶里发酵时，可以获得坚果和蜂蜜制成的蛋奶糕风味。当葡萄受到抗灰色葡萄孢菌的影响，就会变成黄金般甘美的甜葡萄酒（贵腐酒noble rot），例如，苏岱（Soutemes）
维欧尼（viognier）	罗纳河谷和法国南部地区澳大利亚、美国	罗纳河葡萄酒，像孔德里欧（condrieu），芳香浓郁，带着杏和春天淡淡的花香风味。其他地区出品的此类葡萄酒的芳香风味则要略为单薄些
卡百内（cabernet）索维农（sauvignon又 称苏维翁）	世界各地	波尔多主要的葡萄品种，在梅多克更是闻名遐迩。新世界葡萄酒则开发出了有黑醋栗味道的大瓶装葡萄酒。波尔多葡萄酒需要一定的时间进行熟化。通常从混合葡萄酒中获益良多。例如，梅洛（merlot）、卡本内弗朗（cabernet franc）、席拉（syrah）、添普兰尼洛（Tempranillo）、桑娇维赛（Sangiovese）。此类品种也可以用来酿造芳香的玫瑰葡萄酒
佳美（gamay）	法国博若莱、卢瓦尔、萨瓦、瑞士和美国	博若莱产区的葡萄品种，使用浸渍发酵法酿造的葡萄酒柔和多汁，带有梨子糖的芳香特点。法国中部卢瓦尔河谷和瑞士以及萨瓦酿造的葡萄酒更淡雅清香。在美国加州被称为“纳帕·佳美”（Napa Gamay）
甘娜斯/歌海娜（grenacha/garnacha）	法国南部和罗纳河谷，澳大利亚、西班牙、美国	可以酿造出果香浓郁、颜色浅淡的葡萄酒，以及果香风味的玫瑰红葡萄酒。是罗纳河谷出品的教皇新宫酒和西班牙里奥哈酒的主要葡萄品种。带有成熟的草莓、覆盆子味道以及一丝丝香气的特点
马尔贝克（Malbec）	法国西南部、阿根廷	在法国制作出品的带有李子和奎宁风味的葡萄酒所用的烹调品种，在波尔多可以用来制作混合酒。阿根廷出品的葡萄酒味道则浓郁而芳香
梅乐（merlot）	世界各地	法国圣艾梅隆和柏美洛地区的主要葡萄品种。香气趋向于李子和洋李子风味。葡萄酒里奎宁的味道很淡，葡萄酒可以说清雅多汁，柔滑，带有李子风味或者浓烈的黑醋风味。香气趋向于西梅。新酿造的葡萄酒传统上讲，硬涩并有单宁。随着保存期的延长，则会散发出优雅的李子清香风味

续表

白葡萄品种	生长国家和地区	葡萄酒的常见特点
内比奥罗（Nebbiolo）	意大利	意大利最好的红葡萄品种之一，用来酿造巴罗洛（barolo）和巴巴莱斯科（Barbaresco）葡萄酒。散发出芬芳水果香味的葡萄酒带有混合了黑樱桃和野刺李、焦油和玫瑰花的味道和风味
黑皮诺（Pinot Noir/spatburgunder' pinot nero）	世界各地	勃艮第克多尔的主要葡萄品种，香味类似于草莓、樱桃和李子（根据种植的区域不同），柔滑与草莓般，单一品种的葡萄酒可以只使用果汁制成，最佳成熟的葡萄酒，例如勃艮第红酒，非常芳香浓郁，卢瓦尔和德国的出品口味则略清淡些。同时黑皮诺也是香槟地区的三大葡萄品种之一，在其他地方也有种植（例如美国加州和澳大利亚），用来制作白葡萄酒，汽酒或者红葡萄酒以及淡粉色的葡萄酒
桑娇维赛（Sangiovese）	意大利、阿根廷、澳大利亚、美国	用于酿造基安蒂红葡萄酒（chianti）的主要葡萄品种。也叫做布鲁耐罗（Brunello）和莫莱里诺（Morellino）。新酿成的葡萄酒呈酸甜的红水果味道，令人垂涎欲滴，情不自禁的就会联想起鲜艳多汁的樱桃，随着葡萄酒储存年份的增长，味道会更浓烈淳厚
设拉子/西拉（shiraz/syrah）	世界各地	口味温和、芳香，带胡椒味道的葡萄酒，带着覆盆子的芳香风味。法国西拉的出品趋向于带着烟熏风味、香草风味并富含红色水果（覆盆子、黑莓、黑醋栗），澳大利亚西拉带有更甜些的黑樱桃风味，也会带有黑巧克力或者甘草的香气。西拉也可以用来酿造各种玫瑰风味的葡萄酒
添普兰尼洛（Tempranillo）	西班牙、葡萄牙、阿根廷	早熟的葡萄品种，酿造里奥哈葡萄酒使用的芳香葡萄（在加泰罗尼亚叫德耶布雷Ull de Llebre，在斗罗河岸叫做丹魄红Tinto Fino，在杜罗河谷叫做罗丽丝Tinta Roriz，在葡萄牙南部地区则叫做亚拉贡利Aragonez）。所产葡萄酒口味淡雅，酒汁中带有淡淡的草莓和李子的风味，质地细腻中含有些许西梅、烟草和可可的香气。在凉爽气候下酿造的葡萄酒更加优雅，而在温暖气候之下酿造的葡萄酒口感会更加淳厚
仙粉黛（Zinfandel）	美国加州、意大利	带有黑莓、树莓和香料的芳香味道。在加州，酒香中会带有黑莓风味，有时候还会带有淡淡的金属质感。酒体结构完美而醇香，还可以用来调配淡红色“脸红”白葡萄酒。在意大利南部地区，与基因有关联并以普米蒂沃（Primitivo）而著称，酿造的葡萄酒粗犷、质朴

影响葡萄酒品质和最终口感的因素

相同的葡萄品种，在不同的地域生长，并经过不同的方式加工，所酿造出的葡萄酒则各具特色。影响到葡萄酒品质和最终口感的因素包括：

- 气候和微气候
- 土壤和底土的性质
- 葡萄家族和葡萄品种
- 栽培的方法——葡萄栽培
- 葡萄中所含成分
- 酵母和发酵时间
- 酿酒——葡萄酒酿造法
- 好年份——葡萄收获期
- 陈化处理和熟化处理的过程
- 海运或者运输的方法
- 储存温度

葡萄的病虫害与疾病

葡萄树容易遭受虫害和由鸟类、昆虫类、真菌类、病毒和杂草类引起的疾病。这些主要的疾病类型包括：

葡萄根瘤蚜

寄生虫，像几乎看不见的蚜虫，感染葡萄树的根系。葡萄根瘤蚜在19世纪中期一个很偶然的机会，从北美东部各州进口运输到欧洲许多国家的美洲葡萄树中传染到了欧洲。

当时，给许多欧洲葡萄庄园带来了毁灭性的灾难。治愈方法是嫁接欧洲葡萄树以增强对美国葡萄树根系的抵抗力。从此之后，这种做法已经成为世界各地酿酒所用葡萄栽培的标准做法。

灰腐病

这种霉菌在温暖潮湿的气候里腐蚀葡萄叶和果实。以灰色的霉菌形式存在，给酿造好的葡萄酒带来令人不愉快的风味。

贵腐病（葡萄孢菌）

这是一种益菌，在炎热的天气和潮湿环境下可以发生。这种菌腐蚀葡萄皮，使得葡萄的水分蒸发，葡萄枯萎，从而使得糖分浓缩在葡萄里。这个过程给苏特恩白葡萄酒（Sauternes）、德国特罗肯比勒瑙斯利泽酒（Trockenbeerenauslese）以及匈牙利的托考伊酒奥苏（Tokay Aszu）增加了甘美的风味特点。

葡萄酒中的异味

葡萄酒在装瓶之后的熟化过程中这些异味偶尔会显露出来。目前，对于葡萄酒的装瓶和存储，通过对技术的完善和对细节的关注，这些异味极少会出现了。下面给出了引起葡萄酒出现异味的一些常见的原因：

软木塞味

这些葡萄酒受到细菌感染的软木塞或者过长的存储时间的影响。三氯苯甲醚引起了葡萄酒的口味和气味的变异。这种情况不要与葡萄酒中的软木残渣混淆，这些残渣是无害的。

氧化味

这是由于存储方法不当而导致葡萄酒接触了过多的空气。通常是因为软木塞变干燥引起的。葡萄酒色变深或者变黑并且口味略微有些类似于马德拉酒，酒品尝起来味道“变质”。

醋化味

这是由于葡萄酒过度暴露在空气中造成的。醋中的微生物在葡萄酒的表面形成一层薄膜，形成醋酸，使得葡萄酒品尝起来味道变酸，类似于葡萄酒醋（vin vinaigre）。

酒石酸氢钾碎片

这是酒石酸氢钾的结晶。这些结晶的碎片，有时候在白葡萄酒里可以见到，或许可以引起部分顾客的焦虑情绪，因为这些结晶体损害了葡萄酒的外观品质，破坏了饮酒时完美无瑕的氛围。

过量的二氧化硫

葡萄酒中加入二氧化硫起到保护作用和有益健康。一旦葡萄酒瓶打开，二氧化硫的气味就会挥发消失，几分钟之后葡萄酒就完全可以饮用了。

二次发酵

当糖分和酵母菌残留在瓶中的葡萄酒里时，就会进行二次发酵。导致葡萄酒中带有令人不愉快的刺激味道，这种味道不要与带有气泡酒特点相关的或者与其他健康风格和清爽风格的葡萄酒混淆。

外来污染

造成这些污染的原因，包括了通过葡萄酒罐装机械故障导致的玻璃碎片或者粉状的玻璃以及通过回收重复使用的酒瓶本身含有某种消毒剂的成分等原因。

氢化硫

葡萄酒的气味和口味就像腐坏的鸡蛋一样，应立即丢弃。

淤泥、残渣、浮层、沉淀物

这些是在葡萄酒装桶或装瓶时废弃的有机物质。可以通过移注的方法，在倾倒、澄清或者装瓶时予以清除掉。

浑浊

这是由于葡萄酒中的悬浮物引起的，这些悬浮物遮掩了葡萄酒的本色。也可能是由于存储温度极端变化引起的。

葡萄酒的分类

无气葡萄酒（或者低度葡萄酒）

这是葡萄酒中最大的类别。酒精度按照体积计算，介于9%～15%。这些酒包括：

- **红葡萄酒**：通常接触葡萄皮发酵而成的产品（从葡萄皮中得到所需要的酒色）。通常指干红葡萄酒。
- **白葡萄酒**：产品通常来自于白葡萄，但是葡萄汁（必须）一般不通过葡萄皮发酵。通常指从干到非常甜的一系列白葡萄酒。
- **玫瑰葡萄酒**：有3种方式——从黑葡萄带皮发酵超过48小时；将红酒和白酒混合到一起；或者通过压榨葡萄以提取颜色。玫瑰葡萄酒可以是干或者半甜口味。在美国完全由红葡萄酿造的玫瑰葡萄酒叫做“blush”。

含气葡萄酒

含气葡萄酒产自于法国、西班牙（卡瓦酒cava）、意大利（普罗塞克酒prosecco）、德国（塞克特sekt）以及其他国家。

最著名的含气葡萄酒是香槟酒（champagne），是在法国的东部地区由香槟酿造法制成的（在酒瓶内进行二次发酵）。

在这个地区之外所出品的发泡葡萄酒叫做气泡葡萄酒（vins mousseux）或者称为含气葡萄酒（sparkling wine）。酿造含气葡萄酒的4种方法总结在如表5–9中所示。

表5–9 不同方法酿造的含气葡萄酒

酿造方法	发酵和成熟过程	清除沉淀物
传统方法	装瓶	通过将沉淀物迁移到酒瓶的颈部，然后打开酒瓶去除沉淀物的过程（remuage and degorgement）。之后在酒瓶里补充些葡萄酒再密封好
移注法或转移除渣法	装瓶	通过压力移注到桶里，然后先过滤再重新装瓶
桶式酿造法或密封酿造法	酒槽	采用过滤法

续表

酿造方法	发酵和成熟过程	清除沉淀物
炭化法	有时候被称为“渗透法”（impregnation），将二氧化碳注入到经过冷藏的无气葡萄酒桶里，然后在压力下装瓶，这是花费最少的方式	

甜味含气葡萄酒

干或者甜葡萄酒都标注在标签上：

- *extra brut*——极干
- *brut*——干
- *sec*——半干
- *demi-set*——半甜
- *demi doux*——甜
- *doux*—— 甘甜

其他的含气葡萄酒术语

法国

- *vin mousseux*：除了香槟酒之外的其他含气葡萄酒。
- *methode traditionelle*：含气葡萄酒，以传统方式酿造而成。
- *petillant/ perlant*：轻微含气葡萄酒。
- *cremant*：比mousseux的含气量略少些。

德国

- *spritzig*：轻微含气葡萄酒。
- *flaschengarung nach nach dem traditionellen verfahren*：以传统方式酿造的含气葡萄酒。
- *sekt*：含气葡萄酒（也常用来指葡萄酒本身）。
- *schaumwein*：比sekt酒低一个档次的含气葡萄酒。
- *perlwein*：轻微含气葡萄酒。

意大利

- *prosecco*：意大利北部村庄的名字，被认为是种植葡萄的起源地。这个词汇现在经常用来泛指意大利含气葡萄酒。
- *frizzante*：低含气葡萄酒。
- *spumante*：含气葡萄酒。
- *metodo classic/tradizionale*：以传统方式酿造而成的含气葡萄酒。

葡萄牙

- *espumante*：含气葡萄酒。
- *vinho verde*：意思是“新酒”，轻微含气葡萄酒。

西班牙

- *espumosos*：含气葡萄酒。
- *metodo tradicional*：含气葡萄酒，以传统方式酿造而成。
- *cava*：含气葡萄酒，以传统方式酿造而成，也用来表示西班牙含气葡萄酒的总称。

有机葡萄酒

这类葡萄酒，也称之为“绿色”或者“环保”葡萄酒，使用的是生长期间没有使用人造化肥的葡萄酿造而成的葡萄酒。这类葡萄酒本身只使用葡萄原汁酿造，除了极少量的按照常规使用的防腐剂、二氧化硫，在酿造刚开始时使用这些添加剂就受到了严格控制。

不含酒精类、含酒精类和低酒精类葡萄酒

这些葡萄酒使用常态方式酿造而成，酒精经过热处理方式——蒸馏——同时也将大部分风味除掉了，或者采用效果更好的一种方式，冷过滤加工处理方式，这种方式也叫做反渗透法。反渗透法是通过纤维素或者醋酸纤维使用机械分离的方法或者过滤掉酒精分子的方法将其中所含的酒精去掉。在后期，还要加入一点水，这样能够将葡萄酒中的大部分原始风味保留住。

这些葡萄酒使用的术语是：

- 不含酒精类（alcohol free）：最多含有体积分数0.05%酒精
- 含酒精类（de-alcoholised）：最多含有体积分数0.50%酒精
- 低酒精类（low alcohol）：最多含有体积分数1.2%酒精

天然甜酒

这些甜酒在柔和发酵过程中通过添加酒精的方法以获得天然的甘甜风味。当酒精含量按照体积计量达到5%～8%时就会产生柔和发酵。最后按照体积计量酒精度可以达到大约17%。最著名的天然甜酒之一是威尼斯彭姆蜜思嘉（Muscat de Beaumes-de-Venise），以罗纳河谷酿造天然甜酒而闻名的一个村庄而得名。这种葡萄酒在发酵完成之前要加入高度酒以进行强化，以便可以在葡萄酒中保留一些天然糖分。人们通常饮用新酿造而成的甜酒。

强化葡萄酒（利口酒）

强化葡萄酒像雪利酒、波特酒和马德拉酒等通过加入酒精进行强化，通常是高度葡萄酒。目前在欧盟被称之为利口酒或者利口葡萄酒。按照体积计量，它们的酒精度介于15%和22%。

举例如下：

- **雪利酒**：（产自西班牙）酒精度15%~18%——菲诺（fino，干雪利酒），阿蒙提那多（Amontillado，半干雪利酒），俄罗洛索（Oloroso，甜雪利酒）。
- **波特酒**：（产自葡萄牙）酒精度18%~22%——红宝石色、黄褐色，年份特点、晚装瓶

年份、年份。

- **马德拉酒：**（产自于葡萄牙马德拉岛）酒精度18%——舍西亚尔（Sercial，干型），华帝露（Verdelho，半干型），布阿尔（ Bua了，甜型），马姆齐（malmsey，甘甜型）。
- **马沙拉酒：**（产自于西西里岛马沙拉的深色甜葡萄酒）酒精度18%
- **马拉加酒：**（产自于西班牙安达鲁西亚的马拉加）酒精度18%～20%

芳香葡萄酒（加味葡萄酒）

这些葡萄酒是具有特别风味和加强型风味的葡萄酒。

味美思酒

味美思的4个主要分类是：

- 干型味美思：也叫做法国味美思或者简称法国（就像杜松子酒于法国一样）。使用干白葡萄酒加入风味香料并强化制作而成。
- 甜味美思/比安科：使用干白葡萄酒制成，加入糖或者蜜甜尔（Mistelle），用来增加风味，强化和增加甜度。
- 玫瑰味美思：酿造方法与比安科类似，甜味略逊并且酒色来自于焦糖色。
- 红味美思：通常叫做意大利味美思、意大利或者更常用的名称是“It”就像杜松子酒和It一样。

红味美思由白葡萄酒酿造而成，使用大量的焦糖来增加风味、甜度和色泽。

其他的芳香种类葡萄酒

- *chamberyzette*：法国萨瓦阿尔卑斯山脉出品。使用野生草莓汁来增添风味。
- *punt-e-mes*：产自于都灵卡帕诺。带着浓郁的奎宁味道，并且有苦味和甜味的极大反差对比。
- *dubonnet*：产自法国，有两个品种：白酒和红酒，有奎宁和香草风味。
- *st Raphael*：有红酒和白酒之分，产自于法国含有香草和奎宁苦中带甜的风味。
- *lillet*：在法国最时尚的开胃酒，以波尔多白葡萄酒和香草、果皮酿制，以阿马尼亚克强化而成。在橡木桶内熟化。
- *pineau des charentes*：严格说来，此酒不属于芳香类或者强化葡萄酒。Pineau des charentes作为一种开胃酒或者餐后酒的替代品，还是受到大众的欢迎。可以是白酒、玫瑰酒或者是红酒，必须使用产自于干邑地区的葡萄来酿制，以现酿造的干邑白兰地强化到按照体积计量为含有17%的酒精。

葡萄酒质量控制

世界上大多数葡萄酒制作商必须保证他们的产品符合严格的贯穿于葡萄园所在位置，使用的何种葡萄种类，葡萄酒如何酿造以及熟化的时间等方面的质量管理规定。

目前许多国家在所产的葡萄酒的酒标上都标出了所使用的葡萄品种名称。在欧盟，如果在酒标上标注了葡萄种类的名称，那么葡萄酒中必须包含着不少于85%的这种葡萄。欧盟出产的葡萄酒，酒中使用的所有葡萄种类可以在说明书中列出，但是商标中会列出主要使用的两种葡萄品种的名称。对于许多欧盟之外的国家来说，酿制的葡萄酒必须100%的使用所标注的葡萄品种，当然也有例外，这些例外包括澳大利亚和新西兰所出品的葡萄酒，这两个国家允许使用85%的葡萄品种，在美国则可以使用含有75%的葡萄。澳大利亚葡萄酒中允许使用高达5种葡萄品种，每一种不少于5%。

欧盟标准

对于在指定地区生产的优质葡萄酒，欧盟制定了通用标准（QWPSR）,在法国叫做XQPRD。例如：

法国

- *vin de table*：最便宜价格区间内的普通佐餐葡萄酒。
- *vin de pays*：官方认可的最低范围。中等品质和价位的葡萄酒，使用某一特定葡萄产区内的葡萄品种所生产的葡萄酒。这个葡萄的产区必须标注在酒标上，并规定了最低的酒精含量。
- *vin delimite de qualite superieure*（VDQS）：略低于规定标准的优质葡萄酒。葡萄的产区、葡萄的品种、最低酒精含量、葡萄栽培方法、酿造方法等都有独到之处。
- *appellation d'origine contro*lee（AC或者AOC）：法定产区内生产的优质葡萄酒。使用的葡萄品种和配比、葡萄修剪和栽培方法、每公顷的最高产量、葡萄酒的酿造方法和最低酒精含量等都有规定。

德国

- *deutscher tafelwein*：从德国4个葡萄酒产区之一出品的佐餐葡萄酒（莱茵和莫泽尔、拜恩、内卡河以及上莱茵）。通常为调配葡萄酒。规定了其中最低的酒精含量。
- *landwein*：从19个法定产区内出品的葡萄酒。规定了其中最低的酒精含量。
- *qualitatswein bestimmter anbaugebiet*e（QbA）：中等价格区间内的优质葡萄酒（包括liebfraumilch莱茵白葡萄酒），从13个法定产区之一的出品（anbaugetieten）。必须带有控制编码。
- *qualitatswein mit pradika*t（QmP）：优质葡萄酒。酿造过程中不添加糖。“Pradikat”这个词描述了葡萄采摘时的成熟度——一般来讲，葡萄越成熟，葡萄酒风味就越浓郁。优质葡萄酒可以分成6大类：

① *kabinett*（珍藏）：使用正常情况下采摘的葡萄酿造而成的葡萄酒，通常会在十月份采摘，但要等葡萄成熟到理想状态之后。

② *spatlese*（晚摘）：使用晚摘收的葡萄酿造而成的葡萄酒。

③ *auslese*（精选）：采用经过精挑细选的成熟葡萄酿造而成的葡萄酒。

④ *beerenauslese*（逐粒精选）：采用挑选出的带贵腐病的葡萄酿造而成的葡萄酒。

⑤ *eiswein*（冰酒）：采用留在葡萄树上经过冰冻之后才采摘和压榨的成熟葡萄酿造而成的葡萄酒。

⑥ *trockenbeeranauslese*（干葡萄酒）：采用逐粒精选的带重度贵腐病的葡萄酿造而成的葡萄酒。

- *erstes gewachs*（一级酒庄）、*grosses gewachs*（超级酒庄）和*erste lage*（顶级酒庄）：从最好的葡萄庄园里新酿造而成的、具有更高品质的指定葡萄酒。所有传统产酒区使用相同的verband deutscher pradikatsweinguter（VDP）标识用于这些特优精品葡萄酒。有一些德国葡萄酒标使用trocken（干）、halbtrocken（半干）或dleblich（中甜）这些术语对葡萄酒进行分类。用于干型葡萄酒的两种新的分类是经典（classic）和精选（selection）（要满足额外的质量标准）。

意大利

- *vino da tavola*：普通佐餐酒，没有分类。
- *vino tipico/vino da tavola con indicazione geographics*（IGT）：在葡萄生产限定区域内酿造的葡萄酒。
- *denominazione de origine contrallata*（DOC）：在核准地区酿造的优质葡萄酒。葡萄种类、栽培方法和酿造方法以及最高产量都有严格规定。
- *denominazione di origine controllate e garantia*（DOCG）：在核准地区出品的品牌葡萄酒。葡萄种类和使用配比、最高产量、酿造方法、修剪和栽培方法以及最低酒精含量等都有严格规定。

西班牙

- *vino de mesa*：普通佐餐酒。
- *vino de tierra*：在指定地区出品的葡萄酒。
- *denominacion de origen*（DO）：在指定地区出品的优质葡萄酒。
- *denominacion de origin calficada*（DOCa）

西班牙出产的葡萄酒中酒标上还有一个术语是“珍藏”（reserva）。对于红葡萄酒来说，这个术语表示这种葡萄酒在橡木桶内至少陈酿了一年和装瓶之后珍藏了两年；对于白葡萄酒和玫瑰葡萄酒来说，则表示至少珍藏了两年，包括在橡木桶内陈酿的六个月时间。另外一个术语是“特级珍藏”（gran reserva）：对红葡萄酒来说，表示这种酒在橡木桶内至少陈酿了两年和装瓶之后珍藏了三年；对于白葡萄酒和玫瑰葡萄酒，则表示至少珍藏了四年，包括在橡木桶内至少有六个月的陈酿时间。

葡萄牙

- *vinho de mesa*：不是特定地区内出品的普通佐餐酒，也可能由几个地区出产的葡萄调配酿造而成。
- *vinho regional*：由特定地区内的特定地点生产的优质佐餐葡萄酒。

- *denominacoo di origin controlada*（DO）：特定地区生产的优质葡萄酒。所出品的葡萄酒的品质和真实性受到保护。

酒庄装瓶葡萄酒

下面这些术语用来表示葡萄酒是在酒庄装瓶的。

- *mise en bouteille au domaine* 或者*mise du domaine*（法国）。
- *erzeugerabfullung* 或者*aus eigenem lesegut*（德国）。
- *imbottligliato all'origine*或者*imbottigliato al'origine nelle cantine della fatoria dei*；表示葡萄酒是在原产地的酒窖内装瓶（意大利）。
- *embottelado* 或者 *engarrafado de origen*（西班牙）。
- *engarrafado na origem*（葡萄牙）。

在法国使用的其他术语还有：

- *mise en bouteille au chateau*：意思是葡萄酒在酒堡内装瓶（chateau的字面意思是城堡）印刷在酒标上。主要在波尔多出品的葡萄酒上可以看到。
- *mise en bouteille dans nos caves*：意思是葡萄酒是在公司的酒窖内或者是在酒标上通常出现的经销商的名字处装瓶。
- *mise en bouteille par*：表示葡萄酒是由公司或者个人装瓶，他们的名字会印制在这些单词的后面。

欧盟之外的国家出品的葡萄酒

随着国际葡萄酒业的发展，特别是新世界出品的葡萄酒，在世界葡萄酒市场上占据了更多的份额。这些葡萄酒在酒标上标注出了葡萄酒的简单信息，而在酒瓶后部的标签上则有详尽的介绍，这些介绍包括鉴别葡萄的品种（或者使用美国加州葡萄酒术语“varietals”表示）和珍藏方法的建议、饮用方法以及葡萄酒与食物的配合等相关知识。

尽管大多数国家对于葡萄酒的分类与欧盟佐餐酒相类似，但却主要在当地销售。在国际葡萄酒市场上，葡萄酒是按照地理位置进行描述。每一个国家有他们自己的分类体系，按照地域、区域、地区等来区分葡萄庄园的面积，并监控区域名称的使用。产自哪个区域、酒龄以及葡萄品种等等都标注在酒标上，这些葡萄酒也可能与产自于其他区域不同酒龄和不同品种的葡萄酒进行调配生产。所有国家都有自己的涵盖了从葡萄酒的生产工艺到酒标术语的使用方面的立法规定，以防止消费者受到误导。

阿根廷

阿根廷有DOCs监控体系（原产地监控）但对于葡萄酒的通常做法是按照产区标注在酒标上。

澳大利亚

酒标完整体系（the label integrity scheme）监控葡萄酒区域、葡萄品种以及年份标签。原产地认证体系（the authentication of origin scheme）则表示如果标识了一种葡萄酒产区，那么这种葡萄酒至少要有80%产自于该地区。另外，澳大利亚还建立了葡萄产区命名系统，目的是用来对更大的地理位置进行描述。

智利

智利有一套区域监制系统DOs（原产地监制系统）将产酒区再细划分为子产区。

新西兰

新西兰没有葡萄酒产区的区域分级结构系统，尽管一些区域的命名，像怀劳谷（Wairau Vally）或者吉布利特砾石区（Gimblett Gravels），比较其他的像马尔堡（Marlborough）或者霍克斯湾（Hawkes Bay）而言更具体一些。

南非

在南非葡萄酒原产地计划（WO）监管整个葡萄酒产区的酒标，同时也监管着酒标上的葡萄品种和年份等详细的信息。葡萄庄园信息也包括在WO计划中，并且酒庄葡萄酒中必须只包括酒庄出品的葡萄品种。

美国

美国的葡萄酒产地制度（AVAs）是一种对葡萄来源制度的保证——至少85%的葡萄品种必须来自于这个产区——除了葡萄的品质和生产方式以外。葡萄产区使用的术语可以以州或者以一个葡萄庄园命名。一个在加州越来越流行的术语是“海岸”（coastal），意思是可以以几乎横穿整个加州葡萄庄园沿着太平洋纵深100千米的内陆地区所产葡萄调制的酒。

读懂酒标

欧盟对印刷在葡萄酒瓶上的酒标的内容有着严格的法律制度规定。这些法律制度也适用于进入欧盟销售的其他葡萄酒。另外，在1988年还规定了标准尺寸的低度葡萄酒（或者无气葡萄酒）瓶，容量必须是75厘升，当欧盟法律开始生效之后，前些年有些容量是70厘升的葡萄酒，还会在接下来的几年里继续销售。

除此之外，对于葡萄酒的各种质量术语和含气葡萄酒术语在后面都有描述，出现在酒标上的关于口感和色泽的术语见表5-10。

表5-10 酒标中使用的关于色泽和口感的术语举例

术语	法国	德国	意大利	西班牙	葡萄牙
wine（葡萄酒）	Vin	View	Vino	Vine	Vinho
Dry（干）	Sec	Trocken	Secco	Seco	Seco
Medium（中）	Demi-se	Halbtrocken	Abboccato	Abocado	Semi-seco
Sweet（甜）	Doux/moelleaux	Sub	Dolce	Dulce	Doce

续表

术语	法国	德国	意大利	西班牙	葡萄牙
White（白）	Blanc	Weibwein	Blanco	Blanco	Branco
Red（红）	Rouge	Rotwein	Rosso	Tinto	Tinto
Rose（玫瑰）	Rose	Rose	Rosato	Rosado	Rosado

在葡萄酒瓶上的酒标里可以看到许多关于葡萄酒的相关信息。酒标上使用的通常是葡萄酒原产国家的语言。下面这些信息要包括在酒标里面：

- 葡萄酒的名称
- 葡萄酒产自的国家
- 按照体积计量的酒精度百分比（%）
- 每升或者厘升或者毫升的容量
- 供货商的名称和地址或者商标名称

酒标中的信息还可以包括：

- 葡萄的品种（酿造葡萄酒使用的葡萄的名称）
- 葡萄收获的年份，如果葡萄酒作为佳酿出售，酿造的年份也要注明
- 葡萄酒生产的区域
- 葡萄酒生产的品质
- 葡萄酒的质量等级
- 葡萄酒灌装和经销商的详细信息

图5–7中给出了葡萄酒标里的主要信息图例。这个图例显示的是德国葡萄酒的酒标。

图5–7　德国葡萄酒标图例（酒标来自于：德国葡萄酒信息服务公司）

葡萄酒的瓶塞

目前用于葡萄酒瓶上的主要有4类瓶塞。它们是：

软木塞（natural corks）

这些木塞由整段软木制成。每一个都是单独的和唯一的，并且品质多样化。但是，软木塞具有高度的弹性和压缩性，可以让自己充满在酒瓶瓶颈内的所有空间。对于长期存放的葡萄酒，使用软木塞是行之有效的方法。但是，软木塞容易受到三氯苯甲醚的影响（TCA）（见5.8部分的内容，带木塞味道的葡萄酒）。如果软木塞干燥了或者没有盖紧酒瓶，就会导致葡

萄酒渗漏，从而造成葡萄酒通过接触空气而氧化。

合成软木塞（technical corks，composite corks）

这些合成软木塞是由小块的软木塞加上食品级别的黏合剂在模具中合成瓶塞形状的木塞。质量越好的合成软木塞在瓶口两端具有更好的封闭性。合成软木塞只有一端的部分位置可以接触到葡萄酒。正如软木塞一样，合成软木塞也容易受到三氯苯甲醚的影响。合成软木塞开瓶方法与软木塞一样。

塑料瓶塞（plastics）

这些由合成材料制成的瓶塞可以用于那些在装瓶之后18个月之内饮用的葡萄酒。18个月之后，这些合成的塑料瓶塞就会失去弹性，带来密封不严的风险，葡萄酒就会通过接触空气被氧化。尽管塑料瓶塞不会受到三氯苯甲醚的影响，但是却会受到葡萄酒中水果风味的影响或者将本身的塑料气味带到葡萄酒里。塑料瓶塞的开瓶方法与传统的软木塞差不多，这种类型的瓶塞比软木塞从瓶口中拔出和重新塞入瓶口要更困难些。

旋转瓶盖（screw caps）

旋转瓶盖有各种的样式和衬里，用来使得酒瓶容易开启和再密封。盖好闭合之后酒瓶密封良好，并基本上隔绝了三氯苯甲醚。但是这些瓶盖相对来说是新生事物，并且对于需要陈酿的葡萄酒的影响效果还没有最后确定。开瓶的过程是一只手握住整个旋转瓶盖，另外一只手握住酒瓶的底部。握住瓶盖的手使用较大的压力，拇指和食指沿着瓶盖握紧。握住酒瓶的手大幅旋转。这样就会扭断瓶盖的链接，然后酒瓶的上部螺旋盖就会松脱。

5.9 烈性酒

烈性酒

所有的烈性酒都是酒精饮料蒸馏之后的产品。蒸馏酒的历史可以追溯到2000年以前，据说中国人在那时使用蒸馏炉制作香水，而阿拉伯人则用来制作以酒为基础的饮料。

蒸馏的方法是利用乙醇在低温下（加热）比水（100℃）容易气化的原理（78℃）。这样含有酒精的液体在一个密封容器中加热时，酒精会首先形成蒸汽而挥发，容器中只留下水和其他物质。这个过程同时提高了最后液体中的酒精度数。

烈性酒主要有两种制作方法：罐式蒸馏器法，用来制作浓郁饱满、口味厚重的高度酒，像白兰地等。而连续式蒸馏器法，则会生产出相对清淡些的烈性酒，像伏特加等。

烈性酒的基酒

制作烈性酒最常用的基酒见表5-11。在每一种情况下，在蒸馏过程发生之前要先将基酒变成发酵液（酒精挥发）。

表5-11 用于烈性酒的基酒

烈性酒	基酒
威士忌、杜松子酒（金酒）和伏特加（whisky, gin and vodlka）	大麦、玉米或黑麦（例如，啤酒）（barley, maize or rye）
白兰地（brandy）	葡萄酒（wine）
卡巴度斯苹果酒（calvados）	苹果酒（cider）
朗姆酒（rum）	糖蜜（molasses）
特基拉酒（tequila）	龙舌兰酒（pulque）

烈性酒的种类

阿夸维特酒（Aquavit）

在斯堪的纳维亚使用土豆或者粮食并添加香草制作而成的烈性酒，香草主要使用的是葛缕子籽（caraway seeds）。要完美的品尝欣赏阿夸维特酒的绝佳风味，必须在冰镇之后享用。

亚力酒（Arrack）

由棕榈树汁制作而成。主要生产国是爪哇岛、印度、锡兰和牙买加。

白兰地（Brandy）

白兰地可以定义为由葡萄酒蒸馏而来。白兰地这个词通常会与干邑和雅马邑联系在一起，但是白兰地也可以在几乎所有的葡萄酒产区制作。

生命之水（Eau de vie）

Eau de vie（被称之为生命之水）是发酵和蒸馏之后的水果汁，通常呈无色透明状。最好的生命之水产自于法国的阿尔萨斯地区，德国、瑞士和东欧也有出品，例如：

- **卡尔瓦多斯**（*Calvados*）：使用苹果制成，通常被称之为苹果白兰地（法国）。

- **韩柏格斯特**（*Himbergeist*）：使用野生覆盆子制成（德国）。
- **樱桃酒**（*Kirschwasser*）：（也写作Kirsch）由樱桃制成（阿尔萨斯和德国）。
- **米拉别里**（*Mirabelle*）：由李子制成（法国）。
- **奎什**（*Quetsch*）：由李子制成（阿尔萨斯和德国）。
- **勃列威廉姆**（*Poire William*）：由梨制成（瑞士和阿尔萨斯）。
- **斯力伏维茨**（*Slivovitz*）：由李子制成（东欧）。
- **福瑞士**（*Fraise*）：由草莓制成（法国，特别是阿尔萨斯）。
- **方波瓦斯**（*Framboise*）：由覆盆子制成（法国，特别是阿尔萨斯）。

杜松子酒（Gin，也称金酒）

"Jin"这个词汇来自于genierve的第一部分，在法语里是杜松（juniper）的意思。杜松是制作杜松子酒的主要植物（增味剂）。"Geneva"是荷兰语杜松的意思，在英国，玉米作为谷物类在制作杜松子酒时使用。但是在制作荷兰杜松子酒和其他荷兰杜松子酒时通常会使用黑麦作为主要的谷物类。

大麦芽被公认为可以用来代替上述的谷物类。被认为是用来增添风味的两种关键的原材料（植物）是杜松子和香菜籽。

杜松子酒的种类有：

- **水果杜松子酒**：就如同酒的名称一样，这些是水果风味的杜松子酒，可以由任何水果制作而成。最常见到的是黑刺李、橙子和柠檬风味的杜松子酒。
- **荷兰杜松子酒**：在荷兰由罐式蒸馏器方法制成的杜松子酒，通常被称为"荷兰制造"的杜松子酒。
- **伦敦干杜松子酒**：这是所有杜松子酒之中，最著名和最受欢迎的杜松子酒。没有甜味。
- **老汤姆杜松子酒**：这是苏格兰制作的甜味杜松子酒。甜味来自于糖浆。就像酒的名字一样，传统上来说用于制作汤姆·柯林斯鸡尾酒用。
- **普林茅斯杜松子酒**：这种酒的味道要比伦敦干杜松子酒浓郁的多，是科茨在德文郡制成的。这种酒因为可以用来制作粉色杜松子酒而闻名，连同一起使用的还有安格斯特拉苦味酒。

格拉巴酒（Grappa）

意大利风味的白兰地，使用压榨完未经过发酵的葡萄汁之后的葡萄制作而成——制作葡萄酒的副产品。与法国出品的玛克白兰地（marc brandy）风格相近。

玛克酒（marc）

法国当地出品葡萄酒时生产的白兰地。通常使用的是地区的名称，像Marc De Borgogne。

布拉斯李酒（mirabelle）

由李子制成的一种无色烈性酒。法国是原产国和主要生产国。

茴香酒（pastis）

这个名字来自于烈性酒以茴香酒和（或）甘草调味而成，例如，潘诺酒，烈性酒在许多地中海国家都有出品，在各地都受到欢迎。这种酒可以代替苦艾酒，一度被称之为绿色女神（Green Goddess）。

奎什酒（quetsch）

由李子为主要材料制作的无色烈性酒。主要生产国家位于巴尔干半岛，法国和德国。以白兰地为基酒制作而成。

朗姆酒（rum）

朗姆酒是由甘蔗发酵之后生产的烈性酒。色泽可以有深色和浅色等多种，朗姆酒产自于甘蔗天然生长的国家，例如，牙买加、古巴、特立尼达、巴巴多斯、圭亚那和巴哈马等。

斯耐珀酒（schnapps）

由土豆为基础添加葛缕子籽发酵蒸馏而成的烈性酒。主要生产国家是德国和荷兰。

龙舌兰酒（Tequila）

墨西哥出品的一种由龙舌兰汁液发酵之后蒸馏而成的烈性酒。传统饮用方法是先舔舐一点盐和一点柠檬或青柠的汁之后再饮用。

伏特加酒（vodka）

经过连续式蒸馏器高度精馏之后出品的烈性酒。通过活性炭提纯之后，几乎除掉了所有的芳香和风味。被描述为一种无色无味的烈性酒。

威士忌（whisky，whiskey）

威士忌是使用谷物类制成的烈性酒：苏格兰威士忌使用大麦麦芽；爱尔兰威士忌通常使用大麦；北美威士忌和波本威士忌则使用玉米和黑麦。拼写为Whisky这个词通常是在苏格兰或加拿大使用，而whiskey 这个词则在爱尔兰和美国使用。

苏格兰威士忌主要使用大麦制成，麦芽（因此被称之为麦芽威士忌）随后在泥炭火上加热。谷物威士忌由另外的谷物制成，通常与麦芽威士忌混合调配而成。

爱尔兰威士忌与苏格兰威士忌有很大的不同之处，在于处理麦芽时使用的是热空气而不是泥炭火。这样爱尔兰威士忌与苏格兰威士忌相比较而言没有烟熏的味道。爱尔兰威士忌需要蒸馏三次（苏格兰威士忌需要蒸馏两次）并且熟化期更长。

加拿大威士忌通常是使用风味威士忌和用谷物类像黑麦、小麦和大麦制成的威士忌调配而成。

美国威士忌是用各种大麦、玉米和黑麦混合制作而成的。波本威士忌是用玉米制作而成的。

日本威士忌是按照苏格兰威士忌的加工过程并混合调配而成的。

5.10 利口酒

利口酒被定义为含有糖分和各种风味的烈性酒。不要将其与烈性利口酒相互混淆，这些烈性利口酒可以是长期储藏的和高质量的威士忌或者白兰地。例如白兰地利口酒是一种将白兰地作为基酒的利口酒，而白兰地甜酒则可以定义为经过长期储藏和高品质的白兰地。

利口酒产品

制作利口酒有两种基本的方法：

① 加热浸渍法：最好是与各种香草、皮根类等所使用的原材料一起加热，加热的过程可以提取这些原料中的油脂、风味和芳香味道。

② 低温浸渍法：最适合于柔软的用来提供风味和芳香味道的水果类。

加热浸渍法使用蒸馏器来蒸馏，而低温浸渍法则将柔软的水果长时间的浸泡在橡木桶内的白兰地酒中。

对于所有的利口酒来说，以烈性酒为基酒是必须的，这些基酒可以是白兰地、朗姆酒或者是一种中性的烈性酒。可以加入许多种的材料以制作出各具特色的利口酒，这些可以添加的材料包括：

- 茴香籽
- 杏
- 黑醋栗
- 葛缕子
- 樱桃
- 桂皮
- 香菜籽
- 杏仁
- 豆蔻
- 柑橘类水果的外皮
- 玫瑰花瓣
- 苦艾

利口酒的种类

表5-12中列出了一些常用的利口酒的种类。利口酒的服务方法见6.6部分中的内容。

表5-12 常用的利口酒

利口酒	色泽	风味/烈性酒为基酒	国家
杏酒（Abricotine）	红色	杏/白兰地	法国
鸡蛋利口酒（Avocaat）	黄色	鸡蛋、糖/白兰地	荷兰
茴香酒（Anisette）	清澈	茴香/酒精	法国、西班牙、意大利、荷兰
杏仁酒（Amaretto）	金色	杏仁	意大利
桃酒（Archers）	清澈	桃/杜松子酒	英国
亚力酒（Arrack）	清澈	香草、棕榈树液	爪哇、印度、斯里兰卡、牙买加
百利爱尔兰奶油威士忌（Bailey's Irish Cream）	咖啡色	蜂蜜、巧克力、奶油、威士忌	爱尔兰
当酒（Benedictine Dom）	黄色/绿色	香草/白兰地	法国
查特酒（chartreuse）	绿色（约占45%） 黄色（约占55%）	香草、植物/白兰地	法国
樱桃白兰地（cherry brandy）	深红色	樱桃/白兰地	丹麦
君度酒（Cointreau）	清澈	橙子/白兰地	法国
可可酒（crème de cacao）	深褐色	巧克力、香草/朗姆酒	法国
帝萨诺力娇酒（disaronno）	琥珀色	杏仁核香草以及水果在杏仁油中浸泡	意大利
蜂蜜力娇酒（drambule）	金色	石楠花、蜂蜜、香草/威士忌	苏格兰
加力安奴酒（galliano）	金色	香草/浆果类/鲜花类/根类	意大利
佛朗格里格酒（frangelico）	金色	榛子	意大利
金万利酒（grand marnier）	琥珀色	橙子/白兰地	法国
格莱瓦酒（glayva）	金色	香草、香料/威士忌	苏格兰
甘露咖啡酒（kahlua）	浅巧克力色	咖啡/朗姆酒	墨西哥
顾美露酒（kummel）	清澈	葛缕子/无色烈性酒	东欧国家
马里布酒（malibu）	清澈	椰子/白色朗姆酒	加勒比
黑樱桃酒（maraschino）	清澈	马拉斯奇诺樱桃	意大利

续表

利口酒	色泽	风味/烈性酒为基酒	国家
紫罗兰酒（parfait amour）	紫色	紫罗兰、柠檬皮、香料	法国、荷兰
森布卡酒（sambuca）	清澈	甘草/无色烈性酒	意大利
金馥力娇酒（southern comfort）	金色	桃/橙/威士忌	美国
斯特雷加酒（strega）	黄色	香草/树皮/水果	意大利
添万利酒（tia maria）	褐色	咖啡/朗姆酒	牙买加
柑橘酒（van der hum）	琥珀色	柑橘/白兰地	南非

5.11 啤酒

在所有酒吧和售卖酒精性饮料的地方，啤酒是单独的一类或者是另外一种含有酒精的饮料。啤酒是发酵饮料，所含有的酒精来自于啤酒酵母菌转化麦芽糖而成。啤酒中的酒精含量根据种类不同而各有不同，通常酒精含量按照体积计量在3.5%～10%。

啤酒的种类

苦味啤酒（bitter）

散装的呈浅琥珀色的啤酒。可以分别按照略带点苦味的、普通苦味的或者苦味非常重的几个品种进行售卖。装瓶之后根据酒精度的不同，色泽可以从淡色或浅色不等。

印度淡啤酒（IPA）

带有浓郁啤酒花味道的浅色啤酒，最初是在英国酿造的，然后航运到英国的殖民地进行售卖。现代风格的淡啤酒则是带有浅色啤酒花的啤酒。

修道院风味啤酒（abbey-style）

在传统的低地国家修道院内由世俗啤酒商酿造的啤酒，通常会得到宗教机构的许可。

白啤酒（white beer）

使用高比例的小麦酿造而成的传统啤酒，有时候也叫做小麦啤酒。

淡味啤酒（mild）

根据酿造过程中使用不同颜色的麦芽，啤酒可以是浅色或深色的。通常是以散装的形式售卖，比苦味啤酒要甜一些，味道也更丰富些。

伯顿啤酒（burton）

味道浓郁的黑色生啤酒。这种啤酒在加入糖和香料之后在冬天作为可以暖身的饮料供应时非常受欢迎。

英国老黑啤（old ale）

褐色、口感甘美而浓郁的啤酒。也可以加入糖或者加入香料。

烈啤酒（strong ale）

颜色从浅色到褐色的都有，口味在干和甜之间。酒精含量也各有不同。

大麦啤酒（barley wine）

传统的大麦啤酒都是麦芽啤酒。这种啤酒口味甘美而浓郁，以小瓶装售卖或者按杯计量（最早是1/3品脱，现在都是190毫升）。

黑啤酒（stout）

由烧焦的、颜色非常黑的麦芽制成，带有浓厚的啤酒花味道。口感有麦芽般的柔滑和奶油般的质地。以散装的方式或者瓶装的方式售卖，饮用此种酒时，传统上是不需要经过冰镇的（尽管现在已经习惯如此）。健力士（Guinness）就是一个例子。

波特啤酒（porter）

使用经过炭烧的麦芽酿造而成，风味芳香而浓郁。此种啤酒的名字来自于受到工作在都柏林和伦敦市场上的搬运工的喜爱而得名。

拉格啤酒（lager）

此种啤酒的名称来自于德语中的lagern（存储）。发酵过程发生在存储容器的底部，啤酒以低温存储超过六个月或者更长的时间。以散装的方式，或者以瓶装、听装的方式售卖。

特拉普啤酒（trappist beer）

啤酒在特拉普斯特修道院内酿造而成，通常是在僧侣的严格监管之下生产。目前有6个比利时啤酒厂生产这种啤酒，啤酒味道浓郁而丰富，未经高温消毒，在啤酒配方中通常还包括有冰糖。

比尔森啤酒（pilsner）

清澈、淡色的啤酒（最初在皮尔森酿造，并因此而得名）。现代风味的比尔森啤酒其特点在于具有浓郁的啤酒花味道和丰富的泡沫。

烟熏味啤酒（smoked beer）

烟熏味啤酒是使用经过烟熏之后的谷物作为麦芽制作过程的一部分。可以使用各种木头进行烟熏，包括桤木、樱桃木、苹果木、山毛榉木或者橡木等。有时候也可以使用泥炭进行熏制。

水果啤酒和风味啤酒（fruit beer and flavoured beer）

啤酒由于加入了各种风味而呈现出多种口味变化，例如加入石楠花或者蜜瓜，或者加入新鲜水果，加入覆盆子或者草莓等，用于给啤酒在加工过程中增添风味。

低酒精度啤酒（reduced alcohol beer）

低酒精度啤酒可以分成两大类：

① 无醇啤酒（NABs），其定义为，啤酒中的酒精含量按照体积计量必须低于0.5%。

② 低酒精度啤酒（LABs），其定义为，啤酒中酒精含量按照体积计量必须低于1.2%。

低酒精度啤酒按照传统方法酿造之后再进行脱醇处理。

桶装啤酒（conditioning）

桶装啤酒是指啤酒在分装之后的啤酒桶内进行最后发酵之后制成的啤酒。

瓶装啤酒（bottle-conditioned beer）

瓶装啤酒也叫麦糟啤酒，瓶装啤酒在瓶中进行发酵过程时去掉了沉淀。这些瓶装啤酒需要小心储存、搬运和斟倒。

罐装生啤酒（drought beer in can）

这些罐装生啤酒有一个内部专利系统，代表着一家酒吧的风格，当生啤酒从罐里倒出时，会形成一层柔滑的乳白色泡沫。一系列的生啤酒都会如此。

酿造啤酒时出现的差错

啤酒的二次发酵可以产生气体，因此会影响到啤酒的透明度，这要归咎于酒窖的管理制度不够完善。这些会经常出现的差错包括有：

啤酒浑浊

这可能是因为酒窖的温度太低造成的，或者更大的可能是由于啤酒管道内没有清洁干净造成的。

啤酒跑气

引起啤酒跑气的原因是使用了不配套的木塞——一个硬质木塞可以承受气体压力，而使用一个软质木塞则会漏气。酒窖内的温度太低，啤酒就会变得迟钝而毫无生气。脏的啤酒杯，以及给那些正在用餐的顾客已经添加的啤酒等，这些都导致啤酒跑气。

发酸的啤酒

啤酒发酸是由于缺乏生意以至于已经开罐的啤酒保存的时间过长引起的。酸味也可能是由在新酒桶内添加了陈啤酒造成的，或者是在啤酒中添加了旧的酵母菌，遗留在酒窖内的管道里造成的。

异物

异物或者说外来的杂质是由于在生产或者操作过程中疏忽造成的。

啤酒混合饮料

下面精选了一些以啤酒为基酒的饮料：

- 淡味啤酒和苦味啤酒混合而成的啤酒
- 烈性和温和型
- 褐色和温和型
- 淡味和温和型
- 掺柠檬汁的啤酒：苦味生啤或者拉格啤酒和柠檬水或者姜啤
- 黑天鹅绒：健力士和香槟酒
- 黑与褐：一半烈性啤酒和一半苦酒
- 拉格啤酒和青柠檬
- 拉格啤酒和黑醋栗

5.12 苹果酒和梨酒

苹果酒是一种通过苹果汁发酵所获得的酒精饮料，或者是在苹果汁中混合了超过25%以上的梨汁发酵制作而成的饮料。梨酒也同样是发酵梨汁和超过25%以上的苹果汁所获得。

苹果酒和梨酒的主要生产国家是英国和挪威，但是意大利、西班牙、德国、瑞士、加拿大、美国、澳大利亚和新西兰等国家也都有出品。英国地区出品的是德文郡、萨默塞特郡、格洛斯特、赫里福德、肯特和诺福克等，在这些地方有最好的苹果酒庄园。

苹果酒

制作苹果酒时苹果本身的这些特点是必须的：

- 苹果的甜度
- 苹果的酸度
- 单宁酸的苦味用来平衡风味并用来帮助保存苹果

苹果酒的主要类型

生苹果酒

这是一种没有经过滤的苹果酒，但其外观却不浑浊，也不“闪闪发亮”（star-bright）。制作时可以加入糖和酵母菌以提供酿造的条件。生苹果酒可以是全干型（叫做scrumpy）或者加入糖变成甜味型。生苹果酒可以盛放在橡木桶内或者盛放在塑料容器内销售。

小桶/瓶装苹果酒

这种苹果酒通过巴氏消毒法或者无菌过滤法以获得它的明亮效果。在这个阶段中，可以实施下述一个或多个处理过程：

- 可以混合调配。
- 可以进行二次发酵，通常在酒罐内进行，以制作起泡酒。
- 可以是甜酒。
- 酒精度可以调整。
- 可以通过注入二氧化碳气体成为碳酸饮料。

小桶和瓶装苹果酒的特点是：

- **中等甜度（碳酸饮料）**：按照体积计算含有4%的酒精。
- **半干（碳酸饮料）**：按照体积计算含有6%的酒精。
- **特制苹果酒（某些碳酸饮料）**：按照体积计算含有8.3%的酒精——某些特制的苹果酒

需要进行二次发酵以形成气泡。

梨酒

梨酒通常制作成气泡酒并形成自己专属的系列。梨酒可以做成碳酸饮料，或者在密封的酒糟内经过二次发酵做成气泡酒。在制作梨酒的过程中，过滤、混合和增加甜度都是在压力之下进行的。

梨酒是传统的有独到之处的特色饮料，冰镇之后斟倒在船形的气泡葡萄酒酒杯内享用。现在更多的是使用郁金香形状的葡萄酒杯盛放梨酒。

5.13 品酒技巧

酒水服务员，或者说是侍酒师，必须对酒单上的酒水内容做到知识渊博。另外，他或者她对于不同葡萄酒和其他所提供的饮料特点等知识也要熟知。要掌握这些技能和知识必须掌握专业的品酒方式。下面介绍的主要涉及的是葡萄酒的品酒方式，但品酒技法也适用于其他类似的饮料。

专业的品酒方式

品酒或者评酒，葡萄酒与其他饮料执行同样的标准：

- 从经验中学习。
- 在葡萄酒质量评价体系的帮助下，依据价值（价格与价值之间的平衡）做出采购决策。
- 监控葡萄酒被储存的整个过程，确定最佳销售时间，以作为保护投资的一个组成部分。
- 当给顾客介绍葡萄酒的品质和优缺点时，要辅助进行对葡萄酒的描述。
- 坚持记录个人葡萄酒品酒体验，以帮助自己积累品酒经验和知识。

要充分的欣赏葡萄酒品酒的过程，要在这种环境下开展支持葡萄酒的评价过程活动。要做到：

- 没有引起品酒师分心的噪声。
- 空气流通良好以消除异味。
- 光照充足（如果可能，日光比灯光更适合），北半球面北，南半球面南，光线效果会更好。
- 为了不影响感知葡萄酒的色泽，可以使用白色背景的桌面。
- 室内温度在20℃左右（68℉）。

品酒所用的工具是玻璃杯，必须是合适的形状。应选择带握柄有足够容量的葡萄酒杯（见图5-8）。杯肚要相对宽阔，但是上端要有所收缩。这样设计酒杯的原理是可以使得葡萄酒的香气聚集以利于更好的品酒。品酒的葡萄酒杯内的葡萄酒不要超过容量的1/3，这样可以让品酒师更容易的转动葡萄酒杯。更不用说葡萄酒品酒杯要一尘不染了。

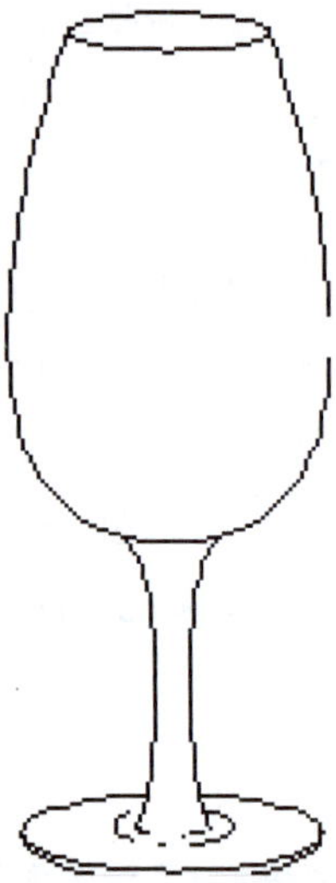

图5-8 品酒师使用的葡萄酒品酒杯（照片由国际标准组织提供）

品酒的专业方法

品酒的目的是要鉴别出葡萄酒的特征以用来对葡萄酒进行描述推介，然后用来评定出其品质。当进行专业的品酒时，重要的是遵循符合逻辑的方法并遵循相同的顺序原则。专业品酒，或者是对葡萄酒进行评价，包括3个关键步骤：

① 记录好每一种葡萄酒的详细资料。

② 先观色，再闻酒香之后品尝葡萄酒滋味。

③ 记录下品酒的结果。

以这种方式进行品酒就会确保你会彰显出自信和能力并做出正确的判断。

记录好葡萄酒的详细资料

为了确保得到每一种葡萄酒的完整品酒记录，记录好下面这些详细内容就显得非常重要：

- 葡萄酒的名称
- 国家和原产地
- 质量指标（例如，法定产区、葡萄酒的等级）
- 货主
- 酒庄/酒庄装瓶
- 葡萄品种
- 年份
- 酒精度
- 半瓶、整瓶、大瓶装
- 价格
- 供货商

观酒、闻酒并品酒

当品酒时，有两方面的因素要考虑到。第一个是与评估和评价葡萄酒的特征并对葡萄酒的质量做出判断有关，另一个是与辨别葡萄酒的味道与香气有关。

专业的品酒实际上是通过感觉来分析和评价出葡萄酒的品质。包括的几方面有：

- 通过观察来评价葡萄酒的透明度，色泽和亮度，通过鉴别白葡萄酒、玫瑰葡萄酒或者红葡萄酒特定的明暗度确定葡萄酒的天然色彩。
- 通过闻或者嗅，评估葡萄酒的状况、芳香和酒香的程度，并确定其他的芳香气味的特点。品酒占80%的是气味！

- 品酒评估的是葡萄酒的甜度/干度、酸度、单宁酸、酒体、回味以及其他的口味特点。
- 舌头接触到酒，以感觉葡萄酒在口中的重量和温度等。
- 听，以创造出一个或其他几项与品酒有关联的环境。
- 对评估过程做出结论（总结）并对葡萄酒的品质做出判断（差、一般、良好、优质）。

表5-13中的这些术语可以用来作为评估葡萄酒的方法。

表5-13 葡萄酒评估使用的术语举例

评估方式	举例
观看（sight）	透明、清澈、亮度、光泽、反光度、华丽、浓度、朦胧、浑浊、色度、浅色、柔和、脱色、深色、剧烈 白葡萄酒：无色透明、淡黄色、黄色中带些许绿色、稻黄色、金色、深黄色、褐色、棕色 玫瑰葡萄酒：浅粉色、橘粉色、洋葱皮、蓝粉色、红铜色 红葡萄酒：紫色、深红色、红宝石色、黄褐色、砖红色、红褐色
闻（臭、芳香、酒香）（smell，nose，aroma，bouquet）	状态：清洁—不清洁 程度：弱—强 其他的香味描述用词：水果味、芬芳、丰富、深厚、香味、植物、细腻、醇厚、欢快、淡薄、没有特点、单调、霉塞味
品酒（taste）	甜度/干度：极干、干、中干，甜、中甜、甘美 酸度：低—高 单宁酸：低—高 酒体：薄、轻，中度、醇厚 回味：短—长 其他品酒用词：水果味、苦味、香味、硬、软、柔滑、花香、植物幼滑、酸度、辛辣、起泡/气泡（轻微起泡）
结论（conclusion）	总结：均衡、细腻、雅致、丰富、浓郁、活力、丰满、松软、厚重、醇和、粗糙、淡薄、错乱、平淡、耐藏、恰到好处、衰退 综合质量/价值：差—可接受—良好—优秀

品酒技巧

在评价了葡萄酒的清澈度、色泽和闻过味道之后，嘴里伴着一点空气喝一小口葡萄酒，转动舌尖，使其充满口腔。向前倾身让葡萄酒靠近牙齿，并通过牙齿吸气。这样做有助于突出和增强葡萄酒的味道。（强化葡萄酒、烈性酒和利口酒经常会通过嗅觉和视觉进行评估而不用品酒。）

品酒时应该考虑到下面几项内容：

- 葡萄酒的口感会被口腔中的不同部位感觉到，通过舌头可以感觉到：舌尖和舌头中部可以感觉到甜度，舌头的上边缘可以感觉到酸度，含盐度是在舌尖和边缘感觉到，酸味是舌头边缘，苦味是舌头后部。

- 葡萄酒的甜度和干度会立刻呈现。
- 酸度要凭干燥的牙龈来感知，但是在饮用时，一定量的酸度会带来活泼清新的口感。
- 涩味或者单宁酸的含量，通常与红葡萄酒有关联，会产生舌头干燥的感觉，特别是对于牙齿和牙龈。
- 酒体，凭借葡萄酒在口腔中的感觉，还有风味和葡萄酒的精华，作为饮料，无论你是否喜欢它，都会做出最终的裁决。
- 回味无穷是葡萄酒留给你味觉上的最终感受。
- 综合平衡就是将上述所有的因素一起进行总结。

注：你对所品尝的葡萄酒做出自己的决定这一点非常重要。不要太轻易的受到另外人员对葡萄酒点评的影响。

常用葡萄和葡萄酒的特点

许多品种的葡萄都带有自己鲜明的特点。这些葡萄品种列举在表5-8中同时也给出了这些葡萄品种一般特征方面的信息。各种类型和风格的特制葡萄酒的鉴定，从浅色到深色都在表5-16中一一列出。

就像描述和评估葡萄酒的品质一样，许多人也发现，葡萄酒的味道和香气相互之间的关联，对于品酒很有帮助。葡萄酒常见的味道和香气之间的关联关系举例，见表5-14。

表5-14　常见的味道和香气的关联

白葡萄酒		红葡萄酒	
莎当妮（Chardonnay）	熟瓜、新鲜菠萝、热带水果、坚果	卡百内（cabernet sauvignon）	黑醋栗
白诗南（Chenin Blanc）	苹果	内比奥罗（Nebbiolo）	玫瑰、西梅、黑樱桃、黑刺李
格乌兹莱妮（Gewurztraminer）	玫瑰花瓣、西柚、热带水果，例如，荔枝	梅乐（merlot）	李子、洋李子、黑醋栗
马斯喀特（Muscat）	葡萄/葡萄干	黑皮诺/黑比诺（pinot noir）	草莓、樱桃李子（根据种植的地方不同）
雷司令（Riesling）	杏、桃、青柠	席拉（syrah/shiraz）	树莓、黑莓、黑醋栗

续表

白葡萄酒		红葡萄酒	
白苏维浓（Sauvignon Blanc）	醋栗、热带水果（葡萄、果冻、坚果、蜂蜜）	仙粉黛（Zinfandel）	黑莓、树莓、香料
其他的和味道有关联的香气可以是：松树味、松香味、香子兰味、咖啡味、茶味、香草味、烟熏味、烘焙味、皮革味、丁香味、桂皮味、豆蔻味、姜味、薄荷味、松露味、橡树味、无花果味、丁香花味和茉莉花味			

详细记录好品酒评估的结果

每当葡萄酒被品酒评估时，都应该保留好详尽的书面记录。这些记录应该贯穿于葡萄酒评估时的每一个阶段，否则可能造成混乱和困惑。记录下品酒评估的过程有助于加强品酒评估方法和指导方面的纪律性。随着时间的推移，也会建立起更强大的自信和更熟练的技能，并且也积累了品酒评估方面的记录资料。

5.14 食物与葡萄酒及其他饮料的搭配

食物与伴随着它们的葡萄酒/饮料应合理进行搭配，做到相互之间都能够突出自身的特色。这种合理搭配的标志是让每一位客人都感到满意。

但是在考虑到食物与葡萄酒的最佳搭配时，一般情况下，没有一定规则。例如，尽管鱼类菜肴通常要搭配白葡萄酒，有一些菜肴，例如，带浓稠少司的三文鱼、红鲻鱼或者其他的鱼类菜肴像七鳃鳗鱼（传统烹调方法是使用红葡萄酒）与略微经过冷藏之后的圣埃米里翁红酒（saint emilion）、波美侯（Pomerol）或者墨丘里（mercury）是完美搭配。红葡萄酒不与鱼类菜肴相互搭配的关键问题来自对于油性鱼类的反应，像马鲛鱼（mackerel）如果搭配红葡萄酒就会在口腔中产生一种金属的味道。葡萄酒与食物搭配指南概况在表5-15中。

表5-15 食物与葡萄酒搭配指南

特征	搭配的食物
带酸度的葡萄酒	可以用来与酸性食物搭配或者形成对比，例如，酸度适中的葡萄酒可以搭配柠檬或者番茄，或者可以中和奶油的味道

续表

特征	搭配的食物
熟化葡萄酒	随着葡萄酒龄的增加和进化，各种复杂的味道会变得更加细腻。许多单一的食物，像铁扒或者烤的食物，陈年佳酿搭配起来会比那些口味浓郁的食物更加相得益彰，这些口味浓郁的食物会盖过葡萄酒的风味
橡木桶出品的葡萄酒	葡萄酒在橡木桶内存放的时间越长味道越浓烈，就更需要与香味扑鼻的食物进行搭配。带有浓郁橡木桶味道的葡萄酒可以遮盖过更美味的食物
甜味葡萄酒	通常情况下，葡萄酒要比所搭配的食物口味略甜些，或者与所搭配的食物口味相同，或者略微淡些。甜味的食物需要与它们所搭配良好的味道更甜些的葡萄酒形成对比，例如，在甜味食物中的酸性成分可以与葡萄酒中的甜性成分完美的融合。咸味食物中的甜性成分（例如胡萝卜和洋葱）可以与果味醇厚的葡萄酒完美搭配。蓝奶酪与甜味葡萄酒也是绝配。当然，甜葡萄酒也可以与咸味食物搭配
单宁酸	葡萄酒中的单宁与红肉和半硬奶酪（像切达奶酪）可以做到完美契合。而单宁不适合与蛋类菜肴搭配，并且单宁含量高的葡萄酒也不适宜与咸味食物搭配
味重的葡萄酒	酒香馥郁的葡萄酒与味道浓郁的肉类菜肴是绝佳搭配。但是这样的葡萄酒口味会压过味道有些清淡的食物

下面给出了在挑选和服务葡萄酒时的一些通用做法指南：

- 干葡萄酒应在甜葡萄酒之前服务。
- 白葡萄酒应在红葡萄酒之前服务。
- 口味清淡的葡萄酒应在口味厚重的葡萄酒之前服务。
- 优质葡萄酒应在好葡萄酒之前服务。
- 葡萄酒在服务之前，温度要适宜。
- 葡萄酒总是在客人享用他们的菜肴之前服务。

另外，在给顾客推荐葡萄酒时，需要确认顾客所需要的葡萄酒的类型和风格，并介绍葡萄酒从清淡到醇厚的程度。表5-16中按照类型和风格列出了一系列的葡萄酒种类，以及从表格顶端的清淡葡萄酒排列到到底部醇厚的葡萄酒的顺序。

啤酒和食物的搭配

最近不管是与葡萄酒一起提供或者作为葡萄酒的替代品，提供啤酒与食物进行搭配有了增长的趋势。相对于特定的啤酒与食物之间的配合来说，葡萄酒要经过反复试验才能与食物达到匹配是一个现实的问题。一般来说啤酒与食物之间进行搭配要考虑到的问题，与那些葡萄酒与食物进行搭配的情况基本相类似。如表5-15中所示，特别是要考虑到酸型、甜型/干型、苦型、单宁型，浓郁型和复合口味的葡萄酒。

给顾客推荐酒水

下面列出了几条当向顾客建议如何选择酒水与搭配菜肴时应遵循的原则方针。但是必须强调的是顾客在所有的情况之下对于他们自己选择葡萄酒或者其他的饮料有完全的自主权。

- 开胃酒是在餐前饮用的酒精性饮料。如果顾客在用餐时消费的是葡萄酒，那么选择的开胃酒应该是葡萄类（以葡萄酒为基酒）而不要选择粮食类（以烈性酒为基酒）开胃酒，因为后者可以潜在的破坏口感或者让口感变得迟钝。
- 开胃酒通常是以葡萄酒为基酒制作而成的饮料。是为了刺激食欲，因此不应选择甜酒。干和半干的雪利酒、干味美思和塞西尔或者华帝露马德拉都适合用来制作开胃酒。
- 第一道菜通常最适宜搭配干白葡萄酒或者干玫瑰葡萄酒。
- 经典菜肴通常要搭配本国名酒。例如意大利面类菜肴要搭配意大利红酒。
- 鱼类和贝壳类菜肴通常情况下最适合搭配经过冰镇的干白葡萄酒。
- 红肉类像牛肉和羊肉与红葡萄酒会更好的融合与搭配。
- 白肉类像小牛肉和猪肉可以搭配半干的白葡萄酒。
- 野味类菜肴需要与醇厚味道更加浓郁的红葡萄酒进行搭配以补充野味类菜肴的口感。
- 甜食和甜品在用餐的最后时刻上菜，那么提供给顾客冰镇好的甜白葡萄酒是可以接受的，这类酒可以是来自于卢瓦尔、苏特恩、巴锡、匈牙利等地。这些葡萄酒最适合搭配包含有水果的菜肴。
- 大多数的奶酪适合于搭配波特酒或者其他干的味道浓烈的红酒，波特酒是传统的最适合于搭配斯蒂尔顿奶酪的葡萄酒。
- 谷物类和水果类为基酒的烈性酒和利口酒都非常适合于搭配咖啡。

表5-17列出了食物与葡萄酒/饮料的配合举例。

表5-16　葡萄酒按照类型、风格举例，从清淡到醇厚（浓郁）进行排列

起泡葡萄酒		白葡萄酒		
白色		白葡萄色	浅绿色	浓白色
清淡 ↑	干香槟酒； 索米尔； 沃莱； 都兰	南斯拉夫雷司令； 塔夫宛； 利富罗美； 绿维特利纳	弗拉斯卡蒂； 苏瓦韦； 蜜思卡岱	波尔多和卢瓦尔索维农
	克莱雷特； 弗莱斯凯罗	阿尔萨斯：保加利亚和匈牙利雷司令； 莫泽尔珍藏； 德国特洛肯	奥维多； 密斯嘉雪丽； 加斯科尼万德培	桑塞尔； 普宜； 新西兰索维农
↓ 醇厚	酒桶发酵； 德国塞克特	澳大利亚干马斯喀特； 阿尔萨斯马斯喀特； 阿尔萨斯白皮诺	白比诺； 意大利莎当妮； 灰皮诺	加利福尼亚和新西兰莎当妮； 圣维宏

续表

	起泡葡萄酒	白葡萄酒		
清淡	阿尔萨斯克雷芒；卡瓦；利穆·布朗克特	英国葡萄酒；莱茵珍藏；莫泽尔	白诗南（南非和法国）；白马肯；夏布利；白佩内得斯	普宜；圣欧班；顶级波尔多干白葡萄酒
	勃艮第克雷芒；白中白香槟	澳大利亚、加利福尼亚。阿里萨斯和新西兰雷司令；阿里萨斯和新西兰格乌兹莱妮	利奥哈（新风格）；马贡镇（吕尼等）	特级夏布利；普里尼与夏沙蒙哈榭；梅索；加州熏；佳文
	半甜索米尔；半干卡瓦；半甜香槟	莱茵精选阿尔萨斯	奥莱（半甜）；云豪华迪	白郎龙；道；白里奥哈；莱孙纳
	陈年香槟；澳大利亚和加利福尼亚起泡酒	特罗肯比勒瑙斯利泽；艾思文；威尼斯彭姆蜜思嘉	加利福尼亚白；法国白	格尔顿莎当妮；澳大利亚赛美蓉；梦拉谢
醇厚	香槟；马卡斯特；阿斯蒂	托考伊；塞图巴尔；马斯喀特	巴萨克；苏特恩；迟摘赛美蓉	澳大利亚莎当妮；加利福尼亚芮彻莎当妮

玫瑰葡萄酒	红葡萄酒			
	果味红葡萄酒	紫红色葡萄酒	香草味红葡萄酒	清淡
安茹玫瑰；安茹解百纳	博若莱新酿葡萄酒；罗纳；新酿葡萄酒；维诺	红卢瓦尔（卡本内弗朗）翡瑞丽；南斯拉夫赤霞珠	瓦尔波利塞拉；巴多利诺；基安蒂	
西班牙玫瑰；普罗旺斯玫瑰；巴多利诺	博若莱；博若莱村庄；梅肯红	法国南部的卡百内；杜拉斯；布泽；贝尔热拉克	罗纳河谷；地区餐酒；席拉	
智利玫瑰；卢瓦尔玫瑰；波尔多玫瑰	勃艮第红；勃艮第谷粮；顶级薄若莱	波尔多红；保加利亚卡百内	吉恭达斯；多赛托；布鲁奈落；基安蒂；古典基安蒂	醇厚

续表

玫瑰葡萄酒		红葡萄酒		
阿尔萨斯黑皮诺； 桑塞尔玫瑰； 如拉玫瑰	桑塞尔红； 上博纳； 伯恩酒庄； 里奥哈	麦道克； 新西兰卡百内； 科特斯；	道； 巴贝拉； 巴芭来斯科； 百拉达	清淡
葡萄牙玫瑰	波恩； 努依酒庄； 纳瓦拉	波尔多； 西班牙、意大利和加州清淡的卡百内	教皇新堡； 澳大利亚卡百内；	↑
玫瑰香槟； 索米尔玫瑰； 卡瓦玫瑰	沃尔奈； 里奥哈珍藏； 大里奥哈珍藏	加州和保加利亚梅洛； 圣埃米里翁； 波美侯	东欧、希腊和北美传统的葡萄酒	
黑中白； 加州红；	珀玛德； 阿洛斯、可登； 尼依圣乔治	智利、南非和黎巴嫩卡百内	罗帝丘； 内比奥罗；	↓
塔维尔玫瑰； 里哈克玫瑰； 加州玫瑰	香贝丹； 加州和澳大利亚黑比诺	澳大利亚和加州富乐卡百内	艾米达吉； 澳大利亚设拉子； 阿玛罗尼	醇厚

表5-17　食物与葡萄酒/饮料的配合

开胃菜	举例
餐前小吃类菜肴	有些情况下因为冷菜的汁液带有浓烈的味道，选择佐餐酒比较困难。但是可以试试菲诺酒或者曼赞尼拉雪利酒、桑塞尔、灰皮诺、白苏维浓、格乌兹莱妮这些酒类。根据菜肴的不同，口味清淡的红葡萄酒可以作为餐前小吃类菜肴的绝佳搭配。啤酒可以考虑的有烟熏味啤酒和日本啤酒等
汤类菜肴	汤类菜肴一般情况下并不需要搭配酒水，但是可以与雪利酒或者干波特酒或者马德拉酒进行搭配试试，也可以搭配传统的英式爱丽丝酒。清汤和龙虾浓汤或者螃蟹浓汤搭配一杯加热过的雪利酒或者马德拉酒会更加相得益彰
肉批、肝酱和鹅肝类菜肴	博若莱或者清淡的、新酿红葡萄酒，用灰皮诺或者白苏维农葡萄酿造的白葡萄酒或者也可以搭配一些甜味的白葡萄酒，特别是苏特恩白葡萄甜酒或者半干香槟酒可以与鹅肝进行搭配。也可以试试水果啤酒和英国波特酒等酒类
蛋卷和乳蛋饼类菜肴	这些菜肴要搭配何种酒比较困难，但是可以试试搭配阿尔萨斯出品的雷司令或者希瓦那，也可以和白啤酒（小麦麦啤）进行搭配

续表

开胃菜	举例
含淀粉类菜肴（意大利面和米饭）	可以搭配传统的意大利红葡萄酒，像瓦尔波利塞拉葡萄酒、基安蒂、巴罗洛、圣玛塔莲娜、卡达罗等；可以搭配大多数的啤酒或者印度淡啤酒等
鱼类菜肴	
蚝和贝壳类菜肴	干白葡萄酒；香槟、夏布利、蜜思卡岱、苏瓦韦和弗拉斯卡蒂；也可以搭配白啤酒、吉尼斯黑啤酒或者其他的烈性啤酒等
烟熏鱼类菜肴	可以搭配里奥哈白葡萄酒、豪客、格拉夫白、维蒂奇诺、熏制啤酒和日本啤酒等
带少司的鱼类菜肴	浓郁味道的白葡萄酒像武弗雷、蒙哈榭、南斯拉夫雷司令；白啤酒等都可以进行搭配
煎和铁扒的鱼类菜肴	云豪华迪、莫泽尔、加州莎当妮、澳大利亚赛美蓉或者莎当妮；特别是搭配鲜贝类菜肴的时候。可以选择大多数的啤酒或者印度淡啤酒以及英国波特酒
白肉类菜肴	葡萄酒/饮料的种类要根据白肉类（鸡、火鸡、兔、小牛肉或者猪肉）菜肴是热食还是冷食来决定
配少司或者带酿馅的热菜	可以搭配玫瑰葡萄酒像安如，或者清淡的红葡萄酒像博若莱，新西兰黑皮诺，加利福尼亚仙粉黛，圣朱利安，布尔格和勃艮第（像巴斯德）和科比埃；白啤酒等
冷菜	味道浓郁的白葡萄酒像霍克斯、维纳索尔、桑塞尔和普罗旺斯的玫瑰酒以及塔维尔；白啤酒等
其他肉类菜肴	
鸭和鹅类菜肴	大红色葡萄酒会软化脂肪；教皇新宫、艾米塔吉、巴罗洛以及澳大利亚百纳西拉；大部分的啤酒
烤和铁扒羊肉菜肴	麦道克、圣爱美浓、柏美洛以及卡百内葡萄酒；大部分的啤酒
烤牛肉和铁扒牛排	大红色勃艮第、里奥哈、巴罗洛、道以及使用黑比诺葡萄酿造的葡萄酒；大部分的啤酒和特制啤酒等（例如希瑟啤酒或者蜜瓜啤酒）
炖肉	浅红色葡萄酒，馨芳、罗纳河谷、宝林庄、公牛之血、蒙塔布奇诺、比利时修道院风味啤酒和特拉普啤酒、各种特制啤酒（像希瑟啤酒或者蜜瓜啤酒）、达科啤酒等
野兔、鹿肉和野味	别具一格的红葡萄酒：罗帝丘、布尔戈伊、里奥哈、基安蒂、澳大利亚设拉子、加利福尼亚卡百内、智利卡百内，以及优质勃艮第红葡萄酒和波尔多红葡萄酒；比利时修道院风味啤酒和特拉普啤酒等
东方食品，北京烤鸭，咖喱菜肴，印度烤鸡，烤羊肉串	格乌兹莱妮、卢特马雷司令、云豪华迪、蜜桃红或者昂儒玫瑰红、绝大多数的啤酒等

续表

开胃菜	举例
奶酪	尽管有时候可以单独考虑各种类型的奶酪与葡萄酒的搭配，但是主餐菜肴所搭配的葡萄酒通常也适宜于用来搭配奶酪
低脂奶油奶酪	味道醇厚的白葡萄酒、玫瑰葡萄酒和浅色红葡萄酒；常见的啤酒等
味道浓郁（臭味）的奶酪以及各种蓝纹奶酪	大红色波尔多和勃艮第葡萄酒，或者黄褐色的、有年份的或者古典式波特酒以及具有甘甜可口味道的白葡萄酒；常见的啤酒特别是果味啤酒
甜食和布丁类	香槟与甜食和布丁类的搭配效果非常好。其他可以搭配的有甘美的马斯喀特（威尼斯彭姆蜜思嘉、塞图巴尔、弗龙蒂尼昂、萨摩斯）。圣克鲁瓦蒙、苏特恩、巴纽尔斯、蒙巴齐亚克、托考伊，以及在德国使用晚期采摘的葡萄酿造而成的葡萄酒，以及橙味的马斯喀特和特制的饮料像温蒂福阿斯（新鲜草莓发酵酿造而成），也可以用来搭配巧克力美食。果味啤酒（最适合于搭配巧克力）、波特酒，以及比利时风味的金色啤酒可以与各种的甜食和布丁类形成绝妙的搭配
餐后甜点（新鲜水果和坚果）	强化甜味葡萄酒、雪利酒、波特酒、马德拉、马拉加、马沙拉、卡曼达蕾亚；白啤酒
咖啡	干邑白兰地以及其他的白兰地酒，像阿曼涅克、阿斯巴赫、马克、迈塔克瑟、格拉巴、梅斯特、芬达朵、好年份的麦芽威士忌；卡巴度斯、各种利口酒和波特酒、香槟酒、白啤酒等

5.15 适量、理智饮酒

大多数的人之所以要饮酒是出于各种各样的原因：解渴的需要、休闲放松或者最简单的理由就是饮酒可以使人身心愉快。适当的饮酒对人体没有伤害，并且可以说是有益健康。但是如果过量饮酒，或者说饮酒次数越频繁，就越会加大健康的风险。酒精抑制了大脑皮层和神经功能，从而影响到人的判断力、自控的能力和水平。

大部分的酒精通过血液进行循环并被迅速吸收。这个吸收过程如果饮酒时搭配了食物会有所减缓，但是用餐的同时也饮用了大量的酒精饮料。

肝脏必须消耗掉几乎所有的酒精饮料，剩余部分则会随尿液或者汗水排出体外。人体肝脏大约需要一个小时左右的时间才能消耗掉一个单位的酒精含量；如果几年的时间里肝脏要处理太多的酒精量，肝脏不可避免的要遭受到伤害。

饮酒要有度

那么如何做到有节制的饮酒以避免伤害到我们身体的健康呢？当然，不饮酒就没有风险。然而，在英国医学界认为每周对于男性来说可以适宜饮用21个单位的酒，对于女性来说每周可以适宜饮用14个单位的葡萄酒（不包括孕妇）。饮酒如果超过这些定额就可能损害到身体的健康。

1个单位的酒精量等于10毫升（液体单位）或者8克（重量单位）酒精的量。这大致相当于：

- 1/2品脱的普通啤酒和拉格啤酒。
- 一杯葡萄酒（125毫升）。
- 一杯雪利酒（50毫升）。
- 一个衡量单位的味美思酒或者其他的开胃酒（50毫升）。
- 一个衡量单位的烈性酒（25毫升）。

在任何情况下，最重要的是要注意以下几点：

- 有一些啤酒和强化拉格啤酒比普通啤酒的酒精度要高出两到三倍。同时许多低卡路里饮料中也包含着比普通饮料中要多得多的酒精含量。
- 对于不同的酒驾司机来说，酒精单位的数量达到了规定的最大值，这个数值可以是三个单位的酒精含量。
- 部分酒精在饮酒之后可以在血液中存留超过18个小时。当驾车时，要考虑到对于酒驾的相关法律规定。
- 一个单位的酒精含量里大约有100个单位的卡路里。卡路里的含量随着酒精含量而迅速增加，这就导致了体重的增加。以饮酒代替饮食作为身体卡路里的来源就会导致身体中营养素和维生素的缺乏。

计算人体中酒精的摄入量

饮酒的量可以按照酒精饮料的度数和饮用的数量或者总量来进行测量。

计算摄入的葡萄酒中的酒精含量：

葡萄酒中按体积计量的一定酒精含量乘以每升中的数量等于每瓶中的酒精单位。例如：

- 葡萄酒中按照体积计量含有12%的酒精含量×0.75升的容量=每75毫升瓶中含有9个单位。

这个75毫升的葡萄酒瓶可以有6×125毫升酒杯的葡萄酒，每一杯中含有1.5个单位的酒精含量（整瓶中含有9个单位，分成6杯）。

更多的对于其他的饮料的酒精单位计算案例是：

按照体积计算每5%含量的拉格啤酒×0.50升含量=每半升含量中有2.5单位。

按照体积计算每40%含量的烈性酒×0.025升（25毫升）含量=每25毫升含量中有1个单位。

按照体积计算每18%含量的雪利酒×0.05升（50毫升）含量=每50毫升含量中有0.9个单位。

第六章

餐饮服务（餐桌服务）

6.1 预订服务

预订可以通过信函、电子邮件、互联网、电话和当面进行预订。预订一张餐台通常是酒店与一个潜在顾客之间的第一次联系，因此重要的是在进行预订服务时要给顾客留下良好的印象。

预订单

大多数饭店都会使用某些格式的预订单，它可以是人工记录单或者是电子记录单。关于预订单上面需要体现出哪些信息资料内容，详见图6-1。图6-1中的格式包含了在一个班次内最多数量的预订内容并能够体现出总预订数。在表格中也留出了记录顾客电话号码的位置。根据各个酒店管理制度的不同，预订可能需要书面确认或者可能需要顾客信用卡方面的信息资料。其他的预订信息还可以包括顾客对于用餐的场所是否有特殊要求或者顾客选择的餐桌尺寸大小、形状以及餐桌摆放的位置等方面的内容。

饭店………………………… 天数………… 日期………… 最大容量………………………

姓名	电话	顾客人数	抵达时间	实际人数	特殊要求	签名

图6-1　预订单样张图例

如果团队预订需要特殊的菜单，这份预订单则要提交给主管。与此种情况相类似的预订要采用同样的服务程序（详见11.3中的内容）。

预订服务步骤

当顾客是通过电话预订时，可以采取如下的服务步骤：

- 当电话铃声响起时，拿起听筒并说：“早上好（报出酒店的名称）我能帮您吗？”
- 如果顾客是当面预订，那么要说：“早上好，先生/女士，我能为您做什么？”

- 当给顾客预订时，需要谨记以下内容：
  —顾客的姓名
  —顾客预订的日期和天数
  —顾客的人数
  —顾客预订的时间
  —其他任何特殊的要求
- 当你从一个潜在的顾客那里收到预订时，明智的做法是将顾客预订的详细信息重述一遍，以便确认顾客预订的全部内容。
- 如果是接到一个顾客的取消预订信息，那么要在电话中复述一遍内容，以确认他或者她的取消信息，然后询问顾客是否还有其他的预订需求以取代这个已经取消了的预订。
- 在一次电话预订结束之前，应说“感谢您的预订，我们期待着为您服务。”

当面预订服务的步骤与电话预订服务相类似。当通过邮件预订时，所需要了解的信息与上面所述内容相同。当接收到预订之后，通常要给顾客发回一个确认信息，例如，通过电子邮件或者邮件。详细内容见11.3部分中的内容。

6.2 餐前准备

“Mise en place”这个词（按照词面意思是“准备到位”，但也用来表示为服务做好准备工作）是一个通常用来表示为服务要做的所有工作必须准备到位的传统词汇。工作排班表显示了在开餐之前要完成的工作和工作职责以及所负责的员工（见12.4部分中的内容）。

工作顺序

工作应按照一定的顺序进行，这样才可以有效和高效的将工作进行下去。例如，卫生清洁工作应该在餐桌进行摆台之前完成，地面吸尘工作应该在餐桌和餐椅归位之前完成。建议准备工作可以按照下述顺序进行：

① 除尘
② 将餐椅放置到餐桌上
③ 吸尘
④ 餐具上光
⑤ 根据订餐需要摆好餐台和餐椅
⑥ 桌布和口布
⑦ 装饰物
⑧ 热盘
⑨ 备餐间
⑩ 餐具柜/工作台
⑪ 银器餐具的清洁
⑫ 其他的准备工作，例如准备好餐厅服务餐车

这些准备工作也可以同时进行，主管必须确保所有的准备工作要高效率的完成。当必须的准备工作完成之后员工要给主管报告，主管会检查这些准备工作的完成情况是否符合要求，并重新分配员工在其他服务区域内的工作。

戴白色手套

有些酒店里在做准备工作时，员工会戴上白色的纯棉手套，例如：

- 递送桌布和口布以及餐纸时
- 铺设桌布时
- 折叠餐巾时
- 递送洁净的餐具、刀具和玻璃器皿时
- 摆台时

戴上手套对防止污染洁净的服务用品会起到帮助作用，避免了手指印的痕迹出现在光洁的餐具上。做每一项准备工作时要分别戴洁净的手套。为了降低卫生风险，在做其他工作时，已经使用过的手套不应该再重复使用。

准备工作

在开餐之前要完成的准备工作，根据服务区域内食品和饮料的不同而有许多不同的准备工作。下面列出了一些需要做的准备工作，但是这些准备工作并不是任何场合都适用，可能有些用于特殊场合的工作任务并没有列出。

主管

准备工作（工作职责）包括：

- 检查核实预订日志
- 制作当天的顾客座次分布图，并据此对顾客座次进行相应的调配
- 制作好员工工位图，用来说明员工将要工作的岗位位置
- 在对客服务开始之前，与员工一起认真熟悉菜单中的内容
- 检查工作安排表上的所有工作已经完成，所有员工都已到位。

宴会厅清洁工作内容

宴会厅清洁工作内容包括接待区域以及涉及的如下工作：

- 每天进行的工作，地毯吸尘和拂尘
- 大门和玻璃清洁和擦亮
- 清空垃圾桶和烟灰缸
- 依据情况而定，完成下面的工作之一：

—周一：餐桌和餐椅擦拭和拂尘

—周二：擦拭所有的服务桌、窗户边缘和收银台
—周三：擦拭所有的金属器皿
—周四：清洁和擦拭接待区域
—周五：重复周一的清洁工作

- 每天，在完成所有的工作时，摆整齐用于摆台的餐桌和餐椅。

餐桌用布草制品/纸巾

这些内容里不但包括餐桌用品、自助餐用品和防滑餐垫以及擦拭玻璃制品的布巾和服务布巾，还包括防滑纸巾和餐巾（口布）、垫纸和花纸。这些准备工作包括：

- 从客房部领取干净的餐桌用布草制品，按照目录清单检查核实，分配到各个服务区域。铺设桌布并折叠口布。备用布草制品应折叠整齐之后放入布草篮内。
- 确保库存布草物品的数量能够满足使用需求。
- 确保擦拭玻璃制品的布巾和服务布巾够用。
- 根据需要，给顾客提供垫纸和花纸。
- 使用之后的布草篮要送回布草房。

热盘柜

工作包括：

- 打开热盘柜开关
- 确保热盘柜所有的门都已经关闭
- 根据菜单的需要放置好所需要使用的餐具，例如：

  —汤盘
  —清汤碗
  —鱼盘
  —主餐盘
  —甜食盘
- 每一餐之后在热盘柜内配齐洁净的和擦拭好的餐具以备下一餐时使用。

刀叉类餐具

工作包括：

- 从储存区域（有时候也叫银器库）取用餐具擦拭光亮并摆放在托盘里，下述各项餐具的数量要征得主管审核：

  —服务勺
  —主餐叉/服务叉
  —汤勺
  —鱼刀

—鱼叉

—主餐刀

—黄油刀

—甜品勺

—甜品叉

—茶/咖啡勺

• 将破损的餐具或者需要进行更换的餐具挑选出来。

餐盘

工作包括：

• 检查并擦拭光亮配菜盘准备摆台使用

• 根据菜单和服务的需要检查并擦拭光亮用于热盘柜内的餐盘

• 准备好用于餐具柜和工作台所需要的服务餐盘

• 准备用于餐具柜和工作台备餐所需要的餐盘，例如：

—鱼盘

—配菜盘

—咖啡碟和茶碟

玻璃器皿

工作包括：

• 从餐具室（仓库）里领取备齐所需要的玻璃杯

• 检查并擦拭干净用于摆台所需要的玻璃杯

• 检查并擦拭干净用于所有特殊需要的玻璃杯

• 检查并擦拭干净用于餐后酒水车和特别菜单上的菜肴所需要的玻璃杯，例如用于制作大虾杯使用的高脚杯，用于制作冰沙和利口酒所需要使用的郁金香杯，用于餐后酒水车上使用的波特酒杯和白兰地酒杯等各种酒杯

• 将洁净的和擦拭干净的玻璃杯摆放到托盘里或者放置到酒杯架上，将准备工作准备就位

调味瓶、桌号牌和黄油碟

工作包括：

• 从餐具库房内领取调味瓶、桌号牌和黄油碟

• 检查、添加并擦拭调味瓶

• 根据领班的工作安排，在餐桌上摆放好调味瓶、桌号牌和黄油碟并配黄油刀

餐具室

工作包括：

- 根据库存需要下订单（包括酒吧和所需要的调配料）
- 准备工作：
  —各种饮料清单
  —黄油卷或者成碟的黄油
  —各种佐餐面包
- 擦拭干净并在调料壶中重新将油和醋、糖缸和盐瓶，胡椒磨和辣椒盅根据需要进行添加。
- 准备好所有的调配料，例如番茄沙司、法国和英国芥末、姜粉、辣根少司、薄荷少司、辣酱油和巴美贤奶酪。
- 将所有的调配料分门别类的放置于餐具柜里。
- 陪同领班一起检查调配料的数量和调味品的数量，准备若干的餐具柜/工作台和餐桌以备在工作时间内使用。

餐具柜/工作台

在确保餐具柜/工作台卫生及清洁之后，就可以在里面储存物品了。图6–2、图6–3列出了一个餐具柜内可以储存的物品种类：

① 水壶
② 黄油碟
③ 餐盘与检查表
④ 调味盅
⑤ 热盘
⑥ 黄油刀
⑦ 主餐刀
⑧ 鱼刀和鱼叉
⑨ 汤勺、茶和咖啡勺
⑩ 甜品勺和茶
⑪ 服务勺和叉
⑫ 面包篮
⑬ 服务盘、餐盘
⑭ 底盘
⑮ 咖啡垫盘
⑯ 配菜盘
⑰ 甜品/鱼盘
⑱ 主餐盘
⑲ 托盘

其他的餐具还包括：

- 根据菜单需要所使用的特殊餐具，例如长柄汤勺和少司勺。
- 根据菜单需要所使用的各种餐具，例如用于清汤碗的垫盘等。

根据所提供的服务项目不同，服务桌也可以设计成多功能的餐具柜。

图6-2　餐具柜物品摆放示意图

图6-3　餐具柜物品摆放图

酒吧

工作包括：

① 打开酒吧门

② 将酒吧内需要清理的银器交由专人清理

③ 清理前一天营业留下的所有痕迹

④ 擦拭吧台

⑤ 清洁酒架和擦拭地面

⑥ 检查灯光

⑦ 根据需要领取酒水

⑧ 准备冰桶、冷酒器、服务托盘和水壶

⑨ 检查点菜单和酒水单，排列整齐，清理和擦拭开胃酒杯

⑩ 准备并检查餐后酒水车上的酒杯、原材料情况和酒水情况

⑪ 根据酒店的管理标准准备酒吧服务的各项工作，包括了：

- 菜板
- 水果刀
- 常用水果：柠檬、橙子、苹果
- 黄瓜
- 鲜鸡蛋（调配鸡尾酒用）
- 调酒杯和勺
- 过滤器
- 斟酒漏斗
- 橄榄、樱桃
- 调酒器过滤器
- 坚果和薯片
- 安格斯特拉苦酒
- 蜜桃苦酒
- 辣酱油
- 调酒棒
- 瓶装樱桃
- 雪利杯用吸管
- 滤茶器
- 葡萄酒瓶垫
- 烈性酒量杯
- 苏打瓶
- 冰桶和冰夹

- 彩色糖

自助餐台用品

工作包括：

- 在主管的指导下布置自助餐餐台

这些物品包括：

—黄油碟和黄油刀

—调配料

—各种食物

—所需要的特殊餐具和餐桌用品（例如，西柚勺）

—用于盛放大量黄油菜肴的餐盘

—服务勺和叉

—少司勺和汤勺、过滤勺等。

—带垫布的或者垫纸的配菜盘

—水壶和用于服务肝酱或者慕斯所用的主餐刀

—冷鱼餐盘/主餐盘

—肉刀、肉叉、磨刀棍

—多预备些的用于热盘车上的主餐盘

餐车

肉车：

- 检查肉车的清洁程度。
- 检查并添加酒精燃料。
- 肉车停稳之后在水槽内添加开水。
- 确保所用少司和肉汁到位并盖好盖。它们应放置在肉车上放餐盘的位置。
- 在最下面一层放置餐盘，包括：
  —服务勺和叉
  —少司勺
  —切割刀和叉以及磨刀棍放置在餐盘里。

关于肉车的图片，见第十章服务技巧部分中的内容，参考图10–2。

甜品餐车：

- 检查餐车的清洁程度并确保洁净如新。
- 第一层使用垫布或者桌布。
- 将下述物品放置在垫有防滑布的餐车底层上：
  —甜品盘/甜品碗

—甜品铲、面点夹（放置在抽屉里或者放置在服务餐盘里）

—服务勺和叉

—主餐刀

—少司勺（用餐具包裹好）

—用于收集赃物的主餐盘

奶酪餐车：

- 检查餐车的清洁程度
- 餐车的上层和底层可以放置如下物品：

上层：

—在奶酪切割板上放置好各种奶酪

—用于奶酪服务的刀和叉

—盐和胡椒

—白砂糖

—盛放各种饼干或者面包的平盘或者餐盘

—用带有垫盘的玻璃杯盛放的芹菜

底层：

—配菜盘

—餐刀

关于甜品餐车/奶酪餐车的举例，见6.5部分，参见图6-33中的内容。

其他的服务设施

工作包括：每日进行卫生清理和每日检查燃料的使用情况，在适当的时候进行添加和检查：

—酒精和电加热器具

—射灯、酒精和气体

铺设桌布

没有比在餐厅内铺设洁净的、挺括的、上过浆的桌布和餐巾更有吸引力了。桌布和餐巾应该尽可能的减少接触的次数，这就要求在铺设桌布时要确保迅速快捷，准确无误，一次到位。

铺设桌布

在餐桌上铺设桌布之前，餐桌和餐椅应先准确定位。餐桌桌面应整洁并保持水平，要确保餐桌不至于摇晃。如果餐桌有些轻微的晃动，从软木塞上削一块圆片垫上可以解决这个问题。

接下来，要使用尺寸大小合适的桌布。大多数桌布都会使用平整折叠法折叠。

当铺设桌布时，服务员要站立在餐桌两个桌腿之间，确保桌布铺设完成之后，桌布的垂角盖住桌腿。

折叠的桌布应在服务员面前横在餐桌上打开，桌布反向并且两层单向折痕面向服务员，确保倒转的折痕在最上面。

桌布应遵循如下方法铺设：

① 将拇指放在倒转折痕的上面，将中指放置在两边的中间折痕处捏紧［见图6–4（a）］。

② 将胳膊尽量沿着餐桌的宽度伸展开并抬起桌布，以便让另一头的桌布可以平整的落下来。

③ 这样桌布就会从你站立的位置铺设到对面的餐桌边缘。［见图6–4（b）］。

④ 至此就会露出中间的折痕，打开桌布，朝自己身体方向伸拉直到桌面被桌布盖好。

⑤ 检查桌布在桌面上均匀的铺设［见图6–4（c）］。

⑥ 通过伸拉桌布的边缘可以做出调整［见图6–4（d）］。

如果是正确的铺设了桌布，下面几项就会显而易见：

- 桌布的边角会遮住桌腿
- 重叠部分沿着桌面：30～45厘米（12～18英寸）
- 桌布上的所有折痕在餐厅内朝向一致

如果大型宴会需要铺设两块桌布盖住桌面，那么两块桌布的重叠部分应面向主人位置。这样做是为了展示餐厅和布置的餐台。

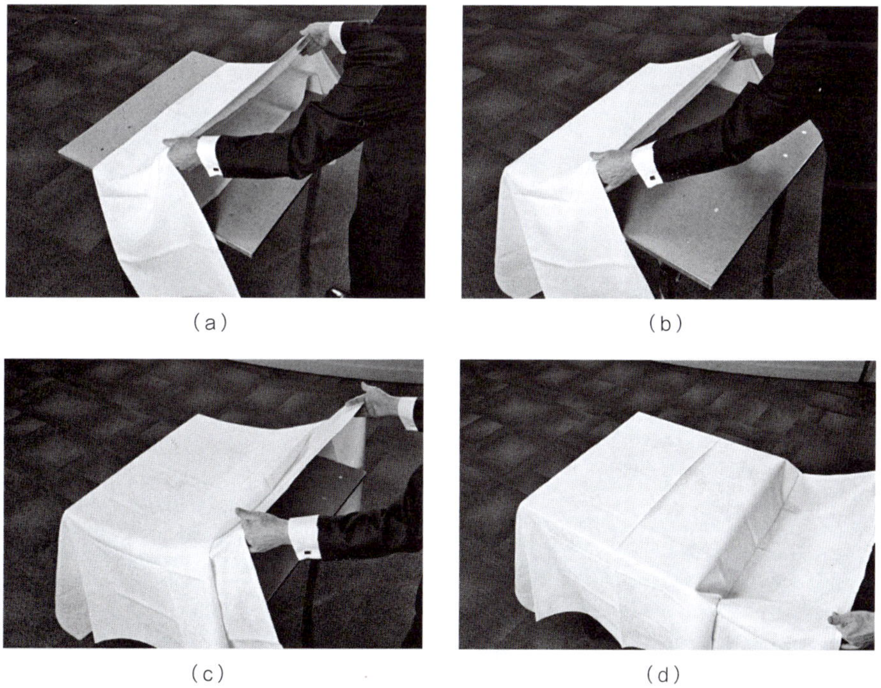

（a）　（b）　（c）　（d）

图6–4　铺设桌布

餐巾折花

在餐厅的餐饮服务中，你可以看到各种各样的餐巾折花。餐巾折花的折叠手法有复杂的也有简单的，简单的餐巾折花在每天的服务工作中都会使用到，而复杂和难度更高的餐巾折花只适合于特殊的场合，例如在正式的午宴、晚宴和婚礼等场合使用。

有3个主要的原因说明为什么简单的餐巾折花要比复杂的餐巾折花更适用。

① 餐巾，无论折叠的难易程度如何，如果折叠手法适当，看起来都会增加美感，并给整个餐厅增色。

② 简单手法折叠的餐巾看起来会更卫生，因为使用复杂手法折叠的餐巾要经过双手的处理步骤会更多。另外，从外观上来看，经过复杂手法多次折叠的餐巾在铺设到顾客的膝盖上时，餐巾上通常会有许多皱褶而显得不美观。

③ 复杂手法折叠餐巾比简单手法折叠餐巾需要花费更多的时间。

许多餐巾折花都有一个专门的名称，例如：

- 圆锥花
- 主教帽
- 玫瑰花
- 鸡冠花
- 波浪花
- 扇面
- 蜡烛

这7种餐巾折花图案见图6-5，主要原因是因为这几种餐巾折花每天在餐厅内餐饮服务时都会使用到，并且适用于各种特色场合。这些折叠手法简单易学并且可以快速完成，服务员可以使用最少的折叠步骤完成折叠，因此也更合乎卫生要求。

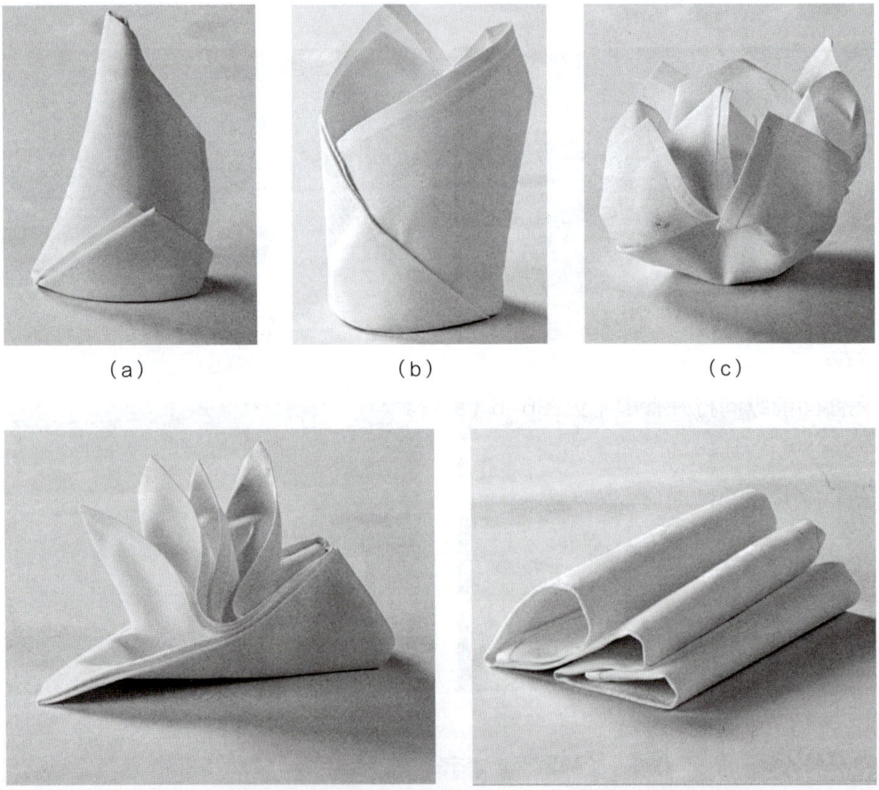

（a）　（b）　（c）　（d）　（e）

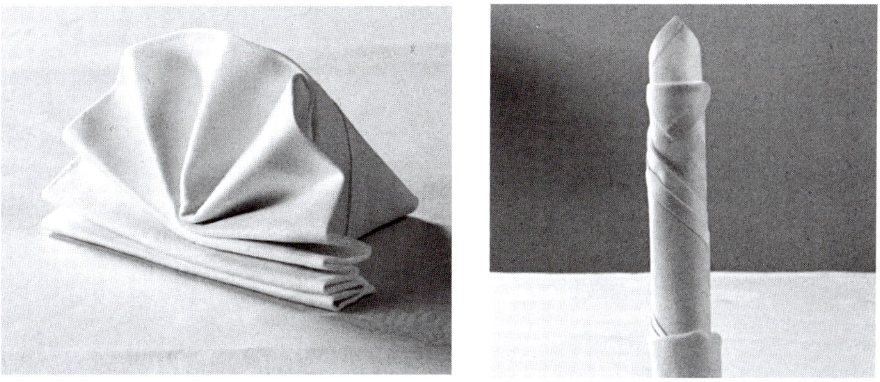

（f）　　　　（g）

图6-5 （a）圆锥花；（b）主教帽；（c）玫瑰花；（d）鸡冠花；（e）波浪花；（f）扇面；（g）蜡烛

用餐巾折叠而成的玫瑰花是一种可以卷曲或者平摊开放置在餐桌上的餐巾折花。通常不属于餐具摆台的范围内。波浪花是一种非常吸引人的餐巾折叠法，也可以用来放置菜单和席签。

餐巾折花技法

如下所示的是折叠图6-5中的这7种折花技法。它们是：圆锥花、主教帽、玫瑰花、鸡冠花、波浪花、扇面、蜡烛。一旦你掌握了这些折叠技法，就可以举一反三地扩展出自己的餐巾折花技法。

> 注：餐巾必须洁净并且经过熨烫，使用手背压过每一道折叠处，使得折痕挺括而清晰。

圆锥花

① 在你面前纵向打开餐巾［见图6-6（a）］。

② 提起左上角朝右侧中心线处折叠［见图6-6（b）］。

③ 将底部的方角折叠到顶部的三角处［见图6-6（c）］。

④ 捏住右上角的两个尖角，将手指放在餐巾里，将餐巾尽量朝向你的方向折叠［见图6-6（d）］。

⑤ 将底部拉出，以便形成圆形并放置在餐台的中间位置［见图6-6（e）］。

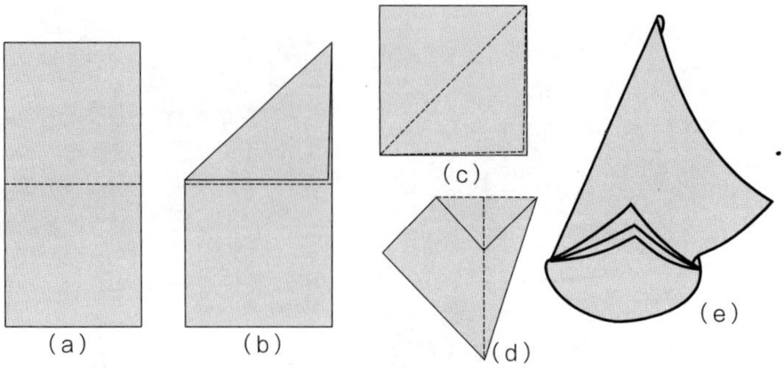

图6-6　圆锥花

主教帽

① 将餐巾平摊开［见图6-7（a）］。

② 对折，直边对齐［见图6-7（b）］。

③ 将右上角朝下折叠到底部的中心线处［见图6-7（c）］。

④ 将底部左下角抬起朝上折叠到上部中心线处［见图6-7（d）］。

⑤ 将餐巾翻转过来，这样折叠好的那一面就朝下了［见图6-7（e）］。

⑥ 捏住上部（边缘）朝下折叠到底部边缘，将两个三角尖部朝外［见图6-7（f）］。

⑦ 将底部右侧的餐巾朝左侧折叠并塞入左侧的折缝里。确保折起的部分在折痕里形成一个底座［见图6-7（g）］。

⑧ 翻转过来［见图6-7（h）］。

⑨ 再重新将底部右侧的餐巾朝左侧折叠并塞入左侧的折缝里。将底部朝外伸拉形成一个圆形竖直起来［见图6-7（i）］。

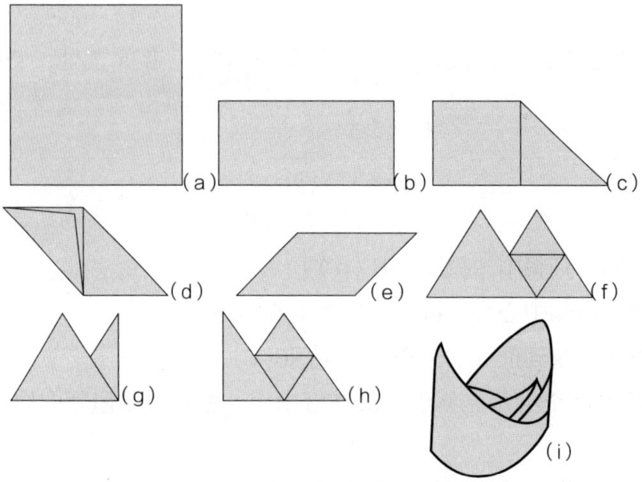

图6-7　主教帽

玫瑰花

① 展开餐巾形成一个方形［见图6-8（a）］。

② 将四个角朝中心折叠［见图6-8（b）］。

③ 再将四个角朝中心折叠一次［见图6–8（c）］。

④ 将餐巾翻转过来，使得所有折叠的朝向中心的角那一面朝下［见图6–8（d）］。

⑤ 再将四角朝向中心折叠一次［见图6–8（e）］。

⑥ 将四个角的尖部用一个翻转过来的葡萄酒杯压住［见图6–8（f）］。

⑦ 扶稳酒杯，将手放入四个角底部朝酒杯的位置伸拉折叠的餐巾角（花瓣）。这样便可以伸拉出四个花瓣。再将手放入餐巾的下面，位置是在每两个花瓣之间，将最下层的四个花瓣伸拉出来。放置到餐盘上［见图6–8（g）］。

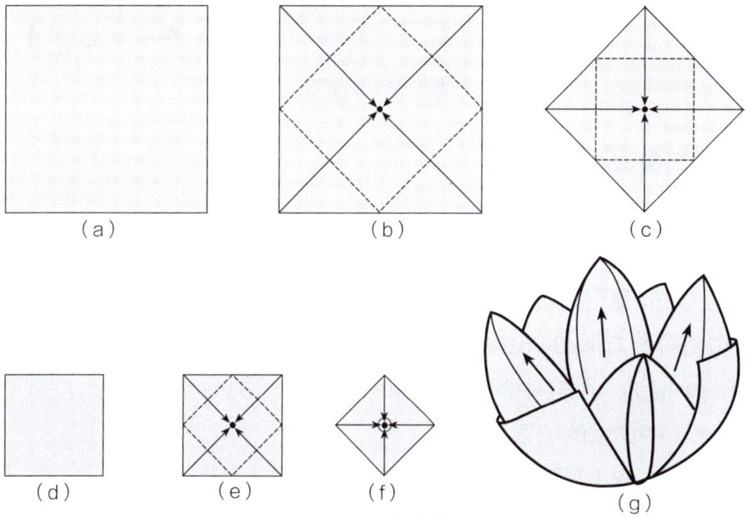

图6–8　玫瑰花

鸡冠花

① 将餐巾打开成方形［见图6–9（a）］。

② 对折成半［见图6–9（b）］。

③ 再对折一次形成方形［见图6–9（c）］。

④ 转动餐巾在你面前成为一个菱形。确保餐巾上的四个单层在菱形的底部位置［见图6–9（d）］。

⑤ 将菱形的底部的角折起到顶部，这样就形成了一个三角形，这个三角形有四个单层朝上的角［见图6–9（e）］。

⑥ 捏住右侧的三角朝中心线折叠并超过中心线［见图6–9（f）］。

⑦ 左侧也如此折叠［见图6–9（g）］。

⑧ 将超出部分的两个三角形餐巾（A和B）折起塞入到大三角餐巾里［见图6–9（h）］。

⑨ 从中心线扶住两个三角部分（C和D）将它们结合在一起。四个单层折痕应该朝上并在最上端［见图6–9（i）］。

⑩ 扶稳，确保四个单层折痕朝外。按顺序将每一个单层朝身体方向拉出［见图6–9（j）］。

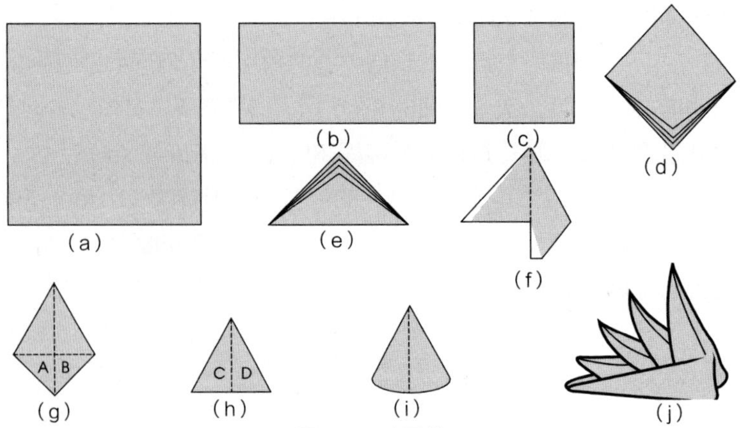

图6-9　鸡冠花

波浪花（法式折叠法）

① 将餐巾平摊开成方形。

② 沿着虚线折叠三次形成一个长方形，如图6-10（a）所示。

注意，对于已经折叠三次的餐巾，再折叠三次，只要打开餐巾就会是需要的长方形。

③ 转动餐巾使得长方形的窄边朝向自己。[见图6-10（b）]。

④ 折叠每一个窄边，朝向中间折叠A和B，但每一边只折叠到长边位置的1/3处，例如折叠到图6-10（b）中虚线的位置。

⑤ 将B从头折叠一遍［见图6-10（c）]。

⑥ 将A朝上折叠与B对齐［见图6-10（d）]。

⑦ 将C边翻转到下面，这样B面就在最上面。折叠好的餐巾形状见图6-10（e）。

⑧ 折叠好的波浪花餐巾折痕朝外。席签或者菜单或者它们一起都可以放置在折痕中间。

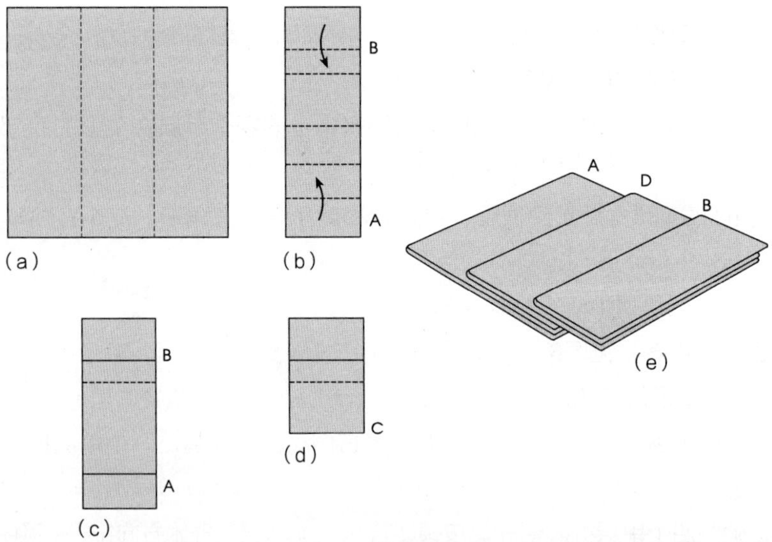

图6-10　波浪花

扇面

① 打开餐巾铺好形成一个正方形［见图6–11（a）]。

② 将餐巾对折［见图6–11（b）]。

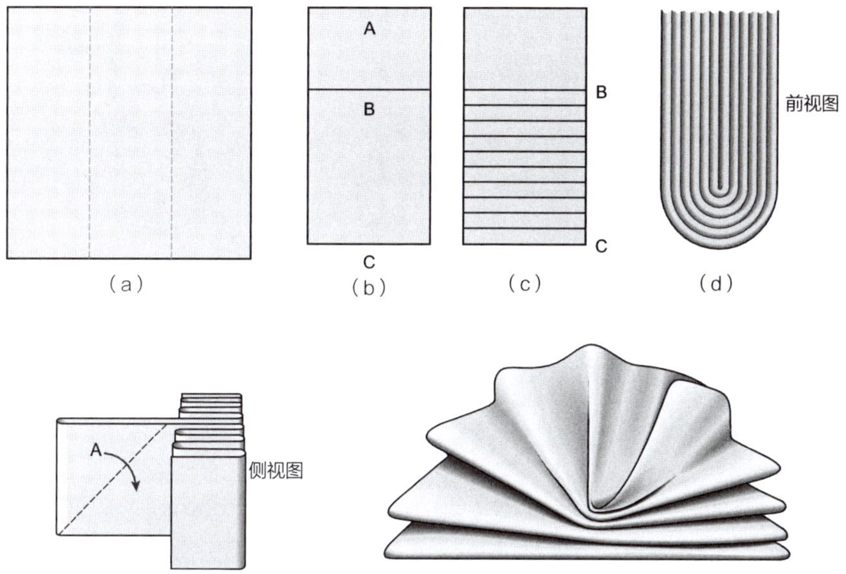

（a）（b）（c）（d）（e）（f）

图6–11　扇面

③ 从底部均匀的折叠到2/3的位置，将A这部分置于均匀皱褶的上方［见图6–11（c）]。

④ 将两边往一起朝上对折［见图6–11（d）]。

⑤ 将A部分的三角朝下折叠，超过显示在侧面的虚线部分［见图6–11（e）]，三角A多余的部分作为扇面的支撑。

⑥ 打开并均匀地展开形成折扇扇面［见图6–11（f）]。

蜡烛

① 打开餐巾放置在桌面上形成一个菱形［见图6–12（a）]。

② 从下往上折起形成一个三角形，并沿着虚线折叠［见图6–12（b）]。

③ 翻转餐巾使得折痕的虚线朝下［见图6–12（c）]。

④ 从右侧均匀地往左侧卷起餐巾［见图6–12（d）]。

⑤ 当几乎完全卷起到左侧时，将餐巾卷紧。

⑥ 翻转顶端的餐巾，保留最高的不动［见图6–12（e）]。

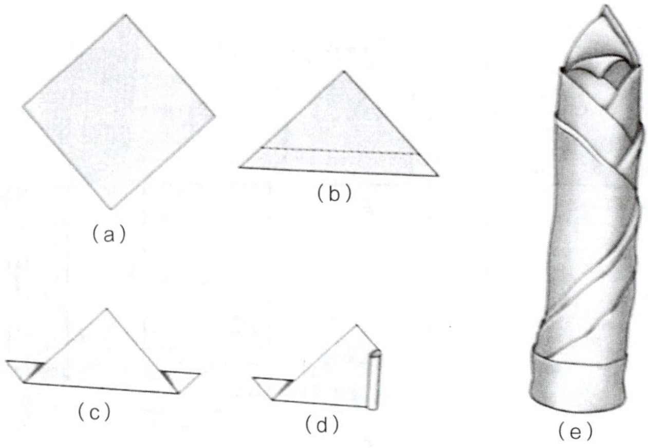

图6-12　蜡烛

餐桌服务和其他服务的摆台

摆台

在餐饮业中经常使用的一个专业术语是“摆台”（cover，couvert）。这个术语最早起源于15世纪的风俗习惯“盖住菜肴（under cover）”。意思是用一块大的白色餐巾盖住餐桌上的菜肴以表示已经实行了所有的预防措施以免给顾客造成食物中毒。在现代餐饮业里，术语“cover”根据所使用的环境而言，有两个定义：

① 当讨论一家餐厅或者宴会厅可以有多少顾客就座时，或者有多少顾客可以参加一个鸡尾酒会时，我们用来表示有关顾客的总数时用“多少人（so many covers）”表示。例如表示一家餐厅或宴会厅最多可以坐85人时，用85 covers表示；这个鸡尾酒会有250人（250 covers）参加；这张餐桌可以坐6人（6 covers）。

② 当摆一张餐台预备给顾客提供服务时，根据餐别和提供的服务不同，餐厅摆台有各种不同的形式。我们把成套的餐具以某一种形式进行摆台叫做cover。也就是说摆台（cover）指的是涉及的用于服务像一个特色菜或者一顿饭等所有必须的刀叉等餐具、陶瓷餐具、玻璃餐具和布巾等摆成某一类型的餐台所需要的全套餐具。

当决定摆台时，要考虑到两种基本的服务方式。第一种是用于进餐的餐具会在每一道菜肴上菜之前摆好。第二种是用于进餐的餐具已经提前摆好，这些餐具用于从第一道菜开始到最后所提供的所有菜肴。

第一种方式被称之为零点摆台（a la carte cover），第二种被称之为套餐摆台（table d'hôtel cover）。

零点摆台

零点摆台（a la carte cover）遵循的原则是用于服务每道菜肴的餐具只在菜肴上桌之前才摆好。下面是常见的用于开胃小吃的摆台方式（见图6-13），开胃小吃在传统的上菜顺序里是第一道菜（参见4.2部分传统菜单中的内容）。

- 鱼盘（底盘）
- 黄油刀
- 鱼刀
- 餐巾
- 鱼叉
- 水杯
- 配菜盘（旁碟，面包盘）
- 葡萄酒杯

零点餐台摆好之后，顾客用餐需要的餐具是一道一道的摆放到餐桌上的。也就是说，在顾客用餐的任何时间里，没有比顾客所需要的还要多的餐具摆在餐台上。

图6-13 零点摆台

传统摆台或者基础摆台

目前用于零点摆台的方式有许多不同的种类。

图6-14 传统摆台或者基础摆台

这个摆台包括使用大的装饰盘和一个面包盘及黄油刀，或者用肉刀和肉叉代替鱼刀和鱼叉。这个摆台有时候被称之为传统摆台或者基础摆台，见图6-14。

注：如果零点摆台使用了装饰盘，通常做法是第一道菜肴放置在装饰盘上，当撤掉第一道菜肴时，装饰盘也一同撤掉。

套餐摆台

套餐摆台遵循的原则是用于整套菜肴的餐具在第一道菜上菜之前已经摆好。传统的餐具如下所述：

- 肉刀
- 鱼刀
- 汤勺
- 肉叉
- 鱼叉
- 甜品叉
- 甜品勺
- 旁碟
- 黄油刀
- 餐巾
- 水杯
- 葡萄酒杯

当然，这种套餐摆台也可以有各种变化。甜品勺和叉可以不用摆上，例如鱼刀和鱼叉可以使用黄油刀和小叉/甜品叉代替，见图6–15。

图6–15　套餐摆台

已经摆好的套餐摆台，在顾客点餐之后要移除任何不需要的餐具并替换所需要的任何物品。这意味着顾客在开始用餐之前，他或者她应该拥有全套的用于所选择的套餐菜肴所需要的餐具。

摆台

餐桌铺好桌布以后，就应该准备好用于服务顾客。餐具必须按照一定的服务程序摆放。通常是距离餐桌边缘1.25厘米（1/2英寸）。在此距离之上摆放所有的餐具。带店徽和图案的陶瓷餐具摆放时店徽和图案在正面或者朝上摆放。擦拭光亮的玻璃杯应摆放在摆台位置的右上角。餐具一旦摆好之后，餐桌上的装饰物就可以按照酒店的规定要求摆放到桌面上。

餐具应从服务托盘或者装饰盘里摆放。当拿取餐具时，最常见的方法是使用拇指和食指拿取餐具的中间一侧位置，以减少在餐具上沾上手指印的概率。另外一种方法是使用服务巾，将要摆台使用的餐具包裹在服务巾内，在将餐具摆放到餐桌上之前再最后擦拭一遍。还有一些酒店企业里为了避免在餐具上沾上手指印迹，在往餐桌上摆放干净的和擦拭光亮的餐具时，服务员会戴上白手套。

图6-16　准备营业的传统餐厅
（照片由伦敦le columbier 餐厅提供）

摆台时，餐具要从里往外摆放。这样的摆放方法确保了餐具能够摆放得间隔匀称，并减少了摆放这些餐具的工作量。

如果摆放的是零点餐台，那么第一个摆放到桌面上每一个餐位中心位置的是鱼盘。如果摆放的是套餐餐台，那么第一个摆放到桌面上的是餐巾或者是摆放到每一个餐位中心位置的旁碟。如果旁碟摆放到了中心位置，在摆台餐具全部摆放好之后，要将旁碟移到摆台位置的左侧。最初把旁碟放到中心位置是为了确保摆台时每一个餐位摆台两侧的餐具间距相同。

零点摆台和套餐摆台的顺序如下：

零点摆台：

- 摆在中心位置的鱼盘
- 鱼刀
- 鱼叉
- 旁碟
- 黄油刀
- 餐巾
- 水杯

套餐摆台：

- 摆在中心位置的旁碟
- 肉刀
- 鱼刀
- 汤勺
- 肉叉
- 鱼叉
- 甜品叉

- 葡萄酒杯

- 甜品勺
- 将旁碟移到左侧
- 黄油刀
- 餐巾
- 水杯
- 葡萄酒杯

在一些酒店企业里，通常使用餐车来储存餐具。当需要摆台时，如果在餐厅内没有顾客的情况下，餐车可以直接推到餐桌旁边，餐车上的餐具在最后经过服务巾的擦拭洁净之后摆放到餐桌上。

餐桌上的调味品

不管是零点摆台或者是套餐摆台，餐桌上的调味品都需要在完成餐桌摆台之后再摆放：

- 调料壶：盐、胡椒、芥末和芥末勺
- 桌号牌
- 餐桌中间摆放的花卉

这些调味品通常是需要完成餐桌摆台最基本的项目内容。在一些酒店企业里还有一些其他需要摆放在餐桌上的物品，这些物品可以包括：

- 面包篮
- 薄脆面包片
- 麦片
- 胡椒磨
- 黄油及其他物品等

图6-17　准备营业的正餐厅
（照片由英国国际膳食协会FCSI UK提供）

擦拭玻璃杯

使用这个技法擦拭玻璃杯时需要准备下述物品：

- 盛放开水的容器
- 一块洁净的、干燥的专用布巾
- 需要擦拭的玻璃杯

① 握住需要清洁的玻璃杯的底部，将高脚杯置于开水冒出的蒸汽中，以便让蒸汽进入到玻璃杯中［见图6-18（a）］。

② 转动高脚杯使得蒸汽能够充满整个玻璃杯内部，然后握住玻璃杯的底部，离开蒸汽。

③ 用洁净的、干燥的专用布巾握住高脚杯的底部。

④ 另一只手放在布巾的下面，准备擦拭玻璃杯的杯肚。

⑤ 将擦拭玻璃杯那只手的拇指伸到杯肚中，其余手指在外面，轻轻地但稳定地握住高脚杯

的杯肚。用握住杯子底部的那只手转动高脚杯［见图6–18（b）］。

图6–18 （a）擦拭玻璃杯——让蒸汽进入到玻璃杯的杯肚中

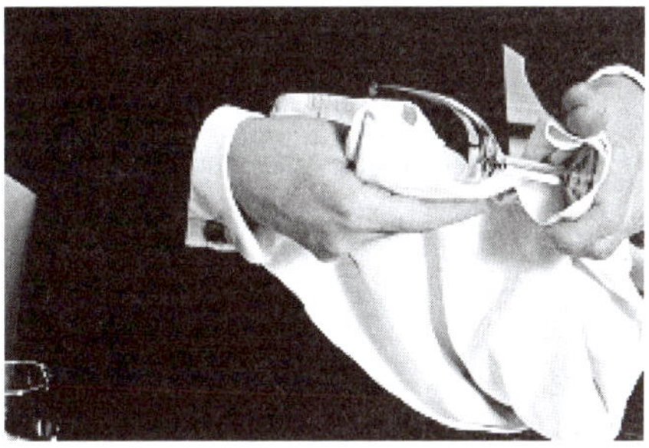

图6–18 （b）边转动玻璃杯边擦拭

⑥ 当擦拭完毕后，将酒杯置于光线之下检查酒杯擦拭得是否干净。

⑦ 确保杯子的底部也要擦拭干净。

这里介绍的是擦拭一个玻璃杯的步骤。要擦拭大量的杯子，首先要将放满玻璃杯的杯架置于放有开水的水池上方，让玻璃杯杯肚内都充满蒸汽。由若干名服务员一起擦拭这些玻璃杯。

预备一个简单的餐台插花装饰

一个简单的餐台中心装饰物可以使用一个带花泥的浅盘——花泥是一种绿色的蛋糕状的材料，可以保持水分并且非常柔软，绿色植物和鲜花的茎可以插入其中并固定住。

准备

① 用一把锋利的小刀将花泥刻成需要的形状（除非花泥原来就是圆的插花形状）。花泥必须比浅盘的边缘高出5厘米，这样可以有足够的空间在花泥的上部和周围插满绿色植物和鲜花。

② 将花泥放入水中浸泡吸满水。不要朝下压花泥，这样会让空气进入，而吸入不到足够的水分。当花泥上没有气泡冒出并沉入容器底部时，花泥就可以使用了。

③ 将浸泡好的花泥放入浅盘里并用绿色防水胶带捆好——花泥和浅盘翻扣过来时不会移动，表示已经捆缚好可以使用了。

枝叶/绿色植物

④ “绿化”有助于插花并确保插花没有空隙和缺口。

⑤ 绿色植物常用的是高山羊齿，一种蕨类植物，或者使用柏树叶，常称之为针树叶。使用高山羊齿时，通常要剪成两半，以确保上半部分带着茎可以插入到花泥中。

⑥ 使用绿色植物的上半部分沿着浅盘花盆制作出一个裙状的样式，确保绿色植物的正

面朝上。茎部部分要留出几厘米的空隙（预留空间和方便清洁）以使得绿色植物不易松脱。要确保植物的角度朝下以盖住花盆，用剩余的植物叶片将空隙处插满。

⑦ 给鲜花留出空间［见图6–19（a）］。装饰插花时，记得也要转动花盆，这样会显得插花看起来整体饱满。

图6–19（a） 插花方式

鲜花

⑧ 使用鲜花的第一步是先分级挑选。就是说挑选出来的鲜花会形成插花中的焦点（通常挑选个头最大或者最贵的鲜花）。像玫瑰花、大号康乃馨、鸢尾花和百合花等。

⑨ 将所有花枝上多余的叶子剥除以露出茎秆，剔除所有带黑斑和损坏的鲜花，将鲜花按照大小摆放好，从最大的鲜花开始插花。处理好修剪下来的枝条以保持工作区域的洁净，乱七八糟的工作环境会让你的辛苦努力付之东流，随着插花工作的进行，可以欣赏到插花的造型和效果。

⑩ 决定好选用上述的哪种鲜花作为插花中的焦点，使用提到的这4种花束。将其中的一种花束作为插花的重点花型，插花的高度通常是花盆宽度的2/3。包括绿叶的高度。至少增加5厘米并减除。将这一部分插入到花盆中。

⑪ 剩下的三种花束，呈45° 角度插入到花泥中，高度为中心花束的一半左右。

⑫ 记住留出几厘米的空隙固定用，将插在中间部位的三个花朵剪切为相同的高度。沿着中心插花等距插好。

⑬ 中心鲜花插好之后，最艰难的工作已经完成，剩下就是巧妙的填补空隙的工作了。

⑭ 根据选择的鲜花不同，选用例如康乃馨一类，在花盆中插一圈，小花蕾插在最外面，盛开的、大的鲜花插入到离绿枝叶近一些的位置。

⑮ 从枝叶上取下一个喷过水雾的康乃馨插入到花盆里的绿色植物中，然后剪切下一点令长度一致（不要忘记留下一点茎秆用来插入花泥使用）。将这些鲜花均匀的插入到花盆中，按奇数插入，否则花束看起来就成为方形的样子了。［见图6–19（b）］。

⑯ 继续插入绿叶。可以有几个花蕾在中心插花的周围，但不要超过中心插花的高度。如果插几朵喷过水雾的康乃馨效果会更好，例如，靠近绿色的枝叶沿着顶端部位。

图6–19（b） 插花方式

⑰ 其他花朵的插法技法大致如此。不管使用何种鲜花，例如，菊花、百合或者其他种类的鲜花，都可以使用类似的插花方法，花蕾在外围，大一些盛开了的花朵朝向中心位置，记得要保持圆形的造型。

图6-19（c）　插花方式

用来点缀填充的鲜花可以考虑使用像黄孔雀花、蓝色或者白色的九月花、满天星、勿忘我或者情人草等。

这些花束是个头非常小的多头花朵，并且枝条上有分枝。它们可以用来填充整个插花的空隙部分，插入时要确保它们最美观的那一面朝上，枝干要洁净。要在绿枝叶中插入足够多的花朵，并保持原有的造型。另外，审视一下整个插花，并进行修剪，这样做可以让整个插花保持造型不变，[见图6-19（c）]。

注：花泥可以最大限度地保护鲜花的生命周期。可以通过按压花泥来检查水分——花泥应该是湿润的，鲜花也可以不定时地使用喷壶喷些水雾以保持滋润。

许多餐厅出于对鲜花的需要，会购买鲜花，但通常是按枝购买，用于日常需要或者特殊需求的场合。这些鲜花放置在餐桌上的花瓶中，这种使用鲜花的方式节约了成本，节省了时间，与装饰花台具有同样的效果。

6.3 预备点餐服务（餐桌服务）

餐饮部员工在上班期间为了高效率地做好餐前准备工作，在开始服务工作之前要做到：

- 检查工作台和餐具柜所有用于服务的全部用品齐全到位。
- 检查餐桌已经摆台到位。
- 检查菜单，熟悉和了解所有的菜式、烹调方法、配菜、餐具、调配料以及服务方法等。
- 如果对工作情况还不熟悉的话，要确定所分配的工作位置/工作区域以及其他需要完成的工作。
- 经过领班或者主管检查所有员工工装穿着是否整洁、得体。

美式服务或法式服务程序

现在许多餐厅里提供给顾客更多的是美式服务而不是法式服务，但是在各个餐厅中所提供的法式服务或者美式服务的标准和水平大同小异。以下面的点餐服务为例，提供给顾客的包括开胃菜、主菜和甜食，就餐时一起伴着的有开胃酒、佐餐葡萄酒和利口酒。

① 在餐厅门口迎候就餐的顾客，询问顾客是否有预订。如果顾客没有预订，在餐厅内还有餐位的情况下，对顾客进行餐位分配。协助顾客取下外套。

② 询问顾客是否愿意在接待区或者酒廊里享用一杯开胃酒，或者落座之后来一杯。

③ 如果顾客喜欢在餐桌前享用开胃酒，将顾客引领到分配好的餐桌前，把顾客介绍给餐桌值台服务员。然后协助顾客落座，将餐巾打开置于每一位顾客的膝盖上。

④ 给顾客点取开胃酒并服务。

⑤ 打开菜单呈递给顾客，客人为先，主人最后。

⑥ 提供面包、黄油以及其他可供顾客选择的食品，置于餐桌上，给每位点餐的顾客倒上冰水。

⑦ 顾客询问菜品时，对特殊菜单进行解释或者提出建议。然后从主人开始点餐，所有餐点完之后向主人复述一遍，以确认顾客所点到的所有菜肴及烹调的火候程度和所配的少司。

> 注：在这个时间内，所有就座的顾客都会在交谈、饮酒和吃东西，服务员可以离开一会儿，以给顾客留出选择的时间。

⑧ 点完餐之后点菜单立即分发到厨房，服务员或者酒水服务员征询主人意见是否需要与菜肴搭配的葡萄酒。点酒水时从主人开始，顾客询问时可以提供一些葡萄酒与某些食物合理搭配的建议。有时候点餐时也可以同时点葡萄酒。

⑨ 调整餐具或者进行开胃菜的餐具摆台，在大多数非正式餐厅里，在用餐开始之前，从第一道菜到主菜的餐具已经提前摆好。

⑩ 顾客点的葡萄酒要展示给主人看一下，以确认即将开启的葡萄酒是顾客所点的。

⑪ 葡萄酒在菜肴上桌之前服务。葡萄酒开启之后，如果需要，可以倒入到醒酒器中，征询主人品尝以评价葡萄酒的品质以及饮用的温度是否符合需要。（主人或许会自己品尝葡萄酒，也或者会指定其他顾客品尝葡萄酒；在这两种情况下，品酒的顾客总是最后再斟酒）。

⑫ 现在可以上第一道菜肴了，冷菜先上，热菜后上，并提供佐餐调味料。这一道的所有菜肴上齐之后，给顾客介绍所上的菜肴。对于法式服务，盛放第一道菜肴的餐盘会放置在顾客面前，菜肴摆放在餐盘中呈现给顾客观赏并进行介绍，然后第一道菜肴会从顾客的左侧服务给顾客，并给顾客提供所有调配料。

⑬ 这时候服务员检查上菜情况，以确保一切顺利，顾客们各取所需。

⑭ 根据需要填满顾客的葡萄酒杯和水杯，使用过的或者空的酒杯从餐桌上撤走。

⑮ 当顾客用完第一道菜肴之后，使用正确的撤盘技法清理餐盘并撤掉调配料。

⑯ 如果主菜配用了不同类型的葡萄酒，餐桌上要摆放好与之搭配的酒杯，葡萄酒以相同的服务方式在上菜之前先服务顾客。如果顾客喝的都是同一种葡萄酒，那么通常会给品酒的顾客更换一个干净的葡萄酒杯。

⑰ 如果需要，可以摆放主菜餐具。

⑱ 服务员检查主菜餐具情况并进行摆放，主菜所需要的调配料摆放到位，顾客所点的其他饮料服务到位。

⑲ 空的或者使用过的酒杯从餐桌上撤走。

⑳ 已经在餐盘中盛放好的主菜菜肴从顾客的右侧服务到顾客面前，热菜在冷菜之后上桌，同时提供菜肴所需要的调配料。所有的菜肴摆放到位之后，对顾客进行菜肴的介绍。对于法式服务，主菜餐盘摆放到每一位顾客面前，盛放主菜的餐盘放置到桌面上并进行介绍。然后主菜菜肴按照法式服务方式从顾客的左侧服务，同时提供所需要的调配料。

㉑ 服务员随后检查餐台以确保每一项服务都能够令顾客满意，并且每一位顾客都各取所需。

㉒ 葡萄酒杯和水杯根据顾客需要斟满。

㉓ 如果顾客享用完他们的主菜，要撤走主餐盘和餐具。旁碟和黄油刀、所有的调味料、黄油和调味瓶也要按照撤台服务标准撤走。

㉔ 清理餐桌上的面包屑等。

㉕ 呈递甜品菜单。给顾客留出挑选甜品的时间。根据顾客的询问对特殊的甜品进行介绍和提出享用建议。从主人开始进行甜品点餐服务，点餐完成之后给主人复述一遍以确认所点选的所有项目。

㉖ 进行甜品餐具的摆台服务。

㉗ 撤走空的或者使用过的酒杯及酒瓶。

㉘ 如果顾客点选了配甜品的葡萄酒，餐桌上要配备适当的酒杯，并且葡萄酒要按照之前葡萄酒的服务方式在上甜品之前服务。

㉙ 盛放甜品的餐盘要从顾客的右侧放置到餐桌上，热的甜品在冷的甜品之后上桌，并提供相应的调配料。甜品上齐之后，给顾客进行甜品的介绍。对于甜品的法式服务方式，餐盘要先摆放到每一位顾客的餐桌上，盛放甜品的餐盘摆放到餐桌中间并进行介绍。然后甜品采用法式服务的方式从顾客的左侧服务，并提供所需要的调配料。

㉚ 清理甜品餐盘并撤走调配料。

㉛ 服务员进行茶、咖啡或者其他热饮的服务。

㉜ 在准备热饮的同时，可以对顾客进行推荐帮助消化的饮料服务，像利口酒、白兰地或者波特酒等。

㉝ 进行顾客点选的饮料服务。

㉞ 给顾客提供茶和咖啡以及其他饮料的服务。

㉟ 给顾客提供餐后小甜点/小点心或者将它们置于餐盘内摆放到餐桌上。

㊱ 顾客需要结账时，将账单呈递给主人。服务员从主人处接受付款。（关于结账内容，参见12.6部分中的内容。）

㊲ 服务员送顾客离开，如果需要，协助顾客穿上外套。

㊳ 清理餐桌，根据需要重新进行摆台。

撤掉餐台上多余的餐具

在许多情况下一桌宴会之中顾客的人数通常会比餐桌摆台的实际人数为少。那么在这种情况下服务员要撤走餐桌上多余的餐具。必须能够准确的判断出要撤走哪一套餐具——这要根据餐桌的实际位置情况进行判断。通常要考虑到的是顾客所坐的位置，如果有可能，应该撤除面向房间位置的餐具。摆台的餐具要使用服务托盘或者服务盘撤下来。当撤完餐具之后，其他餐具的位置如果有必要应该及时调整，餐桌上的其他物品也要随之调整位置。多余的餐椅也要撤走。如果餐桌的一边有单数的顾客，餐具要重新摆放，以便利用整张餐桌的长度均匀的间隔开餐位，使得多出来的那位顾客不会面向餐桌对面的空位置。

餐桌重新进行摆台

在一家生意兴隆的餐馆或者餐厅里，为了应对大量的客流量而进行餐桌翻台是经常性的。在这种情况下，首先要撤除餐桌上所有的器具并进行清洁。这个过程中，如果桌布有些许污渍或者污迹，可以用一块餐巾盖住，如果时间来得及也可以撤换桌布。这样就可以重新进行摆台了。

6.4 点餐和酒水服务

点餐的方式

一般来说有4种为顾客进行点餐和酒水的方式。见表6-1。

表6-1 主要的点餐和酒水服务的方式

方式	描述
一式三联	顾客点餐；最上面一联点菜单交给制作部门；第二联交给收银结账使用；第三联服务员保留，作为在服务过程中的参考

续表

方式	描述
一式两联	顾客点餐；最上面一联点菜单交给制作部门；第二联保留作为服务和结账的凭证
现点现付	顾客点餐；顾客根据所点选的菜品和酒水享受服务并付款，例如，酒吧服务或者外卖等
预订	（a）单独点餐，例如，早餐送餐服务。（见9.2部分中的内容） （b）医院配餐。（见9.4部分中的内容） （c）各种活动。（见11章中的内容）

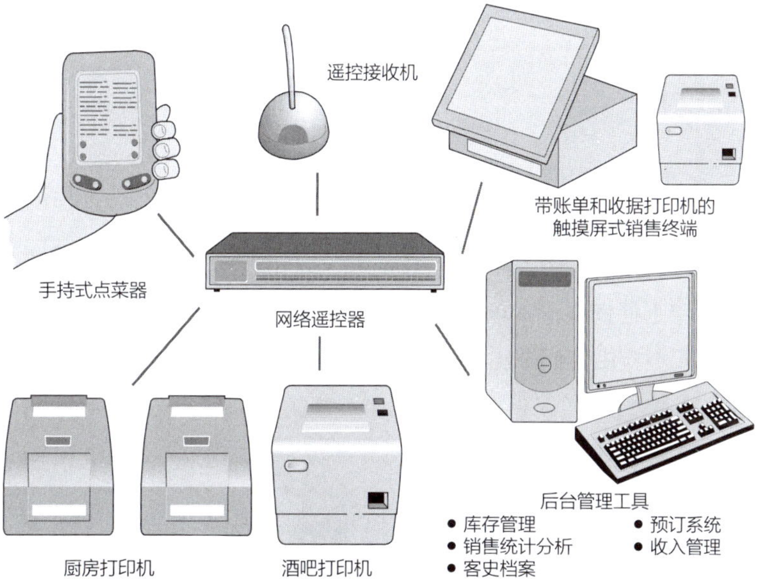

图6-20　无线控制点餐和酒水服务及厨房酒吧通信电子系统

所有的点餐和酒水服务都基于以上4种基本的方式。至于最复杂的电脑点餐和酒水系统也是基于一式三联或者两联的原理。可以记录在平板电脑里或者键入到手持服务终端里。

顾客所点选的内容就会在显示屏上显示出来（VDUs）或者在厨房或者在吧台的打印终端处直接打印出来，见图6-20。所使用的主要系统在12.6部分中的内容有详细的描述。

一式三联点餐和酒水方式

这是一种大多在中型或者大型的豪华餐厅中使用的点餐和酒水方式。顾名思义，食品点菜单一式三联。为了确保有效地监控，服务员必须填写点菜单里的下述资料信息：

- 桌号
- 顾客人数
- 日期

• 点餐和酒水服务员的签字

点餐时，从上到下记录菜肴的名称。只有顾客所点的套餐菜单可以记录第一道菜肴和主菜的名称。这个套餐菜单的固定价格要进行登记并画上圆圈表示。

第二份新写的点菜单用于甜品，是在服务完主菜菜肴之后进行的。第三份新写的点菜单用于顾客点选了饮料，例如咖啡、茶或者草本茶时。

对于零点菜单的操作与此相类似，尽管顾客根据自己的需要可能一道菜一道菜的点选。

所有的点餐记录都要清晰可辨。点餐时当单词过长，在每一位员工都理解时，且不被厨房误解的情况下可以使用缩写单词，否则厨房会按照错误的菜单进行菜肴的制备。

点餐时可以进行备注哪位顾客点到的是什么。

这样就会确保顾客所点到的特殊菜肴能够被辨别出来，并准确的服务给顾客。确保每位顾客都可以正确的收到自己所点选菜品的标记系统被一致赋予指令哪位顾客点选了哪道菜肴。

在这种情况下可以使用事前设计好的记录簿，见图6-21。手持电子点餐系统见图6-22。

点餐单

- 点餐单最上面一联送到厨房，交给跑菜的厨师。
- 第二联交给收银员，用于填写顾客的账单使用。
- 第三联，由服务员保留，放置在他或者她的工作台面上用于上菜时使用。
- 菜单上或者账单上任何取消的项目之处都要有主管或者领班的签字，因为菜单或者账单上面的任何变更应由他们做出决定。

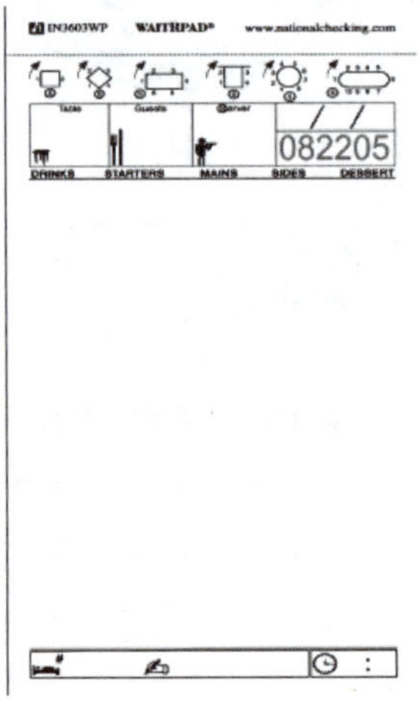

图6-21 记录簿
用于服务员标识出顾客在点餐时特殊的要求
（照片由National Checking有限公司提供）

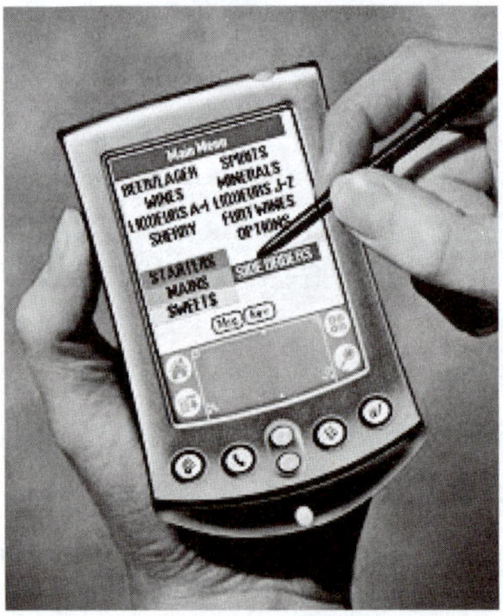

图6-22 手持电子点餐系统
（照片由英国Uniwell 公司/提供）

一式两联方式

这是一种在小型酒店、大众化餐馆以及咖啡馆和商场内美食屋中所使用的监管系统。

通常用于使用套餐菜单的场合或者偶尔在零点菜单中使用。

就像名字所述，每一份这种点餐单都有两联内容，每一联上都有序号。菜单或者有时候也称之为账单，通常包含有固定的50项或者100项食品项目。菜单的第一联通常是碳素复写纸，如果不是，必须在每一次书写时，在两联之间垫上一张复写纸。

出于监管的考虑，第一联上要写上服务员的工牌号码或者缩写字母。工牌号码或者缩写字母是服务员加入员工队伍时分配给他们的。财务部应通知到使用工牌号码的这些员工。

这些员工在工作中会保留并使用它们。在每一份点餐单上都应该印上一个序列号。

有时候在点餐单的顶部位置会有若干个穿孔，通常会有4~5个，见图6-23。在点餐单的底部会有一个区域用来书写桌号。上部则可以是现金栏，用于书写用餐的饭菜价格或者点餐菜肴的价格。但是如果点餐单不是这样设计的，服务员必须自己填写顾客所点到的特殊餐点。

当书写顾客的点餐内容时，要使用不同的点餐单用于记录每一道餐点。服务员必须记住要写下来桌号和餐点的价格或者点餐单上相关的内容。在将每一份点餐单送进厨房之前，检查第二联上面的每一项内容连同价格是否书写正确。因为第二联等同于顾客的账单，服务员必须要确保顾客所点选的内容都在第二联中一一列出，用于顾客结账时计费和付费使用。

随着用餐服务的开始，服务员从点餐单的第一联上撕下书写第一道餐点的部分。送给厨房，厨房就会给顾客提供他所需要的餐点。一旦厨房接收到点餐单，叫菜服务员就会撕下点餐单底部服务员的工牌号码与顾客所点选的餐点放置在一起。这样做会清晰地显示出哪位服务员给顾客服务了哪道餐点。如果点餐单的底部没有服务员的工牌号码，那么撕下的这一联点餐单会与餐点放置在一起，直到餐点被服务员呈送给顾客。这之后叫菜服务员就要保留好此份点餐单。一旦这道餐点上完（给顾客留出享用此道餐点的时间），服务员就要将第二份写着主菜餐点的点餐单送进厨房。与第一道餐点服务程序一样，这些相同的服务程序贯穿在整个顾客的用餐过程中。

也有可能出现第一联点餐单对于某位顾客的特殊点餐需求写满不够用的情况，服务员很多情况下会在酒水单上记录下顾客所点酒水，同时记录下其他的内容。当点餐单不够用时，可以使用附加点餐单。

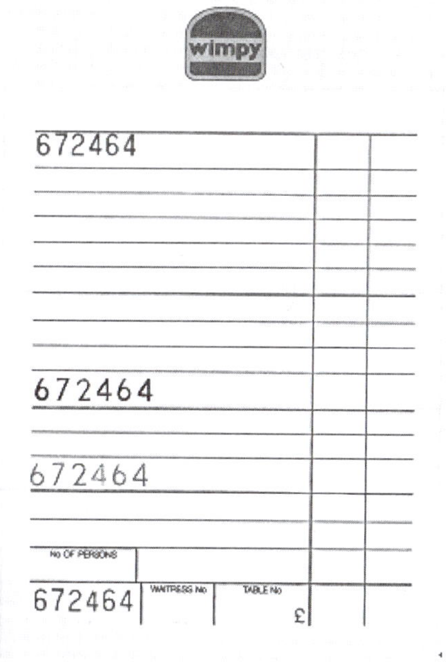

图6-23 带有穿孔的第二联点菜单

特殊点餐单

在某些情况下，有必要将顾客的一些特殊需要清晰的记录下来，例如：

- 在必要时，要记录下一餐中的多个点餐单。例如，甜点点餐单要在顾客享用完第一道菜和主菜之后才填写。在甜点点餐单的开始位置要写下“suivant”，意思是“继续”，表示已经写完了一份顾客的点餐单（见图6-24）。

- 当厨房因为准备不足菜点售罄时，就需要额外给顾客提供其他食物，这份特别点餐单上必须在顶端写明“supplement”（额外提供，见图6-25）。意思是说这份食物提供给此前已经订餐的顾客，并由主管或者领班签字。一般来说，这份餐点是免费提供的，但是这要涉及每家餐厅的管理制度了。

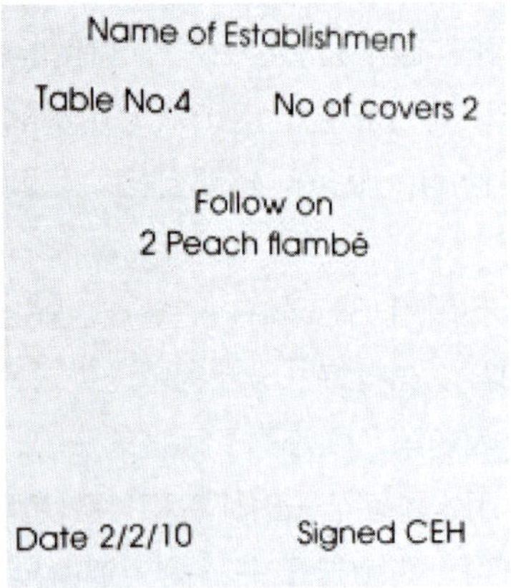
Name of Establishment
Table No.4 No of covers 2
Follow on
2 Peach flambé
Date 2/2/10 Signed CEH

图6-24 点餐单：续餐单

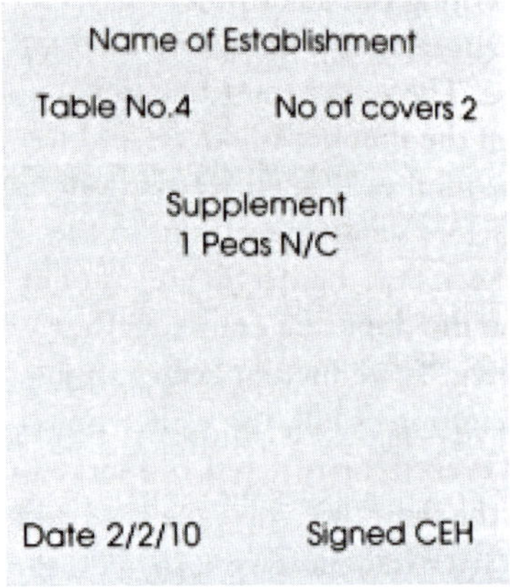
Name of Establishment
Table No.4 No of covers 2
Supplement
1 Peas N/C
Date 2/2/10 Signed CEH

图6-25 点餐单：补充菜单

- 当服务员点错餐点，退回厨房并完成正确的餐点服务之后，还要重新填写一份特别的点餐单（见图6-26）。如果涉及的是零点菜单上的菜品，那么必须写明这两道菜肴的价格。一份点餐单上的题目写明“retour”或者“return（退菜）”以及退回到厨房的菜肴名称，一份写明“en place”（或者“in its place”替换，代替）以及要提供给顾客的新菜肴的名称。

在偶尔情况下，服务员在餐厅内可能会出现一些工作失误，像蔬菜之类的有可能会掉落到地上。出现了这种情况，必须没有任何理由的立刻免费给顾客进行更换。这份点餐单上必须标明“意外事故”（见图6-27）。要写明所需要的蔬菜的数量，并由主管或领班签字。免费字样要写在点餐单上，以确保结账时不会收取顾客这部分的费用。

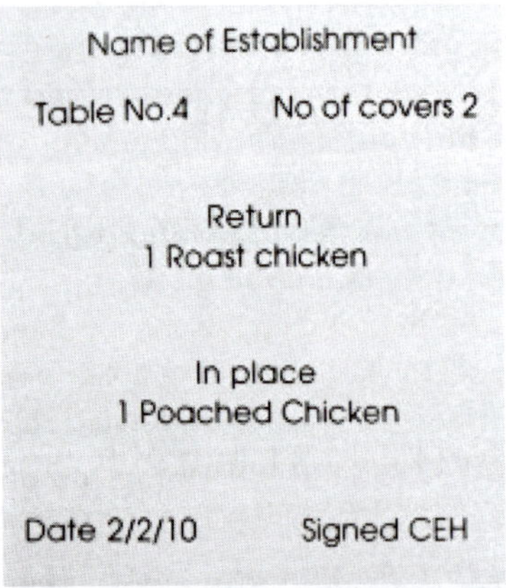
Name of Establishment
Table No.4 No of covers 2
Return
1 Roast chicken
In place
1 Poached Chicken
Date 2/2/10 Signed CEH

图6-26 点餐单：退菜/替换菜单

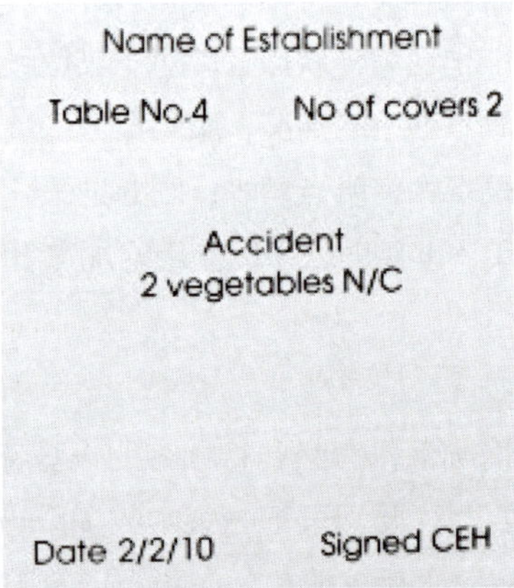
Name of Establishment
Table No.4 No of covers 2
Accident
2 vegetables N/C
Date 2/2/10 Signed CEH

图6-27 点餐单：意外事故菜单

其他的点餐方式

点餐单和顾客账单

这里所说的是将点餐单和顾客账单结合在一张单据中并分配给每一桌的顾客。当顾客点餐时，每一位顾客的点餐连同价格都会写在单据的空格里。这样如果有两位顾客一起点了两道奶油汤，一道蘑菇蛋卷配薯片和一道炸鳕鱼配薯片，记录的格式如图6-28所示。

汤 奶油汤	2.60	2
热菜		
煎蛋配薯条和沙拉 清淡的 奶酪 火腿 蘑菇 番茄	4.50	1
炸鳕鱼和薯片	4.75	1

图6-28　快速点餐及账单

简单的点餐方式

咖啡馆、生意繁忙的餐厅以及超市里使用的是比较简单的点餐单。它们依据运营方式的不同采用各种不同的点餐方式。

点餐单上的内容非常有限。服务员点餐时只需要标记出顾客的点餐内容，口头传递给厨房。当顾客需要账单时，将计算好价格的账单交给顾客。顾客离开时将此账单交给收银员并付账。这里只有一份结合着点餐单和账单的单据。在顾客付完账之后，收银员出于财务管理的需要要收回此单据。

顾客自己完成点餐的方式

一种更时髦的方式是让顾客自己点选所喜欢的食品和饮料。这种方式通常适用于酒吧运营中，它会让员工能够集中精力于菜品和饮料的服务并接受顾客的付款。顾客点餐的格式见图6-29。

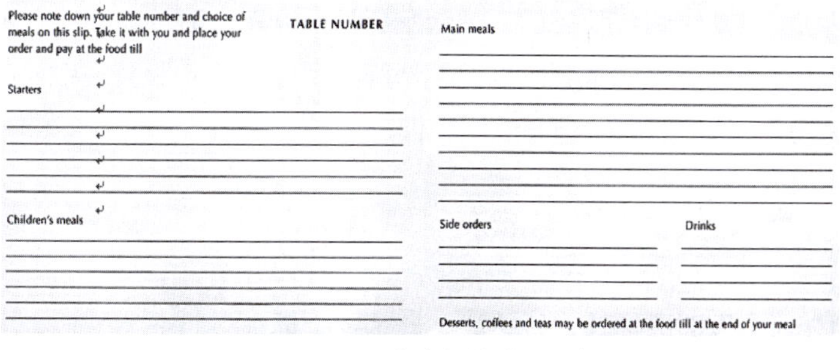
Please note down your table number and choice of meals on this slip. Take it with you and place your order and pay at the food till

TABLE NUMBER

Starters

Children's meals

Main meals

Side orders

Drinks

Desserts, coffees and teas may be ordered at the food till at the end of your meal

图6-29　顾客点餐单（部分）

食品和饮料的点餐，一旦完成，由顾客交给收银台，收银员会将电子版发送给厨房，厨房会打印出点餐单交给制作的厨师生产顾客点选的菜品。

在收银台缴付了最初点选食物和饮料的费用之后，就给顾客开立了一个账户，里面有顾客的桌位号和信用卡等相关信息。在这个账户里还可以追加其他的项目，例如，甜品、咖啡或者酒精类饮料等都可以增加到这个账户（账单）里。顾客在用餐结束后可以一起支付总的费用。

点饮料服务

必须使用高效率的点选饮料服务系统以确保：

- 顾客所点选的葡萄酒和其他饮料服务到正确的餐桌。
- 提供的服务准确无误地体现在每个账单中。
- 吧台所提供的所有葡萄酒和其他饮料都有记录。
- 在一个财务周期内能够对所售卖的酒水做出销售评估，并能够做出正确的比较。

通常的点餐单是一个带复印功能的点餐簿。收银那一联点餐单的颜色可以是粉红色或者白色的，但通常是粉红色或者其他的颜色，以与送到厨房制造食品的那一联区别开。这样做可以帮助收银员以及财务部快速区分食品联（白色）和饮料联（粉红色）（见图6–30）。

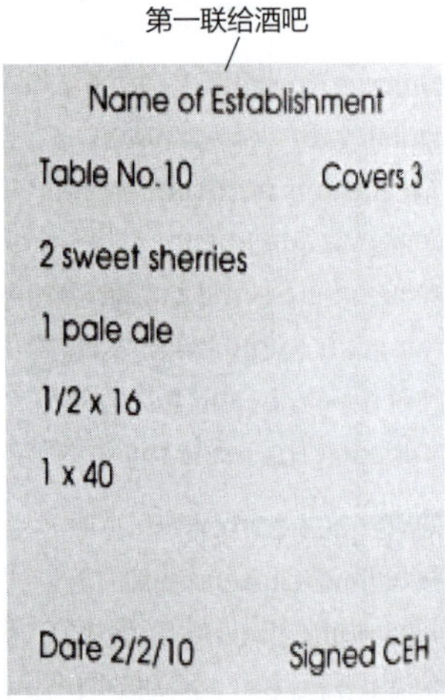

Name of Establishment

Table No.10 Covers 3

2 sweet sherries

1 pale ale

1/2 x 16

1 x 40

Date 2/2/10 Signed CEH

图6–30 点酒单

当完成葡萄酒点选之后，要写在点餐单上。吧台服务员必须要填写4项所需要的信息，四项信息分布在点餐单的四角，它们是：

- 桌位号码或者房间号码
- 顾客人数
- 日期
- 签名

在书写点餐单时，只要吧台服务员和收银员都能够理解，就可以使用缩写单词。当顾客点选葡萄酒后，只有年份和所需要的葡萄酒数量可以使用缩写词。

对于吧台员工和酒水员来说酒瓶上的年份可以有助于查找顾客所点选的葡萄酒，而不用耽搁太多的时间。酒水单中的每一种葡萄酒上都会有一个印刷好的年份号码。

服务员应把酒水单交给吧台服务员，吧台服务员退回第一联给服务员，准备酒水并将第二联与所点酒水放在一起。这样做可以确保吧台服务员能够看到服务员取走顾客们所点的酒水。酒水在服务之后，第二联酒水单要交给收银员。

给儿童点餐服务

当服务员给儿童点餐时要格外进行关注。一定要牢记：

- 提供可供儿童挑选和食用的菜肴。
- 儿童菜肴里所包含的内容。
- 分量的多少，例如，香肠的数量。
- 每位的价格。
- 对于儿童点餐的特殊之处进行特别标记，例如，不吃焗豆等。
- 对于孩童/幼儿要先上菜，因为当其他人都在用餐而他们还在等候时孩童容易激动。
- 重要的是不要将儿童的杯子、碗或者玻璃杯盛装的过满。
- 需要确认提供给儿童的餐盘是温热的而不要过热，以避免引起烫伤。
- 给儿童餐位上配上“give away”（赠送）标志，表示餐位已被占用，例如，餐垫可以使用彩色的。这样做也可以刺激销售。

需要额外照顾顾客的服务

对于需要额外照顾的顾客要特别对待。这些顾客可能有听力缺陷、盲人或者视力有缺陷（参见2.5部分的内容）。在这些情况下，我们要考虑到：

- 如果可能，在点餐时，要面向顾客以便让他们可以看到你。
- 使用正常语速说话，但清晰可辨。
- 解释简明扼要。
- 对特殊菜肴的表述准确到位，例如，配第一道菜肴所使用的不同少司，以及铁扒牛排的烹调程度等。
- 复述点餐内容以进行确认。

其他顾客的特殊要求可能涉及像素食者等，他们有自己的宗教信仰或者受到文化制约，他们对饮食有特殊的要求。

6.5 上菜服务

在餐桌服务和其他服务中，约定俗成的服务方式是所有的食品都从顾客左侧上菜服务，从顾客右侧撤台服务。所有的饮料（酒精类和非酒精类）从右侧进行服务。随着使用美式服务方式的逐渐增多，从顾客右侧上菜服务的方式越来越普遍了。同样的道理，也从右侧撤换顾客使用过的餐盘：左手（通常情况下）在右手撤换餐盘时，用来端住它们。

这样确保了这些撤换掉的脏餐盘是在顾客的身后。如果这些餐盘内有食物散出，会散落到地面上而不是散落在顾客身上。采用美式服务方式进行服务时，其他盛放有菜肴的餐盘也同样要置于顾客的身后。

按照惯例，热菜在冷菜之后服务给顾客（不考虑主人）。这样做能够确保，一旦上了热菜，顾客可以无须等待冷菜被分餐及服务而是可以马上开始享用，后上热菜的服务方式可以保证所有的顾客在适宜的温度下享用他们的菜肴。

要了解更多的关于餐饮服务的内容，参见2.3部分中的内容。

汤类菜肴的服务

汤可以从放置在服务桌上的汤罐内、餐车上或者像图6-31中那样使用份装的汤罐盛放到顾客面前的汤盘内。盛汤服务时，服务员要确保离顾客身体远一些。汤盘下面的垫盘作用是可以防止任何汤汁滴落到桌布上。

清汤传统的服务方式是用带汤盘做垫盘的清汤碗盛放，然后置于餐桌上的底盘上。这种类型的汤要使用甜品勺来进餐是传统习惯。这是因为清汤原本是在回家之前就制作好了的，是作为具备暖胃功能的饮料来喝的。最初是要使用大杯来喝。清汤中的食材要使用甜品勺食用。至今使用甜品勺喝清汤的习俗也保留了下来，但使用汤勺服务也是可以接受的。

肉类/鱼类的法式服务（银盘服务，silver service）方式

- 先给马上要服务的菜品盖上合适的餐盖。
- 服务餐巾要折叠整齐放置于整个掌心中，起到防止热的餐盘上温度传递到手掌上的保护作用。
- 服务餐巾也要保护到手指。
- 从厨房内端送出来摆放在顾客面前的整盘菜肴，展示了厨师的装盘艺术。
- 盛放主菜菜肴的热餐盘在餐桌上摆放时要略朝里一点，与餐桌上底盘的上部边缘要略微有些重叠。

图6-31　采用法式服务方式从份装的汤罐内服务汤类菜肴

- 切成份装的菜肴，要放置在热主菜菜肴餐盘内6点钟的位置上（最靠近顾客的位置）。
- 当要服务第二份菜肴时，放置在服务餐巾上的服务盘要转动一下，以使得要服务的份装菜肴离顾客面前的热主菜餐盘距离最近。

- 注意份装菜肴放置到餐盘中离顾客最近的位置时，餐盘内还要留出空间摆放土豆和其他蔬菜，要使其摆放的美观、诱人。
- 如果蔬菜是放置在单独的餐盘中，那么主菜食物类（肉类或者鱼类）可以放置在热的主餐盘的中间位置。

土豆和蔬菜的银盘服务（法式服务）方式

- 一般的服务方法是先服务土豆后服务蔬菜。
- 无论是服务土豆还是蔬菜时，盛放蔬菜的餐盘要放置在垫有餐巾的底盘上。这是为了展示菜品的美观所需要。
- 垫着餐巾的目的也是为了防止蔬菜盘在服务进行过程中在底盘上滑动。
- 分别使用不同的餐勺和餐叉，用于进行每一种不同口味的土豆和蔬菜的服务。
- 还要留意服务餐巾的使用，作为隔热和使得其在底盘上容易转动蔬菜餐盘。这样就能确保在服务蔬菜时，蔬菜餐盘离顾客热的主菜餐盘距离更近一些。
- 在蔬菜餐盘离顾客热主菜餐盘距离最近时，提供土豆菜肴服务。
- 土豆菜肴放置在热主菜餐盘上方远侧2点钟的位置，当服务其他剩余的食物时服务员是朝向自己的方向工作，从而在服务过程中会更加容易地将顾客的食品摆放成最诱人的样子。摆放在热主菜餐盘中的蔬菜菜肴要靠近服务员，在10点钟的位置。
- 奶油土豆的服务方式是用餐叉和餐勺从蔬菜盘内挖取一勺奶油土豆。然后放置到热的主菜餐盘中，轻轻移动餐叉，奶油土豆就会落入盘内（见图6–32）。

图6–32　土豆和蔬菜的法式服务方式

注：图6–32中展示的是盛放有土豆盘和蔬菜盘并放在一个底盘上的服务方式。图片同时也显示了：

- 如何使用一个大的底盘同时服务多种土豆和蔬菜的方法。
- 如何使用服务餐巾防止热盘烫伤以及防止底盘滑动。
- 餐勺和餐叉的正确使用方法。
- 分别使用餐勺和餐叉撷取每一种不同口味的土豆和蔬菜类菜肴的方法。
- 从顾客的左侧服务。

配餐少司的服务方法

- 少司应盛放在垫有底盘的少司盅内，并配上少司勺。
- 从少司盅内舀取少司时，少司勺内的少司汁不要外洒。
- 少司勺的底部应与少司盅的边缘刮擦一下以避免少司汁滴落到桌布上或者滴落到热餐盘上。
- 少司应根据顾客的要求，浇淋到盘内切成块的肉上或者盛放到肉块的旁边。

多样化的服务方法

多样化的服务方法包括从餐车服务、自助餐和柜台服务、各种形式的托盘服务方法介绍贯穿于第9章中。桌边服务方法介绍在第10.1部分中，自助餐和柜台服务在第7.1部分中。

在这些形式的食品服务中要把握的主要标准是服务员的手指不应触碰到所要服务的食物。餐车要停放在员工和顾客之间的位置，就好像在商店里售卖商品一样。

注意餐车上的食物不是使用一只手握住餐勺和餐叉的服务方式进行服务的。而是双手各执一只将菜品服务到自助餐台上顾客的餐盘中，或者服务到顾客手中端着的餐盘里。

甜品车和奶酪车的服务

从顾客的角度来看甜品和奶酪应该摆放得独具魅力，对于在餐车后面服务的服务员来说要摆放得整齐美观。用于服务时使用过的脏盘要放在餐车的后面。员工向顾客介绍餐车上的美食时，可以站在餐车后面，侧面或者站在餐桌旁边，但是不要站在餐车的前面位置。

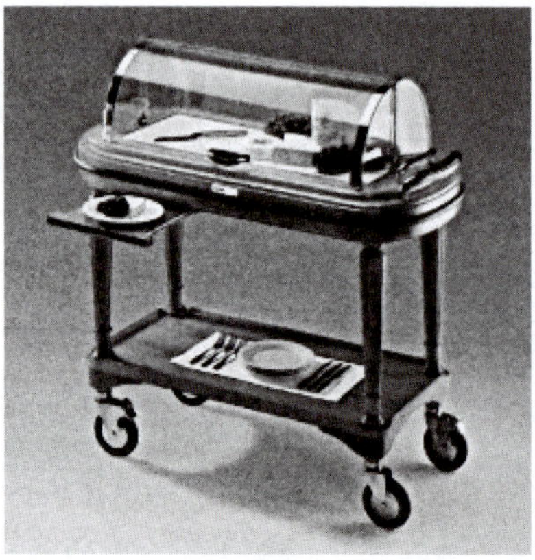

图6-33　奶酪车（照片由斯特莱特国际酒店提供）

当顾客选择好食物之后，要在靠近所挑选食物处放置一个餐盘。这样，一只手握着餐勺，另一只手握着餐叉（或者一把甜品铲等工具），食物在切成份之后，利索的夹取到餐盘里。放好食物的餐盘从右侧摆放到顾客的面前。

对于大型的宴会，服务时需要两位服务员——一位服务员负责点餐并将装好食物的餐盘摆放到顾客面前，另外一位服务员，站在餐车面前，负责将食物切割成份并进行装盘。

有一些甜品车在设计之初就带有放置餐盘的盘托。在这种情况下餐车上摆放食物的餐盘必须靠近这个盘托放置。这样当将食物切割成份之后可以容易且安全的放置到顾客的甜品盘里，这是从摆放食物的餐盘到顾客的甜品盘之间最短的距离。

出于对温度控制的需要，许多甜品车带有冰格，在每次甜品车使用之前要将其充满冰块。甜品和奶酪服务的注意事项分别参见4.13部分中的内容和4.14部分中的内容。

6.6 酒水服务

酒吧可以说是一家酒店经营的窗口，因为它们通常是顾客进行商务和社交活动会优先考虑的一个聚会地点。这里给顾客留下的第一印象对于增加销售收入来说是非常重要的。酒吧员工个人风采的展示，连同储备充足的酒水，良好的组织和高效率的运营，对于给顾客带来优质的服务来说是基本的要素。为了满足顾客的需要，酒吧员工必须具备精湛的技艺、丰富的酒水知识、娴熟的社交能力以及作为团队中的一员一起努力工作的能力。

开胃酒的服务

开胃酒包含着种类繁多的在餐前饮用的饮料。开胃酒可以在顾客刚一落座时就提供，或者在酒吧/休闲区域内提供。

用于盛放各种饮料的专用玻璃杯参见3.11部分中的内容。各种酒吧内常用的饮料的服务方法见表6-2中的内容。

表6-2 酒吧内常用的饮料和它们的服务方式

饮料名称	服务方式
百利酒（baileys）	经过冰镇或者像刨冰一样配碎冰服务
白兰地（brandy）	高品质的白兰地酒要纯饮，流行的调配方式是配柠檬水或者薄荷水及冰块
金巴利（campari）	苏打水或者柠檬水一起配冰块和一片橙子片
黑朗姆（dark rum）	柠檬水或者可乐配冰块和一片柠檬/青柠或者配黑醋栗，不加冰块
雪利酒（sherries）	冰镇
果汁（fruit juice）	冰镇或者配柠檬水、汤力水或者含气矿泉水。也可以配冰块和一片柠檬、橙子片或者其他水果
金酒（杜松子酒gin）	安哥斯特拉苦酒和冰块（粉色杜松子酒）或者汤力水或者苦柠檬水一起配冰块和一片柠檬/青柠
利口酒（liqueurs）	可以纯饮或者像刨冰一样配碎冰
矿泉水（mineral water）	要冰镇，但也可以根据顾客需要配冰块和柠檬/青柠。有时候也可以配卡杜酒或者果汁
碳酸饮料（aerated water）（例如可乐）	冰镇或者加冰块配一片柠檬/青柠或者橙子片。有时候也可以配甜香酒

续表

饮料名称	服务方式
潘诺酒（pernod）	配冰水，有时候也配甜香酒或者柠檬水
皮姆（pimm's）	柠檬水、冰块和柠檬片，黄瓜、苹果、橙子以及薄荷叶。有时候也可以加入姜汁汽水苏打水或者汤力水
白波特酒（port white）	冰镇，有时候配冰块以及一片柠檬/青柠
路比波特酒（port ruby）	高品质的波特酒可以纯饮，其他的波特酒也可以纯饮或者配柠檬水以及冰块
茴香甜酒（Sambucca）	点燃咖啡豆（出于安全考虑，应在吧台操作，火苗应在可可脂从咖啡豆里流出之后立即熄灭）
味美思酒（vermouths）	配冰块和一片柠檬/青柠，有时候也配柠檬水；干味美思可以配橄榄；甜味美思可以配樱桃
伏特加（vodka）	汤力水或者柠檬水，冰块和一片柠檬/青柠；橙味甜香酒，冰块和一片橙子；青柠甜香酒，冰块和一片柠檬/青柠；番茄汁，冰块，一片柠檬和辣酱油，有时候也提供盐和芹菜条
威士忌（whisky）	纯饮或者配冰水干姜水、加拿大水、苏打水以及冰块
葡萄酒（wine）	盛放到玻璃杯中，白葡萄酒，有时候配苏打水、含气矿泉水或者柠檬水，作为斯普瑞兹（Spritzer）饮用
白朗姆酒（white rum）	加冰块纯饮或者配可乐、冰块和一片柠檬/青柠饮用

许多酒吧现在在吧台售卖饮料时，都会垫有样式美观的玻璃杯垫（通常为纸制）。

鸡尾酒的服务

鸡尾酒应该在适当的玻璃杯内配着恰如其分的装饰冷饮，同时根据酒店的管理规定配吸管、装饰伞等装饰物。许多鸡尾酒通常是用V形鸡尾酒杯来盛放的，但是如果是长饮，那么大号的酒杯像吉姆杯会更适合。这里要考虑的关键因素是鸡尾酒的呈现方式是要给顾客造成视觉上的冲击。关于更多的有关鸡尾酒的介绍，请参见5.6部分中的内容以及附录B中的内容。

葡萄酒的服务

品酒师或者酒吧服务员根据需要应该尽量向顾客建议和推荐葡萄酒。这就是说酒吧服务员必须掌握葡萄酒单中所包含的葡萄酒的丰富知识，并能够辨别出与菜单中菜肴相互搭配的葡萄酒。当主人点完餐的第一时间就要呈上酒单，这样请客的主人就有可能点选葡萄酒与顾客已经点选的菜肴相互搭配。

当服务葡萄酒时，有7个关键点要考虑到：

① 酒吧服务员必须恰如其分的介绍葡萄酒和它们的特点，而要避免虚假宣传，夸大其词。

② 要在上菜之前先服务葡萄酒。一旦完成葡萄酒的服务之后立刻上菜。

③ 在适当的温度下服务葡萄酒——如果葡萄酒没有达到所需要的饮用温度，最好诚恳的告诉顾客，这比仓促的去加热或者冷藏葡萄酒要好得多，因为这样的服务方式会破坏了葡萄酒的口感。

④ 在服务葡萄酒时，通过使用高品质的服务设施，以高水准的技艺对待和展示葡萄酒。因为顾客对葡萄酒和服务已经付费，他们有权利期待着选择的葡萄酒受到认真的对待。

⑤ 当斟酒时，酒瓶的颈口应置于玻璃杯的上方，但不要放置在杯口上，以避免事故的发生。斟完酒之后要小心不要洒出，酒瓶收回时要转动并抬起。这样的动作会避免葡萄酒滴落到桌布上或者洒落到顾客的衣服上。瓶口的酒液要用一块洁净的服务餐巾或口布拭去。

⑥ 斟酒不要太满。只斟到合适即可，通常是斟到杯子中最宽的位置，或者2/3满，或者两者之间的位置。含气葡萄酒通常要斟到直身杯大约2/3到3/4的位置。这样做是为了让葡萄酒在最佳鉴赏位置看起来更赏心悦目。

⑦ 避免不必要的补充添加——这不会售卖出更多的葡萄酒，并会引起顾客的不满。另外一个不要给顾客添加酒的原因是顾客可能是驾驶员。如果葡萄酒被不停的加满杯，顾客也许会注意不到自己到底喝了多少杯酒。一般而言，在给顾客添加葡萄酒之前最好能够征询一下顾客的意见。

饮用葡萄酒的适宜温度

- 红葡萄酒：15.5 ~ 18℃（60 ~ 65℉）。有一些新酿制的红葡萄酒饮用温度可以在大约12.5 ~ 15.5℃（55 ~ 60℉）。
- 白葡萄酒：10 ~ 12.5℃（50 ~ 55℉）。
- 甜葡萄酒，香槟和其他含气白葡萄酒：4.5 ~ 10℃（40 ~ 50℉）。

葡萄酒杯

服务葡萄酒所使用的酒杯类型描述如下：

- **香槟和其他含气葡萄酒：**使用细长酒杯或者郁金香酒杯。
- **德国和阿尔萨斯葡萄酒：**传统上使用的是长柄德国式葡萄酒杯，但现在使用的通常是中号的葡萄酒杯。
- **白葡萄酒：**使用中号葡萄酒杯。
- **玫瑰葡萄酒：**使用细长酒杯或者中号葡萄酒杯。
- **红葡萄酒：**使用大号葡萄酒杯。

酒杯的具体使用方法参见3.11部分中的内容。

白葡萄酒的服务

① 从吧台或者仓库领取白葡萄酒之后，与点酒单核实一遍是否正确，检查葡萄酒是否清澈透明、温度适宜。

② 将葡萄酒置于冰桶中拿到顾客的餐桌旁，将冰桶放置到桶架上。

③ 给主人展示白葡萄酒，酒标朝向主人——这样做是为了让主人核实所点的白葡萄酒。[见图6-34（a）]。

④ 确认用于斟倒白葡萄酒所需要的恰当的酒杯已经摆放到餐桌上。

⑤ 在冰桶的把柄上已经系好一块干净的餐巾——这块餐巾是用来在斟酒之前擦拭葡萄酒瓶外侧的水迹和冷凝水使用的。

⑥ 使用葡萄酒启上的酒刀，沿着瓶口铝箔切割一圈，位置在高于或低于瓶口边缘之处（有些酒瓶上是酒帽而没有铝箔）。顶端的铝箔就可以揭除，瓶口的软木塞要用餐巾擦拭一下[见图6-34（b）]。

⑦ 使用葡萄酒启取下软木塞[见图6-34（c）]。闻一下软木塞上酒的“味道”。

⑧ 将软木塞放入冰桶里(原文如此)。但如果是优质佳酿葡萄酒，那么软木塞通常要放置在主人餐位的旁碟中。在这个软木塞上会印有葡萄酒的名称和年份字样。

⑨ 用餐巾擦拭瓶口的内侧。

⑩ 将葡萄酒瓶拭干。

⑪ 握住酒瓶斟酒，酒标朝外能够让顾客看到。使用另一只手中折叠好的服务餐巾擦拭瓶口欲滴落的酒液 [见图6-34（d）]。

⑫ 从右侧斟酒，请主人品尝所点选的葡萄酒。主人应表明此酒就是所点选的葡萄酒。例如，就是这个味道，酒香、温度等。

⑬ 女士优先服务，然后是男士，最后是主人，从主人右侧顾客开始斟酒。但是，现在通常都是在第一位顾客斟酒之后按照逆时针进行斟酒。

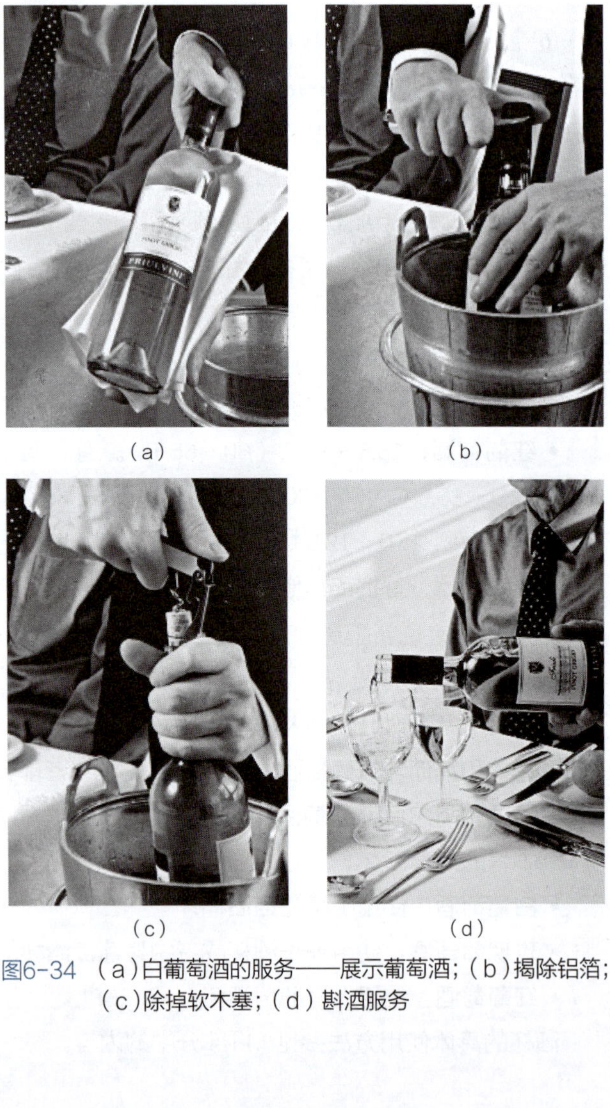

（a）　（b）　（c）　（d）

图6-34　（a）白葡萄酒的服务——展示葡萄酒；（b）揭除铝箔；（c）除掉软木塞；（d）斟酒服务

⑭ 每一杯都斟2/3满，或者斟到杯肚中最宽的位置——无论哪种斟酒方法，都不要超过此标准。这个斟酒标准为品鉴葡萄酒的香气留出了余地。

⑮ 当顾客需要时，开启新的葡萄酒取代冰桶中的葡萄酒，并重新进行斟酒。

⑯ 如果顾客需要开启一瓶新的葡萄酒，那么餐桌上要重新摆放好新的葡萄酒杯，在给顾客斟酒之前要征询主人品尝新的葡萄酒。

⑰ 斟酒完成之后，旋转酒瓶口同时并抬起以防止葡萄酒液滴落到桌布上。

注：对于旋转式瓶盖的葡萄酒瓶，开启的步骤是一只手握住整个瓶盖，同时另一只手握住酒瓶的底部，握住瓶盖的手用力，拇指和食指使劲转动瓶盖，握住酒瓶的手快速转动，咔嗒一声，上部的瓶盖就会断开并开启。

红葡萄酒的服务

开启和服务红葡萄酒的基本方法与上面所描述的服务白葡萄酒的方法基本相同。如果开启的是一瓶新酿制的红葡萄酒，酒瓶可以放置在餐桌上的底盘或者垫盘上，并在此开启。这种方式增加了对葡萄酒的展示并且可以防止红葡萄酒洒落到桌布上造成染色。尽管为什么红葡萄酒要放置在红酒篮中或者红酒架上斟倒不是出于技术方面的考虑，这种服务方式在许多酒店里是出于展示/表演的目的而使用的。这种服务方式也有助于在瓶中留住沉淀物，这些沉淀物分布在一些陈年红葡萄酒的瓶底部位。

红葡萄酒瓶上的软木塞应尽早的移除，这样红葡萄酒的温度可以自然的达到室温。如果是陈年葡萄酒或者葡萄酒中有可能含有许多沉淀物质时，那么葡萄酒要从酒瓶内倒入到醒酒器中。红葡萄酒可以先放置在酒篮里呈现给顾客欣赏。将红葡萄酒瓶放置在酒篮里比放置在酒窖里的储存位置上更能够让酒瓶保持在水平位置，为了防止酒瓶内的沉淀物质被晃动，葡萄酒应倒入到醒酒器中。或者如果顾客提前点选了红葡萄酒，可以在开启之前让红葡萄酒瓶竖立起来放置几天的时间［见图6-35（a）］。

现在一般来说新酿造的葡萄酒都要经过醒酒，因为红葡萄酒暴露在空气中可以增加酒的芳香气味并使其味道变得柔和而圆润。特别是当葡萄酒在精美的醒酒器中展示给顾客欣赏时，醒酒的同时也提升了葡萄酒的外观品质。当然，红葡萄酒在餐厅内醒酒之前应得到主人的许可。

醒酒是将酒从原装容器中倒入到新的玻璃器皿中，酒瓶中的沉淀物质就会被保留下来。

① 要小心翼翼的拔出软木塞。软木塞因为长期接触葡萄酒可能会碎裂，所以要多加小心。

② 在酒瓶的肩部后面放置一束灯光，在顾客面前将酒倒入醒酒器中时，可以点燃一支蜡烛，当然也可以使用手电筒、电灯泡或者其他的光源。

③ 将葡萄酒倒入非常洁净的醒酒器中时要非常小心。灯光会第一时间显示出进入到酒瓶颈部位置的沉淀物质。

④ 一旦可以看到沉淀物质时，就要停止往醒酒器中斟倒葡萄酒，但是可以继续往酒杯中斟倒［见图6-35（d）］。最后倒出的葡萄酒，经过沉淀之后，可以用来品酒或者在厨房里用来制作少司使用。

⑤ 在呈送给顾客服务之前，红葡萄酒要首先做到仔细检查以确保酒体清澈。

⑥ 如果葡萄酒在倒入到醒酒器中之后不够清澈，那么要再一次倒入一个新的醒酒器中，这时候要使用一个中间带有细过滤网的斟酒漏斗进行过滤。如果酒体仍然浑浊就不可以服务给顾客，而要挑选并开启一瓶新的葡萄酒。一般来说，现在更普遍的做法是使用斟酒漏斗作为醒酒过程中的一个组成部分，如同图6-35中所示。

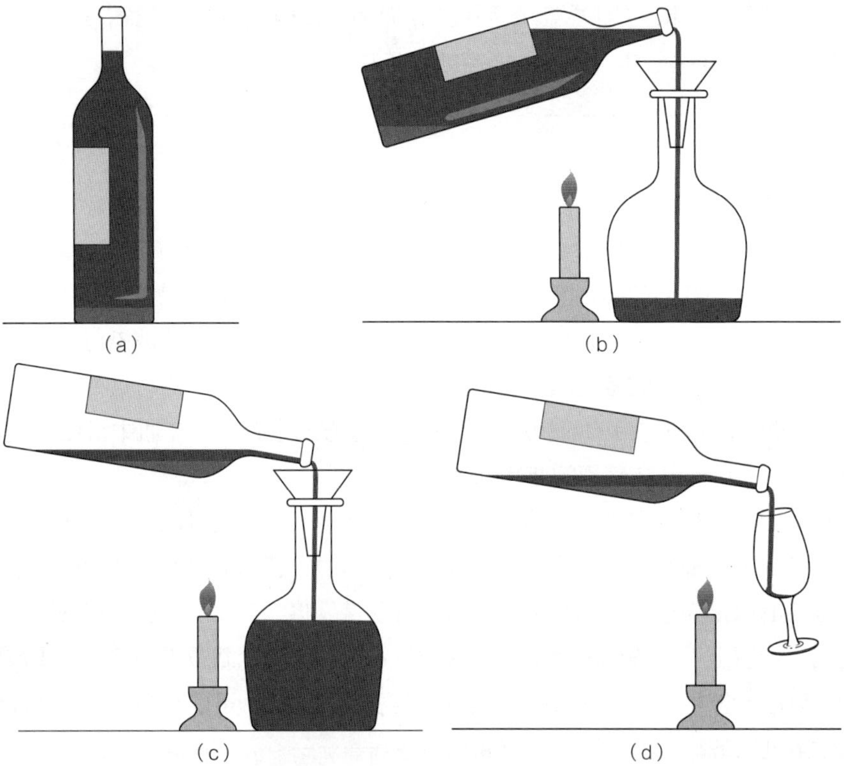

图6-35　醒酒的方法

陈年佳酿随着接触空气的增多口味会改变。这一类葡萄酒要竖立放置几天的时间让沉淀物质沉淀到酒瓶的底部。并在开餐之前才开启并服务，酒要小心翼翼地直接斟倒到酒杯里，将酒瓶保持在斟酒的位置用每一个酒杯靠近酒瓶接酒。这样的斟酒方法防止了葡萄酒回流到酒瓶中将沉淀物质搅动起来。使用足够的酒杯使得能将瓶中的葡萄酒一次性斟完，这样可以确保葡萄酒在斟酒的过程中不与酒瓶中的沉淀物质重新混合在一起。

香槟酒和含气葡萄酒的服务

开启所有的含气葡萄酒的方法都相同。含气葡萄酒服务时要冷却到足够的温度，以达到在酒瓶中二次发酵所产生的效果，也就是说要获得丰富的气泡和芬芳的酒香。香槟酒瓶中的压力，来自于本身的熟化和二次发酵，可以达到大约每平方厘米5千克（大约每平方英寸70磅）因此必须非常小心的不要晃动酒瓶，否则瓶内压力就会增大，可能引起事故的发生。

① 给主人展示完成之后，就要准备开启葡萄酒。

② 为了避免软木塞突然拔出时发生任何事故，酒瓶的瓶口在开启过程中，要朝向餐厅内一个安全的区域。

③ 其余手指扶住酒瓶颈部的同时，应使用拇指按压住软木塞。

④ 软木塞上部周围的铝箔，通过外拉在颈部铝箔里的环扣而使其分离开，或者使用葡萄酒刀将其切割开。铝箔不要移除。

⑤ 瓶口的保护笼要小心解开，但不要移除。

⑥ 随后，一只手扶住软木塞和保护笼，另一只手旋转酒瓶的底部，让软木塞缓慢的释放出来。

含气葡萄酒应使用细长酒杯或者郁金香杯服务，从每位顾客的右侧斟酒。也可以考虑将酒杯从餐桌上拿起来斟酒，这样斟酒会更方便和迅捷，并减少葡萄酒中产生的泡沫。

杯装葡萄酒的服务

许多饭店提供一系列的杯装葡萄酒的售卖。大多数是125毫升或者175毫升的容量标准。除了含气葡萄酒以外，它们通常会使用比实际容量要大些的酒杯来盛放葡萄酒。这样会让葡萄酒的芳香气味充满酒杯并更利于欣赏。目前许多饭店也会将一定量的葡萄酒装入小号的醒酒器内用于斟酒的服务。这样会让顾客在需要的时候自己进行斟酒。

已开启葡萄酒的储存

葡萄酒瓶一旦开启葡萄酒就会很快的变质，因为葡萄酒液会与空气和氧气起化学反应。葡萄酒开瓶之后有许多种保存的方法。有些是将酒瓶内部先抽成真空环境，然后使用一个活动式瓶塞采用手动密封或者是机器密封的方式将葡萄酒密封好。其他保存的方法包括在葡萄酒的表面充入二氧化碳气体，这样就防止了空气的进入。

啤酒的服务

啤酒应在12.5～15.5℃的温度下服务（55～60℉），大桶啤酒通常温度要低一些在8～10.5℃（48～51℉）。各种不同种类的瓶装啤酒也要冰镇服务。生啤，在装入啤酒桶里的时候通常先要经过冷气装置的冷却。

啤酒杯的种类

所有的啤酒杯应一尘不染，上面没有手指印的痕迹、油污或者口红的印迹。将啤酒倒入一个不洁净的酒杯中会很快的变得淡而无味。

啤酒杯的主要种类有：

- 半品脱/大生啤杯
- 用于生啤酒的平底杯
- 用于瓶装啤酒的平底杯
- 用于贝斯/沃辛顿/吉尼斯啤酒的34.08毫升矮脚啤酒杯（12盎司）
- 用于拉格啤酒的拉格杯
- 用于浓色/浅色/麦芽味啤酒的各种大小不一的高脚杯，包括22.72毫升、28.40毫升、34.08毫升的杯子（8、10、12盎司）

为了配合餐厅菜肴的售卖而增加啤酒的销售量，鼓励使用各种造型各异的玻璃杯盛放啤酒。一般来说这些玻璃杯，尽管通常都基于如上所列的种类，但是在风格上却更清新雅致并且使用高质量的玻璃制成。

斟倒啤酒

生啤或者瓶装啤酒应该缓慢的倒入到玻璃杯内，同时啤酒杯要倾斜一定的角度。如果斟倒啤酒时动作不够轻缓和小心，杯中的啤酒就会额外明显的形成一个大的泡沫“头”。例如，斟倒吉尼斯啤酒或者黑啤酒时。

生啤应带有一层薄薄的泡沫，并且酒吧服务员应该确保他们所服务的是足量的带有一层泡沫的啤酒，而不要带一个厚层的泡沫充数。一杯完美形态的啤酒最好是带一层泡沫，或者啤酒中带气，当饮用啤酒时泡沫挂杯。这种情况有时候被称作杯花。

对于瓶装啤酒，特别是一只手握住两瓶啤酒并进行斟酒时，啤酒瓶的颈部在斟酒时不要充满啤酒。如果一瓶啤酒内有沉淀物，啤酒瓶的底部必须留出一点啤酒，以确保沉淀物不会被斟倒到杯中。

利口酒的服务

利口酒（甜酒和风味高度酒）通常会从推送到餐桌旁的酒车里提供服务。酒水员应在顾客享用完甜品后的第一时间里，在服务咖啡/茶水时向顾客展示酒水车上的酒水，以确保顾客需要的利口酒可以呈送到餐桌上。同样的道理，酒水员必须具备丰富的利口酒酒水知识、制作的材料和风味，以及它们正确的服务方式等知识。从传统意义上讲，所有的利口酒应该使用埃尔金利口杯服务，但现在也可以使用其他形状的酒杯服务。

图6-36　酒吧服务的利口酒车（照片由Euroservice提供）

如果顾客要求利口酒加有碎冰，例如，薄荷甜酒要放置在碎冰上并使用大号酒杯。酒杯内装入2/3满的碎冰然后倒入一个分量的利口酒。在利口酒服务之前插入两个短吸管。如果顾客点的利口酒需要配奶油，例如添万利配奶油，那么奶油要从勺子的背部慢慢注入，在利口酒的表面形成一层奶油。

利口酒车上所需要的基本物品有：

- 各种利口酒
- 各种酒杯——利口酒
白兰地、波特酒等
- 过滤器
- 25毫升和50毫升量杯
- 茶勺
- 吸管（短管）
- 服务托盘
- 奶油盅

其他用于利口酒车上的物品还包括白兰地和强化酒（利口酒），例如波特酒或者马德拉酒。

6.7 非酒精类的饮料服务

酒杯饮料服务（非酒精类）

非酒精类饮料可以分成5大类：

① 汽水类

② 天然泉水或者矿泉水类

③ 果汁饮料类

④ 果汁类

⑤ 糖浆类

为了让顾客尽情的享用这些饮料，因此采用适当的服务方式进行饮料服务是至关重要的。这就是为什么有经验的酒吧员工会发挥他们的聪明才智，确保所制作的饮料带有画龙点睛的装饰，并盛放在赏心悦目的酒杯中，在适宜的温度之下饮用。

汽水类

汽水类饮料可以直接成瓶供应，经过冷藏之后，根据顾客的要求和餐厅管理规定，盛放在吉姆杯内、高脚杯内、海波杯内，或者使用34.08毫升（12盎司）矮脚啤酒杯饮用。

它们也可以与其他种类的饮料搭配成混合饮料饮用，例如：

- 威士忌和干姜水
- 杜松子酒和汤力水

- 伏特加和苦味柠檬
- 朗姆酒和可乐

天然泉水或者矿泉水

天然泉水或者矿泉水从医学角度来说本身是天然饮料。但是，就像前文所提到的，有一些矿泉水可以与酒精类饮料混合在一起制作成令人食欲大振的饮料。这些制作好的饮料经过冰镇之后，在7～10℃（42～48℉）适宜温度下饮用。如果直接饮用的话，要使用18.93毫升（6 2/3盎司）的高脚杯或者吉姆杯盛放。其他的可以使用这些杯子盛放的矿泉水还包括阿波利纳里斯、巴克斯顿、莫尔文、毕雷、贾乐米尔、亚琛等。

果汁饮料类

从吧台服务：一份果汁类饮料应斟倒入杯中或者34.08毫升（12盎司）的矮脚啤酒杯内带冰块饮用。顶端加满冰水或者苏打水。杯子的边缘位置要使用一片水果进行适当的装饰并插上吸管服务。

从柜台服务：酒吧服务员或者酒水员必须将所有的制作好的饮料及物品使用服务托盘进行高效迅捷的服务。这些物品包括：

- 一份盛放在平底杯中或者34.08毫升（12盎司）矮脚啤酒杯内的果汁饮料
- 吸管
- 一壶冰水（放置在底盘上以防止冷凝水流淌到餐桌上）
- 小号冰桶和冰夹（放置在底盘上以防止冷凝水流淌）
- 苏打水
- 垫玻璃杯的餐垫

餐垫应放置在酒吧服务桌的一边位置上，一个分量果汁饮料的杯子置于其上。服务员在杯中加入冰块并询问哪位顾客需要加入冰水或者是苏打水。吸管要根据顾客需要在最后服务时刻插入到杯子中。根据情况看是否有必要给顾客留下冰水和冰桶，如果要留下的话，应放置在服务桌的底盘上。

果汁类

所有的果汁类必须冰镇之后盛放于14.2毫升（5盎司）的高脚杯或者其他类似的杯子中。

- **番茄汁：**应在冰镇之后使用14.2毫升（5盎司）的高脚杯或者其他类型的玻璃杯盛放，放置在垫有花纸的底盘上并配一把茶勺。辣酱油要摇匀，瓶盖要打开，放置在底盘上作为配料上桌。高脚杯边上也可以放置一片柠檬作为装饰。
- **新鲜果汁：**如果酒吧内提供新鲜果汁，服务员应该采用如上所述的与果汁类饮料相同的服务方法，额外再提供一小碗白糖，置于底盘上配一把茶勺一起上桌。

糖浆类

糖浆类不可以作为饮料以直接饮用的方式服务，但通常会用来给例如，鸡尾酒、水果杯、长饮和奶昔等调配饮料增添风味使用。

有关更多的关于非酒精类饮料的知识，请见5.4部分中的内容。

咖啡和茶

使用托盘服务

使用托盘服务方式服务咖啡和茶时，会使用到下列的器具：

咖啡服务

- 托盘或者服务盘
- 托盘垫布/餐巾
- 茶杯和茶碟
- 茶勺
- 糖盅和糖夹或者根据所提供糖的种类配一把茶勺
- 咖啡壶
- 奶油或热奶壶
- 用于放置咖啡壶和热奶壶的垫盘

茶水服务

- 托盘或者服务盘
- 托盘垫布/餐巾
- 茶壶
- 热水壶
- 冷牛奶壶
- 盛放残茶的盘子
- 茶叶过滤器
- 用于放置茶壶和热水壶的垫盘
- 糖盅和糖夹
- 茶杯和茶碟
- 茶勺

根据咖啡或者茶水服务时的种类不同而使用这些不同的器具。在咖啡托盘或者茶托盘上摆放器具时，要注意以下几点：

- 各种器具摆放的位置在运送时要确保托盘的平衡。
- 各种器具摆放的位置要方便顾客取用：饮料放置在右侧，壶嘴朝里，握柄朝外，以方便顾客使用。
- 确保最后时刻才将饮料放置在托盘上，以保持饮料的温度。

用于餐桌服务以及辅助服务方式中的咖啡和茶的服务

通常不进行茶水服务，但是茶壶要置于底盘上摆放在餐桌上，位置是在点选茶水服务顾客的右侧。这样顾客可以自己斟倒茶水。冷牛奶和白糖（可以选择提供）也要放置在餐桌上。

咖啡可以使用服务托盘采用法式服务方式在餐桌旁进行服务。然而这种传统的咖啡服务方式现在已经不常见，取而代之的是使用其他更快速的咖啡服务方式进行服务，例如，可以将咖啡壶连同牛奶和糖（可以选择）一起放置在餐桌上，顾客们可以自己进行服务。

其他用于咖啡和茶水服务的方法还有：

- 使用放置在服务柜台上面的加热器上的茶壶或者热咖啡壶进行服务。冷牛奶、热牛奶或者奶油以及糖要放置在餐桌上。
- 将冷牛奶和热牛奶或者奶油与咖啡壶以及茶壶分别置于两只手中进行服务，糖放置在餐桌上供顾客自己取用。
- 在大型餐饮活动中，要服务大量的顾客，冷牛奶、热牛奶或者奶油以及糖通常要放置在餐桌上以供顾客自己取用。咖啡和茶要使用一升容量的保温壶进行服务，要放置在服务桌上，以方便根据顾客的需要进行更换。这种咖啡和茶水的服务方式确保了咖啡和茶水的饮用温度。（真空咖啡壶和茶壶的使用方法参见5.2部分和图5-4中的内容）。

注：当从多功能壶中服务咖啡和茶时，咖啡和茶冲泡好之后，通常要将茶叶、咖啡粉或者茶袋/咖啡袋除掉，以使得咖啡和茶不会过度的冲泡。见5.1部分中的内容，对于不同种类的茶及服务方法，请见5.2部分里表5-2中关于现代冲泡咖啡的方法。

咖啡杯和茶杯的摆放位置

- 图6-37（a）中展示了服务所需要的器皿，在服务托盘中摆放的位置，以及供四位顾客使用的摆台方式。使用这种服务方法，服务员只需要从服务边柜/工作台到餐厅或者餐桌之间往返一次即可完成所有操作。
- 注意饮料服务时提供给每一位顾客的餐具是茶碟连茶杯，配着一把茶勺，茶勺要摆放在茶碟中茶杯把柄的右下角。所有其他的物品要放置在旁碟中。
- 服务饮料的餐具要摆放在餐桌上顾客的右手边，因为顾客所点选的饮料要从右侧服务。
- 服务的饮料要摆放在顾客的右手边位置，杯子的握柄朝向右侧，茶勺放在茶杯握柄的右下角。
- 走到第二位顾客的右侧提供服务，服务员要将茶碟和茶杯连同放在茶碟中茶杯握柄右下角的茶勺和所有放置在旁碟中的其他器具一起摆放到顾客餐桌的右侧位置，这一套服务餐具就准备完毕。[见图6-37（b）]。
- 重复这个过程，直到根据顾客的需要，摆放的咖啡或茶这些所有的服务餐具都摆放到顾客面前的餐桌上。

图6-37（a） 咖啡和茶托盘服务之前的准备

图6-37（b） 为第二位顾客服务的服务托盘的准备工作

注：如果是在午餐或者晚餐之后提供咖啡服务，大多数情况下会使用茶杯提供服务。尽管现在某些餐饮活动中仍然会使用小号咖啡杯（demi-tasse）提供咖啡服务，但是在一般的咖啡服务中已经不常见。这些咖啡杯也用于制作意式浓缩咖啡。

6.8 餐中服务

这是餐盘服务（美式服务）和餐桌服务的主要服务方式，随着顾客们在餐厅里就座，餐中服务技巧如下所述：

准确得体的清理技法确保了对整桌顾客都能够提供快捷和有效的服务，避免了可能发生的事故并且能够最大限度的降低在服务过程中给顾客带来的不便。同时也能够将用过的餐具整齐而恰当的堆叠到服务边柜上。使用正确的服务技法能够以最少的时间、最少的次数，往返于顾客的餐桌到服务边柜/工作台之间，能够有时间进行更多的清理工作。

清理桌面

清理技法

所有的餐桌清理技法主要都源于两只手的手法，参见2.4部分中图2-2（a）和图2-2（b）中所示。依据要清理的物品不同，清理技法也会随之变化。记住，娴熟的技能来自于反复的实践，所以要定期的进行训练。

- 撤换餐具服务要从顾客的右侧进行。
- 服务员自己应找准位置，在餐桌旁侧身站立。

撤换汤盘

- 服务员站立到正确的位置，先连底盘一起撤取第一位顾客用过的汤盘。这个站立的位置可以让服务员用右手将撤取的汤盘和底盘递送到左手中端取。
- 使用这个标准服务程序能够确保端取在左手中的脏餐盘远离餐桌和顾客，降低了发生意外事故的可能性。
- 图6-38（a）展示了前面提到过的一只手端取汤盘的技法，这样第一套汤盘就撤取完成。
- 这套撤取后的汤盘应该使用拇指和中指及食指上的劲连同底盘一起牢稳的端好。
- 重要的是第一套汤盘要牢稳的端住，因为随后撤取的汤盘会堆叠到它们的上面，这就意味着左手要端着相当重量的餐盘。
- 图6-38（b）中展示了撤取的连同底盘的第二套汤盘以及用左手端牢稳的方法。
- 图6-38（c）展示了撤取的第二套汤盘在左手中牢稳的端住的方法。汤勺已经从手中端着的汤盘中放置到了上端的汤盘里。
- 图6-38（d）中展示了上方端着的汤盘与其中的两只汤勺已经放置到了手中的汤盘上，上方手臂处只留下了一个底盘。

图6-38（a） 撤取汤盘：第一套汤盘已经撤取完成

图6-38（b） 撤取第二套汤盘的第一个步骤

图6-38（c） 撤取第二套汤盘的第二个步骤

图6-38（d） 第二套汤盘已经撤取完成，准备撤取下一套汤盘

- 第三个汤盘连同底盘一起从顾客的右侧撤取，并放置在左手上端的位置。重复上述过程，每次一套脏的汤盘连同底盘就撤取完成。

撤换主菜盘

- 图6-39（a）中展示了先前在2.4部分中说明了的使用左手端着餐盘的手法，以及撤换掉的第一个主餐盘。
- 脏的主餐盘应牢稳的使用拇指和食指及中指的劲端好。
- 注意餐具的位置：用拇指牢稳的扶住餐叉握柄的底部，主餐刀的刀刃部分插放到餐叉弓起的握柄下面位置。
- 所有的食物残渣和面包屑都要碓彻到主餐刀和主餐叉的握柄和餐盘边缘之间形成的三角部位处。这是离端着餐盘的左手最近的位置。
- 图6-39（b）中展示了撤取的第二个主餐盘以及用左手端着的位置。
- 图6-39（c）中展示的是第二把撤取的主餐刀摆放的正确位置以及使用第二把撤取的主餐叉将食物残渣从上方的主餐盘里清理到左手端着的主餐盘里的步骤。这个步骤是在服务员前往撤取第三个主餐盘行进过程中完成的。
- 图6-39（d）中展示了已经清理完成的餐具用左手正确的端取方法以及准备接收下一个撤取的主餐盘的方法。

图6-39（a）撤换主餐盘：完成撤取第一个主餐盘

图6-39（b）完成撤取第二个主餐盘

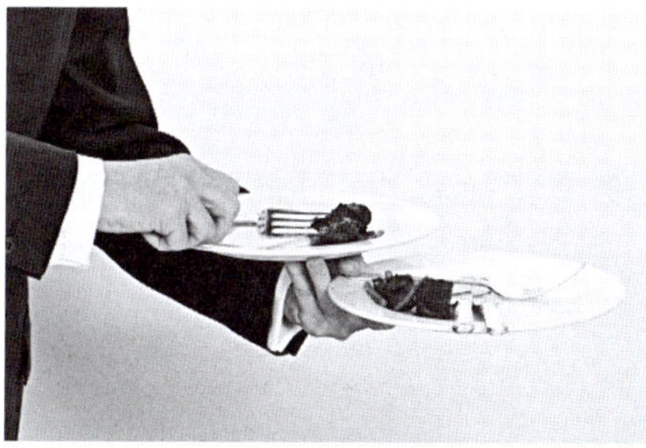

图6-39（c）从上方的主餐盘中清理食物残渣

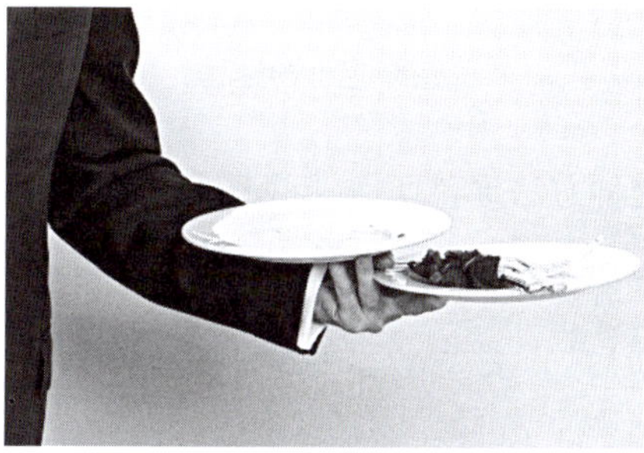

图6-39（d）准备清理下一个撤取的主餐盘

- 图6–40中展示了撤取的主餐盘和餐具摆放的正确方法，以及从餐桌上一起撤取的旁碟和餐刀的摆放方法。另外一种方式是分两步分别撤取主餐盘然后是旁碟。

图6–40　一次性撤取主餐盘以及旁碟

撤取旁碟

- 使用托盘和服务盘撤取旁碟。使用这种方法的原因是可以撤取餐桌更多的旁碟以及可以同时撤取餐刀和所有的食物残渣等。
- 图6–41（a）所示的是从上方撤取的旁碟中将食物残渣清理到服务托盘/服务盘中的方法。
- 图6–41（b）中展示的是用左手正确而安全稳定的端着的已经清理过的4个叠放在一起的餐盘及撤取的餐具和整理后的食物残渣的方法。

图6–41（a）清理旁碟：从旁碟里将食物残渣清理到服务盘里

图6–41（b）左手端着清理好的4个旁碟的方法

- 这种方法通常可以让服务员在往返一次服务桌和餐桌之间时撤取更多脏的旁碟和餐刀，特别适合于在宴会服务中使用。

清理面包屑

这个清理步骤通常在撤下主菜之后在顾客点选甜品并服务之前进行。目的是清除掉在这个时间段内用餐过程中餐桌桌布上所遗留下来的所有的面包屑和食物残渣。

清理面包屑所使用的器具有：

- 服务餐盘（主餐盘内放有一块叠放好的餐巾）
- 服务巾或者餐巾

也可以选择使用一个小盆和毛刷，或者金属的清理器具进行清理服务。

假设套餐餐具已经提前摆好，甜品勺和叉，在清理餐桌上的面包屑之前应摆放在顾客餐盘上方的位置。但是如果开始时摆放的是零点餐具，那么，在主菜餐盘撤掉之后，在清理餐桌上的面包屑之前，餐桌上不要摆放餐具。

- 在顾客用完主菜之后要将餐桌桌面上清理的焕然一新，并且要撤掉餐桌上所有脏的器具，这个过程被称之为“清理”（crumbling down）。服务员使用服务盘清理顾客掉落在餐桌上的所有的面包屑和其他的食物残渣。可以使用折叠好的服务巾或者是专门设计的用来清理餐桌的小毛刷。也可以使用金属的清理器具进行清理。
- 清理工作从第一位顾客的左侧开始进行。服务盘放置在靠近餐桌的位置（边缘位置）。使用折叠好的服务餐巾、特制的毛刷或者金属清理器具将面包屑等朝向服务盘的方向清理。
- 这个清理过程完成之后，将甜品叉从顾客餐盘上方的位置移到餐位的左侧。
- 服务员走到这位顾客的右侧完成这个餐位餐桌的清理工作。
- 甜品勺从顾客餐盘上方的位置移到餐位的右侧位置摆放好。
- 甜品勺和甜品叉摆放到位之后，服务巾用左手手指握住置于服务盘的下方。
- 完成一个餐位的面包屑清理工作之后，服务员要开始再次清理下一位顾客的餐位，清理顺序是从下一位顾客的左侧开始继续清理。

这种清理方法确保服务时不会在任何时间里越过前面的顾客去摆放用于甜品的餐具，并且不会打扰到顾客之间的谈话交流。

图6-42　清理餐桌（注意折叠得整整齐齐得服务餐巾）

6.9 餐后服务

用餐服务的最后阶段，要完成一系列的工作，如下所述。这些工作可以在餐厅服务区域内顾客离开之后的情况下进行。

- 将自助餐上的冷菜退回到冷菜厨房。收集并清洗所有的切割刀具并协助进行餐厅内的一般性清理工作。
- 收集齐所有的餐巾，干净的和用过的都要收集，并核实收回的每一种餐巾的准确数量。用过的餐巾应十个一束的系好。所有的布草要放置在布草筐里连同布草清单一起送回到布草房或者根据酒店的管理制度进行操作。

- 关闭热盘柜的电源开关。收拾所有的服务银器用具或者其他剩下的餐具，将干净的餐具补充到热盘柜内。
- 将餐具和餐盘连同刀叉等器具和餐车一起送回到原来的存储地方。
- 收集所有的调配料并送回到原来的储存地方。如果条件允许，将少司等材料盛放回原来的包装内。
- 检查所有的边柜/工作台是否已经彻底清空。热盘柜的开关是否已关闭，用过的布草是否已经清理完毕。
- 清空利口酒车，将剩余酒水和玻璃杯退回到酒吧内。
- 从酒水仓库重新领用补充酒吧内的酒水。
- 清理吧台，将所有的器具拿走并清洗，擦拭用过的玻璃杯。这些擦拭好的杯子要放回到原来摆放的位置。移走所有空的酒瓶等。填写完成物品消耗单和存货单。酒吧的门窗应该能够锁牢。
- 清空所有的饮料服务器具，清洗干净并摆放好。所有的易腐坏原料应送回到原来的储存地方。蒸馏器皿和奶缸应清空，洗净并补充满冷水后放置。
- 清空并清理所有的餐车并送回到餐车存放处。餐车上所有使用过的食品要送回到厨房内。餐车上所有使用过的服务器具应在清洁之后送返到储存区域。
- 重新为下次开餐做好全部的准备工作。这些工作还包括了餐桌摆台和服务边柜/工作台的布置。在许多现在的餐厅里，这些工作会不间断的进行。
- 每时每刻都要考虑到对环境造成的污染问题，包括回收使用过的物品、废弃物的管理、能源的控制等。

工作之后的检查

服务工作完成之后还要由餐饮部内不同的成员进行一些检查工作。这些特别的检查工作可以确保用于下一次服务的所有的工作区域安然无恙、一尘不染并且准备就绪。涉及的从事这些检查工作的员工职责说明如下：

领班/主管

① 确保煤气和电源开关关闭并将插头从插座上拔出。

② 将所有的特殊器具物归原位。

③ 关闭所有的窗户并检查消防通道。

④ 检查所有当班员工的工作是否全部以令人满意的方式完成。

当班服务员

① 根据物品检查表配齐服务柜台内所有需要的器具。

② 擦拭服务柜台和餐车，到洗碗间清洗所有用过的器具。

③ 清理餐桌。酌情重新铺设防滑布和桌布。

④ 根据需要重新布置餐桌和服务边柜/工作台。

⑤ 关闭服务边柜处热盘开关并进行清理。

⑥ 将特殊器皿送回工作区域或者储存室内。

⑦ 将多余的餐具和银器退回到餐具储存室内。

⑧ 拔掉插头，关闭所有的电器开关。

⑨ 将点餐单/酒水单和菜单送回领班处。

⑩ 与领班/主管一起检查自己负责的工作区域。

酒吧员工

① 擦拭所有的工作台面。

② 确保所有的器具都已经清洗过，拭干并摆放到位，以备使用。

③ 确保所有的玻璃器皿都经过洗涤、漂洗、拭干并摆放到位。

④ 清空酒水车和垃圾桶。垃圾桶内装入垃圾袋。

⑤ 将剩余的橙片/柠檬片等放到盘子里，用保鲜膜密封好，放到冰箱里冷藏备用。

⑥ 打扫和擦拭酒吧地面。

⑦ 将利口酒车送回吧台。

⑧ 将洗杯机清理干净。

⑨ 将展示柜里的灯关闭。

⑩ 填写完成酒水管理系统表格。

⑪ 对酒吧内消耗的物品进行补充。

⑫ 对酒吧进行安全性检查。

⑬ 与领班/主管一起检查自己负责的工作区域。

储藏室员工

① 确保诸如面包、黄油、牛奶、袋包茶和咖啡粉等食品原材料都得到正确的储存。

② 擦拭所有的工作台面。

③ 清洁储藏室内的冰箱并将其中的物品摆放整齐，检查冰箱的工作温度。

④ 检查所有的器具都经过清洁并在指定位置储存好。

⑤ 剩余的食物放入到干净的容器内并储存好。

⑥ 所有剩余的调配料要储存在专用的器皿中并盖好擦拭干净。

⑦ 关闭不使用的电器电源开关。

⑧ 确保所有的托盘都擦拭干净并摞放好。

⑨ 所有多余的茶壶/咖啡壶等，要储存在适当的地方。

⑩ 在下班之前，与领班/主管或者交接到下一个班次的员工一起检查自己负责的工作区域。

第七章

餐饮服务（自助服务、辅助服务、一对一服务）

7.1 服务方式

这一章中主要讨论3种服务方式：

（1）自助服务（*self–service*） 在这种服务方式中，顾客需要从柜台或者自助餐台上为自己提供服务。

（2）辅助服务（*assisted service*） 在这种服务方式中，为顾客提供部分的餐桌用餐服务，顾客还需要从展台上或自助餐台上通过自助服务取得部分食物。

（3）一对一服务（*single point service*） 在这种服务方式中，顾客在一个地方完成点餐，付账并接受食品和饮料服务。

对于这3种服务方式来说，顾客来到以给其提供某种服务方式为主要经营特色而设计的可以享用餐饮服务的地方，在这些服务方式中，顾客可以享受到的是：

- 浏览提供的菜单和酒水单。
- 做出自己的选择。
- 选择/点餐和酒水之后享用这些食品和饮料。
- 为这些点选的食品和饮料付账。
- 根据需要取用附属用品（餐具、调味品、少司、餐巾等）。
- 选择餐桌用于消费他们所点选的食品和饮料，或者点选外卖之后离开餐厅。
- 根据情况而定处理餐后废弃物。

这是3种服务方式的服务流程总结，至于点餐服务的两种方式，见1.5部分中表1.9中的内容。对于全部的5种服务方式，详见1.5部分中的内容。

自助服务

主要在自助餐厅内使用的服务方式。在这种服务方式中顾客们从自助餐台的一端领取托盘，沿着餐台移动的同时可以选择自己喜欢的食物，然后付账，并选取用于进餐的餐具，同时也选取调配料。有一些自助餐厅里还提供“叫餐”（即点即做）菜品加工服务。

菜单应放置在自助餐厅门口或者服务区域内显著的位置，以便让顾客在到达服务区域之前，尽可能的做出他们需要购买哪种食品的决定。这样就会节约时间并确保尽可能的增加营业额。

菜单中所提供的菜肴应包含有从简单的冷热小吃类以及饮料类到冷菜、热菜和甜品等一系列的菜肴。同时也要考虑到顾客的种类、顾客的喜好、地区特点、营养价值、民族习惯、当地特产、素食产品以及确保所提供的菜肴能够盈利的成本因素等。

自助餐厅里的餐台通常为直线型，顾客排队通过餐台选择他们所需要的菜品，然后放入到托盘中，继续行进到后面餐台的收银处缴费。自助餐台的布局也可以是可转动式——可旋转式多层餐台，这样的设计可以节省餐台的空间。

顾客翻台率在某一时段时间内会特别高，因为受空间所限，自助餐厅内的直线型餐台可以有各种变化，这些变化举例如下：

- **自由走动式**：从餐台上选择食品（如上所述），顾客在食品服务区域内随机走到服务台，通常顾客出口处对应的是收银台。
- **阶梯式**：在顾客取餐区，餐台由多层组成并沿着顾客行进路线呈一定角度，这样节省了空间。
- **超市式/购物中心式**：在顾客取餐区内建有岛式服务区域。

每一个服务区域可以提供不同的主菜品种，包括土豆、蔬菜类菜肴、少司和根据菜肴配备的佐料等。其他的服务区域可以提供冷和热的甜食、饮料、三明治、面食、糖果以及其他各类食品等。进入到服务区域时，顾客可以对照菜单看一下他们所需要的菜品，然后可以直接到适当的服务区域选取。这种分区服务的优势在于，那些从服务区域内选取丰盛大餐菜肴的顾客，不会妨碍那些只需要取一份三明治和一杯热饮的顾客。

辅助服务

辅助服务的方式主要用于餐厅切割肉类的现场服务。顾客在餐桌旁接受一部分的菜肴服务，还需要从摆放成某种样式的菜肴展台上或自助餐台上通过自助服务的方式获取其余部分的食物。顾客通常会在切肉厨师或者在自助餐台服务的员工的协助下以自助的方式取得主菜和其他各种菜肴。

这种服务方式也可以在早餐服务中（见8.1部分中的内容）以及其他活动中（11.4部分中的内容）使用。

一对一服务

一对一服务的方式主要用于：

- **外卖服务**：顾客在服务点、柜台、窗口或者小吃摊点餐并得到服务；顾客在餐厅外消费；一些外卖餐厅也提供就餐区域。这种方式也包括汽车餐厅，顾客驾车通过点餐、付账并从窗口获取食物。
- **美食街**：许多独立的餐台，顾客可以点餐并就餐，或者从这些餐台购买之后在另外的就餐区域内食用。
- **小卖部**：常用来在用餐高峰时提供服务，或者在某一个指定位置提供服务；可以为顾客进行点餐和服务，或者只是向员工提供服务。
- **自动贩卖机**：通过自动售卖为顾客提供食品服务和饮料服务。
- **酒吧**：在特许售卖许可下，为顾客提供服务和支付服务并提供消费场所。

7.2 餐前准备

所有成功的服务方式都是由在开始服务之前，通过在服务区域内进行事无巨细的准备工作所决定的。成功的准备工作就是需要员工为顾客提供高效率的服务工作以及创造出一个对顾客极具吸引力，可以让顾客心满意足的就餐所需要的环境和氛围。

自助餐厅/餐台服务方式

布局设计

考虑到顾客的就餐空间、通道面积和往返餐台的路线，每位顾客座位间距在0.5~1平方米（3~10平方英尺）。

托盘架要放置在服务餐台的前端或者服务区域的入口处，这样每一位顾客可以在拿取托盘之后继续沿着服务餐台行进。

服务餐台里的菜品通常是按照菜单上菜肴的排列顺序进行布局设计的。可以这样进行布局：开胃菜、冷切肉和沙拉类、面包类、汤类、热的鱼类菜肴、热的肉类菜肴、热的蔬菜类、热的甜品类、冷的甜品类、冰淇淋、各种三明治、蛋糕和面食、酒水和冷饮类等。

服务餐台的长度一般由所提供的菜品多少来决定，但是餐台也不要过长，因为这样会妨碍服务工作的效率。收银台位于餐台的末端或者位于到服务区域的出口位置，这样顾客就可以在落座就餐之前完成他们所选取菜肴的付账工作。

餐具应放置在收银台之后的地方，连同所有的服务所需要的物品放置在一起，例如，餐巾和调配料等。这样的布局结构会确保沿着服务餐台取餐的客流量连续不断。餐具台也要放置在这个位置，以方便顾客在选取食品和饮料之后在这里选择他们所需要的餐具。将餐具和服务所需物品放置在这里的优势是顾客可以再返回来选取那些在开始时忘记取用的餐具用品，而不会打扰到排队取餐的那些顾客。

服务中要考虑到的问题

这种形式的服务，要使用菜肴分量控制的器具以确保份装菜肴服务的标准化。这样的份装器具包括铲子、汤勺、碗、牛奶份装机和冷饮份装机。也可以使用份装的食物像黄油、糖、果酱、鲜奶油、奶酪和饼干等。

餐台上的食物也可以提前装好盘或者盘中先装入主要原料中的肉类/鱼类，再装入根据顾客选择的土豆、蔬菜、少司以及其他配菜等一起装盘。提前装好盘的食物可以确保能够给顾客提供更快捷的服务以及增加顾客通过服务餐台的人数并且减少了餐台上的空间占用面积。顾客在选择好菜品之后再盛放到餐盘里的服务方式降低了服务的效率并且会影响到客流量，而且餐台上还需要摆放更多的用于服务的存放蔬菜和土豆类菜肴、少司和其他配菜的加热设备，这同时也需要增加更多提供服务的员工。

切割类菜肴的服务

在切割类菜肴服务区域的服务员和厨师必须确保准备了足够的用于服务的餐具（主菜盘）以及存放在热盘柜或者热盘器内的备用餐具。手边要准备好餐巾纸以供顾客端热的主餐盘时使用。

为了避免耽误顾客食用以及造成切割服务区域的拥堵，确保准备足够的器皿和食物是非常重要的。切割厨师应该熟练掌握用于切割的肉类以及与之搭配的服务器皿的使用方法。例如切割刀、汤勺、铲子和漏勺等，所有用于服务的器具要提前准备就绪。

切割完成之后，肉类以及其他的菜肴通常要进行保温（保温柜）直到需要放置到餐台上售卖为止。

在切割服务区域，热的肉类、鱼类和其他的食物要恒温保存，一般是在顶端使用远红外灯照射保温。这些远红外灯通常是安装在伸缩式切割餐台的台架上，这样就可以保证各种大大小小的肉类都能够兼顾到，而且切割起来也会更安全。对于冷切肉类、鱼类和其他类的菜肴在保鲜餐台里存放时适宜的温度控制，参见7.3部分中的内容。

自助餐的准备工作

自助餐的种类繁多，可以使用餐刀和餐叉进食，还可以使用餐叉和手指进食等。自助餐的开办对于特定场所的要求以及主人提出的要求，将决定着自助餐准备的布局模式。不管自助餐的本质如何，都有一些基本的原则需要遵循：

- 自助餐台要在餐厅内突出的位置布置——自助餐台可以是一个陈列全部菜品的餐台，也可以是几个分别独立布置在餐厅内的餐台，例如，开胃菜和主菜餐台、甜品餐台、热饮和酒色服务餐台等。
- 自助餐台上要有足够的空间用于菜肴的展示和服务。
- 自助餐台要设计在容易到达酒水间和洗碗间的地方，以方便自助餐台上菜肴的补给，并且在清理自助餐台的过程中不会影响到进餐的顾客。
- 自助餐厅内必须要有足够的空间用于顾客的取餐和就餐活动——自助餐台可以这样设计和布局，顾客可以从自助餐台的一边或者两边同时取餐。
- 餐厅内要准备足够多的供临时使用的餐桌和餐椅。
- 整个自助餐厅的装饰氛围应该让顾客流连忘返并能够有助于提升就餐时的气氛，而且这些装饰氛围适合于自助餐厅。

自助餐厅的布局

自助餐厅所需要的设备设施，在自助餐厅进行布局时就要根据具体情况做出准确决策。

（参见11.4部分中的内容）。

自助餐台上要铺设适当的桌布，确保餐台周边桌布离地面至少1.25厘米（大约半英寸）。如果使用了多块桌布，这些桌布要排列好，并且要相互重叠摆放，重合叠放处要背对入口处朝向餐厅内。餐台的尽头处桌布要有皱褶，这样会给顾客留下一个完美的整体展示效果。

要达到一个整洁优雅、特色鲜明的整体效果，上述工作需要使用尽可能少的步骤进行操作。可以按照下列步骤进行：

① 在同事的帮助下，沿着自助餐台的长度打开折叠的自助餐台桌布［见图7–1（a）］。

② 站在自助餐台的任一端，打开桌布按照6–2部分中介绍的步骤进行铺设，餐台的前面部分和旁边部分离开地面至少1.25厘米。

③ 站在自助餐台前面，从餐台的一角将拇指放入桌布的一角捏住远端的桌布，抬起桌布并以半圆形的动作铺设［图7–1（b）］。这样会使得旁边垂落的桌布与地面成水平状。

④ 餐桌上桌布折痕呈一个三角形状［见图7–1（c）］。朝餐桌边铺设，确保桌布上的折痕与餐桌边缘成一直线［见图7–1（d）］。

⑤ 使用手背抚平折痕。

⑥ 在自助餐台的另一端重复同样的铺设动作。

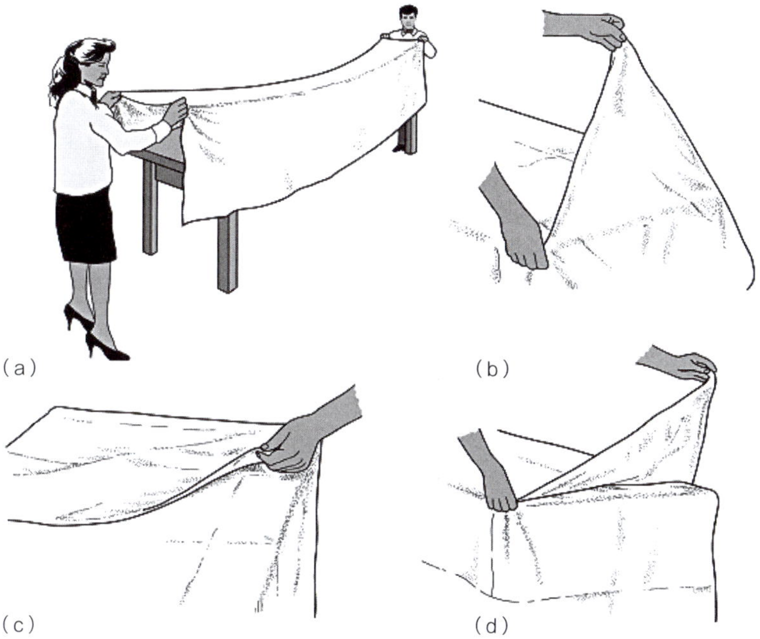

（a）　（b）　（c）　（d）

图7–1　铺设自助餐台桌布

如果使用不止一块的自助餐桌布铺设整个自助餐台，重复铺设步骤即可。所有的皱褶应成一条直线，可以使用防滑桌布（白色或者彩色）来增强和完成自助餐台桌布的铺设。

自助餐台可以通过采用铺设厚呢绒的方式来进一步增强展示效果。呢绒可以铺设在自助餐台上，根据自助餐菜品的特点来增加餐桌的高度并提升菜品的展示空间。

自助餐桌裙

装饰自助餐餐台的方法还包括使用桌裙［见图7-2（a）］。尽管使用这样桌裙的初期投资会很高，但是桌裙的方便性和简单易用性使得这种方式在自助餐台和桌面装饰方面非常受欢迎。使用桌裙的另一个特点是桌裙是由单独的褶缝组成，当顾客落座之后会感到非常舒适。

先在餐桌上铺设好桌布，然后使用塑料胶夹将桌裙附着在餐桌边缘上［见图7-2（b）］。桌裙通过滑动将塑料胶夹附着在餐桌的边缘，塑料胶夹是可拆卸式的以方便桌裙的洗涤。

图7-2（a） 自助餐台连同附着的桌裙
（照片由Snap-Drape欧洲有限公司提供）

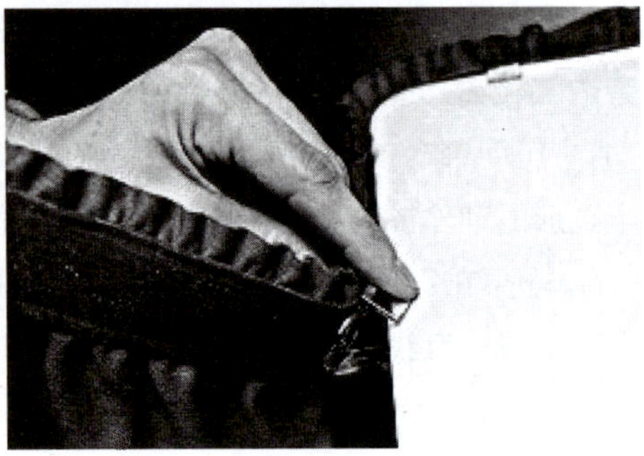

图7-2（b） 将桌裙附着在餐桌边缘上

用于自助餐的餐巾折叠方法

对于自助餐，最常用的餐巾折叠方法是自助餐巾折叠法［见图7-3（a）］。这种方法可以使用纸巾或者餐巾折叠［见图7-3（b）］。使用这种方法折叠的餐巾特别适合用于盛放餐具，这样顾客从自助餐台上选取好食品之后就可以在自助餐台上自己拿取，或者由服务员分发给顾客使用。

图7-3（a） 折叠好的自助餐餐巾

① 打开餐巾，折叠两次成四层，四层餐巾边角都叠放在A点。

② 如图所示折叠最上面的一层餐巾。

③ 沿着虚线再折叠一次。

④ 折叠第二层餐巾。

⑤ 沿着虚线再次折叠第二层餐巾。

⑥ 将第二层折叠好的餐巾塞入第一次折叠好的餐巾的下面。

⑦ 沿着虚线将餐巾朝下方折叠。

⑧ 沿着虚线朝下方将餐巾折叠好。

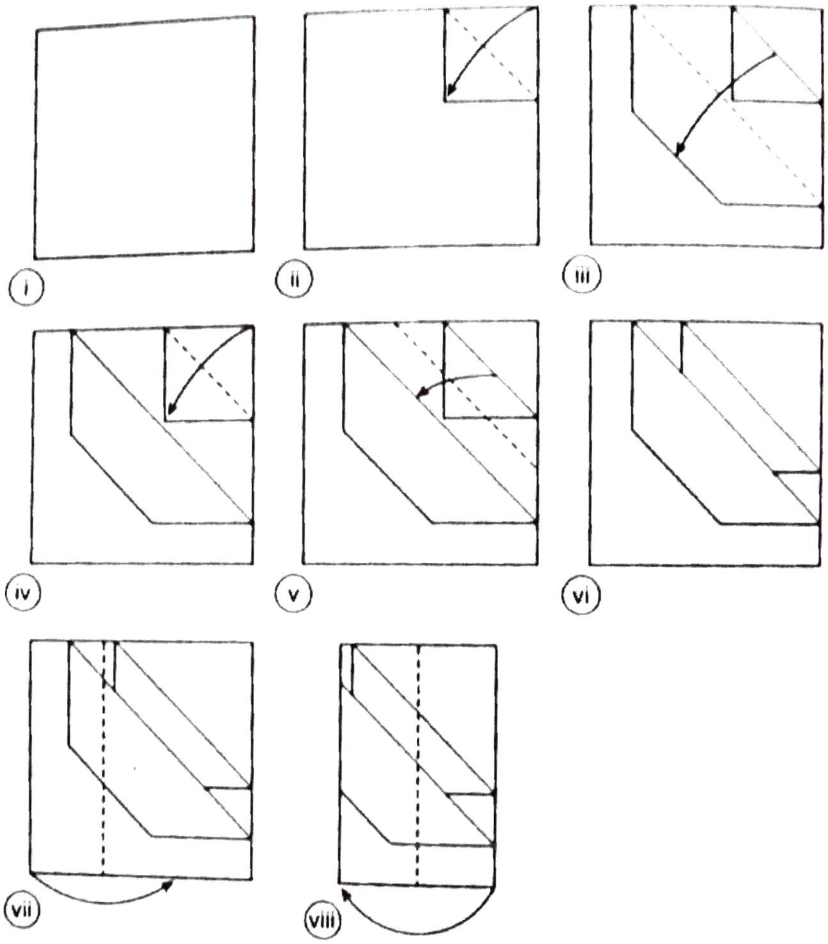

图7-3（b） 自助餐餐巾的折叠方法

自助餐菜品检查核实清单

热菜餐台、沙拉吧、就餐区、外卖服务和自助餐菜品的陈列方面的标准检查清单，可以按照下述方法进行：

热菜清单（自助餐台准备）

① 打开热菜餐台的加热开关，以便有足够的时间将热菜加热到合适的温度。

② 确保在热菜自助餐台上或者在热盘车里准备了充足的餐盘用于热菜自助餐的服务并且在最靠近热菜自助餐餐台的地方准备好备用餐盘。

③ 将重新加热的热菜从烤箱里放置到热菜自助餐台上时，重要的是：

- 端拿热菜时要使用耐高温布，以避免烫伤和洒出。
- 运送热菜时一定要使用托盘，以避免发生事故和洒出。

④ 对照当天菜单检查核实所有的热菜菜品并确保在开餐之前，菜单中的所有热菜菜肴都已经放置到热菜餐台中。

⑤ 确保所有的热菜已经盖好，以防止热量流失，保证热菜的质量。

⑥ 准备好用于擦拭溢出汤汁的清洁物品。

⑦ 确保用于热菜餐台上的每一道热菜都有适当的服务器具，根据不同的菜肴使用不同的器具，通常包括：

- 大勺用于类似于蔬菜宽叶面一类的菜肴。
- 漏眼勺用于像煮蔬菜类的菜肴（可以控净多余的水分）。
- 长柄勺用于像白汁烩海鲜类和香辣土豆茄子泥等菜肴中。
- 食品夹用于像炸香蕉和加勒比烤鸡一类的菜肴。
- 鱼铲用于像蔬菜比萨一类的菜肴中。

⑧ 如果服务器具没有被使用，记住要放回到热菜餐台上的指定位置，否则会出现服务器具被顾客放错地方的事情。

沙拉吧清单（餐台准备）

① 打开沙拉吧的电器开关，留出足够的时间让沙拉吧冷却到适当的温度。

② 确保足够数量的用于沙拉、肉批、冷切肉、冷乳蛋饼和果馅饼、冷派、奶酪以及像希腊鱼子酱、鹰嘴豆酱和青瓜酱等开餐需要的沙拉碗和沙拉盘。要记住：

- 沙拉碗为专用。
- 沙拉盘要用于上面所提到的其他的冷的沙拉类菜肴。

在开餐时间里，沙拉吧内应有足够的用于自助餐需要的沙拉碗和沙拉盘，并准备了足够多的用于沙拉吧备用的餐具。

③ 确保服务器具已经准备好并放置在指定区域内以备服务时使用。

这些服务器具包括：

- 沙拉夹用于无汤汁的沙拉，像现调制的蔬菜沙拉类等。
- 大勺用于调制的沙拉，像希腊式拌蘑菇等。
- 鱼铲用于肝酱、冷切肉、冷乳蛋饼或馅饼，以及冷的肉馅饼一类的菜肴使用。
- 大勺用于希腊鱼子酱、鹰嘴豆酱和酸奶青瓜酱等菜肴使用。
- 食品夹用于法式面包片和麦麸面包卷等使用。

④ 将厨房制备好的沙拉端送到沙拉吧里。

⑤ 开餐之前将所有的沙拉盖好。

⑥ 准备好用于保持外观整洁和卫生的清洁物品。

自助餐厅的就餐区域/餐台服务清单（准备工作）

① 整理好餐桌和餐椅，要确保它们都是洁净的。

② 擦拭所有的餐桌。

③ 确保餐台上供顾客使用的餐具准备到位，数量够用而洁净。

④ 确保托盘架上供顾客使用的托盘洁净并且数量充足，准备到位。

⑤ 确保所有的盐和胡椒瓶都已经补充满，每张餐桌上都有一对。如果使用的是成袋的盐和胡椒，确保使用两个小碗，放置在收银台的位置，用来分别盛放盐和胡椒。其他的少司应该准备充分并且随时添加，例如，番茄少司、褐色少司、蛋黄酱和塔塔少司等。而像白糖和红糖等也必须放置在热饮旁供顾客选择使用。

⑥ 饮用水的水壶要填满并放置在规定的位置，或者确保饮水机处于工作状态中。

⑦ 确保餐巾纸分配器内已经装满餐巾纸。

⑧ 确保餐车已经清理干净，分类垃圾桶内铺好垃圾袋并且已经准备到位。

⑨ 在服务时，用于擦拭使用过的托盘和餐桌的清洁物品已经准备好。

外卖服务（准备工作）

下面是在开始提供服务之前，用于外卖服务区域的检查清单举例：

① 确保所有的设备都能够正常运行，并已启动电源开关。

② 检查设备上的所有温控开关都指示在正确的温度上。

③ 确保足够的包装袋、餐巾纸和餐盘准备到位。

④ 确保外卖菜单和价格清晰可辨。

⑤ 确保准备外卖的食品类和饮料类货源准备充足，在接到顾客订单后能够以最短的时间准备好。

⑥ 在准备食物的过程中要自始至终确保产品的质量。

⑦ 确保准备好足够的工装，像帽子、工装裤和围裙等，在进行准备工作时要始终穿着工装。

⑧ 出于安全考虑，准备好诸如高温手套、茶巾和托盘等物品。

⑨ 可以考虑设计使用有助于企业营销的影像资料和文字材料。

⑩ 确保所有的服务用具准备到位。

⑪ 确保所有的物品都已经准备到位，当需要时随手可及。这样做有助于提高工作效率。

⑫ 检查分类垃圾桶内都已经套装好垃圾袋。

⑬ 确保所有的工作台面/服务餐台面已经清理洁净，并且在开餐之前都已经使用清洁材料擦拭完毕。

⑭ 准备好用于擦洗工作和万一发生洒漏事故的清洁用具。

> 注：在外卖服务工作中必须注意要确保菜品的质量、卫生、包装、标识和温度控制。

自助餐服务（准备工作）

自助餐服务准备工作包括：

- 自助餐台的准备工作要按照管理条例进行

- 陈列项目有：
  —调配料类
  —食物类
  —用于大型菜肴的垫盘
  —餐勺和餐叉以及其他服务用工具，如果需要还要包括切割刀
  —水壶和用于切割肉批或者慕斯的肉刀
  —餐盘、杯具以及餐具等

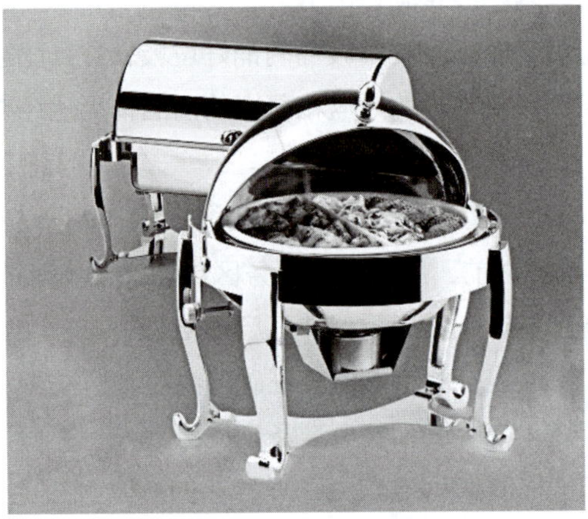

图7-4　用于自助餐的自助餐盒（布菲盒）
（照片由Steelite国际公司提供）

酒吧准备工作清单

关于酒吧服务的详细准备工作，器皿准备工作参见3.6部分中的内容，有关服务准备工作参见6.2部分中的内容。

7.3 点餐服务

所有员工在工作期间，在开餐之前必须有充分的时间用于：

- 检查所有的工作区域在开始提供服务之前所需要的设备设施准备到位。
- 检查就餐区域布置妥当。
- 确保所有的员工都具备所提供的所有饮料类和菜肴类相关的丰富知识，包括所使用的原材料、配菜、素食菜肴等知识，以及这些菜肴哪些不适合于过敏体质的顾客等知识。
- 判断出需要预备的食物以及准备的数量等。
- 判断出根据需要准备的餐具数量。
- 检查所有设备上的温控开关都运行在所需要的温度内。

- 确保所有的员工穿戴各岗位工装正确站位，用于服务加热设备和热餐具的服务巾准备到位。

自助餐厅/餐台服务

下述列表指出了顾客从进入餐厅开始就餐（餐台服务）到用餐结束的进度表。

① 进入餐厅。

② 查看菜单和菜肴。

③ 从托盘架上拿取托盘，托盘可能放置在餐厅的入口处或者餐台的开始处，或者放置在每一个服务餐台处。

④ 排队进入餐台服务处（走直线），或者到每一个服务柜台处（梯形布局），或者到岛式服务餐台处（超市式）查看餐台上展示的菜品和饮料并做出选择，将选择好的菜肴放到自己的托盘里。

⑤ 在餐台的终点处根据所选取的菜品和饮料付费。

⑥ 行进到餐具台前根据需要取用餐具。

⑦ 同时选取餐巾纸、调料和少司。

⑧ 选择餐桌并用餐。

⑨ 用餐结束之后，将托盘连同废弃物一起拿到最近的托盘回收处，一次性用品放置到餐厅提供的分类垃圾桶里（根据垃圾的类型进行回收）。

⑩ 餐桌服务员/清洁工迅速清理顾客遗留在餐桌上的食物残渣并擦拭干净，为迎接下一位顾客做好准备工作。

图7-5　开放式自助餐厅区域
（照片由英国国际膳食协会FCSI提供）

餐车（肉车切割）服务

这种自助餐的辅助性服务工作涉及对顾客服务的两种方式，即餐桌服务和自助服务。提供服务的员工通常在餐厅内特定位置负责食物（开胃菜、甜品和热饮）以及酒水类的服务，他们会在大厨/切割厨师的协助下在餐车上切割完成主菜类菜肴的服务工作。

在餐厅里肉车切割服务的点餐服务与餐桌服务的方式几乎完全相同。（见6.3部分的内容）。这里主要的不同之处是主菜不是由服务员端送到顾客的餐桌上，而是由顾客到肉车切割服务处自己接受点选的切割好的主菜服务。这是肉车全国服务中自助服务部分里的内容。顾客还可以，正如他们所希望的那样，返回肉车切割服务处再重新得到切割肉类服务。

餐车服务处（肉车切割）的菜品服务

所有用餐盘盛装的食物类应装盘美观、诱人食欲。如果食物没有提前装好盘，那么应该一只手使用服务勺，另一只手使用餐叉将食物整齐美观的装入到顾客的餐盘内。根据自助餐台上所展示的菜肴的不同特点，也可以使用其他的服务器具，例如铲子、少司勺、汤勺、服务勺和餐刀等。必须注意要确保自助餐台上的餐具和备用食物准备的非常充足，菜肴要在售罄之前已经准备到位。

注：出于对食品安全的考虑，预制食品必须保持在特定的温度内。需要冷藏的食品必须保持在8℃或8℃以下（26.4℉），要加热的食品应该保持在63℃及63° 以上（145.4℉）。在服务过程中或者展示过程中有些食品可能在某一时间段内被放置在室温下，但是每一批次的食品在这种状况下只可以进行一次，需要冷藏的食品在超过8℃的温度下放置，最长时间不能超过4个小时。热的食品在低于63℃的温度下放置，最长时间不能超过2个小时。对照检查核实清单。

检查核实清单

员工使用标准的检查核实清单，要坚持履行对涉及的热菜自助餐或者餐台服务、沙拉吧以及就餐区等，执行标准化的服务，如下所述。

热菜

- 开餐以后，热菜服务餐台处不可以无人照料，因为这样会在自助餐台处造成顾客拥挤。
- 不管以何种理由你要离开工作岗位时，要安排他人暂时替代你的工作。
- 有了污迹要立刻擦拭干净。热菜餐台上的污迹停留的时间过长会硬化，随后清理时会引起不必要的麻烦。
- 开始服务时，最重要的是需要坚持食物分量控制的标准化。
- 当热菜剩余1/3时，要通知厨房，需要准备添加菜肴。在服务过程中不可以让菜肴卖净出现空当。如果临近开餐结束时间，在需要添加菜肴之前，交给主管检查之后再处理。
- 确保餐盘数量足够。如果餐台上的餐盘数量不足时，要迅速补充。
- 热菜类在服务餐台上保温的时间过长，在服务开始之前，质量可能下降。这里的时间因素非常重要。热菜从放置到餐台上到开始服务，尽量让这段时间最小化。这样做，有助于保证食物在顾客需要提供服务时，处于最佳状态之中。
- 确保热菜餐台恰当的保温时间，以及冷菜餐台低温的保存时间。这样就意味着热菜会在适当的温度下服务给顾客，顾客也就会获得与他们点餐菜单上的菜肴一样的品质。

沙拉吧

- 时刻注意监督沙拉吧内的食品消耗情况。
- 注意不要在沙拉吧内往碗里和盘里进行添加食物的操作，要将碗和餐盘端回到厨房里再添加。

- 如果沙拉碗、沙拉盘和碟中的服务勺、铲子等服务器具被顾客放错位置，要随时把它们放回原处。
- 餐台上滴落的所有污迹要马上擦除。
- 保持沙拉吧内物品自始至终摆放的整齐协调，层次分明，效果良好。
- 随时注意沙拉吧餐台内沙拉碗和餐盘的使用情况。
- 记住：不要等待顾客在将沙拉碗和餐盘使用完之后再从备餐处进行补充（通常都放置在沙拉餐台的下面）。在用餐高峰期，这样的操作不可避免的会妨碍到顾客的取餐状态。

就餐区域

- 确保就餐区域处于清洁完成状态并整理到位，要注意下述各项：
  —垃圾桶和垃圾袋准备到位
  —收餐车
  —抹布
  —规定使用的清洁材料。
- 关注餐桌卫生情况确保始终都干净整洁。并在需要时经常更换桌布。一张乱七八糟和凌乱不堪的餐桌会令顾客的心情十分不愉快。
- 就餐区域应由顾客自主进行服务。例如，顾客会被要求将他们使用过的托盘和餐盘以及餐具等放回到清洁区域（餐具回收处）。如果顾客没有这样做，服务员要迅速清理餐桌上顾客使用过的所有器具。
- 在清洁区域：
  —清空托盘内的餐盘和餐具等器具，摞好之后送到洗碗间。
  —将托盘内的一次性用品倒入到分类垃圾桶内。
  —将托盘用清洁用品擦拭干净。
- 将擦拭干净的托盘放回到托盘架上，放回到托盘架上之前将每一个托盘里放上纸巾（如果需要的话）
- 确保水壶内有足量的饮用水供应。
- 确保餐巾纸分配器里有足量的餐巾纸。
- 检查餐具箱里的餐具数量足够用。

注：在服务过程中要确保在任何时间内托盘架上有足够数量的托盘供给，随时准备给顾客使用。

酒吧服务

酒吧内提供的餐饮服务可以是指顾客来到吧台之后提供的服务，或者是顾客落座之后提供的餐桌服务。如果顾客需要提供餐桌服务，那么服务程序与第6章中所描述的正规的餐桌服务程序一样。顾客在吧台点酒水并享受服务，那么也会同时在吧台付账。

图7-6　酒吧吧台及座位区域
（图片由苏格兰鹰谷酒店提供）

酒吧内涉及所使用器具的相关准备工作参见3.6部分中的内容以及6.2部分中的内容。对于含酒精类饮料服务的相关内容，详见6.6部分中的内容，对于非酒精类饮料的服务，详见6.7部分中的内容。

7.4 餐中清理服务

在餐饮运营中主要的清理服务方法归纳于表7-1中。

表7-1　清理服务的方法

方法	方法描述
人工清理服务	由服务员收集和归类到收餐车上送到洗碗间
半自助清理服务	顾客根据要求将使用过的餐具放到餐厅内的收餐车上，由服务员回收
自助清理服务	顾客将使用过的餐具放置到由机械系统操控的托盘回收传送机或者传送带上，运送到洗碗间
自动清洗和运送	顾客将使用过的餐具放入洗碗机传送带上的洗涤筐里，直接进入洗碗机进行清洗

（来自于：Croner餐饮公司）

在任何情况下食物垃圾和一次性用品通常会直接倒入到垃圾桶里，垃圾桶一般会根据可回收的类型进行分类，像食物垃圾类、纸张类、塑料和罐头类等。

就餐区域内餐桌的清理服务

随着餐桌腾出之后，顾客在餐厅等候时，应该按照下述服务程序进行操作：

清理餐盘和杯具

基本的服务方式可以根据2.4部分和6.8部分中的内容具体实行。

垃圾（剩余食物）可以从餐盘刮除到一个塑料盆里。这些用于收集食物垃圾的塑料盆出于卫生方面需要的考虑，应定期进行清洁洗涤，以免气味影响到就餐的顾客。

使用过的餐具首先要放置到盛放有热水和液体洗涤剂的塑料盆里浸泡。这样会先除掉餐具上的油污，然后再放入洗碗机里进行洗涤、漂洗和消毒。或者将脏的餐具先放置到服务桌的餐具回收处，或者放到收餐车上以便一起运送到洗碗间，再放入洗碗机内进行洗涤。

同型号的餐盘要一起摞放在托盘里，不要乱摞放，否则这样无论对顾客还是员工都会引起安全危害的风险。托盘上所放置物品的重量要分散均匀，以使得托盘能够端放自如。关于托盘的使用方面的知识参见2.4部分，图2-6中的内容。

清理杯具时使用的托盘通常要与餐盘和餐具分离开。这样分开清理的方式可以最少程度的减少事故的发生。托盘里脏的杯具要送回到服务桌处，并且通常会放置到洗杯筐里运送到洗碗间里。

顾客一旦离开就餐区域的餐桌，员工应该立刻将餐桌上顾客遗留的餐具清理到托盘里并送回到服务桌处。然后使用杀菌清洗剂擦拭餐桌，餐桌上日常所配备的调配料应及时进行补充。

7.5 餐后清理服务

在餐饮服务工作结束时，还有一系列的其他工作要完成。这些工作在执行的过程中，顾客可能在餐厅内或者已经离开餐厅了。根据餐厅类型的不同，这些工作可以在一餐结束后进行，也可以在一天的工作结束后进行，还可以在工作时间内进行。

日常的清理工作

- 将沙拉餐台内菜品清理到储藏室。收回并清洗所有的切割刀和其他在沙拉餐台内使用的物品，清洁沙拉餐台。
- 收集所有的餐巾，干净的和脏的都要收回，核实收回的每一种类餐巾的数量。使用过的餐巾应十个一束捆好。所有的餐巾应放置到布草筐里连同布草单一起送到布草房，或者根据餐厅所规定的管理制度进行处理。

- 关闭热盘柜开关。收拾所有的服务器皿或者其他的服务餐具，将干净的餐具补充到热盘柜内。
- 将所有的餐具和餐车送回储存区域。
- 将所有的调味瓶和调配料收集起来送返到储存区域。将少司等用料倒回到原来的包装盛器里。
- 检查所有的服务桌/工作站已经完全清空。热盘柜开关已经关闭，脏餐巾已经送走。
- 清洁酒吧台面，将所有的器具都清理走，将所有的杯具都进行清洗和擦拭。擦拭好的杯具要送返到储存处。清除走所有的空瓶，填写完成酒水消耗和储存单。从酒水间内补充酒水。酒吧门窗应锁好。
- 清空所有的酒水服务设施，清洗之后储存到位。所有易腐坏原材料应分别储存好。蒸馏设施和奶桶要清空，清洗干净之后装满清水放置好。其他的饮料制作设施要根据使用说明进行清理。
- 清空和清洁所有的餐车并送返储存处。餐车上所有未使用的食品应送还到相应的部门。所有餐车上使用的服务器皿应在清洁之后送回储存处。
- 所有的工作应完成，恢复到开始工作状态，为下一餐做好准备。这些工作还包括铺设桌布和服务桌/工作站内的准备工作。这些准备工作在现代的餐厅内都是随时随地的进行。
- 在任何时候都要考虑到环保因素，例如，做好回收物品的再循环使用、废物利用管理、节能控制等。
- 就餐区域内所有的餐桌和餐椅都要使用杀菌清洗剂进行擦拭。地面要在清扫之后擦拭干净。
- 根据具体需要情况，对餐巾纸盒、糖盅、少司盅、餐具盘和托盘架内物品进行补充。

清理服务工作的具体职责

完成餐饮服务工作之后，餐厅内的某些员工还要完成其他的一些工作。这些特定工作的职责有助于确保整个餐厅安全卫生，环境优雅，准备工作就位。涉及的这些员工的职责见下述各项内容：

主管

① 确保煤气和电源设施开关已经关闭，插头已经拔下。
② 将所有特殊的设备送返到其专属的工作区域。
③ 关闭所有的窗户并检查消防通道。
④ 检查员工在当值期间所有的工作已经全部以令人满意的方式完成。

服务员/用餐区域服务员

① 根据工作检查单更换工作台上的所有设备。
② 擦拭工作台和餐车，将所有的脏器具送至洗碗间。
③ 清理餐桌。擦拭桌面并根据需要重新铺设桌布。
④ 如果需要重新布置餐桌和服务桌。
⑤ 关闭并清洁热盘柜。
⑥ 将特殊的设备送至指定的工作区域。
⑦ 将多余的餐盘和餐具送还到餐具储藏室。
⑧ 从电源插座上拔掉插头。
⑨ 将食品/酒水核对单连同菜单一起送还给经理/主管。
⑩ 打扫并擦拭地面。
⑪ 与主管一起对自己负责的工作区域进行检查。

酒吧员工

① 擦拭所有的工作台面。
② 确保所有的设备都经过清洗、干燥并放置到指定区域内以备用。
③ 确保所有的酒杯都经过清洗、漂洗、擦拭干净并存放到位。
④ 清空酒水车和垃圾桶。将垃圾桶内更换好垃圾袋。
⑤ 将剩余的橙子/柠檬片放到餐盘里并用保鲜膜覆盖好。放到冰箱里冷藏保存。
⑥ 清扫并擦拭地面。
⑦ 将洗碗机内的水控净。
⑧ 将保鲜柜内的灯光关闭。
⑨ 填写完成酒水管理表。
⑩ 补充酒吧库存。
⑪ 确保酒吧环境安全。
⑫ 与主管一起对责任区域进行检查。

储藏室员工

① 确保类似于像面包、黄油、牛奶、茶叶袋和咖啡粉等材料有足够的储存量。
② 擦拭所有的工作台面。
③ 清洁并规整储藏间冰箱并核对工作温度。
④ 检查所有的设备都是干净的，并储存在指定位置。
⑤ 剩余食品要放置在干净的容器内并正确储存。
⑥ 所有剩余的调配料要正确储存在专用瓶里，并密封盖好。
⑦ 关闭所有的电器开关。

⑧ 确保所有的托盘都擦拭好并摆放好。

⑨ 所有多余的茶壶/咖啡壶等，放置到专用储存区域内。

⑩ 所有的饮料制作设备都已经根据说明进行了清洁。

⑪ 工作结束之前，与主管或者负责这一服务区域的员工一起检查责任区域。

自助餐员工或者置台员工

① 关闭热菜区域和冷菜区域电器开关。

② 清洁热菜食品餐台和冷菜食品餐台，将剩余食品送回到厨房内。

③ 关闭墙面上的烤箱电源开关。

④ 清洁烤箱内剩余的食品。

⑤ 重要的是：填写每日每份剩余菜品数量单，这些剩余食品是作为废弃物留下的。这项工作对于菜品分量控制与监控是必须的，这份单据可以显示出哪些是受欢迎的菜品或者某一个菜肴受欢迎的程度。

⑥ 清洁所有的服务器具，例如在热菜准备和服务区域内每天开始所使用的服务勺、汤勺、鱼铲、餐刀和托盘等器具。将它们拭干。

⑦ 将所有清洁过并拭干的服务器具送还到储存区域，以备下次开餐使用。

⑧ 检查用于第二套菜品服务的餐盘储存情况。

⑨ 与主管一起检查责任区域。

第八章

早餐和下午茶的服务

8.1 早餐服务

每个酒店都提供早餐已经成为一种流行的趋势，现在许多酒店的房费中都提供不含早餐或者仅仅包含欧陆式早餐的服务项目，而全式早餐（美式早餐）则需要支付额外的费用。

酒店可以在餐厅内或者宴会厅内提供早餐，布置一个早餐餐台提供服务，或者在顾客的房间、套间内提供早餐服务。在顾客房间内提供的早餐服务方式见9.2部分中的内容。

早餐的种类

含咖啡的欧陆式早餐（café complet）

“café complet”这个术语在欧洲大陆被广泛使用，意思是将咖啡当作饮料的欧陆式早餐。有时候也使用术语“the complet”是将茶当作饮料的欧陆式早餐。

咖啡或茶早餐（café simple or the simple）

Café simple 或者the simple 是指早餐中只提供饮料（咖啡或者茶）而不提供食物。

表8-1中列出了早餐菜单中包含的内容。

表8-1　早餐菜单中包含的内容举例

菜单内容	所包含的内容
果汁类	橙汁、菠萝汁、西柚汁、番茄汁、西梅汁、胡萝卜汁、苹果汁
鲜果类和烩水果类	瓜类，草莓、西柚（切成两半或切成块）、菠萝、杏、桃、芒果、番木瓜、荔枝、无花果、李子（新鲜的和烩的）
谷物类	粟米片、维多麦、全麦维、什锦麦片、麦麸片、卜卜米、麦片粥
酸奶类	天然纯酸奶和水果酸奶，普通酸奶和低脂酸奶
鱼类	煎和铁扒的腌制鲱鱼、煮的烟熏鳕鱼（有时候配荷包蛋）、铁扒鲱鱼、煎或铁扒的鲽鱼、煎或铁扒的龙俐鱼、印度烩鱼、烟熏鱼类（有时还包括像烟熏三文鱼配炒鸡蛋这一类的菜肴），腌鱼类像腌三文鱼等
鸡蛋类	煎鸡蛋、荷包蛋、炒鸡蛋、煮鸡蛋、带馅或不带馅的蛋卷、培根鸡蛋松饼
肉类	各种培根、各种早餐肠、牛排、腌火腿
土豆和蔬菜类	土豆饼、炒土豆、家常土豆、蘑菇、焗豆、鲜番茄或者铁扒番茄

续表

菜单内容	所包含的内容
薄饼类和华夫饼类	普通薄饼或者华夫饼，配枫叶糖浆或者其他的装饰配料，蓝莓薄饼、全麦薄饼、煎饼
冷菜自助餐	火腿、牛舌、鸡肉、烟熏肉、色拉米、奶酪（通常配蔬菜沙拉）
面包类	烤面包片、面包卷、牛角包、蛋奶面包、脆皮面包、方面包片或者黑面包片、黑麦面包、麦麸面包、丹麦面包、美式松饼、英式松饼、香酥司康饼、茶点、面包圈
果酱类	果酱、橙味果酱、蜂蜜
饮料类	茶、咖啡、（包括不含咖啡因的咖啡）、巧克力、花草茶、自制饮料、牛奶、豆浆/稀饭、矿泉水

欧陆式早餐

传统的欧陆式早餐包含有新鲜烘焙出炉的牛角面包、蛋奶面包或者吐司面包，黄油和果酱，以及作为饮料的咖啡。而目前流行的趋势是在欧陆式早餐菜单中给顾客提供更多项目的选择，包括了各种麦片、水果、果汁、酸奶、火腿、奶酪、各种面包以及各种饮料等。

全式早餐（又称为美式早餐）

全式早餐可以包含有2～8道菜肴，并且通常包括一道热的主菜类菜肴。从传统意义上讲全式早餐菜单中的内容非常丰盛，包括了像猪排、肝类、野味、牛排、腌鱼以及麦片粥等组成了早餐的主要内容。这种类型的早餐传统上叫做英式早餐，但现在也叫做苏格兰式、爱尔兰式、威尔斯式早餐或者更简单些的叫做英式早餐，而“全式早餐”的叫法也越来越普遍。

现在的全式早餐菜单中已经有所变化，包括了更多种可供选择的内容。今天的顾客期望可以享用到的像鲜榨果汁、新鲜水果、酸奶、什锦麦片、面包类、自制果酱类、不含咖啡因的咖啡以及矿泉水等都可以包含在全式早餐菜单中。在表8–1中有举例说明。

早餐摆台

早餐摆台可以分成两种类型：

- 欧陆式早餐摆台
- 全式早餐摆台

欧陆式早餐的摆台

对于包含有新鲜出炉的牛角面包/蛋奶面包或者现烤的吐司面包，以及果酱和咖啡或茶等的欧陆式早餐，摆台可以如下述这样安排：

- 餐巾
- 旁碟和黄油刀
- 糖盅和夹子或者份装的放在碗中的袋糖（可以选择）
- 茶或咖啡杯及垫碟和茶勺
- 用于放置咖啡壶/茶壶和热牛奶/热水壶等的垫盘或底座
- 桌号牌

图8-1　一份欧陆式早餐图例（照片由Six Continents 酒店提供）

如果早餐的饮料是茶水，并且使用的是散装茶叶冲泡而成的，那么要使用下述器具进行服务：

- 收集茶叶的残渣盆
- 滤茶器

全式早餐的摆台

全式早餐中包含有数道菜肴，通常为三道或者四道，每一道中还包括有不同的选择，详见表8-1中的内容。因此，全式早餐的摆台会包括如下一些内容或者全部内容：

- 餐巾
- 旁碟和餐刀
- 鱼刀和鱼叉
- 肉刀和肉叉
- 甜品勺和叉
- 茶杯、茶碟和茶勺
- 糖盅和糖夹或者份装袋糖及盅
- 收集茶叶的残渣盆
- 滤茶器
- 放置茶壶/咖啡壶和热水壶/热奶壶的垫盘或者底座
- 盐和胡椒
- 撒糖罐
- 桌牌号

对于两种类型的早餐摆台来说，上述所包含的大多数物品通常都会作为餐前准备工作的一部分，在顾客落座之前，提前摆放在餐桌上。还有一些物品需要在顾客落座之后再摆放在餐桌上，这些物品包括：

- 黄油碟、黄油刀和黄油等
- 果酱碟和果酱勺
- 冷牛奶壶
- 吐司面包架和吐司面包/或者配有各种面包的面包篮
- 根据顾客选择的菜品而摆放的其他餐具

- 茶壶/咖啡壶/热或者冷牛奶壶/热水壶

图8-2　全式早餐的摆台

餐厅内的早餐服务（餐桌服务）

基本的早餐摆台通常会在前一日晚餐结束之后进行。为了保证第二天早班员工上班之前摆台餐具上没有落下灰尘，桌布的一角可以掀起来覆盖到餐桌上摆好的餐具上。一直到第二天早餐服务开始之前再掀起来。这些服务程序还包括将茶杯或者咖啡杯摆放到位之后倒扣过来，并且将早餐自助餐第一道菜肴所需要的餐具摆放到位，包括冰镇的水果汁、麦片及烩水果以及所有需要的玻璃杯、餐盘和餐桌上提供服务所需要的各种餐具等。早餐自助餐还要包括各种果酱和黄油等。盛放冰水的水壶和杯子应要自始至终放置在自助餐台上，特别是服务美国顾客时更应如此，各种果酱现在通常都是放置在各自的果酱罐里。

早餐点餐服务（餐桌服务）步骤

- 迎候顾客并协助顾客落座。引领顾客至其喜欢的餐桌旁并协助顾客落座。然后呈送上早餐菜单，给顾客留出选择早餐菜品的时间。
- 提供点餐服务。菜品要书写在点菜单上并送到厨房，顾客点的饮料要书写在另一个点酒水单上送到酒水间。
- 要确保根据顾客的点餐摆好餐具。不同的工作岗位在准备顾客的点餐时，服务员必须将不需要的餐具从餐桌上撤走，并适时的根据配餐的需要摆上顾客所需要的餐具和调配料，例如，顾客点的第一道是番茄汁，要配送辣酱油。
- 上第一道菜品和调配料。
- 第一道菜品从餐桌上撤走之后，按照以下顺序进行服务：

  —饮料：茶壶和热水壶或者咖啡壶和热奶壶应该摆放在垫盘上，放置于这些顾客中女士的右侧（如果不止一人的话，放置在年长者的右侧），如果全部是男士的话，就放置在年长者的右侧。壶的把手应置于最有利于顾客倾倒的位置上。

—牛角面包、蛋奶面包、面包卷、吐司面包：现烤的吐司面包和/或热的面包卷等应该在服务主菜之前与果酱和黄油一起放置到餐桌上。

- 服务主菜和调配料。（在全式早餐中的主菜通常都是直接装好盘，所有所需要的调配料都应该在服务主菜之前摆放到顾客的餐桌上）。
- 核对顾客的其他需求。
- 如果顾客要求加一份吐司面包、黄油、果酱或者饮料时，在撤除顾客用过的主菜之后，服务员应同时将旁碟和餐刀移放到顾客的面前。

自助餐或美式早餐

许多酒店近年来都开设了自助式早餐，这种方式非常有效的提供了方便快捷的早餐服务。朝着自助餐方式转变的早餐服务中也开始增加了菜品的供应量。自助餐适合于各种类型的早餐，最丰盛的早餐通常叫做美式自助早餐。菜单中可以提供的菜品内容，详见表8-1。

图8-3　早餐自助餐（照片由英国Dunk Ink公司提供）

早餐自助餐通常都是订好价格并提供给顾客3个不同价位的选择：

- 欧陆式自助早餐：包括果汁类、面包类和饮料类。
- 冷餐自助早餐：包括欧陆式自助早餐的内容，再加上一些自助餐上的冷盘类的菜肴。
- 全式自助早餐：包括自助餐上的所有菜品以及所有的热菜。

除了鸡蛋类菜肴或者其他需要点餐之后才制作的菜品和饮料以外，早餐自助餐中所有的菜品都是顾客从餐台上自助服务。

8.2 下午茶服务

在下午四点钟举行的英国传统方式的下午茶正在慢慢的消失，取而代之的是只提供茶和点心服务的下午茶。举办下午茶的场地也从酒店的大堂变化到了咖啡厅、咖啡馆和美食街等地方。随着全天都可以随时点选菜单中的食物，传统的一日三餐的时间划分也发生了变化。

下午茶的种类

许多酒店都提供下午茶服务并且有各种各样的形式。下午茶可以分成两大类：

①在豪华酒店和餐厅内提供的品种繁多、丰盛奢华的全式下午茶。

②在餐厅内、百货商店内或者咖啡馆内以平易近人的价格提供的普通下午茶。

全式下午茶

全式下午茶的菜单中通常包含有如图8-4中的部分或者全部的食品内容。一般都是按照一定的顺序排列好。注意先提供饮料服务。

Full Afternoon Tea Menu

Variety of teas, tisanes and coffees

Assorted Afternoon Tea Sandwiches:

Smoked Salmon, Cucumber, Tomato, Sardine,
Egg, Gentleman's Relish

Brown and White Bread and Butter

Fruit Bread and Butter

Hot Buttered Toast or Toasted Teacake or Crumpets

Warmed Scones (with butter or whipped or clotted cream)

Raspberry or Strawberry Jams

Gâteaux and Pastries

图8-4　全式下午茶菜单

全式下午茶的摆台

下述餐具一般在服务全式下午茶摆台时使用：

- 餐巾
- 旁碟和茶点餐刀
- 点心叉
- 茶杯和茶碟及茶勺
- 冷牛奶壶和/或旁碟配柠檬片（根据所提供茶的需要）
- 茶壶和热水壶连底座或垫盘
- 糖盅和糖夹或份装袋糖
- 收集茶叶的残渣盆和滤茶器
- 黄油盘和黄油刀及黄油（可以选择）
- 垫有底盘和果酱勺的果酱碟或者旁碟带份装果酱盅
- 桌号牌

注：饮料、冷牛奶壶、果酱碟和黄油碟只有当顾客落座之后才提供，而不是提前摆放到餐桌上。

图8-5　在顾客点选全式下午茶之后的餐具摆台

图8-6　下午茶茶点架

普通下午茶

普通下午茶相对于全式下午茶来说是另外一种形式的下午茶。通常是一种经过改进之后的，可以给顾客提供菜单的零点形式。在标准的全式下午茶菜单之外，包括有像铁扒类菜肴、经过烘焙的小吃类、鱼类和肉类菜肴、沙拉类、冷的甜食和冰淇淋类等。肉类菜肴通常是指馅饼类和派类为主的一类菜肴，至于鱼类菜肴通常是指经过煎的或者铁扒的菜肴。

下述调配料（专用少司类）可以在服务下午茶时提供：

- 番茄少司
- 布朗少司（像HP少司）
- 辣酱油
- 醋
- 芥末

普通下午茶的摆台

用于普通下午茶摆台的餐具包括：

- 餐巾
- 主餐刀和主餐叉
- 旁碟和餐刀
- 调味盅：盐、胡椒、芥末
- 茶杯、茶碟和茶勺及芥末勺
- 冷牛奶壶和/或旁碟配柠檬片（根据所提供的茶的类型选择）
- 茶壶和热水壶连底座
- 收集茶叶的残渣盆和滤茶器
- 糖盅和糖夹或者份装袋糖
- 黄油碟和黄油刀及黄油
- 果酱碟连底盘及果酱勺或者旁碟连份装的果酱盅
- 桌号牌

图8-7　普通下午茶的摆台

注：正如全式下午茶的摆台一样，冷牛奶壶、黄油碟和果酱碟并没有包括在提前摆好的餐台之内，只有当顾客落座之后才摆到餐桌上。顾客所需要的其他餐具在摆台时与零点摆台的服务一样。

下午茶的点餐服务（餐桌服务）

一般的下午茶的点餐服务顺序如下：

① 饮料

② 热食类——面包和黄油（有时候提供沙拉*）

③ 三明治

④ 各种面包类配黄油以及果酱（可选）

⑤ 热的烤面包类

⑥ 司康饼，配黄油或者奶油及果酱

⑦ 蛋糕类和点心类

*只有在提供茶点时提供

普通下午茶的服务

① 首先要提供饮料的服务，其次是提供顾客所点选的热食类服务，通常要与面包和黄油一起上桌。顾客享用完并撤台之后，接下来的服务与全式下午茶相同。

② 点餐时通常要使用带有复写纸的点餐单。

③ 三明治可以放置在银盘中呈送，顾客以自助的方式服务。或者以某种特定的方式装在餐盘中服务给所点选的顾客。

④ 吐司面包、茶点、松脆饼通常盛放在汤盘中或者放置在一个漂亮的餐盘中置于垫盘之上，再用银质餐盖盖好服务给顾客。也可以使用松饼餐盘代替，松饼餐盘是一个带银质餐盖的盛器，中间的内衬层中可以注入热水用来保温。当服务刚烘焙好的、涂过黄油的吐司面包作为下午茶的餐点时，吐司面包的三个脆边要切除掉，然后将面包连带着第四个脆边一起切成手指形的长条——这样的切割方式可以让顾客很方便的用手指拿着脆边部分食用。

⑤ 司康饼和各种黄油面包通常要摆放在餐盘中的花纸上，在自助餐台上进行展示，或者在需要时从备餐间内服务。

⑥ 果酱可以放置在果酱盅内或者放置在果酱碟内服务，这两者都要放置在垫有花纸的底盘上配一把果酱勺服务给顾客。

⑦ 蛋糕和各种西点可以摆放在蛋糕盘上，然后再放到餐盘里或者放置到圆形银盘上或者放到托盘里进行服务。另外一种服务方式是摆放到甜品餐车上进行服务。

⑧ 冰淇淋和其他的甜食目前越来越受到顾客的欢迎，这些甜食通常在最后服务给顾客。

> 注：下午茶也可以在酒廊里举行（参见9.3部分的内容）。

招待茶点或者自助茶点

招待茶点或者自助茶点通常在特殊场合和私人聚会时提供，而且就像题目一样，食物和饮料摆放在自助餐台上提供给顾客，而不是摆放到顾客的餐桌上。所提供的食物可以从全式下午茶中或者普通下午茶菜单中选取。

茶点自助餐可以设置在房间内最明显的一个位置上，要确保有足够的空间用来摆放和展示茶点和饮料，并让顾客可以悠闲自如的选取它们。餐台要处于非常容易的进出备餐间和洗碗间的位置，以便可以随时的对茶点进行补充，并且在没有打扰到顾客的情况下进行撤台服务。

当布置好餐台之后，要确保留给顾客足够的循环走动的空间，在房间中临时摆放足够的餐桌和餐椅，在这些临时摆放的餐桌上可以铺设上洁净的、经过熨烫的桌布，并摆放上一个小花瓶及鲜花或者烟灰缸（根据酒店的管理规定执行）。

自助餐台的布局

用于下午茶的餐具、餐盘和餐巾等，应该放置在餐台的前端位置，与茶杯、茶碟和茶勺等餐具摆放在一起。糖盅也可以放置在餐台上或者放置在房间内各自的餐桌上，茶水可以从茶壶中提供，要注意保温，或者由放置在不同位置上的茶水机中提供，鲜牛奶可以使用奶壶提供，也可以提供植物奶末和各种袋装糖。

还可以同时提供袋装花草茶和热水及柠檬片等。

一盆插花可以作为餐桌上的中心装饰物，盛放食物的餐盘可以环绕着摆放在周围。也可以使用蛋糕架来达到摆放和展示点心的效果。

服务

在自助餐厅开餐时间里，员工们必须站立在自助餐台的后面给顾客提供服务并随时补充菜肴和饮料。其他员工则要在餐厅内不断的巡视，以便能够及时的清理顾客使用过的杯子和餐盘。如果自助餐台上的菜肴已经所剩无几时，应该迅速的进行补充，或者进行更换，以便自助餐台看起来自始至终都处于干净和整洁的状态中。

第九章

特殊形式的服务

9.1 现场服务

现场服务是指将食物和饮料送到顾客面前，换句话说，顾客是在自己所在位置区域而不是在餐厅内接受餐饮服务。这种服务方式包括在医院和飞机上使用的托盘式服务，也如酒廊服务、送餐服务、火车餐饮服务以及送餐上门服务等方式一样。还包括了外卖服务，详见11.6部分中的内容介绍。

这种类型的服务方式包含在其他的4种服务方式中，详见表1.5部分中的内容。有关识别5种服务方式的方法详见1.5部分中的内容介绍。

9.2 餐饮服务

这里的送餐服务根据顾客房间内或者迷你酒吧内最基本的茶和咖啡制作设施的不同，与楼层中的自动售卖机服务，或者在房间内的菜品送餐服务有一定的区别。酒店客房内送餐服务的范围根据酒店自己的规定执行。在五星级酒店内可以提供24小时的送餐服务，而在二星级和三星级酒店内，受到顾客房间内制作咖啡和茶的设施不同带来的局限性，或许只能给顾客提供欧陆式早餐的送餐服务。

图9-1　送餐服务（照片由Six Continents 酒店提供）

全方位的和部分的送餐服务方式

图9-2展示的是一份送餐菜单的照片。在这家酒店内提供全式送餐服务菜单，送餐部员工提供24小时的送餐服务。

送餐服务可以在开设的楼层服务间内——这样需要在每一个楼层中开设，或者一个楼层服务间内同时给二到三个楼层提供送餐服务。另外一种方式是食品和饮料由中心厨房提供，然后由电梯分送到不同的楼层，在送入顾客房间之前，放置在餐车里保温。

楼层服务员必须具有丰富的餐饮服务工作

经验，因为他们要给顾客提供所有食品和饮料的服务。楼层服务员可以采用分班次的方式工作，因为他们要给顾客提供24小时的送餐服务。

住店的顾客可以直接给楼层服务间打电话订餐，或者通过电话将订餐信息告诉服务台或者是餐厅或者是宴会厅。顾客的订餐需要被记录下来之后，当给顾客提供送餐服务时，同时呈送给顾客的账单必须获得顾客的签字以进行确认。顾客所有的订餐制作好送到顾客房间、顾客在账单上签字之后，要立刻送至服务台或者收银台，以使得给顾客提供的服务能够记到他或者她的账户上。

在楼层服务间工作的员工可以比作是在小的酒水间里进行工作，根据需要在任何的开餐时间里操作机器设备用于食物和饮料的制备与服务。

Wake Up And Smell The Bacon

If you would like breakfast served in your room please fill in the breakfast menu door hanger and place on the outside doorknob of your room before 3am. Alternatively call room service direct on extension 4.

Served from 11am till 10.45pm

Hilton Classics

Caesar salad with parmesan shavings	£6.95 / £10.95
With chicken breast or Atlantic prawns	£9.95 / £14.95
Club sandwich with back bacon, chicken breast, vine tomato and egg	£12.95
100% beef Hilton burger with back bacon or mature Scottish cheddar or both	£13.95

Club sandwich and Hilton burger are both served with fries

Sandwiches and Paninis

Sandwiches come on your choice of traditional white or wholemeal bread. All sandwiches and paninis are served with vegetable crisps, dill pickle and marinated olives.

Oak smoked salmon, lemon mayonnaise	£8.95
Honey roast ham, apple relish	£8.95
Tuna mayonnaise, spring onion and rocket	£8.95
Spinach, ricotta and vine tomato wrap wit balsamic reduction	£8.95
Hot Turkish flat breadwith smoked turkey breast, Howgate brie and cranberry	£8.95
Warm sun blushed vine tomato, mozzarella and basil panini	£8.95
Warm chicken breast, caramelised onion and grain mustard panin	£8.95
Your choice of today's soup with any of the above sandwich or panini	£10.95
Mature Mull cheddar and ham toastie	£8.95
Mild cheddar and pickle toastie	£8.95
Fillet steak sandwich with fried onions, cos lettuce and fries	£11.95

From Our Pizza Oven

Margherita	£12.00
Smoked chicken, rocket, fresh pineapple	£12.00
Pepperoni	£12.00
Woodland mushrooms, char grilled vegetables, pesto and mozzarella	£12.00

Healthy Option　Vegetarian Option　Served 24 hours

All weights are uncooked. Please note an order charge of £3.50 will be added to your bill, all prices include VAT at the current rate. For those with special dietary requirements or allergies who may wish to know about ingredients used, please ask the Manager.

From Our Pasta Range

Linguini, penne or gnocchi　£13.95

Add your own sauce

Pesto, pine nut and mushroom　Arrabiatta

Bolognese　Carbonara

Light Bites

Soups of the day *Freshly prepared, always 2 choices available, served with crusty bread rolls*	£5.95
Barda Bree – Full bodied soup of haggis, neeps and tatties (vegetarian alternative available)	£5.95
Stornoway black pudding, Ayrshire bacon and crushed hash	£7.95
Shetland mussels, marinière or with lemon grass and coconut milk	£7.95
Greek salad; feta cheese with vine tomato, basil and marinated olives	£6.95
Nachos with mozzarella, jalapenos, salsa and sour cream	£7.95
Gravadlax with new potato salad, young spinach, keta caviar and dill	£7.95
Prawn and Uig smoked salmon cocktail	£7.95
Antipasti plate – Prosciutto ham, chorizo, galia melon, mozzarella, sun blushed tomatoes, marinated olives, roasted vegetables, anchovies feta cheese and wild leaves	£8.95

Main Meals

Add all dishes from the "Old Favourites" section in the new bar menu.

Baked field mushrooms, goats cheese, herb crust	£11.95
Highland game venison sausage, creamed potato, caramelised onion jus	£11.95
Tempura haddock, hand cut chips, tartare sauce and lemon	£15.95
Lime and ginger stir fried chicken strips, egg noodles, pak choi and prawn crackers	£15.95
Crumbed scampi tails, hand cut chips, tossed salad	£15.95
Dry aged Scottish ribeye (280g), Cherry vine tomatoes, field mushrooms and hand cut chips	£20.00
Roasted North Sea halibut, tender greens, white wine sauce	£19.00
Beef madras with basmati rice, naan bread and poppadoms	£16.95
From Mirsky's Buffet –	
Selection of cold appetisers	£6.95
Roast joint, entrée or fish of the day with vegetables and potatoes	£16.95

Side Orders　£3.50 each

Panache of seasonal vegetables　Parsley new potatoes

Hand cut chips　Onion rings

Fries　Rocket, endive and watercress salad

Garlic bread

Desserts And Cheese

White and dark chocolate indulgence	£6.95
Warm apple tart tartin, calvados anglaise	£6.95
Warm Eccles cake, vanilla pod ice cream	£6.95
Movenpick ice cream (please ask for our daily selection)	£5.95
Sticky toffee pudding	£6.95
Exotic fruit salad h	£5.95

图9-2　一份送餐服务菜单示例（照片由苏格兰格拉斯哥希尔顿酒店提供）

这些设备设施包括有：

- 煤气炉或者电磁炉
- 焗炉
- 电热板
- 热盘柜
- 蒸馏咖啡或者其他的咖啡机
- 洗涤水池
- 冰箱
- 制冰机
- 通往中心厨房的电梯
- 菜板
- 刀具
- 货架和橱柜
- 餐盘
- 刀叉等餐具和壶、杯类等餐具
- 玻璃杯
- 糖、调味瓶、各种少司和其他的调配料
- 布草
- 服务桌/服务餐车
- 保温灯
- 葡萄酒服务器皿，酒桶酒架、酒篮等
- 托盘

完善的设备设施是送餐服务保持高标准和高效率服务的保证。

送餐服务的员工在送餐服务开始之前，要完成所有的餐前准备工作（mise-en-place）。这些工作包括检查并填充调料壶及其他的调味品、放好早餐托盘、准备好餐巾、布置好餐桌、清洗及擦拭玻璃杯、清洁托盘等工作。有一些酒店提供了不同设计和风格的餐具等器皿，专门用于楼层的送餐服务使用。

送餐服务员必须与酒店内其他部门的员工通力合作。送餐服务员应确保所有的托盘和收餐的垃圾在顾客用完餐之后得到及时的清理，这样送餐服务的菜肴在客房服务员整理顾客房间卫生时，就不会滞留在顾客的房间内，或者被放置到客房的走廊里，这种情况会造成顾客摔倒的隐患并且看起来也不雅观。

只提供早餐的送餐服务

在一些酒店内只提供早餐的送餐服务，这些工作通常由客房服务员来完成。图9-3中展示的是一份早餐送餐服务菜单。这份菜单也当作点菜单使用，当顾客选择好菜品之后，悬挂在房门外面的把手上。这份菜单的下面部分撕下之后送到收银处记录到顾客的账户里，上面部分则送到服务间或者中心厨房里。按照要求准备好托盘中顾客选择的项目并在规定的时间内送到顾客房间。

早餐送餐服务托盘中物品的摆放有一定的步骤，但是也有个别例外，正如在餐厅内准备一份全式早餐或者一份欧陆式早餐摆台一样。顾客在房间内所点选的大部分菜品都已经提前知道，这样托盘中物品的摆放就可以根据顾客点选的内容来安排。托盘摆放和餐厅摆台主要的不同点是：

- 使用托盘餐垫代替桌布。
- 一般不使用底盘，因为托盘空间不够并减少送餐服务时托盘内食品和物品的重量。

顾客在房间内点选了早餐之后，送餐托盘通常会在晚上准备好，放在服务间内用干净的

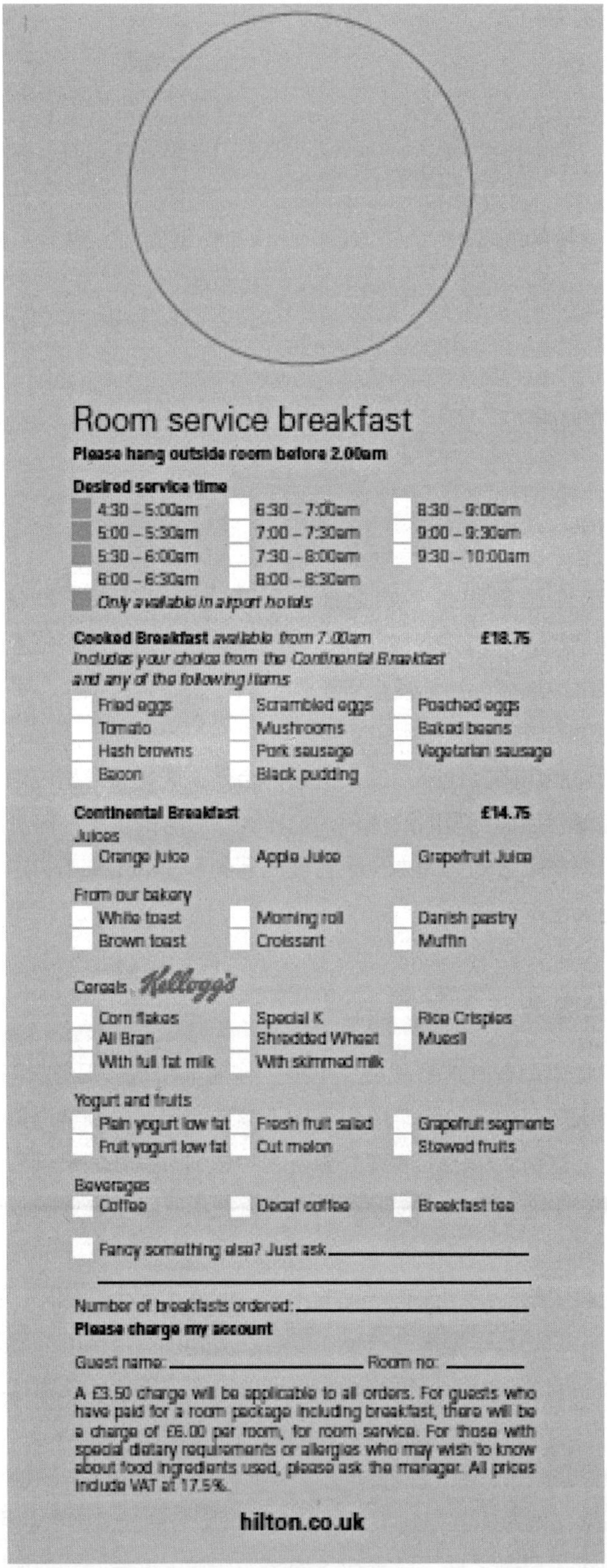

Room service breakfast

Please hang outside room before 2.00am

Desired service time

- 4:30 – 5:00am
- 5:00 – 5:30am
- 5:30 – 6:00am
- 6:00 – 6:30am
- 6:30 – 7:00am
- 7:00 – 7:30am
- 7:30 – 8:00am
- 8:00 – 8:30am
- 8:30 – 9:00am
- 9:00 – 9:30am
- 9:30 – 10:00am

Only available in airport hotels

Cooked Breakfast *available from 7.00am* **£18.75**

Includes your choice from the Continental Breakfast and any of the following items

Fried eggs	Scrambled eggs	Poached eggs
Tomato	Mushrooms	Baked beans
Hash browns	Pork sausage	Vegetarian sausage
Bacon	Black pudding	

Continental Breakfast **£14.75**

Juices

Orange juice	Apple Juice	Grapefruit Juice

From our bakery

White toast	Morning roll	Danish pastry
Brown toast	Croissant	Muffin

Cereals Kellogg's

Corn flakes	Special K	Rice Crispies
All Bran	Shredded Wheat	Muesli
With full fat milk	With skimmed milk	

Yogurt and fruits

Plain yogurt low fat	Fresh fruit salad	Grapefruit segments
Fruit yogurt low fat	Cut melon	Stewed fruits

Beverages

Coffee	Decaf coffee	Breakfast tea

Fancy something else? Just ask. ____________

Number of breakfasts ordered: ____________

Please charge my account

Guest name: ____________ Room no: ________

A £3.50 charge will be applicable to all orders. For guests who have paid for a room package including breakfast, there will be a charge of £6.00 per room, for room service. For those with special dietary requirements or allergies who may wish to know about food ingredients used, please ask the manager. All prices include VAT at 17.5%.

hilton.co.uk

图9-3　早餐送餐服务菜单和点餐卡（照片由北爱尔兰贝尔法斯特希尔顿酒店提供）

布覆盖好。饮料、吐司面包、面包卷等、麦片和果汁以及果酱和其他的调味品要根据顾客点餐的需要准备妥当。这些准备工作一般会在楼层服务区域或者服务间内由楼层服务员准备。主菜在厨房内装好盘之后由电梯送达顾客所在的楼层。在将主菜使用托盘送至顾客房间之前要检查核实没有错漏任何配餐食品，检查热菜食品的温度要够热。

图9-4 欧陆式早餐物品在托盘内的摆放方式

物品摆放在托盘中的位置非常重要：

- 物品应该摆放在可以直接拿给顾客的位置。例如，饮料和杯子，碟子和咖啡勺应放在托盘中间上部的右侧位置，因为这个位置可以非常容易的倾倒饮料并能够保持托盘的平衡。
- 顾客需要的各种瓶装酱汁在端送过程中，为避免发生意外，要平放在托盘中。
- 当端起托盘时，饮料壶口或者瓶口要朝里，以避免外洒，否则容易引起烫伤或者洒到地面上容易滑倒。

在到达顾客房间门口时，送餐服务员要敲门并等待顾客的回应，然后进入房间，在桌子上放下托盘，然后根据具体情况需要，调整好托盘内物品。如果房间内有两位或者多位顾客需要送餐服务时，可以像在餐厅一样布置一张送餐服务桌或者送餐车来进行早餐服务。

大约顾客在房间内用餐45分钟之后，房间服务员应返回到顾客房间，先敲门等待，然后进入房间询问顾客是否已经用完早餐，是否可以将早餐服务器具撤走。

当完成早餐送餐的服务以后，所有的服务器皿必须在楼层服务间内清洗干净，所有的食品类像牛奶、奶油、黄油、面包卷和果酱等应该放到冰箱里冷藏或者放到橱柜里保存。将服务间收拾干净，做好当天送餐服务的准备工作。

图9-5 送餐服务桌：（a）打开以后，（b）铺好并折叠好用于运送，（c）铺好并打开准备服务。服务桌内配备着食品保温柜（图片由英国伦敦博格斯家具有限公司提供）

Private Bar

PLEASE NOTE:

All items moved from your bar will automatically be charged to your room account.

A charge is incurred whenever an item is lifted. If you wish your bar to be locked during your stay, please contact Room Service.

Please contact our Room Service Operator, should you require ice cubes.

Spirits		
Gordon's Gin	50ml	£5.80
Smirnoff Vodka	50ml	£5.80
Bacardi Rum	50ml	£5.80
Glenfiddich	50ml	£5.80
Bells Whisky	50ml	£5.80
Martell V.S. Cognac	50ml	£5.80
Soft Drinks		
Sun Raysia Orange Juice	250ml	£3.15
Coka Cola Can	330ml	£2.75
Diet Coke Can	330ml	£2.75
Tonic Can	150ml	£2.60
Sprite Can	330ml	£2.75
Perrier	330ml	£2.60
Evian Water	500ml	£2.60
Red Bull Can	250ml	£3.85
Wine		
Nottage Hill Cabernet-Shiraz	250ml	£10.95
Nottage Hill Chardonnay	250ml	£10.95
Anna de Codorniu Brut	200ml	£10.45
Snacks		
Toblerone		£3.85
Alpen Muesli Bar		£3.05
Hilton Mixed Nuts		£4.35
Hilton Chocolate Raisins		£4.35

图9-6　客房迷你酒吧菜单（照片由苏格兰格拉斯哥希尔顿酒店提供）

房间内设施

迷你酒吧

图9-6展示的是一份客房内迷你酒吧菜单。有些酒店客房内迷你酒吧菜单也可以作为顾客自己完成的账单。许多现代酒店内迷你酒吧内装有自动感应器，当顾客从冰箱内取出物品时，费用会自动记录到顾客的账单里。这样就减少了盗窃现象发生，同时也增强了管理力度。迷你酒吧通常每天都要进行检查并补充货源，记录消费情况并提供给财务部门。

茶/咖啡设备

茶/咖啡设备设施在顾客房间内（通常为免费使用）包括茶杯连茶碟、茶勺、茶/咖啡壶（或两者都提供）、电水壶（带自动开关）以及可供选择的茶、咖啡、糖、巧克力、奶油壶、无糖甜味剂或者饼干等。这些物品在迷你酒吧内算得上是标准配备，每天要由客房服务员及时的进行检查和补充。

9.3 酒廊服务

酒廊服务工作可能包括有欧陆式早餐的服务、早间咖啡、午餐小吃、下午茶、晚餐或者宵夜的服务以及含酒精饮料的服务等内容。尽管酒廊主要开设在酒店里，但是也可以在酒楼里、酒吧里，或者在游船上。图9–7（a）和图9–7（b）中展示的是酒廊的服务菜单。

酒廊服务的组织管理工作

酒廊通常设在酒店的前厅靠近窗户处，所以服务工作应该高标准以反映出酒店的整体服务水准。这份职责心取决于酒廊员工的工作态度，因此他们思路必须敏捷，积极热情、体贴入微的对住店客人或者其他顾客提供服务。他们必须具备丰富的食品和饮料知识，特别是相关法律知识。酒廊服务员全天都要确保酒廊区域内自始至终处于整洁美观的状态中。在午餐和晚餐开餐之前，各种小吃可以放置在咖啡桌上，在午餐结束之后，咖啡桌必须整理好用于下午茶的服务。

在一家高级酒店内酒廊服务员可以在自己专属的服务间内工作。但是也有很多的酒廊服务员是在酒水间内或者在酒吧内工作，制作出顾客所需要的各种酒精饮料和不含酒精饮料等。服务员可以在这些地方的专用存储区域里，存储一些常用材料以备不时之需。这些常用材料包括如下一些内容：

- 少量的布草
- 托盘
- 烟灰缸（根据酒店管理规定）
- 各种酒杯
- 茶杯、茶碟和茶勺，用来服务热饮使用
- 干货原材料：咖啡、茶和糖
- 用于酒精饮料的点菜单、账单和库存表等
- 基本的酒精饮料（用来给在酒吧关门之后的住店顾客制作的饮料）包括高度酒、白兰地、矿泉水、开胃酒、利口酒、软饮和葡萄酒等。
- 小吃类——鸡尾洋葱、盐霜花生米、酸黄瓜、罐头樱桃、橄榄、奶酪条等。
- 其他的饮料类——好立克、保卫尔、可乐、阿华田、花草茶以及巧克力等。

酒廊服务员在酒廊里必须为下述的服务做好准备工作：

- 各种早餐食品
- 早间咖啡
- 午餐和晚餐之前准备服务的开胃酒和鸡尾酒
- 午餐和晚餐服务之后准备的咖啡、利口酒和白兰地
- 下午茶
- 宵夜饮料，酒精饮料和不含酒精饮料
- 根据酒店菜单要求准备当天使用的其他小吃类

酒廊里通常使用一式三联的点菜单（或者使用电子点菜单），第一联送到酒水供应点（酒水间或者酒吧吧台）。第二联如果顾客需要开发票的话由酒廊员工持有，或者送交服务台或

SAMPLER PLATES

CASPIAN CAVIAR (30g)

Royal Beluga £240.00
Oscietra £210.00
Sevruga £175.00

Unpasteurised, specially selected for The Westbury, served with a classic garnish

The Westbury caviar sandwiches
Sevruga caviar sandwiched with buckwheat and lemon blinis and fresh crème fraîche
£95.00

Chinese sampler plate
Selection of aromatic duck with pancakes, spring rolls, sweet and sour chicken and prawn toast
£28.00

Italian sampler plate
Selection of sliced meats antipasti, bruschetta, mini olive and buffalo mozzarella calzone
£28.00

Japanese sampler plate
Selection of hand made tuna, salmon and vegetable rolls and thinly sliced sashimi, together with carpaccio of marinated beef, and tempura prawns
£30.00

Seafood sampler plate
Selection of smoked salmon, Cornish crab, rock oyster and Dublin bay prawns
£40.00

Vegetarian sampler plate
Selection of crudités with humus dip, spring rolls with sweet chilli, bruschetta and antipasti
£26.50

Rock oysters
Half a dozen rock oysters, garnished with shallot vinegar, lemon and bread
£22.50

1

CANAPES

Mini foie gras burgers
Six mini sauté foie gras burgers served canapé style with a selection of chutneys
£22.50

Duck Spring Rolls
With a plum sauce
£14.95

Panko crusted prawns
Nine prawns in panko breadcrumbs served with chilli
£19.00

Bar sushi and sashimi
Selection of hand made tuna, salmon and vegetable rolls and thinly sliced sashimi
£19.50

SANDWICH SELECTION

The Bookmaker
Grilled fillet of Caledonian Crown with melted Stilton, plum tomatoes and shallot mayonnaise on ciabatta
£19.00

The Bond Street
Slices of roasted sirloin of Aberdeen Angus beef served with Swiss cheese, horseradish, lettuce on Viennoise bread
£16.00

Peppered Pastrami
New York style peppered pastrami with shaved fennel and Swiss cheese on toasted bagel
£16.00

Thai spiced chicken
Breast of chicken with lime leaf, lemon grass, and ginger on ciabatta
£16.50

The Savile Row
Croque Monsieur with hand sliced smoked salmon, cream cheese, horseradish, capers and beetroot
£18.50

Mediterranean vegetable club
Wood roasted peppers, hummus, mozzarella, artichoke, with grilled asparagus on toasted granary
£14.00

2

图9-7（a） 酒廊和酒吧菜单图例（照片由伦敦威斯伯雷酒店提供）

SAVOURIES

Crisp salmon roll
With fresh pea purée and shoots
£19.00

Smoked salmon
Formans hand sliced London cure smoked salmon, garnished with lime crème fraiche and blinis
£22.00

5J Jabugo ham
Hand sliced, served with rocket, quince jelly and caper berries. Widely regarded as one of the finest hams in the world
£30.00

The Westbury Bar fish and chips
Scottish salmon and Dover sole in a crisp batter served on a medley of capers, cornichons, grated egg, tomato and tartare sauce, with hand cut fries
£19.50

Lobster spaghetti
Butter poached Scottish lobster, garnished with wild mushrooms on samphire and Armagnac dressing

Half　£31.00
Whole　£48.50

Thai spiced chicken curry
Breast of chicken in a light broth scented with lime leaf lemongrass, chilli, ginger, turmeric and coconut milk served on Jasmine rice
£19.00

Prawn risotto
Carnaroli rice finished with saffron mascarpone and parmesan served with sauté tiger prawns, plum tomato, passata and rocket
£21.00

Truffle and wild mushroom risotto
Carnaroli rice finished with truffle mascarpone and parmesan, garnished with sautéed wild mushrooms and rocket
£19.50

3

SALADS

The Westbury classic Niçoise
Confit bonito tuna, English lettuce, plum tomato French beans, shallots and coquilles Niçoise olives
£19.50

The Westbury modern Niçoise
Sashimi tuna, English lettuce, plum tomato crisps and puree, French beans, shallots and coquilles Niçoise olives and anchovies
£19.50

Fillet of Caledonian crown salad
Grilled fillet of Caledonian Crown with salad of sautéed wild mushrooms, marinated beetroot, seasonal leafs and granary mustard
£21.00

Ragstone goats cheese salad
Seasonal leafs dressed in lemon oil with walnuts, watermelon and glazed goats cheese
£18.00

Panko crusted duck egg salad
Duck egg in Japanese breadcrumbs served with seasonal leafs in wholegrain mustard dressing, with sautéed potatoes and green beans
£18.00

The Westbury chicken Caesar salad
Grilled free range chicken breast, baby gem lettuce, marinated anchovy, croutons, crispy pancetta, and parmesan flakes with the Westbury Caesar dressing
£19.50

DESSERTS

Selection of ice cream and sorbets
£7.50

Soft chocolate tart
Garnished with peanut butter ice cream
£7.50

Vanilla crème brulee
£7.00

Selection of English cheeses
£9.50

4

图9-7（b）　酒廊和酒吧菜单图例（照片由伦敦威斯伯雷酒店提供）

者收银台，以便据此将费用记录到住店顾客的账户里。最后第三联由服务员留存，作为服务时的参考。

不住店顾客通常会当场就付账。住店顾客可能不喜欢当场付账，服务员必须确保住店顾客在账单上签字，以确认服务已经收讫。账单上必须写明正确的房间号码。这笔费用随后会记录到顾客的酒店账户里。

盘点应定期进行并且不定期的抽检某些物品。存货单应每日填写，通常会以每日消耗单的形式填写（见12.7部分中的内容）。这样会显示出每日销售额及现金收入情况，可以与点菜单进行核实和对比。

自助餐和餐车服务

有一些酒廊的服务方式，像下午茶一类的，会采用自助餐的方式以展示所提供的系列菜品。同样的道理，也可以使用餐车提供给在酒廊里落座的顾客，供他们在一系列的食品中进行选择。

9.4 医院病号餐饮服务

医院的病号餐饮服务主要提供的是食品服务，所有的饭菜看起来应该格外诱人食欲，能够被患者身体迅速吸收，并且具备某些特定的营养价值。住院的患者通常都有特殊的饮食要求（这方面的事例参见4.4部分中的内容）。

医院的用餐时间

住院患者的用餐时间通常会遵循下面的模式，例如：

早餐	上午7：30—8：00
午餐	中午12：00
茶点	下午3：00—3：30
晚餐	下午6：00—6：30
热饮宵夜	晚上8：00—10：00的时间段内

点餐服务

患者在医院的病房内以菜单点餐的方式点餐。给每一位患者提前一天的时间选择菜单中午餐、晚餐和早餐不同的菜品。

住院患者在菜单上标注出第二天他们所需要的午餐、晚餐和早餐菜肴。他们还可以在菜单中注明自己所需要的菜品是大份还是小份。菜单收集起来之后会送交给餐饮部门进行制作。

当菜单收集起来之后，会使用菜单读写终端对患者标注的菜单进行扫描，终端也会用来将食品和饮料传送到产品制作区域，打印出清单，监控每份食物在装盘过程中的情况。菜单读写终端也可以用来与电脑系统连接进行饮食定量分析和食谱分析工作。

托盘服务

医院的餐饮服务可以使用很多种的商业化托盘服务方式。个人份的餐饮服务是根据患者提前预订的需要运送而来。医院里可以使用各种不同的方法来保持食物的冷热温度，从采用加热法或者冷藏法到使用特制的保温托盘。菜品一旦在托盘中分装好，就会被运送到病房内的保温餐车里待用。在用餐时间内，根据患者预订的不同类型的菜肴进行分发，如果患者需要也可以追加点餐的份数。饮料也可以在送达给患者之前，在分发地点进行添加份数的制作。

托盘服务的优势

- 患者可以根据自己的需要从菜单中选择食物。
- 患者有超过一周或者一天的时间对食物进行广泛和多样化的选择。
- 患者接收到的食物温度适宜而香味诱人。
- 可以降低用工成本和管理费用。
- 花费在食物分装上的时间可以用来从事其他的工作。

在医院里也可以使用微波炉用来在白天和晚上的某个时间段内，给患者提供食物快速加热服务。所需要的各种食物可以在非用餐高峰期在中心厨房内进行制备，然后进行冷冻或者冷藏。在接下来的几天时间内，根据情况需要，菜品可以快速的准备好提供给患者服务。

注：自费患者选择的食物和饮料品种和数量通常会比较多，这里提供的餐饮服务与酒店提供的送餐服务相类似。

9.5 外卖服务

外卖服务（送餐上门服务）提供从印度和中国的打包外卖服务，到餐厅全套的食物服务（热菜或者冷了之后需要顾客重新加热）。一家比萨连锁店就是根据美国人的生活习惯专门设计的送餐上门服务的餐馆。他们同样也为社会上的体弱多病者和老年人提供外卖服务。

现代的外卖服务有很多种方式，但是所有工作的聚焦点都是如何在外卖包装中保证菜品的温度。最简单的，却是最有效的方法是在比萨外卖服务递送过程中，使用厚的瓦楞纸板隔热保温箱以保持比萨的热度。保温的时间是根据外卖服务送货的地点而定。通常，公司会将外卖比萨服务业务范围规定在30分钟可以到达的距离之内。

9.6 航空配餐服务

绝大部分航空公司都是通过餐饮供货商来提供配餐服务。餐饮供货商的经营范围包括提供饮食服务、客舱服务、保税商店、清洁工作以及其他乘客需要的服务项目。目前普遍认为在短途航线上，只提供快餐式的膳食服务或者三明治及饮料服务等内容，对于一些航空公司来说，提供餐饮服务需要乘客额外付费。在远程航班上，航空公司会给乘客提供更广泛的餐饮服务项目；在飞行过程中，会提供满足乘客特殊需求的菜肴，例如，可以满足乘客不同饮食的要求。

飞机上的餐饮服务通常是各种餐车服务的结合体，使用饮料服务程序，从餐车服务中分离出来的托盘式服务方式。像盐、胡椒、芥末、糖、奶油、奶酪、饼干和果酱等食品，也大量使用份装的服务方式。

对于乘坐经济舱和二等舱的乘客来说，所有的膳食供应都有一个标准，食物放置在单独包装的餐盒内，密封、冷藏储存至需要时。经济舱或者二等舱的膳食通常会使用塑料餐盒或者使用密胺托盘、一次性的餐垫、餐具和纸巾以及提供饮料服务的一次性的纸杯等。

商务舱和头等舱的乘客可以享受到媲美五星级酒店的餐饮服务（见图9–8）。这些一流的服务项目，包括可以给乘客提供从在通道中的肉车上进行切割服务的烤肉类，并搭配上适当的装饰和蔬菜。这样的服务方式与使用的骨瓷餐盘、玻璃器皿、银质餐具一起为乘客提供了一个奢华大气的就餐氛围。

餐饮服务的组织管理包括了将食物放入保温柜中加热保温直到运送到飞机上，或者经过冷藏并储存在冷藏箱里，直到在飞机上被重新加热。飞机上的高速烤箱可以将食物在20分钟之内加热完毕，然后放入托盘中服务给乘客。在远程航班上的两餐之间的时间段内，通常会给乘客提供茶、咖啡、饼干、蛋糕和其他的小吃类的服务，并同时提供冷饮服务。来自保税商店在餐饮场合售卖的所有酒精类饮料和香烟要在国家税务及海关总署的监管之下进行。

每一家航空公司都有自己的餐饮设施，像餐具、餐盘和杯子等。为了最大限度的节省燃油，一些航空公司根据食物供应情况，已经停止给乘客提供金属餐具，因为这些多余餐具的总重量加在一起会消耗更多的燃油。

当飞机在空中飞行时，乘务员给乘客提供餐饮服务。他们的工作会非常困难，特别是如果飞机是短途飞行时，只有很短的时间为乘客提供饮食服务。目前航程在两小时以内的航班只给乘客提供热饮和冷饮服务。

Welcome on board

British Airways is proud and delighted to work alongside some of the world's finest chefs and to feature their dishes on board. These have been created for your pleasure and to complement our selection of fine wines.

This is the chef whose dish is featured on your menu today.

Liam Tomlin's international career has seen him cooking to great acclaim in Switzerland, Australia and South Africa. From Cape Town he acts as a consultant to various restaurants, game lodges and hotels.

Drinks

Complimentary bar service, including alcoholic beverages and soft drinks, is available throughout the flight. See inserted wine list for today's selection.

Ground coffee, decaffeinated coffee or tea

Selection of herbal teas includes green tea with jasmine, peppermint, blackcurrant and camomile with honey

Club Kitchen

Between meals, please help yourself to a drink or a tasty snack. Please visit the Club Kitchen and choose from the selection on display.

Snack salads, sandwiches, filled rolls and wraps

Fresh fruit salads and fruit smoothies or juices

Choice of luxury cakes

Crisps and chocolate

If seated in the upper deck, you can visit the Club Kitchen downstairs.

London – Bangkok

Breakfast

Starters

Chilled fruit juice

* An energising fruit smoothie of raspberry and oatmeal

* Fresh fruit

or

Greek yoghurt with apricot and blueberry compote

Bakery

Selection of warm breads and breakfast pastries

Main

English breakfast of scrambled eggs, grilled bacon, Cumberland sausage, sautéed mushrooms and tomato

Spanish-style potato omelette (V)

Chicken congee

Drinks

Ground coffee, decaffeinated coffee or tea

Selection of herbal teas includes green tea with jasmine, peppermint, blackcurrant and camomile with honey

London – Bangkok

British Airways Classics
Many of our best dishes are greatly loved and have become firm favourites with you. We are delighted to offer some of these for your enjoyment today. Our ingredients are locally sourced wherever possible.

Dinner

Starters
Liam Tomlin's salmon brandade and green beans with shallot and walnut oil dressing
or
* Baby leeks with vinaigrette (V)

Salad
* Fresh seasonal salad served with vinaigrette

Main
Winter beef casserole with horseradish dumplings

Roast turkey with cranberry and Stilton

Prawns with oyster mushrooms, stir-fried vegetables and rice

Roast vegetable and goat's cheese pie with walnuts and sage (V)

* Chilled main course salad with winter-spiced breast of chicken

Dessert
Orange délice

Cropwell Bishop Stilton and triple crème French Brie served with savoury biscuits

A selection of fruit

Chocolates

* "Well Being in the Air" selection–please refer to High Life for details.
We apologise if your first choice is not available.
For allergen information, please ask your crew for more details.

图9-8　飞机上商务舱菜单（世界俱乐部部分菜单内容，照片由英国航空公司提供）

图9-9　列车头等车厢内使用的在座位上服务的菜单，由列车上大厨亲自制作（照片由英国大西部铁路有限公司提供）

9.7 火车用餐服务

铁路餐车服务是指火车离开车站之后，在旅途中根据供应情况给乘客提供的餐饮服务。因此火车上提供的餐饮服务在组织管理方面与室外餐饮的情况相类似。

火车上的餐饮运营服务通常归于如下的4类中：

① 常规的餐馆（包括在火车上带有厨房设施）

② 小卖部服务（外卖服务）

③ 餐车运营服务

④ 限定于卧铺列车的送餐服务

火车上的餐饮服务详见托盘服务中的介绍，类似于飞机上的餐饮服务。食物和饮料是放置在托盘中呈送给座位上的乘客的（见图9-9），而不是在火车餐车里，像在餐馆里一样进行餐桌服务。

第十章

超值服务技巧

10.1 现场料理（餐车服务）

现场料理服务是餐桌服务工作的延伸。通常会附属于酒店餐厅内的零点菜单并在希望给顾客提供更高水平的服务时采用。因为需要提供高标准的服务技巧，使用更贵重和专用的设备，用于餐车行走的更大的服务空间区域，因此现场料理菜肴的价格也会更昂贵。

“guéridon”这个词指的是可移动式服务桌，或者服务餐车，可以给顾客提供食品服务。实际上，guéridon 是一个带有足够服务设施的可移动式服务柜，或者是服务台，连同其他所需要的服务设备一起用来满足顾客对服务的需求。

现场料理通常是将食物放置到餐车上的餐盘里。现场料理服务也涉及其他的服务技巧，像酒水车、肉车、奶酪车或者甜品车的服务等。此外，酒水车、肉车、甜品车和奶酪车也可以用来展示提供给顾客的食物，以进行促销活动。

其他的现场料理服务内容还包括：

- 在服务区域内制备和服务像沙拉和沙拉汁类的食物
- 在服务区域内切割肉类食物
- 火焰菜（在餐厅内准备和完成或者烹调食物，flambage，也叫做flamb ée d）

现场料理服务的方法

对于现场料理服务，顾客点餐的方法与6.4部分中所介绍的服务细节基本相同。当现场料理服务开始时，所有的食物在实际制作好之前，特别是在将食物切成份状，烹调肉类或者切割所有食物之前，必须将它们呈现在顾客的餐桌旁。因为在食物上桌之前厨师已经将食品摆放好，这样做是让顾客可以看到食物的制作过程，同时顾客还可以确认这些菜肴是否是他们所点选的。

现场料理服务的餐前准备工作

许多酒店都提供餐厅现场料理服务，基本布局都按照统一的标准进行。这样会确保能够满足顾客所期望的标准化服务，同时对于所有进行现场料理服务的员工来说安全是第一位的。现在市场上有许多种不同设计风格的现场料理车（桌），但现场料理车（桌）上最常见的布局形式见图10–1中所示。

如果需要的话，现场料理餐车的台面和层架上都要铺上叠好的防滑桌布，当然先要看料理餐车的外观和质地而决定是否需要这么做。为便于工作，餐具的摆放应该如同在服务桌边进行，因为这样可以节省服务工作的时间。这些餐具包括：

- 服务勺和叉（肉叉）
- 甜品勺和甜品叉

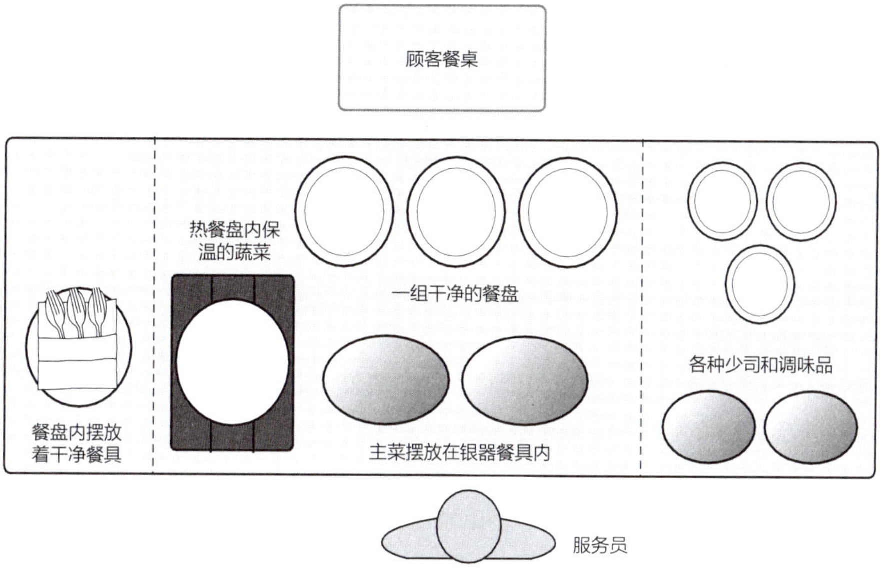

图10-1 现场料理的摆台布局图

- 汤勺、茶勺、咖啡勺
- 鱼刀和鱼叉
- 其他的特殊餐具，例如，长柄汤勺和少司勺等
- 肉刀和黄油刀

如果使用了热盘器或者热盘柜，那么热的餐要摆放在料理餐车的左上侧。料理餐车上的热源可以是煤气、电或者固体酒精等。

料理餐车里面的层架上可以摆放一个服务餐盘和服务托盘，一些配菜盘以及主餐盘，在服务过程中，还可以用来放置顾客使用过的餐具和其他的餐具。也可以摆放一些用于蔬菜和少司服务的餐盘，在这些餐盘上可以使用装饰餐垫或者花纸等，用于摆放少司和其他的配菜。其他需要提前准备好的物品，像咖啡碟、调配料和点餐单等一般会连同其他的用于料理餐车上所需要的所有物品一起放置到服务桌上或者摆放在工作台上，以备在需要时可以随时取用。

现场料理的工作程序

- 现场料理实际上是由大厨和助理厨师给顾客提供服务。因此他们之间必须联系紧密并具备团队合作精神。
- 现场料理餐车行进时一定要使用推的方式而不要使用拖拉的方式。推的方式可以控制和引导料理餐车沿着正确的方向行进，从而避免发生意外。
- 料理餐车在制作一道完整的菜品时要保持在一个固定的位置上，而不要在顾客之间来回移动。
- 餐车服务不像法式服务那样使用一只手拿着服务勺和餐叉进行服务，而需要两只手分别拿着服务勺和餐叉进行服务。这样在服务过程中会更方便，也更快捷。

- 菜品首先要呈送给顾客，菜名也要同时介绍给顾客，例如："女士，这是您的龙脷鱼"。然后再放回到料理餐车上进行制作。
- 热的餐盘要放置到餐车的一侧，连同要服务给顾客的菜品一起在热盘器上进行保温。
- 热餐盘内的菜品此时就可以服务到顾客的餐盘里了。这些服务包括了切成份装的菜品、切割好的肉类或者鱼类等。
- 当往顾客的餐盘中放置菜品和汤汁时，记住服务勺要置于餐叉的上面，以避免汤汁滴落到顾客的餐盘里。
- 顾客还没有取走餐盘时，服务员要将土豆和蔬菜等服务到顾客的餐盘里，同时也要将少司盛放到顾客的餐盘里，然后呈送给顾客享用。
- 如果从料理餐车上同时服务两份以上的菜品时，那么只从餐车上服务主要的肉类菜品给每一位顾客，土豆和蔬菜及少司和调配料等要等到肉类菜肴放置到顾客的餐盘中之后再配备好并呈送给顾客享用。
- 助理厨师必须随时清理料理餐车的卫生。
- 当一桌的顾客服务完毕，将料理餐车擦拭干净之后，迅速服务下一桌的顾客。这段时间正好可以等候助理厨师从厨房内取回准备好的食品材料。

注：不可以在银器或者不锈钢餐盘上进行切割，因为刀具能够给它们造成损伤，可以使用菜板或者热的主餐盘进行切割服务。

不同食品的服务要求

表10–1列出了不同食品的服务要求。

表10–1　　不同食品的服务要求

食品种类	服务要求
小吃或开胃菜	除了几种特殊菜品以外（见4.6部分中的内容），都可以使用常见的服务方式进行服务
汤类菜肴	不管是每人份装的汤盅还是需要长柄汤勺服务的大汤碗，都要从餐车上进行服务
鸡蛋类菜肴	除非顾客有特殊要求，这些菜品都要直接服务到顾客的餐桌上
意大利面和米饭类菜肴	从餐车上服务到顾客的餐盘里。意大利面条的服务方法是使用服务勺和餐叉从服务餐盘里将意大利面条夹取并抬起到顾客的餐盘里放下。调配料在餐桌上提供

续表

食品种类	服务要求
鱼类菜肴	从装好的餐盘中或者平盘中服务到顾客的餐盘里。有一些鱼类菜肴需要剔除鱼刺或者需要在餐车上进行分割，这就需要把鱼类菜肴进行分割、剔刺之后再服务到顾客的餐盘里
肉类菜肴	从摆放精致的餐盘中或者平盘中服务到顾客的餐盘里。有一些肉类菜肴需要在餐车上进行展示之后再切割或者分割，要使用菜板进行切割或者分割的操作。分割之后的菜品可以直接摆放在餐车上的顾客的餐盘里
土豆和蔬菜类	无论是从餐车上服务到顾客的餐盘里还是采用法式服务方式进行服务，在肉类菜肴摆放到顾客的餐盘里之后，土豆和蔬菜也要摆放到顾客的餐桌上。少司和调配料也要摆放到餐桌上
奶酪类	可以摆放在餐盘中，更常见的是使用奶酪车进行服务，但是也可以将奶酪（通常是使用奶酪盘）摆放在餐车上进行展示售卖
甜品类	除了提前装好盘的甜品或者从冷藏甜品车上服务的甜品以外，甜品要从摆放甜品的展示盘或者平盘中服务到顾客的餐盘里。有一些甜品需要在经过展示之后切成份状进行服务，这些甜品要在餐车上进行切割然后直接摆放到顾客的餐盘里即可
餐后小吃	除了提前装好盘的餐后小吃之外，其余的都是从餐车上直接服务到顾客的餐盘里
咖啡和茶	除了顾客需要的特制咖啡以外，其他的咖啡都要现场调配

10.2 肉类的现场切割介绍

要体现出专业化的服务形象、操作技能和社交能力相结合是不可或缺的。香草料理技能在餐饮业中来说具有非常重要的实用价值。在餐厅内展示切割技能时需要使用到切割餐车，在自助餐中或者其他的特殊场合中以切割餐车的服务形式，为顾客进行现场切割服务。在某些餐厅里这些工作是由服务员作为他们日常服务工作的一部分来进行的，特别是将餐车作为现场料理的形式进行服务。而在另外的一些餐厅里则可能是由专门的切割厨师来进行操作。切割、分离和切块这些技能对于自助餐台服务员来说也是必备的服务技能。

所有的顾客都会喜欢或者不喜欢——半熟或者全熟的牛排、带着脂肪部分或者带着很少的脂肪部分、切割的烤肉末尾部分、肉类切割的厚薄程度、嫩肉的部位、肉质较老的部分等。切割厨师在有条理和高效率进行服务的同时必须具备顾客这些需求方面的相关知识。他们还必须使用最适合的工具来对食品进行切割处理并搭配好适当的调配料和少司进行服务。

肉类的切割技法

切割技法是只有经过不断的练习才能够掌握的专业技能。一般要考虑到以下一些因素：

- 使用锋利的刀具，在切割之前刀要确保已经磨过，不要在顾客面前晃动。记住你是在切割肉块而不是要将肉块切割成碎片。
- 持刀切割时最好的方式是将刀朝自己身体的方向切拉，而不是朝外推切。
- 利用整个刀刃的长度进行切割，这样切割的肉块外形美观匀称。
- 以最经济、最恰当的方式进行切割，以使切割下来的肉块份数最大化，而且浪费最少。
- 快捷而有效地进行切割操作以避免切割之后菜肴停留的时间过长。
- 除了羊排以外，肉类的切割都要顶刀进行（与肉的筋脉纹路垂直进行切割），因为羊排在切割时要呈直角切割到肋骨部位。
- 肉叉必须牢固的控制住肉块以防止发生意外。对于小块的肉，使用叉齿固定好再切割。对于大块的肉，在切割时要将肉叉插入到肉块中扶稳。
- 尽可能的多多练习以掌握切割技艺方面的专业技能，使得自己在面对顾客时有充分的自信。

切割工具的选择

- 对于大多数的肉块来说，一把长25～30厘米（10～12英寸）、宽2.5厘米（1英寸）的刀具最适合用来进行肉类的切割服务。
- 对于家禽类和野味类的切割，使用20厘米（8英寸）长的刀具更合适。
- 对于火腿的切割，一把细长而有弹性的刀具是首选。
- 锯刀不一定有平刀好使，因为使用平刀可以将肉块表面切割的非常平整。
- 当进行切割操作时，需要使用肉叉牢稳的固定好肉块。
- 要在菜板上进行切割，木菜板或者塑料菜板均可。要避免在瓷盘上或者金属器皿上进行切割操作，这样会损伤到这些器皿，并且会造成（特别是在银器上进行切割时）小的金属碎屑掉落而粘连到切割好的肉片上。

切割服务时的清洁和卫生要求

切割厨师在工作中所保持的清洁标准和他们所使用的器皿在实际运用中的工艺都是至关重要的，优秀的切割服务技法如下所述：

- 穿着一尘不染的工装。记住，顾客正在观看你的技艺表演。
- 尤其要注意个人卫生，因为你是在靠近顾客的地方工作以及切割食物。
- 一定要提前检查工作区域和设备情况，以确保养成一个良好的卫生习惯。
- 当在菜板上切割或者分割肉类、家禽或者野味类菜肴时，不要过度的移动它们。
- 当顾客需要时再切割，不要提前切割好过多的肉块，或者太早的进行切割。

- 将所有的肉类、家禽或者野味类菜肴盖好，以便将菜肴保持在恰当的冷的或热的切割服务温度中。
- 对于所提供的需要切割的肉类，任何有变质的迹象都要保持足够的警惕。
- 在每一项服务结束时，确保所有的器具都经过彻底的清洁和充分的漂洗。

肉类切割的方法

对于所有要进行切割的热的菜肴，必须快速迅捷的进行操作，以便使得热量流失的最少。切割肉类和鱼类等的常用方法见表10.2中的介绍。更详尽的切割技法见这一章中其余部分中的内容。

肉车

肉车是一种非常昂贵的设备。正因为如此，肉车一定要小心翼翼的使用和维护保养，以确保发挥出它的最大效用。

目的

使用肉车服务的目的是作为增加餐饮销售的一个项目。在服务过程中，员工必须成为销售员并且有能力通过简明扼要的介绍和描述，对菜单上的菜品进行销售。肉车服务方式通过视觉效果对菜品的销售进行补充，当服务员给顾客点餐服务时，肉车应推到顾客餐桌前以便可以向顾客介绍和展示肉车上这些具有特色的菜品。

> 注：要记住餐车要使用推动的方式而不是拖拉的方式进行操作，这样当肉车转向时能够很好地控制肉车的运动，并确保在运动过程中的安全以避免发生意外。

维护保养

肉车应使用洁银粉定期进行清洁，清洁过程中要确保所有的洁银粉都要用净，没有与任何食品进行接触。可以使用一根牙签对肉车上的缝隙进行进一步的清理。

表10-2 现场料理服务指南

肉的种类	切割的方法
牛肉和火腿（beef and ham）	切成非常薄的片
牛肋排（rib of beef）	可以带骨进行切割或者先剔除肋骨之后切成片

续表

肉的种类	切割的方法
牛排（steaks）	夏多布里昂牛排或者大块肉眼牛排要顶刀切成片，要根据顾客的要求切半片或者切成几片
羔羊肉、绵羊肉、猪肉、牛舌和小牛肉（lamb，mutton，pork，tongue and veal）	肉片切割而成的厚度要比牛肉和火腿厚一倍
羊脊肉（saddle of lamb）	沿着羊里脊的纵长进行切割，要切割成均匀的厚片
羊肩肉（shoulder of lamb）	羊肉里会有一些骨头，从顶端开始切割，一直切割到骨头的位置，然后将羊肉与骨头进行分离，将肉成片的切割下来
羊颈肉（lamb best ends）	通过在骨头之间进行切割，将羊肉切割成大片，羊颈肉也可以通过紧贴着两根骨头的一侧进行切割的方式将其切割成大块的肉片
煮牛肉和成品肉类（boiled beef and pressed meats）	通常可以切割的比烤牛肉略微厚些，切割好的每一片上都要带有一些脂肪部分，煮牛肉要顶刀进行切割以免将肉切成碎片
冷火腿（cold ham）	从上到下一直切割到中间的骨头，要切割成非常薄的片
整鸡（whole chicken）	中等个头的整鸡通常会切成八块，然后分成四份装盘
春鸡和小型的野禽类（poussin and small feathered game）	可以整只提供给顾客或者分切成两半提供
鸭子（duckling）	可以切成四块/六块，两条腿、两只翅膀，鸭脯肉可以切成长条状
火鸡和其他大型的禽鸟类（turkey and other large birds）	通常会分割成腿、翅和胸等部分，然后再分别切成片。装盘时分别将从翅膀处切割下来的白肉或者胸肉与一片切割自腿部的红肉以及酿在火鸡等大型禽鸟类腹中的馅料一起装盘。同样的，烤好的整只禽鸟也可以先将骨头剔除之后再分割
煮三文鱼（poached salmon）	不管是冷菜还是热菜都要先将鱼皮剔除，再将鱼骨两侧的鱼肉整个剔取出来，将鱼肉切成10厘米（4英寸）长、2.5厘米（1英寸）厚的段
龙虾和小龙虾（lobster and crayfish）	牢稳的扶好，使用一把砍刀垂直的刺入到虾身中部，上下运动刀的头部和尾部进行切割。将壳朝下方掰开，使用餐叉将虾肉小心取出，然后将虾肉切成块状
鳎鱼（sole）	先将鱼身周边的刺除掉。然后使用两把大号餐叉将鱼肉从脊骨处分开，装盘时每一个餐盘中要包括鱼身上下各一片鱼肉

切割时要考虑到的安全因素

在进行肉车切割服务时，有一些安全因素要充分的考虑到，并且要坚决的贯彻执行：

图10-2 切割肉车（照片由英国Euroservice公司提供）

- 在肉车切割板下方的容器中会装有热水，在点燃热源之前要确保已经加入了热水。
- 确保底座上的安全阀门设置正确，螺丝拧紧。在安全阀门上有一个小孔，可以让过量的蒸汽逸出。这个阀门要放置在肉车切割位置对面的地方，以避免逸出的蒸汽烫伤手。安全阀门不可以被堵塞或者覆盖住。如果被堵住，底座周围的蒸汽压力就会增大，增大的压力可能会使得肉车变形，容易发生意外。
- 使用两个酒精灯或者固体酒精灯就可以将肉车加热保温。确保酒精灯状况良好，灯芯经过修剪，灯内装有适量的酒精或者固体酒精。要确保有足够的酒精能够坚持到开餐服务结束。
- 肉车的下层可以用来放置服务餐盘、备用的服务餐具以及一个干净的主餐盘。
- 小心安全的使用切割刀具，特别是在使用磨刀棍磨刀时更要如此。

切割前的准备工作

为了在餐厅内体现出令人满意的服务效果，适当的服务器具在开始切割之前要在切割肉车上准备好，这些器具包括：

- 切割菜板
- 切割刀/肉叉
- 长柄少司勺
- 服务勺和餐叉
- 主餐盘（用于收集使用过的餐具）
- 备用餐巾和服务巾

大块肉的制备

在烹制大块的肉之前进行适当的制备工作是非常重要的，在烹制之前妨碍到进行切割服务的所有骨头都要剔除掉。同时，为了使得切割服务工作有条不紊的进行并切割出尽可能多的份额，切割厨师必须对肉块中的骨骼结构做到心中有数。因此切割厨师必须做到：

- 了解大块肉、家禽或者野味类的相关知识。
- 掌握成品的骨骼结构和纤维组织走向。
- 熟悉需要使用的切割工具。

切割肉车的展示方法

- 切割厨师必须确保切割餐车在推到顾客的餐桌之前时，已经布置妥当。
- 切割餐车上餐盘支撑架已经支起，用于盛放肉汁和少司的盛器已经装满。这两个盛器要放在离托盘支架最近的一个地方。这主要是为了方便服务，在盛器和餐盘之间的距离最短。
- 在进行切割服务的时候，肉车要放置在顾客和切割厨师中间靠近顾客的餐桌旁，这一位置可以确保顾客可以看到切割厨师的每一步操作并能够充分欣赏到厨师的技能表演。
- 肉车要摆放在确保安全阀门不在切割厨师一边的地方。这样可以确保厨师在进行切割服务时不会被蒸汽烫伤。
- 肉车摆放的位置要能够使得肉车的车盖朝向切割厨师，这样打开车盖时肉车上所展示的食物能够朝向顾客。

10.3 火焰灯、薄饼锅和热盘器

火焰类菜肴在英国开始流行始于爱德华时代。法式可丽饼（小甜饼）被认为是最早的火焰菜，据说在1894年由在蒙特卡洛巴黎咖啡馆当厨师的亨利·夏本提耶（Henri Charpentier）所制作发明而成。

日本料理中在餐桌旁烹调的技艺叫做铁板烧（tepanyaki），是现场料理中另外一种比较时髦和专业的方式，会给顾客带来极大的视觉冲击效果。例如照烧（Teryaki），这是肉类或者鱼类原料在经过酱油少司腌制调味之后，用铁扒或者铁板烧的方法制成的菜肴。日本料理厨师在顾客面前准备肉类与虾仁、米饭和蔬菜等菜肴，给顾客在用餐之余增加了烹调和娱乐的用餐体验。

除了料理餐车或者小的服务桌以外，服务餐桌也有各种各样的形式，例如，为了现场料理而特制的煤气料理餐车。

火焰灯

用于餐桌服务的一个附属设备是火焰灯，用来在烹制菜肴和制作火焰菜肴时保温使用。最大限度的保持火焰灯的燃烧时间并将发生意外的概率降至最低是非常重要的。

今天我们所使用的火焰灯的燃料主要有如下3种方式：

① **液体酒精：**燃烧程度非常好，但是灯芯必须要小心地进行修剪，这样可以避免冒烟。液体酒精所使用的器具必须密封，任何泄露的气体都会带来严重的火灾隐患。现在使用

这种方式的餐厅已经越来越少了。

② **固体酒精**：这是一种非常洁净和安全并且可以反复添加的燃料，可以是份装的灯形器皿，或者直接加入到灯里，或者装入到带有多头灯的容器里。但是使用固体酒精时火苗较弱。

③ **液化气**：这种保温灯非常流行并且可更换式液化气罐直接安装到保温灯里。液化气没有气味，火苗的大小可以非常容易的进行控制。

这些保温灯通常会在固定式的现场料理车上使用，保温灯嵌入在料理车上。这样，料理车的工作台面就会处在同一个水平高度上，操作起来就会更加安全，也减少了发生意外的概率。料理车的台面由不锈钢制成，这样便于清洁。服务餐桌通常也会带有一个燃气灯的开关和一个抽屉用于存放备用器具，一个菜板用于在餐桌旁烹调时切配使用，在底层上有一个支架用于存放成瓶的高度酒和利口酒，台面上会有一排凹槽用于摆放调配料。

近些年来便携式煤气炉，设计的初衷是用来在野营时使用的炉具，已经开始用于在服务餐桌上烹调中使用了。这些煤气炉重量轻、自调压、方便携带，带有自动点火开关和内置的安全熄火装置。一罐Sunngas p220煤气可以持续点燃2个小时，另外这些煤气炉比使用酒精灯具平均起来要便宜许多。

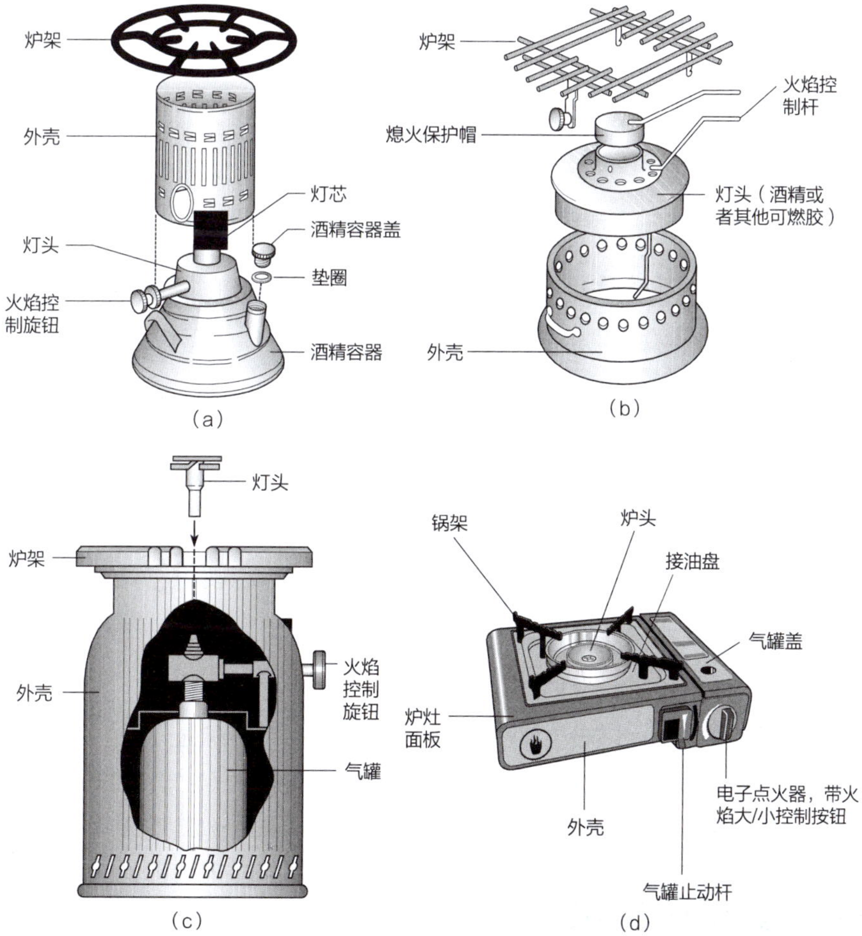

图10-3 4种类型的料理保温灯：（a）传统的液体酒精灯，（b）现代的固体酒精灯，（c）煤气灯，（d）煤气炉

保温锅或法式薄饼锅（可丽饼锅）

真正的保温锅是一种深的、带盖的、设计有独立加热设施的餐具。大号的保温锅可以用在自助餐中（自助餐中使用的保温锅的图片，见第7.2部分中的图7–4）。浅一些的锅，用在保温灯上进行烹调，叫做法式薄饼锅。它们形状上类似于煎锅，尺寸大小在直径23～30厘米（9～12英寸），可以带有锅嘴。锅嘴通常设计在锅的左侧。这种锅一般是镀银的铜锅，因为使用这种材质制作的锅受热均匀。

热盘器

热盘器的主要功能是在将菜肴服务给顾客之前保温用。热盘器通常会放置在餐具柜上，但是也可以放置在服务桌上。它们的尺寸大小不一，可以使用煤气、电、酒精或者固体酒精加热，也可以采用远红外加热。

在现场料理车和火焰类菜肴制作中利口酒的使用

在现场料理车和许多火焰类菜肴的制作过程中可以使用许多不同种类的利口酒。见表10–3中所述。

表10–3　在现场料理和火焰菜肴中使用的利口酒举例

种类	用途
烈性酒和利口酒 强化葡萄酒 起泡葡萄酒 无气葡萄酒 啤酒 苹果酒 糖浆	· 用于燃焰、增加甜味、菜肴上色和口味之间的均衡 · 可以去除多余的脂肪/油脂 · 让少司达到适当的浓度

设备设施的维护与保养

在餐桌旁进行现场料理可以吸引更多顾客的关注，带给顾客视觉上的享受。因此所有的操作必须符合最高等级的卫生与安全标准，只有经过精心的组织与安排才可以实现这一目标。下面是一些在服务餐桌操作时，有关的卫生与安全方面需要考虑到的因素：

- 员工的仪容仪表和卫生应保持在最高标准（参见2.2部分中的内容）。
- 所有的设备设施要一尘不染并每天擦拭。
- 双手不可直接接触到食物。

- 料理车在每次使用完毕之后都要擦拭干净。
- 热盘器或者保温灯不可以放置在料理车以外的地方。
- 料理车不可以放置在靠近窗帘或者室内装饰品的地方使用。
- 烈性酒不可以放置在靠近料理车加热源或者有明火的地方。
- 当服务火焰类菜肴时对于烈性酒的操作要格外小心。
- 当料理车上放置着食品或者其他器皿时不要在餐厅内四处推动。
- 保温灯要每天进行检查以确保其处于良好的工作状态之中。

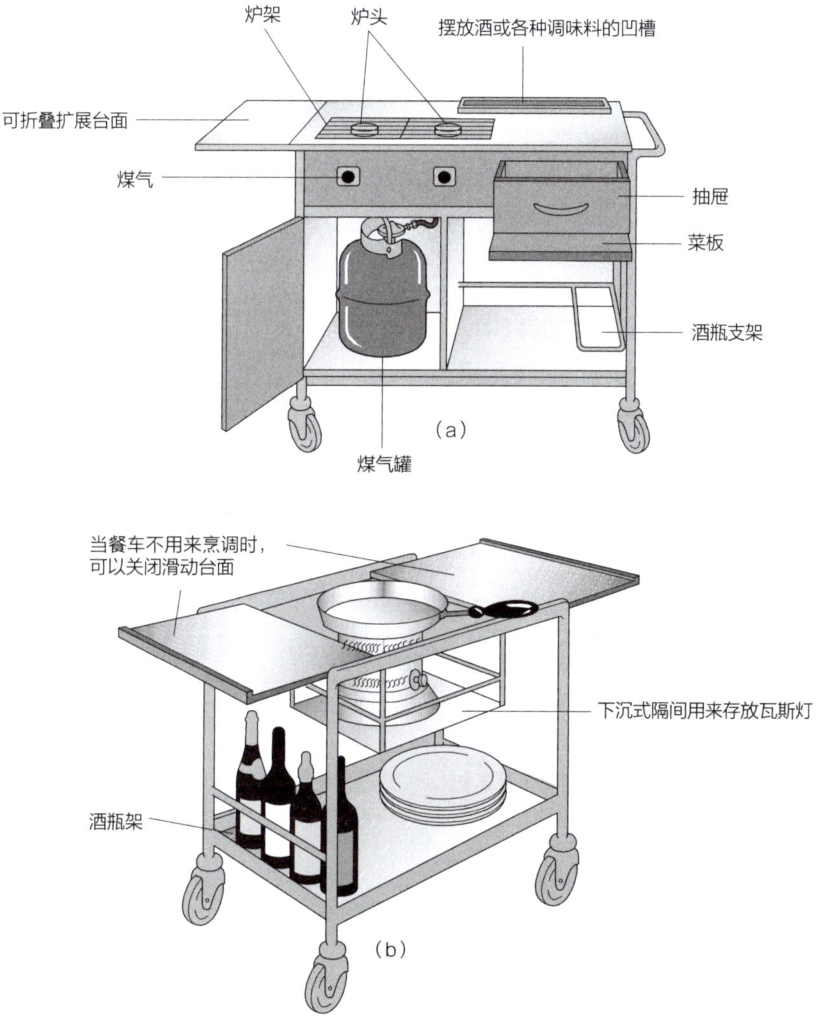

图10-4 火焰料理车：(a)煤气火焰料理车，(b)酒精炉火焰料理车

通过卫生值日表或者排班表实行日常安全检查和卫生清洁工作。食品服务人员应将这些工作作为日常的餐前准备工作的一部分去认真完成，并纳入到团队管理人员的监督之下。

所有小的银器器皿应该在每天使用正确的方式进行清洁时一并进行数目核对，例如：

- 抛光机

- 洁银粉
- 银器保养液

所有大的器具，像火焰灯、薄饼锅、热盘器和料理车等应每天使用适当的清洁剂手工进行清洁。要谨记尽量使用最少分量的擦洗剂进行擦洗，否则就会刮伤设备的表层。对于使用铜基的器皿，盐、柠檬和一点醋的混合液擦拭时最为有效。

对于有些设备设施的部分配件进行特别保养维护是非常重要的。这些部件包括了料理车脚轮以及对设备设施上所有移动部件进行润滑，还有铰链和抽屉滑槽等，可以使用三合一机油或者WD40润滑油进行处理。

工作检查表

为了确保有效而安全的对设备设施进行维护和保养，根据工作需要，应拟订一份所有员工必须遵循的工作检查表，举例如下：

煤气加热炉

- 检查所有的活动部件能够拆装自如。
- 确保煤气罐和炉头上没有油烟和污垢。
- 按照正确的方式进行清洁，例如使用西尔维奥或者戈达德牌的洁银粉。使用时切记不可浸入水中。

煤气瓶

当更换煤气瓶时，下述几项要考虑到：

- 确保在更换煤气瓶时在加热炉的周围没有正在使用的设备设施或者明火。
- 按照使用说明书进行操作并使用适当的扳手工具。
- 检查所有的阀门都在“关闭”的位置上。
- 所有的煤气瓶都要储存在阴凉通风处。

酒精灯

- 检查酒精灯内酒精的容量。
- 确保透气孔没有堵塞。
- 修剪灯芯并检查灯芯的长度。
- 清理过多的污垢和用过的火柴。
- 确保所有的活动部件拆装自如。
- 使用正确的方式进行清洁。谨记不可浸泡到水里。

设备设施上那些精美的装饰部件应仔细检查，如果有必要，使用一根牙签进行彻底的清洁。

10.4 开胃菜和其他的头盘类菜肴

传统餐前小吃的服务方法详见4.6部分中的内容。

烟熏鳗鱼（Smoked Eel）

设备工具

- 切割菜板
- 小号切割刀
- 肉叉
- 备用骨碟用于盛放鱼皮和鱼骨
- 盛放餐夹的盘子
- 服务勺和餐叉

原材料

- 整条的烟熏鳗鱼

调配料

- 奶油辣根少司
- 辣椒面
- 胡椒磨
- 柠檬角
- 传统的黑面包和黄油

餐具

- 鱼刀和鱼叉
- 冷的鱼盘

操作方法

① 确保所有的原材料和设备工具在开餐之前已经准备妥当。

② 从鳗鱼尾部开始切割。

③ 切割成大约10厘米长的段（4英寸）。

④ 将刀插入到一边鱼身的鱼肉与鱼皮之间，揭开鱼皮。

⑤ 用餐叉上的叉齿卷紧鱼皮，朝脊骨处卷起。

⑥ 切断脊骨。

⑦ 朝另外一边卷起鱼皮用刀切断。

⑧ 去掉脊骨取出鱼肉。

⑨ 将切割好的鱼肉放到一个冷的鱼盘中，配柠檬角，上菜。

⑩ 单独配奶油辣根少司。

> 注：烟熏鳗鱼因为自身的长度和所需要的切割空间，更常见的是在自助餐台上进行切割而不是在服务餐桌上进行。

烟熏虹鳟鱼（Smoked Trout）

设备工具

- 放在餐盘内的服务勺和服务叉
- 盛放餐夹的盘子
- 冷的主餐盘

原材料

- 放在银色托板上的烟熏虹鳟鱼

调配料

- 奶油辣根少司

• 辣椒面
• 柠檬角
• 传统的黑面包和黄油

餐具

• 鱼刀和鱼叉
• 冷的鱼盘

操作方法

① 确保所有的原材料和设备工具在开餐之前准备到位。
② 首先将烟熏虹鳟鱼展示给顾客欣赏，然后放回到服务餐桌上。
③ 将一点生菜叶和西红柿摆放到鱼盘中。
④ 将烟熏虹鳟鱼摆放到冷的主餐盘里。
⑤ 使用餐叉固定住虹鳟鱼，使用餐刀的刀尖沿着脊骨从鱼头到鱼尾划开一个口，鱼腹部也是如此。
⑥ 将餐叉的叉齿轻轻的从鱼头后面的肩胛骨处插入到鱼身里（不要插入到鱼肉里）。
⑦ 使用服务勺在鱼皮和鱼肉之间慢慢移动滑过，将鱼皮和鱼肉分离开，翻过鱼身，重复操作一次。
⑧ 使用服务勺和餐叉，移走鱼头和鱼尾。
⑨ 将剔下的烟熏虹鳟鱼整齐的摆放到冷的鱼盘中并上菜。
⑩ 单独配奶油辣根少司。

烟熏三文鱼（Smoked Salmon）

设备工具

• 切割刀（通常使用细长的鱼刀）
• 肉叉
• 服务勺和服务叉
• 盛放餐夹的盘子

原材料

• 放在切割板上的一整片烟熏三文鱼肉

调配料

• 辣椒面
• 胡椒磨
• 用纱布包好的半个柠檬或柠檬角
• 传统的黑面包和黄油
• 有时候香葱末和水瓜柳可以与酸奶油一起提供

餐具

• 鱼刀和鱼叉
• 冷的鱼盘

操作方法

① 确保所有的原材料和设备工具在开餐之前准备到位。
② 将放置在切割板上的三文鱼展示给顾客或者将三文鱼连切割板一起放置在现场料理车上展示给顾客欣赏。
③ 确保整片三文鱼的鱼皮修整过，鱼肉上的所有小刺都已用小鱼钳拔除干净，随时都可以进行切割服务。
④ 按照从头部到尾部的顺序进行切割，将切下来的鱼肉装入到鱼盘内时，折叠一下，在服务时，显得鱼片不会太长。
⑤ 在进行切割服务之前，在鱼肉的中间部位先切割一个V形切口，以除掉中间的黑线。
⑥ 将鱼肉切割成薄片，每份2～3片。
⑦ 切割好之后，将餐叉的叉齿插入到鱼片中，卷起鱼肉，摆放到冷的鱼盘中，轻缓的松开餐叉，重复此操作，直到每一片鱼片都操作完成。
⑧ 上菜并配上调配料。

注：因为三文鱼的尺寸过大，通常会在自助餐台上进行切割服务，或者在专用的现场料理车上进行切割服务。

鱼子酱（Caviar）

设备工具

- 甜品勺或者两把茶勺
- 盛放餐夹的盘子

原材料

- 鱼子酱罐头（放在碟中，置于装有碎冰的垫盘上）

调配料

- 小薄饼（荞麦饼）或者热的吐司面包片
- 黄油
- 柠檬角
- 煮熟的鸡蛋蛋白和蛋黄分别过筛成细末
- 香葱末
- 酸奶油

餐具

- 摆放在右侧的鱼子酱刀
- 冷的鱼盘

操作方法

① 确保所有的原材料和设备工具在开餐之前准备到位。

② 将服务餐车推到顾客的餐桌前。

③ 如果使用的是甜品勺，那么一份鱼子酱的量大约为30克。

④ 如果使用的是两把茶勺，鱼子酱要使用两把茶勺做成丸子状（quenelle），每份3~4勺。

⑤ 如果直接从鱼子酱罐中服务时，鱼子酱在服务顾客的前后都要称重，这样每餐使用的鱼子酱的数量根据服务的多少就可以进行计量。

注：如果没有鱼子酱刀，也可以使用黄油刀代替。

注：鱼子酱也可以使用放置在碎冰上的小玻璃碗盛放。通常会摆放在餐桌上，放置在冷的鱼盘上，然后将调配料也摆放到餐桌上。鱼子酱也可以在厨房内装好盘之后直接服务给顾客。

整个瓜的切割服务（Whole Melon）

设备工具

- 切水果菜板
- 水果切割刀
- 干净的餐巾
- 用于盛放果皮和籽的骨碟
- 盛放餐夹的盘子
- 摆放在餐盘内的服务勺和餐叉
- 牙签及牙签盅

原材料

- 整个的瓜置于装有碎冰的小容器内
- 鸡尾樱桃放在小银盘内或者玻璃盘里

调配料

- 姜粉
- 白糖

餐具

- 甜品勺和叉或者一把小刀和叉（特别是在瓜不是太熟的情况下可以使用）
- 冷的鱼盘

操作方法

① 确保所有的原材料和设备工具在开餐之前已经准备到位。

② 瓜要放置在装有碎冰的小容器内。

③ 将瓜展示给顾客欣赏并确认之后摆放到服务餐车上。

④ 将瓜用一块干净的餐巾拿取到菜板上。

⑤ 将瓜的两头除掉。

⑥ 将瓜头朝上放置在菜板上，根据顾客的要求，切下一块或多块，或者根据判断，直接切成份状。但是作为参考，整个的瓜会切成4～6块（份）。

⑦ 将切成块的瓜放置到干净的餐巾上，用左手牢稳的扶好，使用服务勺将瓜内的所有籽都挖出。如果所剩余的瓜还不到半个大，可以直接将瓜籽挖取到骨碟里。

⑧ 将切割好的每块瓜整理一下，在盘中放稳不至于滑动或者滚动。

⑨ 如果顾客要求，服务员可以将瓜的外皮除掉并切割成片。

⑩ 给顾客提供白糖和姜粉服务。

注：夏朗德甜瓜通常会切成半个服务给顾客，放在碗里置于碎冰上。在垫盘上或者在餐桌的右侧摆放一把甜品勺（或者茶勺）。

洋蓟（Globe Artichoke）

洋蓟可以作为开胃菜或者单独的一道蔬菜热食或者冷食。

设备工具

- 如果热食，需要保温灯
- 摆放在餐盘中的服务勺和叉
- 盛放餐夹的盘子
- 长柄少司勺

原材料

- 洋蓟，放在银盘中
- 装有少司的少司盅，放在垫盘上

调配料

- 如果热食：配荷兰少司或者融化的黄油
- 如果冷食：配油醋少司

餐具

- 主餐叉，摆放在餐桌右侧（用来食用洋蓟心）
- 根据情况选用热盘或者冷盘
- 洗手盅，配有温水和一片柠檬，放在底盘的餐巾上
- 备用餐巾

操作方法

① 确保所有的原材料和设备工具在开餐之前准备到位。

② 洋蓟在给顾客展示之后放回到服务餐车上。

③ 使用服务勺和叉将洋蓟从银盘内移到冷

- 料理车在每次使用完毕之后都要擦拭干净。
- 热盘器或者保温灯不可以放置在料理车以外的地方。
- 料理车不可以放置在靠近窗帘或者室内装饰品的地方使用。
- 烈性酒不可以放置在靠近料理车加热源或者有明火的地方。
- 当服务火焰类菜肴时对于烈性酒的操作要格外小心。
- 当料理车上放置着食品或者其他器皿时不要在餐厅内四处推动。
- 保温灯要每天进行检查以确保其处于良好的工作状态之中。

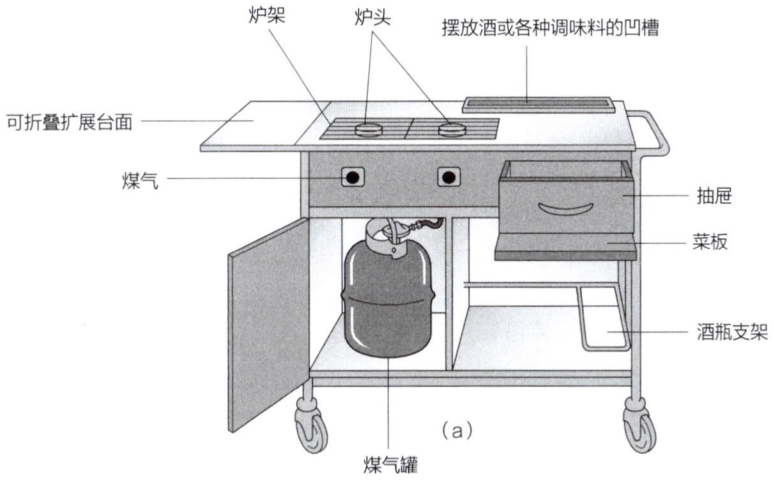

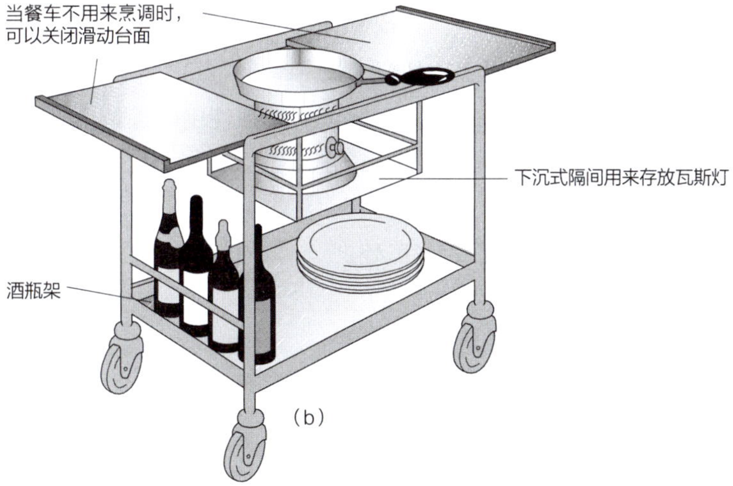

图10-4　火焰料理车：(a)煤气火焰料理车，(b)酒精炉火焰料理车

通过卫生值日表或者排班表实行日常安全检查和卫生清洁工作。食品服务人员应将这些工作作为日常的餐前准备工作的一部分去认真完成，并纳入到团队管理人员的监督之下。

所有小的银器器皿应该在每天使用正确的方式进行清洁时一并进行数目核对，例如：

- 抛光机

的或者热的鱼盘中。

④ 将洋蓟中间的叶瓣挖出摆放在餐盘边上。

⑤ 将所提供的少司浇淋到洋蓟的中间。也可以将更多的少司配上一把茶勺之后，放在小盅内连同垫盘一起摆放到餐桌上。

⑥ 立刻上桌，确保顾客所使用的餐具和调配料都已经摆放到餐桌上，包括摆放在左上角的洗手盅和备用餐巾。

鹅肝酱（Pate）

鹅肝酱由鹅肝制成，这种鹅经过特殊喂养，使其鹅肝增大，适合用来制作鹅肝酱。但是现在市面上的鹅肝酱种类繁多。这些鹅肝酱通常称作自制鹅肝酱（pate of the house），做法也是千变万化。

设备工具

- 两把茶勺或者一把主餐刀
- 盛放热水的银壶
- 如果是自制鹅肝酱，要提供一把

餐刀

- 服务勺和叉，放在餐盘内
- 盛放餐夹的盘子

原材料

- 鹅肝酱盅或肝酱盅

调配料

- 热的吐司面包，切除四边，切成三角的形状，包裹在餐巾内放在面包盘上。
- 也可以使用其他种类的面包代替，但是面包要是热的，包括蛋奶面包。

餐具

- 小号餐刀和甜品叉
- 冷的鱼盘

操作方法

① 确保所有的设备工具和原材料在开餐之前准备到位。

② 将鹅肝酱展示给顾客欣赏之后放回到服务餐车上。

③ 如果提供的是鹅肝酱，将在肝酱盅内的两把茶勺放入到开水中烫一会儿。

④ 一次使用一把茶勺，从鹅肝酱上滑过，让鹅肝酱形成一个卷曲的形状。

⑤ 每份按照4~5个卷曲的鹅肝酱计量。摆放到冷的鱼盘中。

⑥ 用冷藏过的生菜叶和西红柿块进行装饰。

⑦ 如果给顾客提供的是其他种类的肝酱，服务员可以使用主餐刀，在开水中烫过之后，将肝酱切割成片状，每份2~3片，一样的进行装饰并服务给顾客。

> 注：有时候，供货商已经将肝酱切割成片状并包装好，在这种情况下，可以使用法式服务或者服务餐车现场服务的方式进行服务。

海鲜杯（Shellfish Cocktail）

设备工具

- 小玻璃碟配茶勺，用于盛放原材料，全部摆放在银器托盘上
- 汤盘，用于调配少司
- 服务勺和叉，摆放在餐盘中
- 盛放餐夹的盘子

原材料

- 各种海鲜
- 生菜丝
- 切碎的番茄
- 煮鸡蛋的蛋清和蛋黄
- 蛋黄酱
- 番茄沙司
- 辣酱油
- 柠檬汁
- 香芹末
- 柠檬片

调配料

- 柠檬角
- 传统的黑面包和黄油

餐具

- 茶勺
- 甜品叉或者生蚝叉
- 海鲜杯托，放在垫有花纸的底盘上

制作方法

① 确保所有的原材料和设备工具在开餐之前已经准备到位。

② 将服务餐车推到顾客餐桌前进行展示。

③ 确保海鲜杯的杯托里已经装入了碎冰进行冰镇。

④ 将切碎的番茄装入海鲜杯中。

⑤ 在番茄上面放入些生菜丝，再摆放上各种海鲜，可以是虾或者虾仁。保留一两只海鲜最后做装饰用。

⑥ 制作海鲜少司（Marie Rose Sauce），将蛋黄酱、番茄沙司、辣酱油和几滴柠檬汁在汤盘中混合搅拌均匀。

⑦ 在杯内的海鲜上浇淋上海鲜少司（又称为番茄风味的蛋黄酱），注意不要加入太多的蛋黄酱，否则会遮盖住其他原材料的味道。

⑧ 用滤网过滤过的蛋清末和蛋黄末以及香芹末进行装饰。

⑨ 将剩余的海鲜和柠檬片摆放在海鲜杯的边缘上进行装饰，服务给顾客。

海鲜杯托*海鲜杯托内含有碎冰，可以把海鲜杯放入到杯托里的碎冰中。如果没有海鲜杯，也可以使用小玻璃碟，放到盛有碎冰的汤盘上面。效果也会相同。

注：生蚝叉和茶勺可以放在餐台的右侧和左侧，或者放在垫有花纸的旁碟上摆放在海鲜杯托*的任何一侧都可以。

10.5 沙拉和沙拉汁类

沙拉可以作为：

- 开胃菜的一部分（见4.6部分中开胃菜服务介绍）。
- 头盘（第一道菜）（见4.12部分中的头盘介绍）。

- 烤肉或者其他主菜类菜肴的配菜。
- 通常作为主菜类菜肴之后单独服务的一道菜（见沙拉服务中的内容）

沙拉制作的要点

无论是在服务餐车上制作沙拉还是在备餐间或者厨房里制作沙拉，都要确保：

- 双手和所使用的工具器皿要洁净无污。
- 使用的原材料要新鲜、脆嫩、凉爽，要避免有过多的水分以使得沙拉汁稀释变淡。
- 制作一份简单的蔬菜沙拉也要有颜色和口味上的对比。
- 沙拉碗要够大——不要装入太多的蔬菜。为了搅拌的均匀，装入的蔬菜要松散一些，并且在沙拉碗内可以自如的进行搅拌。

沙拉汁（又称少司汁，冷汁，Salad Dressing）

使用的器皿

在服务餐车上准备制作沙拉汁时，需要使用的器皿包括：

- 用于搅拌沙拉汁的汤盘
- 服务餐巾
- 放置在餐盘中的服务勺和餐叉
- 放在小水罐中的茶勺（用于在制作沙拉汁时尝味使用）
- 放置工具的餐盘

制作沙拉汁所使用的原材料要根据所需要的沙拉汁种类而定。如下所述的是7种不同的沙拉汁的制作方法：

法国沙拉汁（又称为法国汁，法汁，French Dressing）

原材料

- 法国芥末或者大藏芥末
- 用于调味的盐、胡椒粉、辣椒面（也可以使用白糖）
- 一份用量的醋配4~6份橄榄油用量的比例

制作方法

① 将芥末和调味料放入到一个汤盘中，汤盘用服务餐巾扶好倾斜一定的角度，这样要搅拌的原材料就会沉聚在汤盘的底部方便搅拌均匀。

② 使用服务叉将汤盘内的原材料搅拌均匀。

③ 加入定量的醋，搅拌均匀。

④ 加入橄榄油，用服务叉混合均匀。

⑤ 尝味，根据需要加入调味品进行调味。

英国沙拉汁（English Dressing）

像制作法国沙拉汁一样，只是使用英国芥末代替法国芥末，油和醋的比例为1：2，调味时加入一茶勺的糖搅拌均匀即可。

油醋汁（油醋少司，Sauce Vinaigrette）

原材料

- 一茶勺法国大藏芥末或者，英国芥末
- 用于调味的盐和胡椒
- 一汤勺醋
- 两汤勺橄榄油

制作方法

① 将芥末、盐、胡椒和醋放入到一个汤盘中，用餐叉搅拌均匀。

② 加入橄榄油，要慢慢搅入。

③ 根据个人口味酌情添加醋和油的比例。

洛科福沙拉汁（洛科福少司，Roquefort Dressing）

原材料

- 洛科福奶酪
- 葡萄酒醋（见做法A）
- 橄榄油（见做法A）
- 蛋黄酱（见做法B）
- 盐
- 淡奶油
- 柠檬汁

制作方法A

① 将洛克福奶酪弄碎成小块，或者在汤盘中的奶酪里加入点葡萄酒醋或者柠檬汁之后搅打成乳状。

② 加入橄榄油并用盐调味。这样会将奶酪中的风味完全发挥出来。也可以加入一点淡奶油。

制作方法B

① 在汤盘中将洛克福奶酪弄碎成小颗粒状。

② 使用一把餐勺，将奶酪颗粒搅入到蛋黄酱中。

③ 用盐调味，以使得奶酪的风味完全挥发出来。

酸奶油沙拉汁（酸奶油少司，Acidulated Cream Dressing）

这种类型的沙拉汁主要用于包含有水果的沙拉中使用，例如橙子沙拉。

原材料

- 柠檬汁
- 盐
- 淡奶油
- 红粉（paprika，不辣的辣椒面）

制作方法

① 将柠檬汁和盐搅拌在一起。

② 加入淡奶油。

③ 尝味，调整口味。

> 注：用于橙子沙拉中橙肉的制备工作见10.12新鲜水果中的内容。

奶油芥末沙拉汁（奶油芥末少司，Mustard Cream）

原材料

- 1/3升（1/2品脱）淡奶油
- 一汤勺芥末
- 柠檬汁

- 盐

制作方法

① 将芥末和盐放入到汤盘中搅拌均匀。

② 缓慢加入淡奶油搅拌均匀。

③ 加入柠檬汁调味。

④ 根据口味需要进行调味。

柠檬沙拉汁（柠檬汁，Lemon Dressing）

原材料

- 两汤勺橄榄油
- 适量的柠檬汁
- 盐

制作方法

① 将橄榄油和盐在一个汤盘中搅拌均匀。

② 将柠檬汁一点一点的搅拌进去。

③ 尝味；沙拉汁回味会感觉有点“苦”味。

沙拉的制作和服务

制作沙拉和服务沙拉时所需要的设备工具包括：

- 沙拉碗。
- 新鲜、卫生、干爽的沙拉原材料，放置到沙拉碗里，或者分别放置在盘里，当要制作沙拉时可以立即放入到沙拉碗里。
- 汤盘，用于调配沙拉汁。
- 制作沙拉汁的原材料。
- 用于制作沙拉的沙拉盛器（金属或者木制），制作好之后放入到半月形沙拉盆中（由四个半月形的沙拉盆组成一套），沙拉盘或者沙拉碗中。
- 半月形的沙拉盆、沙拉盘或者沙拉碗，根据顾客的人数选择盛器。
- 蒜蓉（可选）。
- 茶勺，用于尝味用。
- 主餐盘，用于收集用过的餐具。

制作方法

① 确保所有的原材料和设备工具在开餐之前都已经准备到位。

② 将服务餐车推到顾客餐桌前进行展示。

③ 将制作沙拉所需要的原材料放入到沙拉碗里。

④ 使用服务勺和餐叉或者沙拉搅拌用具（每只手各拿一把）将蔬菜叶撕碎（如果需要的话）。

⑤ 制作沙拉汁。

⑥ 将制作好的沙拉汁倒入到沙拉碗中。

⑦ 使用沙拉搅拌工具从下到上将沙拉原料充分的搅拌均匀。

注：沙拉汁通常会在搅拌沙拉之前制作好。但是，如果制作沙拉汁的原材料要分别加入到沙拉中时，那么，要按照如下步骤进行：

- 先加入油，搅拌均匀直到所有的沙拉叶的叶面上都均匀地沾满一层为止。
- 再加入醋或者柠檬汁（慢慢加入）。
- 然后加入调味品调味。

沙拉的服务

① 将调配好的沙拉摆放到新月形沙拉盘中。
② 将新月形餐盘中盛放的沙拉摆放到顾客餐位的左上方。
③ 将甜品叉叉齿朝下摆放到沙拉盘的左侧，叉把在与顾客的餐位呈45° 角的位置上。
④ 然后将沙拉作为配菜的主菜迅速服务给顾客（例如，烤家禽、烤野味等菜肴）。

注：如果沙拉要单独服务给顾客，随着沙拉盘、沙拉碗或用汤盘盛放的沙拉摆放到餐桌上的餐具是小号的餐刀和餐叉。

凯撒沙拉（Caesar Salad）

设备工具

- 沙拉碗
- 服务勺和餐叉
- 根据顾客人数准备的沙拉盘或沙拉碗

原材料

- 蒜蓉
- 新鲜、洗净、干爽的罗纹生菜放置在每个主餐盘中
- 油炸面包丁
- 巴美贤奶酪粉或刨片

沙拉汁

- 橄榄油
- 白酒醋
- 大藏芥末
- 生鸡蛋黄*
- 辣酱油
- 盐和胡椒磨
- 切碎的银鱼柳（鳀鱼）

*有些餐厅会使用经过巴氏消毒的鸡蛋代替新鲜的蛋黄。

调配料

- 无

餐具

- 小号餐刀和餐叉
- 带垫盘的冷的沙拉盘或碗

制作方法

① 确保所有的原材料和设备工具在开餐之前已经准备到位。

② 将服务餐车推到顾客餐桌前进行展示。

③ 使用餐叉将原材料放入到沙拉碗里搅拌成沙拉汁：蒜蓉（根据顾客需要添加）、芥末、几滴辣酱油、醋和生鸡蛋黄。

④ 从小油壶中滴入橄榄油（与搅拌蛋黄酱相似），使用餐叉进行混合（或者使用两把餐叉进行搅拌），随滴入随搅拌，直到搅拌成乳状的沙拉汁。

⑤ 加入切碎的银鱼柳。

⑥ 调味（根据顾客的口味）并搅拌均匀。

⑦ 将整片的罗纹生菜叶放入到沙拉碗里，双手分别握住餐叉和餐勺，将稍大些的生菜叶撕成小块状。

⑧ 拌入面包丁。

⑨ 用服务勺和餐叉将生菜叶轻轻的在沙拉碗内拌和均匀，使得生菜叶上面都沾上沙拉汁。

⑩ 将搅拌好的沙拉摆放到冷的沙拉盘中。

⑪ 撒上巴美贤奶酪粉（或奶酪刨片）。

⑫ 端送给顾客享用。

凯撒沙拉的制作方法有很多种。其中一种特殊的制作方法是使用刚煮好一分钟的鸡蛋代替生的鸡蛋黄制作沙拉汁。其他的制作方法包括：将两三条切碎的银鱼柳与醋混合，然后加入蒜蓉和奶油辣根少司调制而成。还有些菜谱中使用英国芥末代替大藏芥末。大蒜基本上都会用到，有些做法是先将蒜片在沙拉碗中涂抹过，之后再调制沙拉。还有的做法是使用蒜味面包丁。其他可以使用的原材料还包括洛科福奶酪，或者使用美国辣椒汁调味。有的将银鱼柳分开，最后放到沙拉表面上而不是切碎之后混合到沙拉汁里。在最后撒入奶酪粉时，也可以再撒些像现磨的胡椒粉和柠檬汁等到沙拉里。

10.6 汤类

服务餐车上现场料理的汤(General Gueridon Service Of Soup)

设备工具

- 保温灯
- 长柄汤勺

原材料

- 按份盛放在汤锅里的汤

调配料

根据要服务的汤的种类——见4.7部分中的内容

餐具

- 甜品勺（这是传统的喝清汤使用的勺——见4.7部分中的内容）
- 热的清汤碗连碟和垫盘，或者汤盘或者带垫盘的汤碗

制作方法

① 确保所有的餐前准备工作全部准备到位。

② 将服务餐车推到顾客的餐桌前展示并从餐车上进行服务。

③ 将汤放置到保温灯下或者放置到热盘器上保温，然后舀入到清汤碗中，或者汤盘、汤碗中，置于垫盘上。

④ 迅速服务给顾客。

⑤ 如果需要，给顾客提供餐包。

雪利清汤（Clear Soup With Sherry）

设备工具

- 保温灯
- 长柄汤勺（出于视觉美观的原因通常不使用）

原材料

- 按份盛放在汤锅里的汤
- 适量的雪利酒（或马得拉酒等）由服务员在服务餐车前加入到汤中

调配料

- 柠檬角放入到柠檬夹中，放到旁碟里，摆放到餐具的上方
- 奶酪条和传统的黑面包及黄油

餐具

- 甜品勺（这是传统的喝清汤使用的勺——见4.7部分中的内容）
- 热的清汤碗连碟和垫盘

制作方法

① 确保所有的餐前准备工作全部准备到位。
② 将服务餐车推到顾客的餐桌前展示并从餐车上进行服务。
③ 使用保温灯或者热盘器给汤保温，然后使用长柄汤勺将汤盛入到清汤碗里，清汤碗摆放在汤碟上置于垫盘上。
④ 定量的雪利酒要热的，在厨房制作好清汤的最后时刻加入到汤中，或者在长柄汤勺中放到保温灯下加热，点燃之后浇淋到汤中。
⑤ 立刻服务上桌。

10.7 热的鱼类菜肴

铁扒或煎龙利鱼（Grilled Or Shallow Fried Sole）

设备工具

- 保温灯
- 服务勺和餐叉，摆放在餐盘中
- 放置餐夹的盘子
- 收集鱼骨的骨碟
- 热的主餐盘，盛放鱼肉用

原材料

- 摆放龙利鱼和柠檬角的银盘调配料
- 柠檬角

餐具

- 鱼刀和鱼叉
- 热的主餐盘

制作方法A

① 确保所有的餐前准备工作在开餐之前已经完成。
② 将银盘中的龙俐鱼展示给顾客观赏之后放回到服务餐车中的热盘里或保温灯下。
③ 将龙利鱼从银盘上转移到热的主餐盘中。
④ 使用服务勺和餐叉一起将鱼身上的侧边鱼刺去掉［见图10–5（a）］。
⑤ 将勺尖从鱼脊骨处划开。
⑥ 将两把餐叉背靠着放在头部的脊骨两侧位置处。

将两把餐叉的齿尖插入到鱼身脊骨两侧

的肉中［见图10-5（b）］。将鱼肉从脊骨上慢慢分离开。

⑦ 从头部到尾部继续分离下去。

⑧ 将鱼脊骨取出［见图10-5（c）］。

⑨ 将鱼肉放回到鱼身上原来的位置处，恢复在银盘中的原来形状，如果需要，可以重新加热。

⑩ 在鱼肉上浇淋上热的黄油，或者装饰好之后服务给顾客。

制作方法B

① 步骤①～⑤与制作方法A一样。

② 从鱼头位置开始，使用服务勺和餐叉，将鱼肉朝两侧分开。

③ 使用服务勺扶稳鱼肉，将餐叉从头部到鱼尾沿着鱼脊骨两侧划过。

④ 将餐叉放在脊骨和下面两片鱼肉之间，重复刚才的操作步骤。

⑤ 将脊骨抬离鱼身。

⑥ 按照制作方法A中的步骤⑨、⑩操作。

图10-5　龙利鱼的剔骨操作过程

煮或铁扒三文鱼排（Poached Or Grilled Salmon Cutlet）

设备工具

- 保温灯
- 服务勺和餐叉，摆放在餐盘中
- 骨碟
- 放置餐夹的盘子

原材料

- 煮的或者铁扒好的三文鱼，与装饰配菜一起摆放在陶瓷盘中

调配料

- 根据配菜而定，例如荷兰少司、多利亚少司等

餐具

- 鱼刀和鱼叉
- 热的鱼盘，如果作为主菜服务，要使用热的主餐盘

制作方法

这一类的鱼菜通常会在陶瓷餐盘中服务，因此，不用移到热的主餐盘中去皮和取肉。

① 确保所有的餐前准备工作在开餐之前准备到位。

② 将三文鱼展示给顾客欣赏，然后放置到服务餐车上的保温灯下或者热盘器上进行保温。

③ 使用餐叉扶稳三文鱼，不使其移动。

④ 使用服务勺的勺尖部位，沿着鱼肉的外侧移除鱼皮。

⑤ 移除鱼皮时，也可以使用餐叉，将叉齿插入到鱼皮里，沿着外侧的鱼肉转动餐叉，随着转动，就会将鱼皮卷到餐叉上。

⑥ 将服务勺的尖部插入到脊骨处鱼肉的两

侧，将鱼肉与脊骨分离，往外推出。

⑦ 剔除鱼的脊骨。

⑧ 将两侧的鱼肉移到热的鱼盘里或者主餐盘里，小心仔细的不要把鱼肉弄碎，添加上配菜后服务。

布列塔尼岩盐焗海鲈鱼（Whole Sea Bass Cooked In A Crust Of Brittany Rock Salt）

设备工具

- 保温灯或者热盘器
- 服务勺和餐叉，摆放在餐盘中
- 主餐刀
- 鱼铲或者平抹刀
- 根据鱼的大小，大的鱼使用主餐盘，用于剔鱼的菜板（也可以在餐盘里剔取鱼肉，但要一定不要损伤到银器）
- 盛放餐夹的餐子
- 盛放鱼刺等的骨碟
- 品尝勺

原材料

- 海盐和服务托盘

配菜

- 无

餐具

- 鱼刀和鱼叉
- 热的主餐盘

制作方法

① 确保所有的餐前准备工作在开餐之前全部准备到位。

② 将岩盐焗海鲈鱼展示给顾客欣赏，然后放回到餐车上置于热盘器上。

③ 使用主餐刀和叉轻轻的敲碎盐层，要小心地操作，不要损伤到鱼皮。餐叉在下面，餐刀在上面侧着刀身沿着鱼的脊骨和腹部呈直线形反复的敲打盐层。这样可以将盐层整块的揭除。

④ 将盐层轻轻的全部揭除，使得鱼腹部和脊骨清晰可见。

⑤ 将服务勺放置在鱼头后面的鱼身上，将餐叉的齿尖插入到鱼头中（或者鱼嘴里），叉子朝上用力，同时服务勺朝下用力，将鱼头从颈部分离开。不要将鱼头丢弃——见下面做法。

⑥ 使用主餐刀，从鱼头位置到尾部在鱼背上切割开一个口子，沿着腹部也切割一刀。用餐叉的齿叉住鱼尾，朝上抖动，以便将鱼尾与鱼身分离，将鱼尾丢弃。

⑦ 将服务勺插入到鱼身上部的切口位置，将餐叉置于服务勺的上方，将鱼皮朝腹部掀起，去掉鱼皮。同样的使用餐刀的刀尖从鱼尾处揭开鱼皮，将鱼皮朝鱼腹的后部揭过去。然后，使用餐叉的齿将鱼皮朝一边卷起，揭掉鱼皮。

⑧ 将餐刀伸到鱼骨上面的鱼肉中，将头部的鱼肉和腹部的鱼肉与鱼骨分离开，然后将餐刀轻缓地朝前划过，鱼肉就会自动的与鱼骨分离开——再将餐刀放入到鱼骨下方滑过之后就会很容易的将鱼骨剔除。

⑨ 将鱼肉按照所需要的大小横切成一定角度的块状。

⑩ 使用服务勺和餐叉将鱼肉从鱼骨上取下。

⑪ 重复此操作步骤直到所有的鱼肉都从鱼骨和鱼腹部取下。

⑫ 当上部所有的鱼肉都从鱼骨和鱼腹部取下之后，使用主餐刀将鱼腹内的填充料和所有掉落的鱼刺剔除，然后使用服务勺和餐叉将鱼骨从下方鱼肉上彻底分离。先让餐刀沿着鱼骨划过，以确保鱼骨能够剔取干净。

⑬ 使用服务勺和餐叉剔除在下部鱼肉上遗留的鱼刺。

⑭ 用餐刀从鱼肉的中间切开，以分开脊部鱼肉和腹部鱼肉。

⑮ 按照上部鱼肉的切割方法将下部的鱼肉切割成块。

⑯ 将分割成块的鱼肉摆放到主餐盘中并上桌服务。

⑰ 有一个特色服务是将鱼鳃上的鱼肉服务给顾客品尝。取过鱼头，使用餐叉稳住，将鱼鳃部分翻开，取下腮部的鱼肉放到品尝勺里。然后将另一边的鳃肉也取下，在鳃肉上浇淋上一点少司，将品尝勺服务给顾客品尝。

注：尽管这里使用的是海鲈鱼，但是这种烹调方法也适用于所有大的整条鱼身是圆的鱼类。如果是大的冷食的三文鱼，可以按照步骤⑤~⑯进行切割服务。通常会先展示三文鱼以及其他整条上菜的圆身的鱼类，在移除鱼皮之后，可以按照步骤⑧~⑯进行分割服务。冷的三文鱼或者其他需要冷食的圆身的鱼类，都会整条的展示，提取鱼肉的步骤和切割服务的步骤都是一样的方式。

有时候，鱼身上会有些小鱼刺很难被发现，将主餐刀的刀刃放置到鱼肉上，沿着鱼肉表面轻缓的滑动，就会检查出在鱼肉上有没有鱼刺。

蓝鲑（Blue Trout）

设备工具

- 保温灯
- 鱼刀
- 服务勺和餐叉
- 盛放餐夹的盘子
- 骨碟

原材料

- 盛放在铜制鱼锅内的蓝鲑

配菜

- 荷兰少司或者热的黄油

餐具

- 鱼刀和鱼叉
- 热的鱼盘，或者作为主菜时要使用热的主餐盘

操作方法

① 确保服务餐车已经配置好——这道菜通常会提前摆放在厨房铜制的鱼锅内。

② 将鲑鱼展示给顾客欣赏之后放回到餐车上。

③ 从铜制鱼锅内将鲑鱼控净水提取到托盘内。

④ 移走装饰用的胡萝卜片和洋葱等。

⑤ 用鱼刀的刀尖沿着鱼身侧面的线条从头到尾划开，注意只划开鱼皮，不要切到鱼肉。

⑥ 用刀尖将鱼身上部的鱼皮揭开，下部的鱼皮朝脊骨方向揭开。

⑦ 将鱼身翻转过来，重复揭除鱼皮的步骤，同时要去掉鱼鳍。

⑧ 将鲑鱼小心轻缓的放入到热的餐盘或者主餐盘中，用几片胡萝卜和洋葱装饰。在鱼身上浇淋些鱼汤。

⑨ 与配菜一起服务给顾客。

火焰虾配奶油少司（Flamb é ed Scampi With A Cream Sauce）

设备工具

- 保温灯
- 平底锅，放在垫盘上
- 配有服务勺和餐叉的餐盘
- 盛放餐夹的盘子

原材料

- 分别盛放有蘑菇片和洋葱末的餐盘
- 挂面粉糊的虾
- 根据制作不同的菜肴分别选择一杯雪利酒、白葡萄酒、味美思酒或高度酒，像白兰地、潘诺或威士忌
- 黄油
- 色拉油
- 调味品：盐、胡椒磨、辣椒面和辣椒汁，放在餐盘内
- 淡奶油，盛放在少司盅内

餐具

- 鱼刀和鱼叉
- 热的鱼盘或者作为主菜服务时要使用的主餐盘

操作方法

① 确保所有的原材料和设备工具在开餐之前准备到位。

② 将料理餐车推到顾客的餐桌前。

③ 将平底锅放到小火上，将黄油融化，加入一点色拉油。

④ 将洋葱末放入到锅中，轻炒，再加入蘑菇片炒一下。

⑤ 加入虾, 盖上锅盖焖一会儿, 再加入酒调味。

⑥ 用盐和现磨的胡椒、辣椒汁和辣椒面调味。

⑦ 待虾熟了之后，倒入烈性酒，点燃，使得锅内的虾全部焰燃，之后倒入略带酸味的淡奶油搅拌均匀。

⑧ 将奶油和锅内的汁液烧浓。

⑨ 盛放到热的鱼盘内或者主餐盘内服务给顾客。

⑩ 通常上菜方法是将虾摆放在用模具扣成环形的炒米饭上（ricepilaf）。

注：这道菜肴根据使用不同的酒进行调味和使用不同的烈性酒进行焰燃而有不同的口味变化。也可以在菜肴中加入鲜果，像黑葡萄、菠萝块和桃块等。

10.8 牛排和肉类

大块肉眼牛排（Double Entrecote Steak）

肉眼牛排来自于去骨的西冷牛排

设备工具

- 保温灯或者热盘器
- 平底锅
- 菜板，用于切割肉眼牛排
- 肉刀，用于切割肉眼牛排
- 服务勺和餐叉，摆放在餐盘里
- 两个旁碟用于盛放边角料

原材料

• 银盘，用于摆放大块肉眼牛排少司

• 英国和法国芥末或者边尼士少司

餐具

• 牛排刀和主餐叉

• 热的主餐盘

操作方法

① 确保所有的餐前准备工作在开餐之前已经准备到位。

② 将牛排展示给顾客欣赏，然后摆放到料理餐车上。

③ 将肉眼牛排从银盘中取出放到菜板上。

④ 将边角料剔除。

⑤ 将肉眼牛排斜切成两块。再放回到银盘中，置于保温灯下保温。

⑥ 将边角料用两个热的旁碟挤压，让挤压出的汁液滴落到切成两块的牛排上。

⑦ 将切割成块的牛排摆放到热的主餐盘上，摆好配菜，配菜要摆放的诱人食欲。

⑧ 上桌服务给顾客。

⑨ 根据顾客的需要提供少司。

> 注：这道菜通常供两人食用。当顾客点餐时，服务员要询问顾客对牛排烹调的火候程度要求。如果一位顾客需要他的牛排烹制到三成熟，而另外一位顾客需要半熟时，则牛排在厨房里烹制到三成熟，进行切割之后，另外一份可以在料理餐车上用平底锅略微加热即可。

大块牛柳（Double Fillet Steak，Chateaubriand）

操作方法

料理餐车上所需要的餐具、配菜、设备工具等以及操作方法与肉眼牛排一样进行。但是，每一份大块牛柳要斜切成2~3片，每一片约为13毫米（1/2英寸）厚，这样就不会像肉眼牛排一样，每份一大片的提供给顾客食用。

> 注：尽管大块牛柳通常叫做双份牛柳，但是根据顾客的需要可以切割成足够2人、3人、4人或者5人食用的分量。

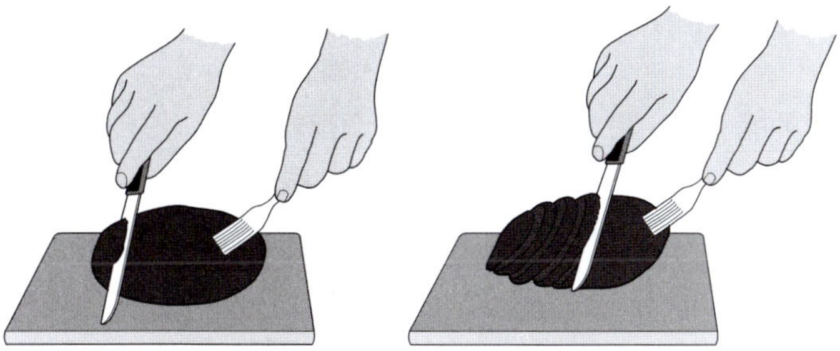

图10-6 大块牛柳的切割服务

T骨牛排/大块T骨牛排（T—Bone Steak/ Porterhouse Steak）

T骨牛排由部分的西冷牛排和部分的牛柳组成，两者由脊骨连接在一起，而由肋骨将两者分离。

设备工具

- 保温灯
- 用于切割牛排的菜板
- 肉刀
- 骨碟
- 服务勺和餐叉，摆放在餐盘中
- 盛放餐夹的盘子

原材料

- 摆放在银盘中的大块T骨牛排

调味料

- 英国芥末和法国芥末

餐具

- 牛排刀和主餐叉
- 热的主餐盘

操作方法

① 确保所有的餐前准备工作在开餐之前已经准备到位。
② 将牛排展示给顾客欣赏，然后放回到料理餐车上。
③ 将牛排从餐车上移到菜板上。
④ 将T形骨头剔除，留下两块牛排，一块是西冷牛排，一块是牛柳。
⑤ 将两块牛排放回到银盘里，置于保温灯下保温。
⑥ 在主餐盘内与配菜一起精致美观的摆放。
⑦ 给顾客上菜服务。
⑧ 提供调味料，将英国芥末和法国芥末提供给顾客选择。

> 注：如果这份大块T骨牛排不止是提供给一位顾客食用，那么其中的牛柳就要像切割烤里脊牛排一样进行切割，而西冷牛排就要像切割肉眼牛排一样进行切割，然后装盘服务。

鞑靼牛排（Steak Tartar）

设备工具

- 汤盘
- 服务勺和餐叉，摆放在餐盘中
- 骨碟
- 盛放餐夹的盘子
- 盛放各种原材料的盛器

原材料

- 一份生牛柳肉馅，做成饼状，摆放在圆形银盘中
- 一个生鸡蛋黄
- 盐
- 酸黄瓜、水瓜柳、香芹和香葱末
- 橄榄油和醋
- 法国芥末
- 辣酱油

调配料

- 辣椒面
- 胡椒磨

餐具

- 肉刀和主餐叉

- 冷的主餐盘

操作方法

① 确保料理餐车上的所有准备工作在开餐之前已经准备到位。
② 将料理餐车推到顾客餐桌前进行展示。
③ 从搅拌原材料制作成少司开始操作。
④ 将盐、胡椒和法国芥末放入到汤盘中搅拌均匀。
⑤ 将蛋黄放入到托盘中用餐叉搅打并调味。
⑥ 加入一点醋混合均匀。
⑦ 如制作蛋黄酱一样从油壶中滴入橄榄油到汤盘中，边滴入边搅拌均匀。
⑧ 注意控制制作少司的数量，做好的少司应有湿软感但是不要如液体般太稀薄。
⑨ 加入酸黄瓜末、水瓜柳末、香芹末和香葱末搅拌混合好。
⑩ 将生牛柳馅和几滴辣酱油一起加入到搅拌好的少司中，让牛柳肉馅将少司完全吸收。
⑪ 尝味并调整至所需要的口味。
⑫ 重新制作成糕饼形状，摆放到冷的主餐盘中。
⑬ 上桌服务。

注：做成饼状的鞑靼牛排通常会在中心位置做出一个凹形，用于盛放一个半壳的鸡蛋，其中包含着生的鸡蛋黄（有些餐厅会用巴氏杀菌消毒后的鸡蛋代替新鲜的鸡蛋黄）。

戴安牛排（Steak Diane）

设备工具

- 保温灯
- 平底锅，置于垫盘上
- 服务勺和餐叉，用餐巾包好置于餐盘上
- 茶勺，用于盛取香芹
- 放置餐夹的餐子

原材料

- 西冷牛排，拍打成薄片
- 橄榄油
- 黄油
- 法国芥末
- 辣酱油
- 盐和胡椒
- 香葱末
- 蘑菇片
- 香芹末
- 一小壶淡奶油
- 一个分量的白兰地酒

配菜

- 无

餐具

- 主餐刀和餐叉
- 热的主餐盘

操作方法

① 确保料理餐车已经做好餐前准备工作。
② 将料理餐车推到顾客餐桌前进行展示。
③ 询问顾客对牛排烹调程度的不同要求。
④ 在平锅内加热大约一甜品勺用量的橄榄油。
⑤ 加入一勺黄油之后立刻加入细香葱和蘑菇片煸炒。
⑥ 用盐和胡椒腌制牛排，在牛排两面都涂抹上法国芥末。

⑦ 略微煸炒一下细香葱和蘑菇片。
⑧ 加入几滴辣酱油。
⑨ 将细香葱和蘑菇片移到锅内的一边位置。
⑩ 锅内加入牛排，两面都要煎。
⑪ 加入白兰地点燃使其焰燃。
⑫ 加入淡奶油给锅内的肉汁增香。
⑬ 将煎好的牛排从锅内移到热的主餐盘内，用茶勺将香芹末撒到牛排上。

注：戴安牛排有许多种不同的烹制方法，每一家餐厅都有自己的传统做法或者由一位专门制作此菜肴的员工负责烹制。

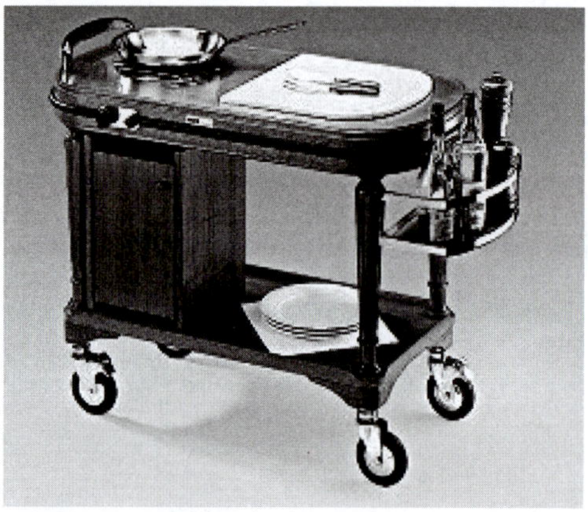

图10-7 焰燃现场料理餐车（照片由SteeliteInternational公司提供）

曼克·格兰德牛排（Monkey Gland Steak）

设备工具

- 保温灯
- 平底锅，置于垫盘上
- 服务勺和餐叉
- 餐盘，用于收集顾客使用过的餐具
- 茶勺
- 用于盛放原材料的小碗

原材料

- 大片的牛柳，放置在盘内
- 细香葱末
- 香芹末
- 淡奶油
- 一份用量的威士忌或者白兰地
- 大藏芥末
- 大蒜（可选）
- 盐和胡椒
- 胡椒磨
- 辣椒面
- 橄榄油
- 黄油
- 辣酱油

配菜

- 蔬菜沙拉，通常也会配炸新桥薯条（炸粗薯条，pommespontneuf）

餐具

- 主餐刀和餐叉

- 热的主餐盘

操作方法

① 确保餐前准备工作在开餐之前已经准备到位。
② 将料理餐车推到顾客的餐桌前。
③ 向顾客介绍原材料。
④ 将黄油在平底锅内加热融化并加入一点橄榄油。
⑤ 将细香葱末炒至变软，根据顾客需要加入大蒜。
⑥ 将牛排用盐和胡椒腌制并在两面涂抹上大藏芥末。
⑦ 将细香葱移至锅内一边的位置，加入腌制好的牛排。
⑧ 将牛排翻炒至所需要的程度。
⑨ 加入辣酱油调味。
⑩ 加入威士忌点燃使其焰燃（使用白兰地也可以）。
⑪ 最后加入淡奶油，使用茶勺撒入香芹末。
⑫ 盛放到热的主餐盘中，摆放到顾客的面前。

黑胡椒薄牛排（Peppered Minute Steak）

设备工具

- 保温灯
- 平底锅，置于垫盘上
- 服务勺和餐叉
- 餐盘，用于收集顾客使用过的餐具
- 茶勺
- 小碗，摆放在托盘里，用于盛放各种原材料

原材料

- 西冷牛排，沾满黑胡椒碎，摆放在盘里
- 香芹末
- 淡奶油
- 一份用量的干邑白兰地
- 青胡椒粒
- 橄榄油
- 黄油
- 牛肉清汤或牛肉高汤
- 干白葡萄酒

配菜

- 蔬菜沙拉，以及炒土豆或者炸薯条

餐具

- 主餐刀和餐叉
- 热的主餐盘

操作方法

① 确保所有的餐前准备工作在开餐之前已经准备到位。
② 将焰燃料理车推到顾客的餐桌前。
③ 将菜品介绍给顾客。
④ 确保薄牛排两边都均匀的沾满黑胡椒碎，然后撒上盐调味。
⑤ 锅内加入黄油加热融化，然后加入橄榄油，油热之后加入腌好的牛排煎制。
⑥ 让牛排快速加热并上色。
⑦ 将牛排移到热的餐盘里保温。
⑧ 将干白葡萄酒倒入到平底锅内加热，加入一点清汤或者高汤，用大火加热烧浓。
⑨ 加入青胡椒粒，和干邑白兰地点燃成焰燃。
⑩ 加入淡奶油制作成青胡椒少司。
⑪ 将煎好的薄牛排摆放到热的主餐盘中，浇上青胡椒少司。
⑫ 摆放到顾客的餐桌上请顾客享用。

俄罗斯炒牛肉（Beef Stroganoff）

设备工具

- 保温灯
- 平底锅，放置在垫盘上
- 服务勺和餐叉，摆放在餐盘上
- 餐盘，用于收集顾客用过的餐具
- 茶勺
- 料盅，用于盛放原材料，摆放在大的银托盘上

原材料

- 牛柳，切成粗条
- 香葱末
- 香芹末
- 白菌片
- 芒果酸辣酱
- 淡奶油，装入奶油壶中
- 辣椒面
- 盐和胡椒
- 橄榄油
- 黄油
- 辣酱油
- 一份用量的白兰地
- 大蒜（可选）
- 米饭

配菜

- 无

餐具

- 主餐刀和餐叉
- 热的主餐盘

制作方法

① 确保所有的餐前准备工作在开餐之前已经准备到位。
② 将料理餐车推至顾客的餐桌前进行展示。
③ 向顾客介绍原材料。
④ 加热平底锅融化黄油和一点橄榄油。
⑤ 腌制牛柳。
⑥ 将香葱末炒软，根据顾客需要，加入大蒜、蘑菇煸炒。
⑦ 加入牛柳翻炒，用辣酱油调味。
⑧ 加入适量的芒果酸辣酱。
⑨ 加入白兰地点燃成燃焰。
⑩ 加入淡奶油和香芹末。
⑪ 盛放到热的主餐盘内，摆放到顾客的餐桌上。
⑫ 如果顾客需要炒米饭或者白米饭，要使用模具将米饭做出一个鸟巢形，将炒牛肉盛放在米饭中间位置。

瑞典式小牛排（Veal Escalope Suedoise）

设备工具

- 保温灯
- 平底锅，放置在垫盘上
- 服务勺和餐叉，摆放在餐盘上
- 餐盘，用于收集顾客用过的餐具

原材料

- 小牛排，放在盘内
- 香葱末
- 香芹末
- 法国芥末
- 橙味酒
- 辣酱油
- 黄油
- 橄榄油
- 盐和胡椒
- 胡椒磨
- 辣椒面
- 蘑菇片

- 一份用量的白兰地
- 淡奶油

配菜

- 无

餐具

- 主餐刀和餐叉
- 热的主餐盘

操作方法

① 确保所有的餐前准备工作在开餐之前准备到位。

② 将料理餐车推到顾客的餐桌前进行展示。

③ 加热平底锅，融化黄油和一点橄榄油。

④ 腌制小牛排。

⑤ 将洋葱炒软，然后加入蘑菇。

⑥ 加入小牛排煸炒。

⑦ 加入盐、胡椒粉、辣椒面和辣酱油调味。

⑧ 加入橙味酒，但不要点燃。

⑨ 确保小牛排已经成熟，然后加入白兰地点燃成燃焰

⑩ 加入淡奶油并调整浓度。

⑪ 盛放到热的餐盘中，并撒入香芹末。

10.9 大块肉的切割服务

这里介绍的大块肉是指在切割料理车上现场进行切割服务的肉类。在切割之前，切割料理车必须进行细致的检查，以确保所有的餐前准备工作已经到位。开餐之后，切割料理车要推到顾客的餐桌前进行展示。

用于大块肉的服务餐具是主餐刀和主餐叉以及主餐盘。

去骨西冷牛排的切割服务（Boned Sirloin of Beef）

配菜

- 烤肉汁（从切割料理车上提供）
- 约克郡布丁（从切割料理车上提供）
- 英国和法国芥末，辣根少司（由服务员摆放到餐桌上，或者根据顾客的需要提供给顾客）

> 注：
> - 牛肉通常都不要烹调到过熟的程度。
> - 每份切割好的牛排瘦肉上要带上一点肥肉。

带骨西冷牛排的切割服务（Sirloin of Beef on The Bone）

提供的配菜与去骨西冷牛排相同。

带骨西冷牛排由两部分组成。

① 下部的牛柳部位，可以从西冷牛排上切割下来，也可以以牛柳或者大块牛柳的方式单独提供给顾客，或者酿入肥肉之后烤制而成。

如果用来切割服务，那么就要与牛肉的纹理呈垂直角度进行切割，而不是顺着

纹理切割。每一份切割好的牛肉上都要带上一点肥肉。

② 上部，应朝向肋骨方向切割成薄片。当切割到肋骨时，现场料理服务员要将刀贴着肋骨，沿着肋骨和西冷牛肉之间切割，将肋骨与西冷牛排分离。

注：

- 切割煮牛肉时，要沿着筋脉进行切割，这样可以不用将牛肉切碎。每一份牛肉上都要浇淋点肉汁。
- 切割牛肋排时，与切割西冷牛排上部的方法是一样的。

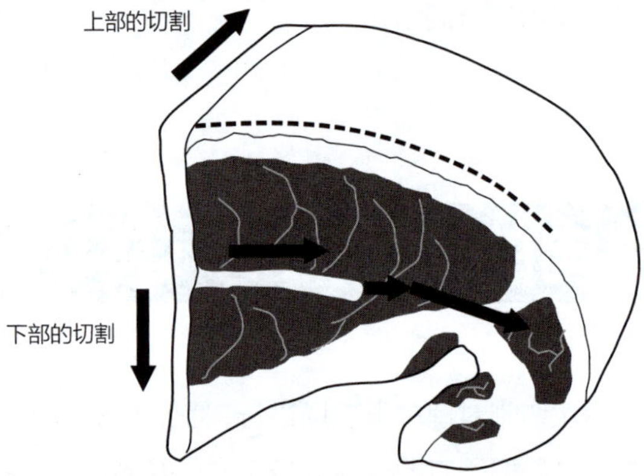

图10-8　西冷牛排的切割

羊肋排（Best End of Lamb）

调配料

- 烤肉汁
- 薄荷少司
- 红加仑结力

切割方法A

① 将餐叉插入到羊肋排的一端，将肋排扶稳。

② 将肋骨朝上摆放。

③ 沿着肋骨将羊肋排切割成所需要的份数。

切割方法B

① 将羊肋排平放在菜板上，露出部分的肋骨朝下摆放（菜板方向）。

② 用餐叉扶稳肋排，沿着肋骨经肋排切割成所需要的份数。

注：每份羊肋排要切割成两到三片。

烤羊脊（烤羊马鞍，Saddle of Lamb）

调配料

- 烤肉汁
- 薄荷少司
- 红加仑子结力

切割方法A

① 从羊脊上将整条的羊里脊肉切割下来。

② 与肋骨平行的将羊里脊切割成片，每片大约6毫米（0.24英寸）厚。

③ 切割好的每一份瘦肉里要带些肥肉。

切割方法B

① 从脊骨的一边切割到整条羊脊的一半深度。

② 从脊骨的右侧切割到肋骨。

③ 沿着脊骨一半的位置切割之后，将肉刀右转将肉和肥肉切割下来。

④ 沿着羊脊的纵长切割，在脊骨的一端最初切口的位置，与脊骨平行的切割。

⑤ 朝外进行切割，一直切割到羊脊的外沿。

⑥ 切割下来的每一块羊里脊肉，都要纵长切割成薄片。

注：

- 羊里脊可以在剔骨之后烤，也可以酿馅烤，做成羊肉卷之后烤，或者切割成羊排。
- 未切割开的两条羊里脊组成了羊脊（saddle of lamb，俗称羊马鞍）。

注：切割羊脊时，有两种不同的方法。

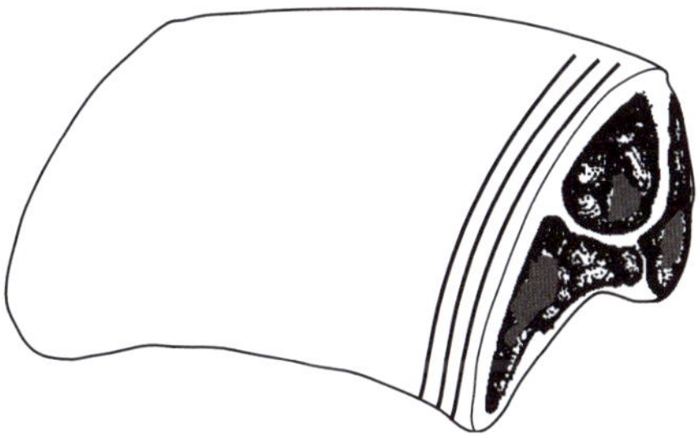

图10-9 羊脊肉的切割（切割方法A）

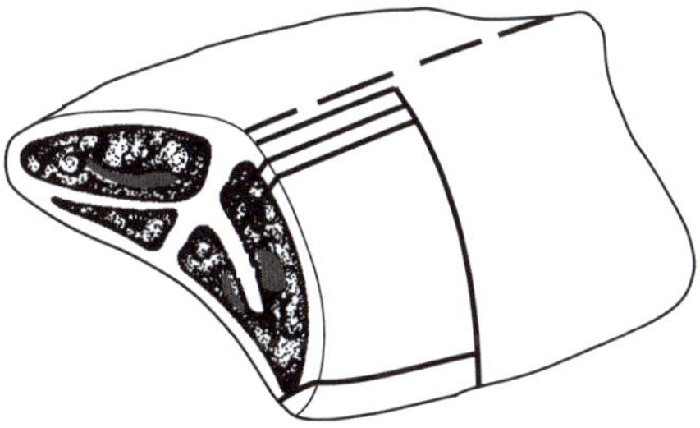

图10-10 羊脊肉的切割（切割方法B）

注：

- 在方法A中，端送给顾客切割好的羊脊肉里，每份瘦肉中都要带点肥肉。
- 在方法B中，如果服务员不够细心，一位顾客得到的羊脊肉可能全部都是瘦肉，而另外一位顾客接受的则可能全部都是肥肉，其中只有一点瘦肉。

烤羊腿（Leg of Lamb）

调配料

- 烤肉汁
- 薄荷少司
- 红加仑子结力

切割方法

① 切割服务员应记住羊腿上要开始切割的位置。

② 在羊腿关节处切割出一个小的V形口。

③ 从V形切口位置开始进行切割，这部分的羊肉叫“肉核”，是味道最佳的部分。

④ 在最开始的几片从关节处切割下来之后，随后进行其他部位的切割，装盘时，一片“肉核”的羊肉和一片下部的肉组合在一起提供给顾客。

注：

- 切割羊腿时，切割服务员可以使用一块干净的餐巾握住小腿的位置在菜板上扶稳。
- 羊肉要完全烤熟，肉质要呈玫瑰红色（粉红色）。
- 给每位顾客切割足够的分量。

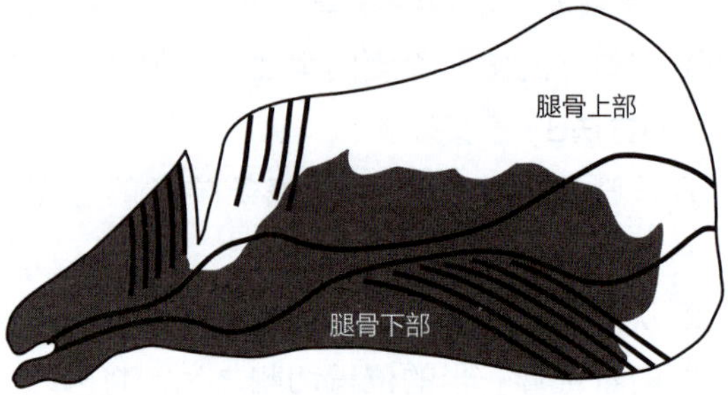

图10-11 烤羊腿的切割图

烤猪腿（Leg of Pork）

配菜

- 烤猪腿的肉汁
- 苹果少司
- 鼠尾草和洋葱馅

切割方法

- 与烤羊腿的切割方法相同，但切割而成的片要更薄一些。

火腿（Ham）

切割火腿的方法有两种：

- 法式切割法：将火腿纵长切成非常薄的片。
- 英式切割法：只切割火腿上肉质厚的那一端，这个部位的火腿肉最鲜嫩。

注：如果火腿已经剔骨或者呈卷状，那么在切割时要与肉纤维组织呈垂直角度进行切割。

10.10 家禽和野味

烤鸡（Roast Chicken）

设备工具

- 保温灯
- 切割菜板
- 肉刀

- 服务勺和餐叉，摆放在餐盘里
- 盛放餐夹的盘子
- 骨碟

原材料

- 烤鸡，摆放在银盘里

配菜

- 面包少司
- 烤鸡的肉汁
- 香芹和百里香馅料
- 培根卷
- 油炸土豆片
- 西洋菜

餐具

- 主餐刀和餐叉
- 热的主餐盘

切割方法

① 确保所有的餐前准备工作在开餐之前已经全部准备到位。

② 将整个烤鸡在餐桌前展示给主人欣赏，然后放回到切割料理车上，在保温灯下或热盘器上保温。

③ 使用服务勺和餐叉将烤鸡从银盘上移到切割菜板上，控净烤鸡腹腔内的汤汁。

④ 将烤整鸡侧面朝下摆放在菜板上，鸡头朝左，一侧的鸡腿朝上。

⑤ 在菜板上用刀面扶稳烤鸡，将餐叉插入到鸡大腿中朝上方使劲，将鸡皮拽紧。

⑥ 将鸡腿周围拽紧的鸡皮用刀尖割断，同时将鸡腿朝外侧用力，与鸡身分离，必要时使用肉刀切断鸡腿与身体相连部分的鸡肉。

⑦ 从关节处将鸡腿切割成两半，同时将鸡爪切除。

⑧ 将切割好的两块鸡腿摆放到银盘中。

⑨ 另一根鸡腿使用同样的切割方法进行切割。

⑩ 将鸡脊骨朝下摆放在菜板上。将餐叉插入到鸡身的颈部位置扶稳。

⑪ 从鸡身与鸡翅的关节处切割鸡翅时连带着要切割下来一部分的鸡胸肉。使得一份鸡翅中带着一点鸡脯肉。

⑫ 如果有必要，将鸡身侧面朝下摆放，使用餐叉将鸡翅与身体分离，与此同时要使用刀身扶稳整鸡的身体。

⑬ 另一侧的鸡翅也采用相同的方法进行切割。

⑭ 将整鸡的脊骨朝下摆好。从胸骨处切割，将一侧的鸡脯肉切割下来。

⑮ 另一半的鸡脯肉也采用相同的方法进行切割。

⑯ 另外一种切割鸡脯肉的方法是将鸡身的侧面朝下摆放，再从胸骨处进行切割。

⑰ 将鸡脯朝上摆放好，用餐叉将鸡身扶牢稳。

⑱ 从鸡脯肉和叉骨处开始切割。将整个鸡脯肉切割下来放到菜板上，用餐叉将整鸡的身体部分移走。

⑲ 将整个鸡胸脯肉纵长切割为两份。

⑳ 在切割过程中，如果需要，可以将切割好的烤鸡放到保温灯下保温。在银盘内切割好的烤鸡上浇淋些汤汁，以防止焦煳。

㉑ 上菜时，每份烤鸡中都要放入一些鸡腿肉和一些鸡胸脯肉。如果需要配菜，可

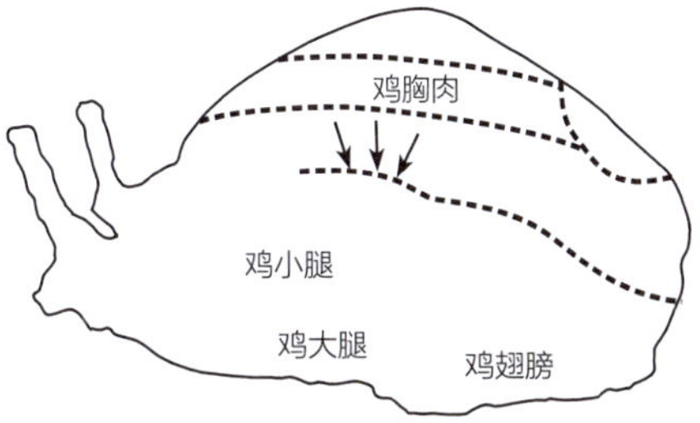

图10-12　烤整鸡的切割

以用些油炸土豆片、培根卷和西洋菜进行装饰。

烤春鸡（六周大的仔鸡，Poussin）

设备工具

- 保温灯
- 切割菜板
- 16厘米长的肉刀
- 骨碟
- 服务勺和餐叉，摆放在餐盘里
- 收集顾客用过餐具的盘子

原材料

- 摆放在银盘内的春鸡和配菜

调配料

- 根据菜单要求提供

餐具

- 主餐刀和餐叉
- 热的主餐盘

切割方法

① 确保所有的餐前准备工作在开餐之前已经完成。
② 将烤春鸡展示给顾客欣赏，然后放回到切割餐车上。
③ 使用服务勺和餐叉将烤春鸡从银盘里移到切割菜板上。
④ 将餐叉插入到烤春鸡的尾部位置，将其在菜板上固定在鸡脯肉朝上的位置。
⑤ 使用肉刀从尾部中间位置纵切下去，将鸡脯肉和脊骨切开，鸡腿和鸡翅一侧保持完整。
⑥ 从头部开始继续在中间切割，直至将烤春鸡切割成两半。
⑦ 如果需要，可以将切割成两半的烤春鸡放回到银盘内进行保温。
⑧ 摆放到主餐盘内，再摆好调配料。
⑨ 配烤春鸡肉汁或者少司一起服务。

烤鸭（Roast Duck）

设备工具

- 保温灯
- 切割菜板
- 肉刀
- 服务勺和餐叉，摆放在餐盘里
- 盛放餐夹的盘子
- 骨碟

原材料

- 烤鸭，摆放在银盘内

调配料

- 苹果少司
- 鼠尾草和洋葱酿馅
- 烤鸭汁

餐具

- 主餐刀和餐叉
- 热的主餐盘

在开始切割烤鸭时，在移除鸭腿和鸭翅之前的步骤与切割烤鸡是一样的。

切割方法

① 确保所有的餐前准备工作都已经完成。

> 注：在切割烤鸭之前要知晓鸭子身上的关节比鸡身上的关节更结实，与身体的结合也更紧密，因此在切割时会更难寻找到这些关节部位，鸭翅与鸭身之间的间距比鸡翅与鸡身之间的间距也更远一些。

② 将烤鸭展示给顾客欣赏，然后放回到切割餐车上。

③ 将烤鸭用服务勺和餐叉转移到切割菜板上。

④ 用肉叉插住烤鸭的尾部，将烤鸭固定在切割菜板上。

⑤ 鸭胸骨比鸡胸骨要宽且平一些，因此也更容易从胸骨上将鸭脯切割下来。

⑥ 将鸭脯在菜板上切割成薄片。

⑦ 将另一块鸭脯也切割成薄片。

⑧ 将鸭脯放回到银盘里整理好，如果需要，可以重新加热。配上各种调配料服务上桌。

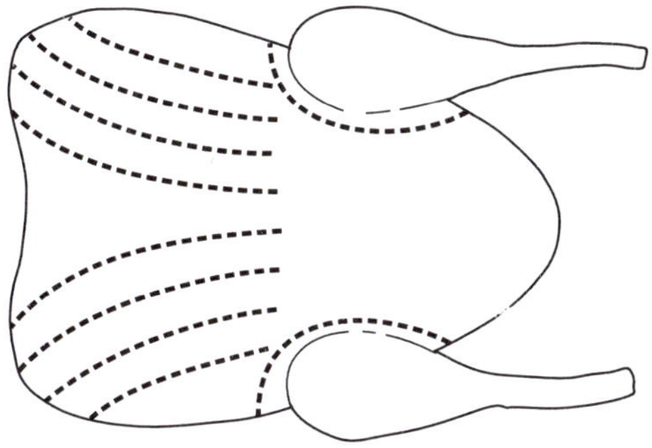

图10-13 烤鸭的切割图

> 注：如果是烤乳鸭，很多情况下鸭翅和鸭脯是分割成一份。当切割鸭脯时，使用肉刀沿着鸭脯纵长斜着切割。这是因为鸭脯太薄，如果直切的话胸骨会妨碍到切割的进行，切割后的鸭脯会与鸭身连为一体。

> 注：野鸭的切割服务如上述方法一样，但是配菜换成橙肉沙拉和带酸味的奶油少司。

烤火鸡（Roast Turkey）

设备工具

- 保温灯
- 切割菜板
- 肉刀
- 服务勺和餐叉，摆放在餐盘里
- 盛放餐夹的盘子
- 骨碟

原材料

- 烤火鸡，摆放在银盘里

调配料

- 金巴利少司（蔓越莓少司）
- 面包少司
- 栗子馅
- 香肠
- 烤火鸡汁
- 油炸土豆片
- 西洋菜

餐具

- 主餐刀和餐叉
- 热的餐盘

切割方法

① 确保所有的餐前准备工作在开餐之前全部准备到位。

② 个头大的火鸡通常会在切割料理车上进

行切割。料理车在切割之前要推到顾客的餐桌前进行展示。对于个头小些的火鸡，可以摆放在平盘内，展示给主人看过之后放到现场料理车的保温灯下或者热盘器上进行保温。用服务勺和餐叉将烤火鸡从银盘上转移到切割菜板上。控净火鸡身上的所有汁液。

③ 火鸡腿和翅应分开。但不要完全与火鸡身体切割开（例如，拢到一侧），这样可以让切割服务员沿着火鸡脯纵长将胸骨两侧的火鸡肉切割成薄片。

④ 如果可能，将栗子馅料与火鸡肉片一起装盘。

⑤ 与烤鸡一样，从腿肉上切割下来的红肉装盘时要与从胸脯上切割下来的白肉一起装盘。

⑥ 放入调配料端送给顾客享用。

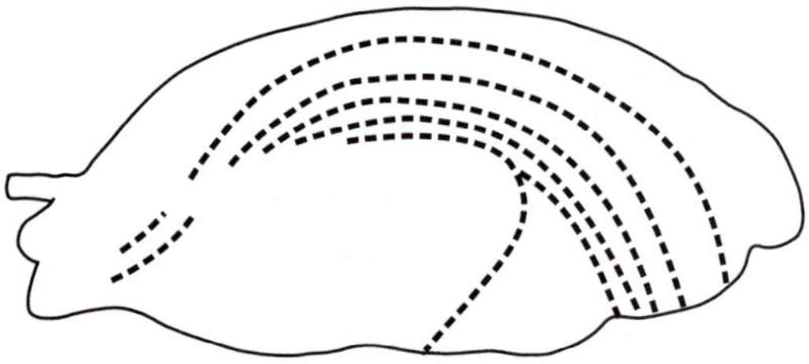

图10-14　烤火鸡切割图

火焰鸡胸（Flamb é ed Chicken Breast）

设备工具

- 保温灯
- 平底锅，放置在垫盘上
- 服务勺和餐叉，摆放在餐盘里
- 盛放餐夹的盘子
- 黄油刀
- 长柄汁勺

原材料

- 准备好的鸡脯肉，摆放在银盘里（根据需要鸡脯肉可以提前用葡萄酒或者利口酒腌制好）
- 一杯红葡萄酒或白葡萄酒
- 杜林标利口酒
- 淡奶油，盛放在少司盅内
- 黄油
- 橄榄油
- 番茄末（装入小玻璃碗内）
- 蘑菇片（装入小玻璃碗内）
- 洋葱末（装入小玻璃碗内）
- 盐、胡椒、辣椒面等调味料

调配料

- 无，或者可以配一份沙拉

餐具

- 主餐刀和餐叉
- 热的主餐盘

制作方法

① 确保所有的餐前准备工作在开餐之前都已经准备到位。

② 将料理餐车推到顾客的餐桌前进行展示。

③ 将平底锅用小火加热以熔化黄油，再加入一点橄榄油。

④ 腌制鸡脯肉。

⑤ 将洋葱略微煸炒一下，加入蘑菇片。

⑥ 加入鸡脯肉快速翻炒，不要让其上色太深。

⑦ 烹入葡萄酒，继续加热让酒精挥发。

⑧ 加入杜林标利口酒点燃使其焰燃，加入淡奶油。

⑨ 旺火将淡奶油烧浓，最后加入番茄末，混合成奶油少司。

⑩ 盛放到热的主餐盘中，服务给顾客享用。

注：

- 在烹制鸡脯肉的过程中，可以同时调配用于鸡脯肉配菜沙拉的沙拉汁。
- 这道菜有许多种烹调方法，例如可以加入咖喱粉和其他各种调味品，也可以使用其他种类的葡萄酒和进行焰燃的烈性酒。

松鸡（Grouse）

从8月12日到12月12日是享用松鸡的季节。松鸡被认为是一道特别的菜肴，如果个头较小，可以整只上桌，否则应通过切割，从中间的胸骨处一切两半服务给顾客。

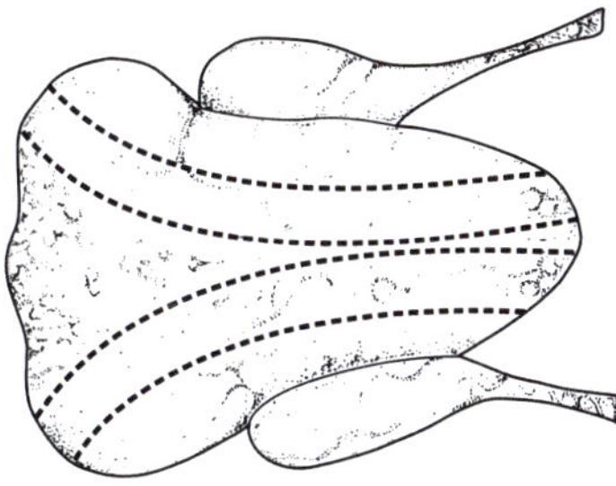

图10-15 鹧鸪或松鸡的切割图

注：

- 个头较大的松鸡可以切割成如图所示的三份——先从任意一边切割下完整的一条腿或者翅膀部分。这样就可以切割出两份。剩下的一份可以从松鸡身上的胸脯肉上进行切割。
- 鹧鸪可以按照相同的方式进行切割（如下所述）。

鹧鸪（Partridge）

从9月1号到来年的2月1号是享用鹧鸪的季节。根据鹧鸪个头的大小，可以切割成两份或者三份。如果个头较大，切割而成的三份之中应包含：

① 一条腿和一个翅膀并带有一点胸脯肉。

② 第二份同上。

③ 留在胸骨上的胸脯肉可以切割成第三份。

如果鹧鸪的个头较小，应从胸骨处切割开成两份。

丘鹬（Woodcock）

从每年的8月1号到来年的3月1号是享用丘鹬的季节。切割时可以如同松鸡或者鹧鸪般，切割成两份的量。通常切割好的丘鹬要放置在面包片上，面包片上会涂抹上一层用丘鹬的肝脏制成的肝酱。

鹬（Snipe）

出产鹬的季节为每年的8月1号到来年的3月1号。因为鹬的个头太小，无法进行切割，通常都会整只服务给顾客享用。

野鸡（Pheasant）

出产野鸡的季节是从每年的10月1日到来年的3月1日。野鸡的肉发柴而枯燥无味，切割服务员要使用非常锋利的肉刀进行切割。腿部的切割方法如鸡或鸭的切割方法一样。野鸡腿通常不提供给顾客。只把野鸡的胸脯肉一直切割到翅膀的位置，切割成薄片，翅膀也不要切割下来，通常不会作为单独的一份提供给顾客。

林鸽（Wood Pigeon）

林鸽出产的季节是每年的8月1号到来年的3月1号。切割林鸽时，是从胸脯位置切割成两半分成两份供应。

野兔脊骨肉（Saddle Of Hare）

野兔出产的季节是每年的8月1号到来年的2月28号。脊骨肉是沿着纵长切割，如同切割羊脊肉一样切割成片。肉质为深褐色。

10.11 甜食类

火焰桃子（Peach Flambé）

设备工具

- 保温灯
- 平底锅，放置在垫盘上
- 火柴
- 盘子，用于放置餐夹
- 服务勺和餐叉，摆放在餐盘里

原材料

- 一份用量的白兰地
- 白糖
- 料盅，盛放着热的桃子及桃汁

配菜

- 白糖

餐具

- 甜品勺和叉
- 热的甜品盘

制作方法

① 确保所有的餐前准备工作在开餐之前全部准备完毕。

② 将料理餐车推到顾客的餐桌前进行展示。

③ 将桃汁加入到平底锅内加热。
④ 加入适当的桃子。
⑤ 使用餐叉在桃肉上戳些孔，让热量尽快均匀的渗入到桃肉中。
⑥ 将桃汁浇淋到桃肉上，将桃汁烧浓呈焦糖状。
⑦ 此时，撒入白糖，这有助于焦糖和火焰的形成。
⑧ 倒入白兰地并点燃使其形成燃焰。
⑨ 将桃子盛入到料理餐车上热的甜品盘里，或者直接从锅内盛放到餐桌上热的甜品盘里。

火焰梨（Pear Flambé）

如火焰桃子制作方法一样，只是将桃子换成梨即可。

火焰香蕉（Banana Flambé）

设备工具

- 保温灯
- 平底锅，放置在垫盘上
- 服务勺和餐叉，摆放在餐盘里
- 盘子，用于盛放餐具夹
- 切割菜板
- 小号切割刀（12.5厘米/5英寸）

原材料

- 香蕉
- 一份量的黑朗姆酒（根据制作菜肴的不同，也可以选择潘诺酒）
- 黄油
- 白糖（有时候也可以使用金糖）
- 鲜榨橙汁（可选）

配菜

- 白糖

餐具

- 甜品勺和叉
- 热的甜品盘

制作方法

① 确保所有的餐前准备工作在开餐之前已经全部准备完成。
② 将料理餐车推到顾客的餐桌前进行展示。
③ 准备香蕉。
④ 将糖放入到平底锅中加热，直到熔化成金色。
⑤ 将黄油加入到糖浆中溶化。
⑥ 将香蕉沿着锅边放入到锅中加热。将黄油浇淋到香蕉上并将香蕉翻转。
⑦ 当糖浆颜色变深时，加入一点橙汁混合好，这个过程会将锅内多余的油脂除掉并制作成糖浆少司。
⑧ 待香蕉成熟之后，再加入朗姆酒点燃成焰燃。
⑨ 将香蕉盛放到料理餐车上热的甜品盘中，或者直接从锅内盛放到餐桌上热的甜品盘里。

注：有时候火焰香蕉也可以配香草冰淇淋。

注：要注意香蕉不要过度加热，或者加热时间过长，否则香蕉会变得太软糯，不容易装盘。

火焰樱桃（Cherries Flambé With Kirsch）

设备工具

- 保温灯
- 平底锅，放置在垫盘上
- 服务勺和餐叉，摆放在餐盘里
- 盘子，用于盛放餐具夹

原材料

- 一份用量的樱桃及樱桃汁，盛放在料盅内
- 白糖

配菜

- 白糖

餐具

- 甜品勺和叉
- 热的甜品盘

制作方法

① 确保所有的餐前准备工作在开餐之前已经全部完成。
② 将料理餐车推到顾客的餐桌前进行展示。
③ 将樱桃和樱桃汁加入到平底锅内加热。
④ 将樱桃汁焙至浓稠。
⑤ 撒入白糖以形成焦糖，并有助于焰燃。
⑥ 加入樱桃白兰地点燃形成焰燃。
⑦ 将樱桃盛放到料理餐车上热的甜品盘内或者直接从锅内盛放到餐桌上热的餐盘里。

火焰樱桃配香草冰淇淋（Cerises Flambés Au Glace Vanilla）

制作方法与火焰香蕉的制作方法相同，只是在将火焰樱桃装盘之前先将冰淇淋盛入到甜品盘中。

樱桃占卜力（Cherries Jubilees）

设备工具

- 保温灯
- 平底锅，放置在垫盘上
- 服务勺和餐叉，摆放在餐盘里
- 盘子，用于盛放餐具夹

原材料

- 一份量的樱桃连樱桃汁，盛放在料盅里
- 一份量的白兰地
- 白糖

配菜

- 白糖

餐具

- 甜品勺和叉
- 热的甜品盘

制作方法

① 确保料理餐车上所有的餐前准备工作在开餐之前已经全部完成。
② 将料理餐车推到顾客的餐桌前进行展示。
③ 将樱桃连樱桃汁倒入到平底锅内烧开。
④ 将樱桃汁熣浓稠至呈焦糖状。
⑤ 撒入白糖，这有助于焰燃和形成焦糖。
⑥ 加入白兰地点燃成焰燃。
⑦ 迅速盛放到料理餐车上或者摆放在餐桌上热的甜品盘里。

朗姆酒味蛋卷（Rum Omelette）

设备工具

- 保温灯
- 平底锅，放置在垫盘上
- 火柴
- 服务勺和餐叉，摆放在餐盘上
- 盘子，用于盛放餐具夹

原材料

- 一份用量的朗姆酒`
- 白糖
- 蛋卷，厨房现做好之后摆放在银盘里。（蛋卷不要做熟，外侧凝固，但中间部分没有凝固）

配菜

- 白糖

餐具

- 甜品勺和叉
- 热的甜品盘

制造方法

① 确保所有的餐前准备工作在开餐之前都已经准备到位。

② 将蛋卷展示给顾客欣赏之后放回到料理餐车上的平底锅内加热。

③ 用服务勺和餐叉整理蛋卷的边缘部分。

④ 撒入白糖。

⑤ 将朗姆酒沿着蛋卷的边缘位置倒入到锅内。

⑥ 大火加热并用火柴点燃成焰燃。

⑦ 迅速将蛋卷盛放到料理餐车或者摆放在餐桌上的热的餐盘里服务给顾客享用。

草莓罗曼诺夫（Strawberries Romanoff）

设备工具

- 两个大玻璃碗
- 服务勺和餐叉，摆放在餐盘里
- 盘子，用于盛放餐具夹

原材料

- 一份用量的草莓（250克供两人用）
- 一份用量的柑桂酒（或者君度酒、金万利酒等）
- 25克白糖
- 半个柠檬（或橙子）
- 200毫升淡奶油（或尚蒂尼奶油酱）

配菜

- 白糖

餐具

- 甜品勺和叉
- 玻璃碗连垫盘，或者冷的甜品盘

制作方法A准备

① 洗净草莓，用纸巾或餐巾拭干。

② 尝一下草莓的甜度——这有助于决定加入多少柠檬汁。

③ 留出两个草莓备用。

④ 将剩余的草莓切成两半并去掉蒂把。

⑤ 将切好的草莓放入玻璃碗内，淋入酒、柠檬汁和25克白糖，放到冰箱内冷藏并进行腌制。

⑥ 在玻璃碗内搅打淡奶油（加入香草香精和白糖搅打成尚蒂尼奶油酱）至打发。

料理餐车制作

⑦ 确保所有的餐前准备工作在开餐之前已经完成。

⑧ 将料理餐车推到顾客的餐桌前进行展示。

⑨ 在料理餐车上，搅拌玻璃碗里的草莓，以确保所有的草莓都浸泡在汤汁中。

⑩ 将草莓用勺舀到两个小的冷却的玻璃碗内，顶端放上打发好的奶油并装饰上一个草莓。

制作方法B准备

如同制作方法A中步骤①~④。

料理餐车制作

⑤ 确保所有的餐前准备工作在开餐之前已经完成。

⑥ 将料理餐车推到顾客的餐桌前进行展示。

⑦ 在玻璃碗内，在草莓上倒入酒和适量的柠檬汁（根据草莓的甜度决定柠檬汁的用量），浸泡腌制几分钟。

⑧ 在玻璃碗内，使用两把餐叉搅打淡奶油至浓稠状。

⑨ 将2/3的草莓连同汤汁一起装入到玻璃碗内。

⑩ 加入搅拌至浓稠状的淡奶油，一次加入一点，直到混合均匀。

⑪ 将玻璃碗放置到冷的甜品盘上，顶端用剩下的草莓进行装饰。撒上一点白糖，服务上桌。

注：可进行替换的菜品有：

- 伊顿麦斯（Eton Mess）——用柑桂酒和柠檬汁调味，将草莓切成小丁，用打发的奶油搅拌均匀而成。
- 皇家草莓（Fraises Royale）——用橙味甜酒、樱桃甜酒和橙汁调味而成。
- 皇家桃子（Peches A La Royale）——草莓和桃子用白兰地和淡奶油混合在一起制作而成。

火焰菠萝（Pineapple Flambé）

设备工具

- 保温灯
- 平底锅，放置在垫盘上
- 服务勺和餐叉，摆放在餐盘里
- 盘子，用于盛放用过的餐具夹
- 切割菜板
- 肉刀（大约20厘米/8英寸）

原材料

- 整个鲜菠萝或切割好的菠萝片
- 樱桃，用于装饰
- 一份用量的樱桃白兰地
- 黄油
- 白糖

配菜

- 白糖

餐具

- 热的水果盘或者甜品盘
- 水果刀和叉或者甜食勺和叉

制作方法

① 确保所有的餐前准备工作在开餐之前都已经准备完成。

② 将料理餐车推到顾客餐桌前进行展示。

③ 如果菠萝没有加工过，将菠萝按照图10–19的方法进行切割加工。

④ 将白糖放入到平底锅内加热至融化并变成金色。

⑤ 将黄油加入到锅内，融化后与糖浆混合均匀。

⑥ 将菠萝用餐叉戳些孔洞，以便可以更快的吸收热量和滋味。

⑦ 将切成份状的菠萝放入锅内。

⑧ 使用旺火加热，将汁液烧到浓稠，糖浆变成焦糖颜色。

⑨ 倒入樱桃白兰地点燃使其焰燃。

⑩ 从锅内直接盛放到料理餐车或者餐桌上热的水果盘或甜品盘中，服务上桌。

法式薄饼（Crepes Suzette）

设备工具

- 保温灯
- 平底锅，放置在垫盘上
- 服务勺和餐叉，摆放在餐盘里
- 两把茶勺，摆放在旁碟里
- 两把甜品叉，摆放在旁碟里
- 椭圆形平盘连3个汁盅，用于盛放混合奶油、橙汁和柠檬汁
- 白兰地和利口酒杯连垫盘
- 一瓶橙味甜酒
- 一瓶白兰地酒
- 两个热的甜品盘

原材料

（供两人食用）

- 85克（3安士）白糖
- 85克（3安士）黄油
- 半个柠檬

调配料

- 无

餐具

- 甜品勺和叉
- 热的甜品盘

制作方法

① 确保所有的餐前准备工作在开餐之前都已经全部完成。

② 将料理餐车推到顾客餐桌前进行展示。

③ 将所需要用量的利口酒和烈性酒倒出。

④ 将混合奶油中的白糖、黄油和橙皮放入锅内加热溶化。使其上色到浅金黄色。

⑤ 加入3长柄少司勺用量的橙汁混合均匀。

⑥ 根据口味需要加入半个柠檬的柠檬汁。

⑦ 加入一份用量的橙味甜酒。

⑧ 混合均匀，用一把大号餐叉搅拌，然后尝一下味道。

⑨ 加入法式薄饼，一次一张，在一面均匀沾满汁液之后翻转过来，然后再折叠起来。

⑩ 在这个加热过程中汁液会减少并变得浓稠。

⑪ 当汁液变少之后，加入白兰地酒并点燃成焰燃。

⑫ 从平底锅内直径盛放到料理餐车或者餐桌上热的甜品盘里，服务给顾客。

> 注：有时候也可以配香草冰淇淋一起食用。

10.12 新鲜水果

水果服务指南

水果可以在顾客餐桌旁的料理餐车上进行制备。（新鲜水果的制备方法和服务方法参见10–4中的内容。）

设备工具

- 小号而锋利的切割刀
- 甜品叉
- 水果盘
- 盘子，盛放使用过的餐具夹
- 小玻璃盘
- 切割菜板
- 服务勺和餐叉，摆放在餐盘里
- 骨碟
- 备用餐巾
- 苹果去核器

原材料

根据情况准备不同的水果，例如：

- 苹果或梨，摆放到盘子里，

或者

- 熟透但硬实的香蕉，摆放在盘子里，

或者

- 两个橙子，摆放在盘子里

或者

- 整个的菠萝，摆放在盘子里

调配料

- 白糖
- 一份用量的黑朗姆酒、樱桃白兰地或者根据顾客的需要与所点选的菜肴相匹配的其他烈性酒等。

餐具

- 水果刀和餐叉或者甜品勺和餐叉或者甜品叉，根据不同水果的需要而选择。
- 水果盘
- 洗手盅连花纸垫一起放置在旁碟上，盅内加入温水和一片柠檬。
- 备用餐巾

注意事项

① 上述列出的设备工具、原材料和调配料，连同餐具等，可以根据顾客的特殊要求而有所变化。

② 在开餐之前，要确保所有的餐前准备工作已经全部完成。

③ 将料理餐车推到顾客的餐桌前进行展示。

④ 在餐桌前展示水果之后摆放到料理餐车上。

苹果或梨的切割（Apple or Pear）

制作方法

① 从苹果或梨把处切割出一个大约直径2.5厘米的圆锥形，将苹果把或梨把剜除，放到一边备用。[见图10–16（a）]。

② 将苹果或梨的底部切除。

③ 将餐叉插入到剜除苹果把或梨把的地方。

④ 将苹果从上到下削皮或者从上到下旋转削皮[见图10–16（b）或（c）]。

⑤ 将苹果先切成两半，再切成四瓣[见图10–16（d）]。

⑥ 将每一瓣上的果核去掉。[见图10–16（e）]。

⑦ 摆放到餐盘里，用剜除的苹果把装饰。[见图10.16（f）]。

⑧ 根据顾客的需要浇淋上烈性酒或者利口酒。

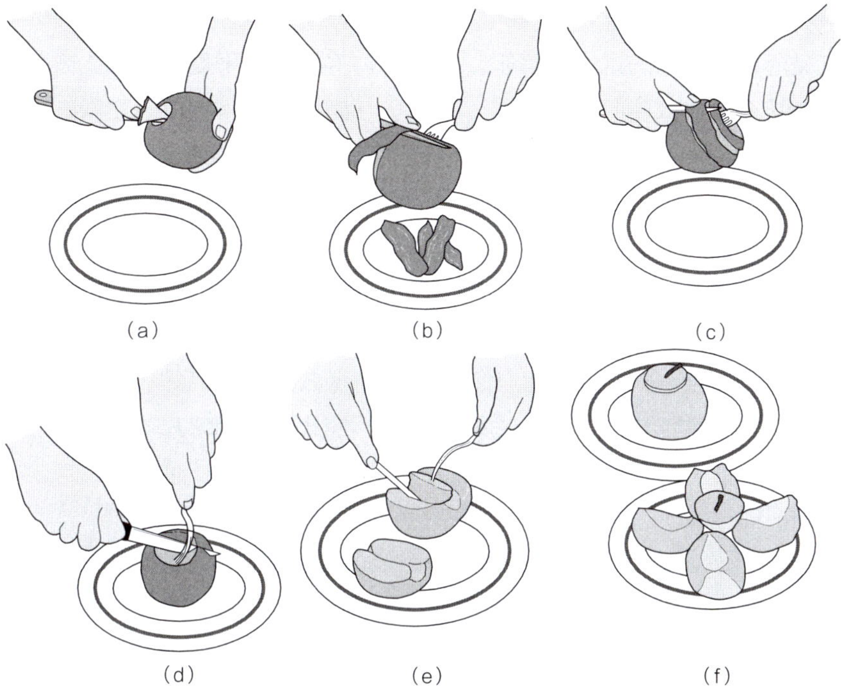

图10–16 苹果切割制备图

香蕉的切割（Banana）

制备方法

① 将香蕉的根部切除［见图10–17（a）]。

② 将香蕉从中间沿纵长片开，用餐叉扶稳香蕉，以使得片开的两半香蕉大小均匀［见图10–17（b）]。

③ 将餐叉齿插入香蕉根部的皮内，小心的朝后转动以进行剥离，使用餐刀从外侧压住香蕉皮以将香蕉固定在菜板上［见图10–17（c）]。这一步要小心，以确保香蕉果肉不要断裂开。

④ 根据需要浇淋上黑朗姆酒。在冷的水果餐盘内摆放好。

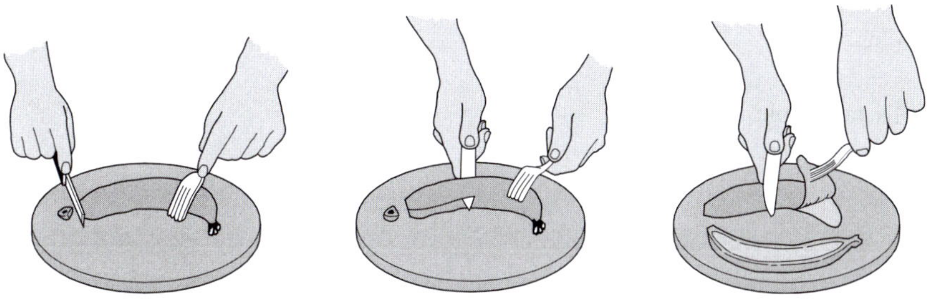

图10–17 香蕉的切割制备图

橙子的切割（Orange）

制备方法

① 用一把锋利的切割刀在橙子的一端切割下来一片橙子。

② 用餐叉叉起切割下来的这一片橙子，当切割整个橙子时可以起到保护作用。

③ 用餐叉从没有切割的那一端戳入到整个橙子中，以使得橙子牢稳的插入在餐叉上。

④ 在没有切割的那一端，沿着橙子，在橙皮和筋脉之间切割一圈，切口深度为切割到橙肉为止。

⑤ 从切割端开始将橙子皮和筋脉呈条状的切除，切割到顶端的切口处。[见图10–18（a）]。

⑥ 这时，在餐叉上的橙子就去掉了所有的橙皮和白色的筋脉[见图10–18（b）]。

⑦ 将橙子置于玻璃碗的上方，将每一瓣橙肉切割下来，橙肉之间的筋膜保留在餐叉上。让橙肉掉落到玻璃碗中[见图10–18（c）]。

⑧ 另取一把餐叉，在玻璃碗上用力挤取餐叉上橙子筋膜里的橙汁。

⑨ 在橙子瓣上撒上白糖。

⑩ 摆放到水果盘里，服务给顾客享用[见图10–18（d）]。

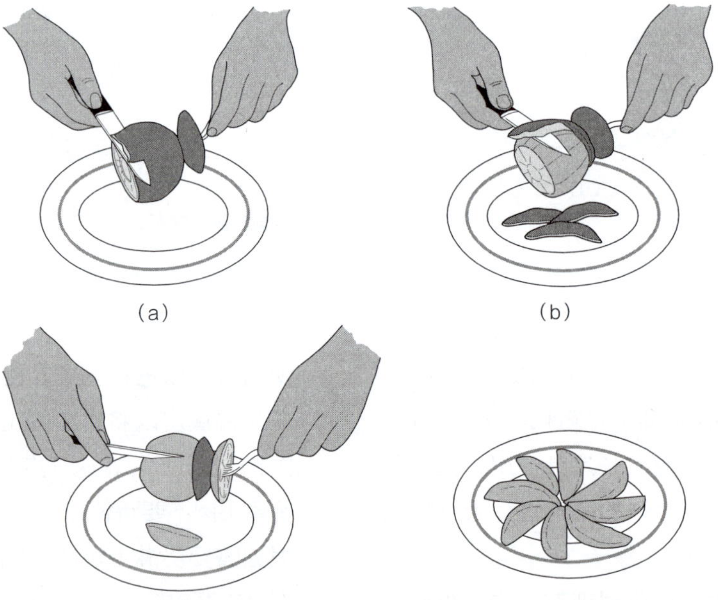

（a）（b）（c）（d）

图10–18　橙子的切割制备图

菠萝的切割（pineapple）

制备方法

① 用一块干净的餐巾扶稳菠萝头部的枝叶部位，将菠萝的底部切除。

② 从顶端开始朝底部呈条状的切除菠萝外皮[见图10–19（a）]。或者从底部到顶端旋转着切除外皮[见图10–19（b）]。

③ 通过切割V形切口将菠萝肉上的黑点剔除。注意这个切口要从左到右进行，因

为这样进行是最简单的切割方法并会形成一个整体［见图10–19（c）］。

④ 将菠萝切割成片［见图10–19（d）］。

⑤ 用切割刀的刀尖或者苹果去核器将切成片的菠萝核去掉（见图10–19（f））。或者在将菠萝切成片之前先去核（见图10–19（e））。

⑥ 如果需要，淋撒上樱桃酒。将菠萝片整齐的摆放到冷的水果盘里。

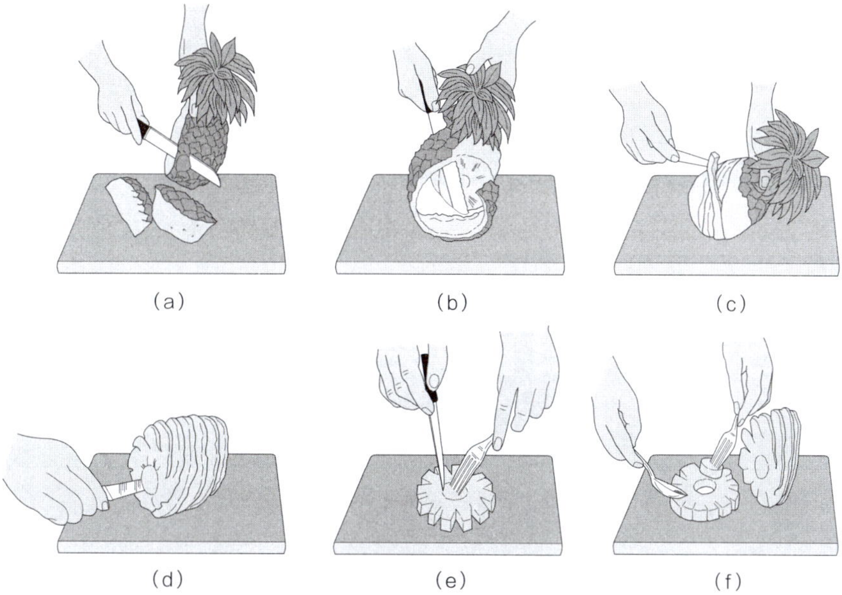

图10–19　菠萝的切割制备图

第十一章

餐饮活动项目管理

11.1 餐饮活动项目类型

图11-1 宴会包间

餐饮活动是一个术语，用来表述对特定团队里的顾客在预订的时间内对特别的活动所提供的服务。所提供的食品和饮料也是提前就定好的。这些场合包括午餐宴会、会议餐、鸡尾酒会、婚礼和晚宴舞会等。在大型酒店里，这些所有的活动都是在宴会经理的管理之下在宴会厅内进行。而在小型酒店里，这些活动通常都会在预留出的宴会包间（图11-1）内举行，并且在经营副总或者副总经理的管理之下进行。酒店内还会有专门的会议中心可以提供餐饮活动服务。服务这些大型活动的大多数员工可能都是临时抽调或临时雇佣。在用餐高峰期，可能同时运营几项大型活动。

现在这类餐饮活动比起以前更加受欢迎，但是活动的目的和风格都有所改变。例如，主题晚宴变得日益盛行，而且这些活动也趋向于向非正式化方向发展。但同时顾客对于场地装修、灯光效果和所使用的餐具等酒店内的各项标准等都有了更高的期望值，也对食品、饮料和舒适度提出了更高的标准和要求。

这些餐饮活动主要有两大类型：

- 正式用餐（也叫宴会）形式
  —午宴
  —晚宴
  —婚礼早餐
- 自助餐形式
  —婚宴
  —鸡尾酒会
  —自助茶服务
  —舞会
  —周年聚会
  —会议餐

餐饮活动可以按照下列类型进一步的分解为：

- 社会活动
  —晚宴
  —午宴
  —招待会
  —鸡尾酒会
  —慈善晚宴
- 公共关系
  —新闻发布会发布一个新产品
  —时装表演会
  —展览会

—研讨会
• 会议接待
—政府会议
—商贸会议
—培训及研讨会
—国际和国内商品展销会
—学术会议

11.2 餐饮活动员工须知

在大型酒店里会有一小部分经验丰富的员工专门负责处理这些餐饮活动项目。这些员工通常包括销售经理、宴会/项目策划经理、经理助理、宴会/项目策划领班、服务员、技术保障人员和搬运工人等与行政办公室人员在一起协调工作。在小型酒店里，这类餐饮活动通常会比较少，可以作为日常工作的一部分，由经理、经理助理和餐饮部员工一起承担起这些活动的组织和管理工作。

销售经理

销售经理的主要角色是推销酒店的活动场所，并且负责与顾客的初步接触和联系。销售经理必须熟知活动场所的规格、尺寸、灯光设计、电源功率和输出、信息技术、大门的高度和宽度、楼面最大荷重等有关方面的内容知识。这使得他们在与客户最初的见面洽谈时能够立即回答出有关活动场所的相关询问。

大多数的酒店都有各种形式的宴会和/或会议包价销售方案，并且提供了有关这些可以使用的系列化的设施的相关信息和收费标准服务。

宴会/会议经理

宴会/会议经理负责所有的行政管理工作，包括会见潜在的客户、讨论菜单安排、桌次安排、价格、酒水、乐队演出、宴会主持等。他们在接待活动的当天，必须与所涉及的所有部门之间保持顺畅的沟通。预计的人数以及其他任何细节问题，需要通过特定部门通常以“任务接待单”和每日例会/周例会的形式进行实施。

行政办公室人员

行政办公室人员在经理领导下工作，负责处理收发邮件，确保相关活动项目的信息传送到了相关的部门内并做好记录。这些人员还负责处理相关咨询，也负责临时活动的预订，确保在活动项目预订单中记录了详细信息，这些预订信息也组成了活动项目记录本中的内容。

宴会/项目领班

宴会/项目领班负责组织项目活动所需要的不同活动场地的准备工作。他们还要作为预订员处理与项目活动有关的其他各种工作。

酒水分配员

酒水分配员负责用于各种项目活动所需要的酒水等物品的分配工作，设置酒水台、组织员工工作、酒水成本控制以及项目进行过程中的收银服务和结束后的收尾工作。他们还负责项目所需酒水的领取工作。

宴会/项目酒水领班

宴会/项目酒水领班的工作与酒水分配员的工作可以结合在一起进行。通常负责组织和安排宴会/项目酒水服务员（临时安排）的工作。他们还负责设置服务员工作所需要的酒水台，为他们准备售卖酒水收取现金所需要的零用钱，并一起详尽地讨论他们的服务工作。

常规（固定）服务员

常规服务员一般都是工作经验丰富的员工，担负着所有与活动和宴会有关的服务工作。他们负责在项目活动开始之前做好准备工作，例如布置餐台。

临时员工

临时员工是指在项目活动举行时做些临时性基础工作的员工。

搬运工人

他们属于常规服务员。他们通常是在项目活动前后完成所涉及的房间布置工作所需要的员工。

11.3 餐饮活动项目管理

餐饮活动项目的销售

为了促进餐饮活动项目的销售（会议/宴会等），许多酒店企业目前都有宴会/活动项目或者会议等包价销售策略。这些销售策略根据酒店的性质从简单到复杂。这些销售策略举例如下。

- 酒店和所涉及的员工的位置及联系方式。
- 可以提供的餐饮活动项目的实例和描述。
- 如何到达酒店、当地的旅游景点以及可使用的停车场等方面的信息。
- 项目活动价格举例，例如对于会议代表们来说可以包括天数、房费和餐费等的折扣情况。
- 所使用的房间大小、可适用的布局情况、所提供的服务（例如电源插座、电话和网线等）、空调、局域网、地面最大承重等。
- 为残疾人提供的服务。
- 租金。
- 所需要的桌椅和其他设施等的款式种类列表和描述（例如会议桌、会议椅、休息区域技术装备包括广播系统、多媒体播放和电视、活动挂图和纸张、演讲台、投影仪、电脑、白板、遮光布、双层玻璃和降噪设施等）。
- 附加设备的费用，例如，投影仪等。
- 所需要房间的装饰，鲜花和灯光系统等。
- 所需要的舞厅、乐队、节目主持人、演员、宴会主持人等。
- 所需要的套餐举例，像各种的套餐菜单、快餐菜单、会议午餐菜单，以及有关服务方法的详细信息，像宴会服务、自助餐服务和室内用餐服务等项目。
- 其他所能够提供的服务项目，像汽车租赁、豪华轿车和大巴车服务、专用通道、商务中心服务以及酒店可以提供的其他服务，例如，具体的餐厅及健身和休闲服务等。
- 标准条款和条件的制定。

预订和管理程序

当顾客准备预订时，根据酒店的不同情况，可以手写到预订簿或者输入到电脑里。预订信息要包括顾客的详细资料和用来举办这一特别活动的所有要求，以及所有往来的信件资料。与顾客讨论之后当所有的预订信息都经过确认，此次项目活动预订簿就完成了。这些记录下来的基本信息资料包括：

- 项目活动举行的日期和时间（包括预计抵达和准确抵达酒店的时间）。
- 顾客资料。
- 活动类型。
- 酒店内举行此项活动的地点位置。
- 所需要的食品和饮料。
- 服务方式。
- 预计出席的人数（确认最后实际参加的人数）。
- 餐桌安排。
- 要支付的费用（例如总价和均价）。
- 总价格或酒水另付费。

- 为其他有特殊要求的顾客提供的服务。
- 设备租金费用。
- 其他合同要求（定金、预付款等）。

这些项目服务的需求将会根据顾客的具体预定情况而定，有必要建立一个这些项目服务的检查表。检查表中除了要包括上面所列出的各项信息以外，还要考虑到下述各项因素：

- 安排住宿
- 主席台人员名单
- 顾客最终确认的日期
- 餐桌、房间、接待处的装饰，花卉和胸花
- 布草颜色，如果可能，给顾客提供选择
- 电话
- 安保服务
- 演讲台
- 营销
- 秘书服务
- 宴会主持人
- 视听设备
- 新闻媒体采访室
- 乐队、夜总会、舞厅（对用餐的需求）
- 摄影师
- 席签
- 酒水贩卖许可
- 音乐会、舞会或者娱乐许可
- 指示牌
- 座次安排
- 泊车服务
- 贵宾吧服务
- 衣帽间
- 活动取消约定
- 婚礼——举办时间、预计抵达时间、婚礼蛋糕和支架。

图11-2是餐饮项目活动管理程序汇总视图。

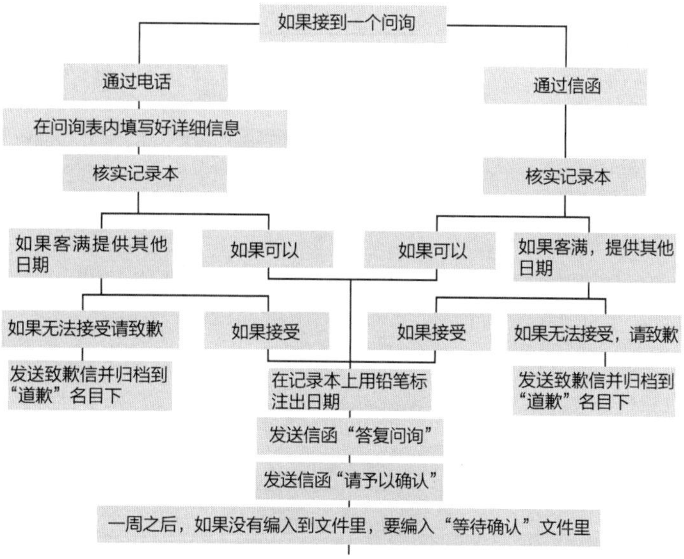

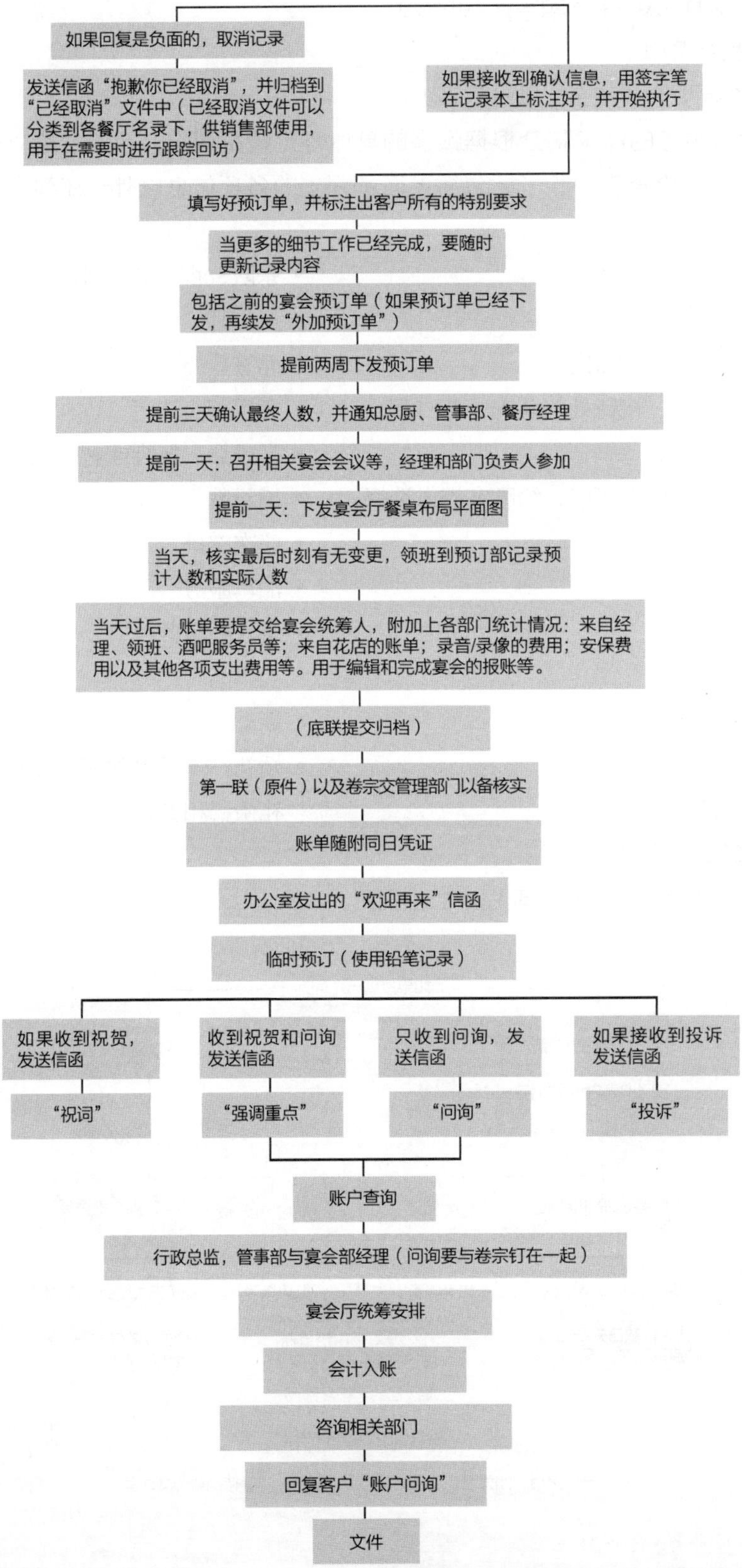

图11-2 餐饮项目活动管理程序汇总视图

11.4 餐饮活动项目组织

菜单

餐饮活动项目应包括各种不同的菜单和价格，用于不同场合使用的特别菜单，像婚礼菜单、21岁生日派对菜单和除夕夜菜单等。宴会菜单中菜品的数量通常是四道，再加上饮料，但是也可以有更多道数的菜肴，这些菜肴通常包括：

- 开胃小吃或者其他的开胃菜
- 汤或鱼菜
- 肉类/素菜——配时令蔬菜
- 甜点
- 咖啡或茶——配餐后小吃

这些菜肴通常都非常受欢迎，但是也可以增加一些其他的或者可以替代的菜肴，像海鲜、奶酪或者小吃等。菜肴上菜的顺序见4.2部分中的描述。

葡萄酒

宴会/项目活动的酒水单中的酒水种类通常会比在餐厅中使用的酒水单数量上要少一些，但通常会包括以下优质葡萄酒。葡萄酒可以包含在菜品中，或者另外付费，顾客的现金要交付给酒水员。大多数情况下开胃酒要在就餐前服务，并通常包含在餐费中，如果没有包含在餐费中，顾客要到接待区域设置的酒吧当场付费。

餐饮活动的服务方式

对于这些餐饮活动，服务方式可以采取下述的方式（参见1.5部分有关服务方法定义中的内容）。

- 银器服务（法式服务）
- 盘式服务（美式服务）
- 自助服务
- 家庭式服务
- 辅助服务

服务方式的选择通常由以下方面所决定：

- 主人的要求
- 餐饮设备设施
- 活动的类型
- 所服务的食品和饮料
- 所提供的食品和饮料
- 活动举办的时间
- 员工所具备的服务技能

正式的座次安排

参加一项活动的总人数必须确定下来，主桌上多少餐位，旁边坐多少人，多少圆桌或长方桌组成了整个餐桌布局图。必须了解多少人会坐在主桌上，包括主桌的两端。在英国，通常会避免一桌坐13位顾客（注意观察其他国家哪个数字代表不吉利的文化习惯）。

所有的餐桌，除了主桌以外，最好按照字母表的顺序安排桌号而不要使用数字。桌号本身通常会摆放在餐桌上并呈一定的高度，所有的顾客一进入宴会厅就会看到这些桌号牌，桌号牌的高度在75厘米左右（30英寸）。顾客落座之后，服务开始之前，这些桌号牌通常会收走。但是，如果留在餐桌上，可以对酒水员统计酒水费用有所帮助。

座次安排

目前对于座次的安排有两种主要的方式：

① 按照参加宴会顾客的字母表顺序，标明餐桌桌号，或者座次位置。

② 以餐桌注明参加的顾客名单，显示所有特定的餐桌和餐桌的每一位顾客的座次。

在宴会活动开始前，策划好的每一种座次安排表都要复印一份。这份表要在宴会开始之前交给组织者，以便检查核实所有必要的座次安排情况。

计划敲定之后就要做好如下的准备工作：

- **顾客：**座次安排图应放置在宴会厅入口处明显的位置，以便让顾客可以了解到宴会厅内的餐桌位置，他们的座位位置安排，以及与哪些顾客同坐一桌或同坐一排。
- **宴会/项目经理：**作为服务工作的参考。

餐桌摆放布局

专门布局的餐桌摆放位置取决于许多因素，包括：

- 组织者的要求。
- 组织活动的性质。
- 活动举办点的房间大小和形状。
- 参加活动的人数。

对于小型的聚会可以将餐桌摆成U形或T形。如果午宴或者晚宴是非常正式的宴请，可以布置一个主桌和其他一些单独的餐桌（圆桌或者方桌）用于各方来客。

当活动预订之后，应该详尽地考虑餐桌摆放的布局形式、每个餐位之间的间距、通道和椅子的尺寸对空间可能带来的影响，为每一位顾客提供一个舒适的座位空间是非常重要的，同时，要给服务的员工提供一个足够的空间用于进行菜品的服务。通道空间必须宽敞到足以让两名服务员在服务过程中能够相向通过而不必担心会发生任何意外。

一般情况下的餐饮服务空间如下所述：

- 两张餐桌椅背之间的最小距为2米（6英尺）。这可以使得两张餐桌中餐椅之间的间距（从餐桌边缘到椅子背部间距为46厘米（18英寸））加上1米（3英尺）通道的间距，可以让每一位服务员轻松的经过：加在一起总共2米（6英尺）。
- 餐桌的宽度大约为75厘米（2英尺6英寸）。
- 每个餐位之间的间距应为50～60厘米（20～24英寸）。

- 墙面到餐桌边缘的间距最少应为1.4米（4英尺6英寸）。这样可以留出1米的通道，加上一把椅子46厘米（18英寸）的宽度。
- 椅子到地面的高度根据椅子的样式和风格各有不同，但大体都在46～50厘米（18～20英寸）。
- 餐桌的长度通常在2米（6英尺），宽度在1.2米和1.5米（4英尺和5英尺）。
- 圆桌的直径一般为1米、1.5米或者2米（3英尺、5英尺或6英尺）不等。
- 建议为每位顾客舒适的落座区域为1～1.4平方米（12～15平方英尺）；自助餐区域为0.9～1.0平方米（10～12平方英尺）。

宴会/活动餐桌布局

主餐桌和副餐桌

110人宴请活动：主餐桌安排15位顾客；需要3排副餐桌。

需要空间=18米（60英尺）长，11米（36英尺）宽。

餐桌摆放法

① 主餐桌的长度为：

15位顾客×每个餐位60厘米（2英尺）=9米（30英尺）或者5×2米（6英尺）的餐桌。

② 每一个副餐桌中的餐位数：

110个餐位—15个主餐位=95个餐位。

95个餐位÷3张餐桌=两张32个餐位，一张31个餐位的餐桌。

因此，餐桌的每一边可以布置16个餐位，除去一边留出15个餐位。

③ 副餐桌的长度：

16个餐位×每个餐位60厘米（2英尺）=9.7米（32英尺）或者5×2米（6英尺）餐桌。

④ 检查三排副餐桌与主餐桌的摆放情况：

3排副餐桌×75厘米（2英尺6英寸）（餐桌宽度）	=2.25米（7英尺6英寸）
2排通道×1米（3英尺）（通道宽度）	=2米（6英尺）
4把椅子的深度46厘米（18英寸）	=2米（6英尺）
总计	=6.25米（19英尺6英寸）

这样，需要有足够的空间（见图11–3）

这种布局也可以为临时到来的5位顾客增加餐位。餐位位置在：

主餐桌的两边各增加一个餐位	=2
副餐桌的一边各增加一个餐位	=3
总计	=5

相类似的餐桌布局可以变得更加紧凑一些，以适应在更小一些的宴会厅内使用。可以在宴会厅内挨着主餐桌摆放4排副餐桌。

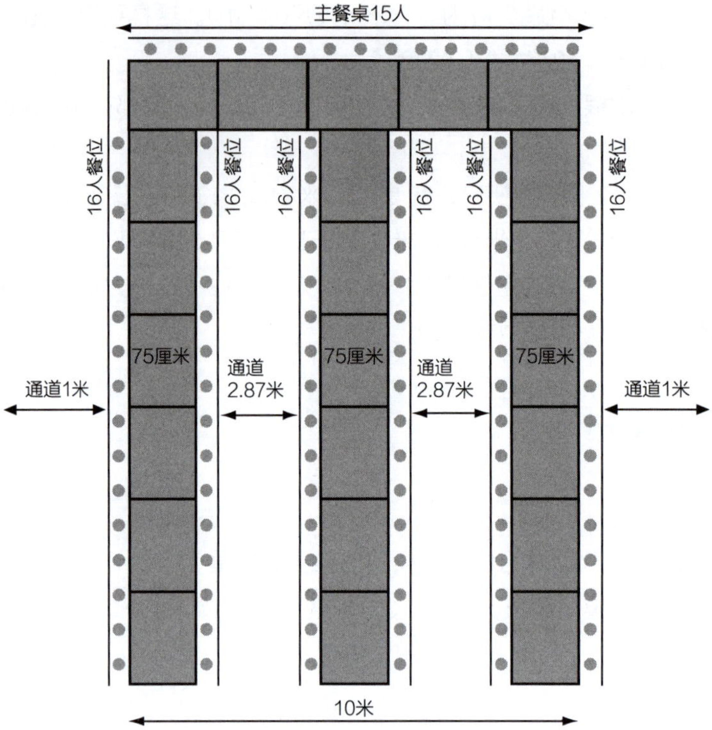

图11-3 主餐桌和副餐桌布局图

4排副餐桌×75厘米餐桌宽度（2英寸6英寸）	=3米（10英尺）
3排顾客通道×1米（3英尺）宽度	=3米（9英尺）
6把椅子的深度=46厘米（1英尺6英寸）	=3米（9英尺）
总计	=9米（28英尺）

4排副餐桌的摆放方法可以使得餐桌布局更加紧凑，也更能靠近主餐桌上的讲话者。这种摆放方法在每一边上的餐位数是12个，多出来的一位顾客可以安排到主餐桌上或者安排到副餐桌上就座。

主餐桌和圆桌

110位顾客的宴会：15位顾客在主餐桌上，95位顾客安排在圆桌上。

需要的空间=18米（60英尺）长，12米（36英尺）宽。

注：如果使用圆桌，首先要做的事情是统计不同直径的餐桌能够坐下的总人数，在所有情况下，必须首先统计一下圆桌的周长，这可以通过直径乘以π来计算（π=22÷7）。因此，餐桌的周长是餐桌直径×22÷7。每个餐位通常需要在圆桌的周长上留出60厘米的长度。

直径1米、1.5米和2米的餐桌可以按照如下方法进行计算：

1米（3英尺）直径圆餐桌的周长是：

1米×22÷7=3.1米

每张圆餐桌可以坐下的顾客人数为［按照每位顾客60厘米（2英尺）计算］：

3米÷0.6米=5

因此，1米直径的圆餐桌可以坐下5位顾客。

1.5米（5英尺）直径圆餐桌的周长是：

1.5米×22÷7=4.7米

每张圆餐桌可以坐下的顾客人数为［按照每位顾客60厘米（2英尺）计算］：

4.7米÷0.6米=7.9

因此，1.5米直径的圆餐桌大约可以坐下8位顾客。

2米（7英尺）直径圆餐桌的周长是：

2米×22÷7 =6.3米

每张圆餐桌可以坐下的顾客人数为［按照每位顾客60厘米（2英尺）计算］：

6.3米÷0.6米=10.5

因此，1.5米直径的圆餐桌大约可以坐下11位顾客。

餐桌摆放方法

① 主餐桌的长度：

15位顾客×60厘米（2英尺）餐位宽度=9米或者5×2米（6英尺）餐桌。

② 需要的圆餐桌：

110餐位－15位主餐位=95圆餐桌餐位。

假如使用同一规格（直径1.5米/5英尺）的圆餐桌，每桌坐8位顾客。

需要的餐桌数量为95÷8=11.876张餐桌。

因此，需要12张圆餐桌（11×8和1×7）。

③ 检查一下餐桌的摆放是否能够对应于餐厅的长度：

主餐桌：

墙面到主餐桌后面的通道	=1米（3英尺）
主餐桌餐椅的深度	=0.46米（1英尺6英寸）
主餐桌的宽度	=0.75米（2英尺6英寸）
主餐桌前面的通道	=1米（3英尺）
总计	≈3米（10英尺）

圆餐桌：

圆餐桌直径	=直径1.5米（5英尺）
餐椅深度×2张餐桌	=1米（3英尺）
通道（每张餐桌之间）	=1米（3英尺）
总计	=3.5米（11英尺）

圆餐桌总计×4　　=14米（44英尺）

需要的总长度=3米（10英尺）的主餐桌加上14米（44英尺）的4个圆餐桌=17米（54英尺）。

房间内的长度为18米（60英尺）可以采用这种餐桌布局。

- 检查餐桌，布局适合于12米宽的房间：

3张直径为1.5米直径的圆餐桌	=4.5米（15英尺）
6把餐椅深度为0.46米（1英尺6英寸）	=3米（9英尺）
4条通道每一条1米宽	=4米（12英尺）
总计	=11.5米（36英尺）

这样餐桌布局就能够适用于12米宽的房间（见图11–4）。

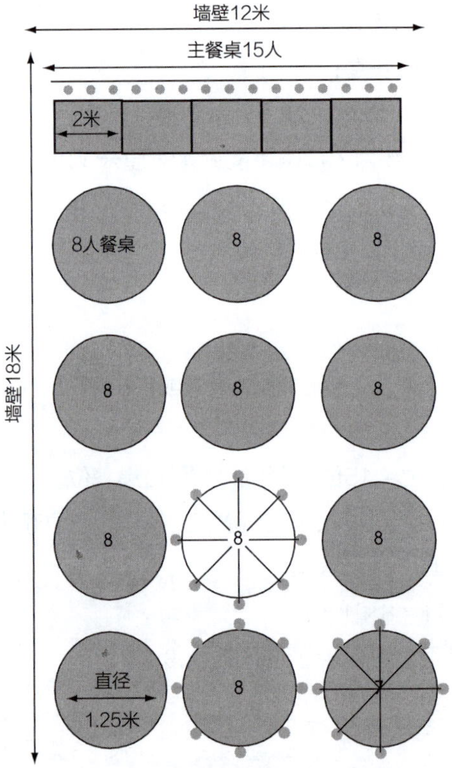

图11–4　主餐桌和圆餐桌的布局图

桌布

宴会桌布最小尺寸为2米（6英尺）宽、4米（12英尺）长。也可以有更长的桌布，例如5.5米（18英尺）长等。这些桌布可以在主餐桌和副餐桌上使用，可以避免因为桌布尺寸太小必须重复铺设桌布的问题。主餐桌桌布的正面应下垂接触到地面，底部要锁边（见图7–1）以体现出主餐桌顾客的稳重和整洁的外观形象。

当铺设桌布时，中间折痕应沿着餐桌中心线铺设，重叠部分也是如此，所有的桌布应有相同的折痕和相同的模式，桌布所有的重叠部分不应朝向大门口的方向，这样当顾客进入餐厅朝向餐桌观看时，就会看不到桌布上的这些结合部位。当铺设桌布时，可能需要三到四位服务员一起来操作（根据桌布尺寸的大小），以确保以最少的步骤，没有皱褶和污损的情况下正确的铺设好桌布。

对于圆餐桌通常铺设方桌布。桌布的对角线通常要比圆餐桌的直径长出1.4米。这样就会确保桌布最长（桌布的四个角）会下垂70厘米，桌布的每一边最少下垂20厘米。

计算的方法如下所述。

餐桌的直径加上餐桌每边最长可以下垂的长度=桌布对角线的长度。角对角测量。

例如，一块直径200厘米的桌布加上两边各下垂70厘米=340厘米。

因此角对角测量的对角线长度是340厘米。

要找到方桌布的尺寸，计算公式如下：

桌布下垂的长度=（直径^2÷2）

例如：

（340厘米直径×340厘米直径）÷2=57800厘米

57800厘米的平方根=240厘米

因此这块桌布是240厘米×240厘米。

一块240厘米×240厘米的桌布可以确保：

- 在餐桌的四个边最长下垂可以达到70厘米［（340厘米－200厘米）÷2］（这样桌布的边角就不会接触到地面）。
- 在每一个桌布四个边的中间位置，最短的下垂边为20厘米［（240厘米－200厘米）÷2］（这样餐桌在铺设桌布后下垂的最短）

对于使用餐桌直径为1米、1.5米和2米所使用的桌布可以按照下述方法进行：

餐桌直径	桌布尺寸	四角桌布最长下垂	从桌布的四边中间最短下垂
1米	170×170厘米	70厘米	35厘米
1.5米	205×205厘米	70厘米	27厘米
2米	240×240厘米	70厘米	20厘米

餐具摆台

对于宴会服务和正式的用餐服务，准备工作与6.2部分中描述的内容相类似。根据预订菜单进行的餐具摆台通常要摆放全套餐具。要考虑的主要因素包括：

- 餐具的摆台通常根据套餐的菜品内容进行（见6.2部分中的内容）。
- 顾客从外朝里使用餐具。

- 玻璃杯通常会摆放在餐位的右上角，为了方便使用，通常最低的玻璃杯摆放在前面，最高的玻璃杯摆放在后面。
- 有些酒店不摆放全套的餐具——甜品餐具在甜品上桌时才摆放，或者在上葡萄酒时才在餐桌上摆放玻璃杯。
- 通常用于饮料服务的咖啡和茶等餐具会在服务的时候才摆放。

服务的组织管理

传统方式

对于正式的宴会，一般情况下主桌上的顾客总是先开始上菜/撤台服务。因此，宴会/项目领班会安排好他所属的员工，在主桌服务员开始服务时，作为一个信号，其他所有的服务员会迅速开始服务。宴会/项目领班在所有的顾客没有用完餐时不会发出任何撤餐具的信号。

所有的员工应在主桌服务员的带领下按照预先确定好的顺序离开餐厅或者进入餐厅。这个预先确定好的顺序通常意味着那些离门口最远的餐桌服务员在排队时应离主桌服务员最近（见服务桌的配置部分中的内容）。从理论上讲，当服务员进入餐厅，所有的服务员到达他们的服务区域时，时间上应该大体相同。这样每一位服务员，按照预先确定的服务方法可以服务自己所属的餐桌——提供银器服务（法式服务）或者是盘式和银器的组合服务方法。在提前决定菜单时，在其他方面能够影响到做出最后选择的是安全因素。尽量做到，员工在进出餐厅时，应尽力避免员工之间任何的交叉走动以及都聚集在通道上的狭窄位置处。

用餐高峰时的服务（波浪式服务）

波浪式服务方式主要适用于美式服务，尽管有些餐厅也采用这种服务方式用来进行法式服务或者其他形式的服务。这是为了节省员工劳力/加快服务速度而常用的一种美式服务方式。

“波浪”（wave）这个术语来自于所有的餐桌不是同时服务但却是在一定的时间段内完成所有的餐桌服务的一种方法，同一餐桌上的每一位顾客都能够同时得到快捷的服务，然后再开始服务下一桌的顾客。有两种基本的服务方法：

- 对于美式服务和传统的法式服务，从相邻的两张餐桌服务的员工组成一个团队一起工作。在整个宴会厅都可以如此。一起完成一桌顾客的服务然后相互协助完成另外一桌顾客的服务。
- 与之对应的是一组中多名员工可以作为一个团队一起工作，完成一桌顾客的服务之后再为下一桌顾客服务。这种食品的服务方式特别适用于美式服务。

采用此种服务方式带来的效果是，在一定的时间内，餐厅内所有餐桌上的顾客都得到了服务，但是具体到每一张餐桌都能够快速的完成服务。

波浪式服务也可以用于有主桌和副桌的宴会中。在这种情况下，先服务一个区域的餐桌，然后再服务其他的区域。

卡尔顿服务

卡尔顿服务（以伦敦圣詹姆斯会员俱乐部的名字命名，是首先在那里使用的一种服务方法）是一种超值的美式服务方式，可以用于餐厅的餐桌服务或者其他活动的服务中。服务员从厨房内端出两盘食品，每只手端一盘，交叉端放（这样端的平稳）。到达餐桌前时，每一位服务员站在两位顾客中间。当给出服务的信号后，所有的服务员前倾身体，双臂不用交叉服务，同时将手中的两份食品摆放到顾客的餐桌前，一盘摆放在左侧，一盘摆放在右侧。要注意所有食品要始终摆放在所有顾客面前相同的位置上。

自助餐

自助餐有以下3种类型。

手取自助餐（手持自助餐）：顾客使用手指选择和进食食品。食品和饮料可以放置在自助餐台上，或者在服务员端着的托盘里。通常餐巾也放置在托盘里。餐厅内被划分成不同的区域，以确保有足够的空间用于顾客之间的相互交谈，并且也会有一些临时性的餐桌和餐椅摆放在餐厅内。这些临时性的餐桌会铺设上桌布并摆放上小花瓶和鲜花。撤台服务员要随时清理餐桌上的物品。

餐叉自助餐：顾客挑选食品并放入自己的餐盘里然后只使用餐叉进食。在这种情况下，食物的形状和大小就可以非常容易的使用刀叉取食和进食。杯托的使用可以让玻璃杯夹在餐盘边上，这样葡萄酒杯就可以放置的非常牢稳。餐巾也可以摆放在自助餐台上。餐厅的组织管理与手取自助餐相类似。

展示自助餐：顾客挑选自己喜欢的食物之后在餐桌旁进食。这种方式是顾客走近自助餐台的各个取餐点挑选他们所需要的每一道菜肴。大多数的调配料也可以同时挑选，如果需要，在自助餐台上，可能包括了面包卷、黄油、少司、餐巾、餐具等。挑选完之后顾客回到餐桌旁消费这些不同的菜肴。餐桌布局与标准的宴会布局相同。餐桌的撤台也与标准的宴会服务相同。

员工的工作安排

服务员一般性的工作描述如下。

- 宴会服务员预计在自己服务区域内，通常一般都会服务10～12位顾客，根据服务管理要求这一服务的人数也可以增加到20人（见上文介绍）。
- 酒吧服务员一般会服务25位顾客，但是这得看是哪种类型的宴会，所提供的酒的数量，以及所有的酒水是否包括在菜单价格之中，或者需要顾客另外付费。酒吧服务员也会在餐饮服务员服务主菜所需要的蔬菜和少司时给他们提供帮助。
- 酒吧服务员需要在服务台处在开餐之前给顾客提供开胃酒服务。如果是这样的话，他们需要在开餐之前做足准备工作，以确保在服务台区域随时可以提供酒水服务，例如，烟灰缸（如果允许的话）、鸡尾小吃、设置可移动式酒吧和擦拭的光可鉴人的开胃酒杯。

- 当提供收费酒水时，酒吧服务员通常会准备些零钱到收银台或者吧台上为点选的酒水付费之后取得酒水。然后酒水服务员的职责就是为服务的酒水收取费用。

带白色手套

在一些酒店里，服务员在做各种准备工作时会戴白色的纯棉手套。棉手套可以防止弄脏干净的服务器皿并可以防止在洁净的和铮亮的服务餐具上留下手指的痕迹。

白手套还可以在服务过程中使用，当提供使用热盘装好的食物给顾客时，可以用来代替服务餐巾。如果使用白手套，那么餐盘的边缘部分必须干净，这样餐盘内的食物和少司不会轻易地污染到白色的手套。

工作分配

当所有必要的餐前准备工作全部完成，所有的员工集合在一起时，就要给服务员和酒水服务员分配工作。经验最丰富、技能最熟练的员工通常会被分派到服务主桌的顾客。

服务员（一个班次）应排队有序的在取菜口端送每一道菜肴，服务主桌顾客的服务员排在队列的前面。其他服务员或者“团队”根据从取菜口到所服务区域的距离按顺序排好队。在整个服务过程中都必须按照这个排队顺序进行操作服务。

在每一道菜肴完成服务之后，服务团队应在宴会厅门口外面做好准备以便进行撤台服务和下一道菜肴的服务。

为84位顾客提供晚餐服务（法式服务）所需要的员工和按顺序在取菜口工作的分配举例说明

12位顾客在主餐桌，24位顾客在每个副餐桌（每边12位顾客）。

餐桌分配（见图11–5中的平面图）：

主餐桌4×2米（6英尺）=8米，每个餐位60厘米（24英寸）宽。

副餐桌4×2米（6英尺）=8米，每个餐位60厘米（24英寸）宽。这样的餐桌布局就表示3排副餐桌的总数为：每一侧的餐位数为12个。

主餐桌：12位　　12位

餐桌配置为：副餐桌：6×12位　　72位

这样就会安排每一侧有12个餐位的7个区域=总数84个餐位。对于图11–5给出的餐桌平面图，从取菜口按照上菜的服务顺序，排队顺序是1、2、3、4、5、6、7。

在2、4和6位置工作的服务员，通过餐厅门口进入餐厅后要继续沿着房间朝右走，在3、5和7区域服务的员工进入餐厅后要继续沿着房间朝左走（见图11–5）。

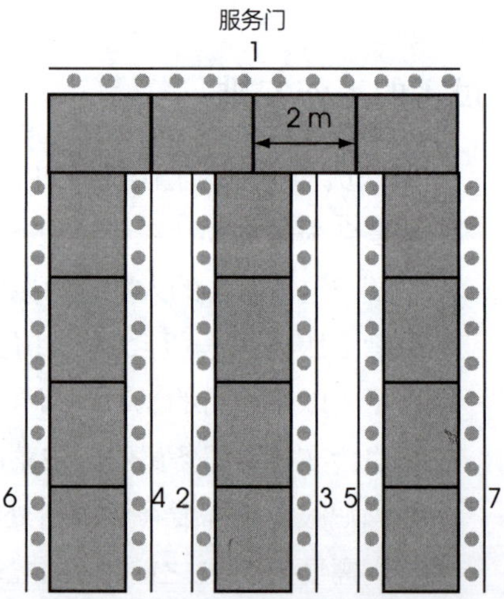

图11–5　宴会厅工作分配图和补齐

员工工作说明/工作说明书

每一个活动项目（宴会）都要给员工提供工作说明/工作说明书。这些工作说明书为所有参与服务工作的员工给出了详尽的工作说明。其目的是确保所有必须完成的工作都安排到位，某一个特别的活动都做出了正确的安排，每一项工作都会在最短的时间内井然有序的完成并且还可以作为给临时帮忙的员工提供一个工作指南。

称呼语

对于所有的餐饮活动，正式的和非正式的，礼仪礼节是非常重要的，要十分注意确保使用适合每种场合的正确的称呼语。在非常正式的场合里，皇家成员或者其他达官贵人可能作为贵宾出席宴请活动，因此在祝酒和敬酒时礼仪礼节方面需要按照一个特定的顺序，并且致辞时要采用正规的方式进行。

表11–1举例说明了在致辞和席签方面正式场合和社交场合引见的正规方式。

注：

- 正式礼节只针对所包括的皇家成员。
- 社交场合的称谓语给予同龄人、男爵和有爵位的人士。对于更正式的场合所涉及的详细礼节内容，在德布雷特英国贵族年鉴中可以寻找到答案。
- 表11–1中皇室成员按照社会等级进行了排列。

表11–1　皇室成员社会等级

头衔	介绍语	称呼语	席签
皇家成员			
女王（Monarch）	“尊敬的女王陛下”（Her Majesty the Queen）	“陛下”和随后的“夫人”（Your Majesty and Ma’ma）	
王子（Royal Prince）	“…王子殿下”（His Royal Highness, Prince…）	“殿下”及随后的“…阁下”（Your Royal Highness and Sir）	殿下，…王子（His Royal Highness, The Prince of…）
公主（royal princess）	“……公主殿下”（her royal highness, the princess…）	“殿下”及随后的“…夫人”（your royal highness）	殿下，…公主（her royal highness, the princess…）
皇家公爵（royal duke）	“…公爵殿下”（his royal highness，the duke of）	“殿下”及随后的“阁下”（your royal highness and “sir”）	公爵殿下，…公爵

续表

头衔	介绍语	称呼语	席签
皇家公爵夫人（royal duchess）	“…公爵夫人殿下”（her royal duchess，the duchess of…）	“…公爵夫人殿下”及随后的“ma’ma”	公爵夫人殿下，…公爵夫人
平辈、男爵和骑士			
公爵（duke	…公爵（the duke of…	公爵（duke）	…公爵（the duke of…）
公爵夫人（duchess	…公爵夫人（…the duchess of）	公爵夫人（duchess）	…公爵夫人
伯爵（earl）	“…勋爵”（…lord）	“…勋爵”（…lord）	“…勋爵”（…lord）
伯爵夫人（countess）	“…勋爵夫人”（…lady）	“…勋爵夫人”（…lady）	“…勋爵夫人”（…lady）
子爵（viscount）	“…勋爵”（…lord）	“…勋爵”（…lord）	“…勋爵”（…lord）
子爵夫人（viscountess）	“…勋爵夫人”（…lady）	“…勋爵夫人”（…lady）	“…勋爵夫人”（…lady）
政府官员			
首相（the prime minister）	按照职务或者姓名（by appointment or name）	“首相”或者姓名（prime minister or name）	首相（the prime minister）
财政大臣（chancellor of the exchequer）	按照职务或者姓名（by appointment or name）	“大臣”或者姓名（chancellor or name）	财政大臣（chancellor of the exchequer）
部长（ministers）	姓名（by name）	“部长”或者…先生）（minister or mr…）	……先生（mr……）
神职人员（the clergy）			
大主教（archbishops）	….大主教（the archbishop of …	大主教（社交场合使用，archbishop）	主教阁下，….大主教（his grace，the archbishop of…）
主教（bishop）	….主教（the bishop of….）	主教（bishop）	……主教（the bishop of）
地方政府官员			
勋爵/市长夫人（lord/lady mayor	按照职务或者职务加姓名（by appointment or appointment and name）	尊敬的勋爵/市长夫人（my lord/lady mayor）	勋爵/市长夫人（the lord/lady mayor）

续表

头衔	介绍语	称呼语	席签
市长（mayor）	按照职务或者职务加姓名（by appointment or appointment and name）	市长先生/市长夫人（mr/madam mayor）	….市长（the mayor of…）
市长配偶（mayor' s consort）	按照职务或者职务加姓名（by appointment or appointment and name）	女市长或者姓名（mayoress or name）	….女市长或姓名（the mayoress of… or name）

英式祝酒词

在所有正式宴请的场合里，按照惯例要使用英式祝酒词。主持人在甜品这道菜肴撤台之后，咖啡或者茶服务之前开始致辞。服务员应确保在这段时间内，将所有顾客的酒杯都斟满，为接下来的敬酒做好服务准备工作。

祝酒词应由主持人来宣布，然后由主人在晚宴上进行祝酒，例如，协会的主席或董事长来进行祝酒。英式祝酒词是为了君主：国王/女王陛下而干杯。

正式宴会服务举例（餐桌服务）

① 主持人宣布午宴或者晚宴开始。
② 顾客进入宴会厅内指定位置。
③ 可能进行祷告或者祈祷。
④ 顾客落座。餐椅由服务员拉出。
⑤ 服务员将餐巾打开铺到顾客的膝盖处。
⑥ 给顾客斟倒水和第一种葡萄酒服务。
⑦ 如果第一道菜肴还没有上完，按顺序到备餐间取第一道菜肴。
⑧ 按惯例排好队，主桌服务员排列在前。
⑨ 上第一道菜肴——主桌服务员先开始服务。
⑩ 所有的传菜服务员在每道菜肴上齐之后离开宴会厅。
⑪ 拿取鱼类菜肴的餐盘。
⑫ 进行第一道菜肴的撤台服务。
⑬ 斟倒第二种葡萄酒。
⑭ 摆放好鱼盘。
⑮ 第一道菜肴撤台服务并去端取鱼类菜肴。
⑯ 服务鱼类菜肴，端着收取顾客第一道菜肴的银盘离开宴会厅。
⑰ 拿取肉类菜肴的餐盘。

⑱ 给顾客斟倒第三种葡萄酒。
⑲ 撤取鱼类菜肴的餐盘。
⑳ 摆放好肉类菜肴的餐盘。
㉑ 端取土豆和其他蔬菜类菜肴。
㉒ 放置到服务柜台或者服务桌上的热盘柜里保温。
㉓ 回到备餐间端取肉类主菜。
㉔ 在每个餐桌上展示肉类主菜并与顾客选取的少司一起进行分餐服务。
㉕ 进行土豆和蔬菜的配菜服务。
㉖ 端着收取餐具的银盘离开宴会厅。
㉗ 按照相同的服务程序和步骤继续进行剩下菜肴和酒水的服务。

注：领班会在备餐间根据宴会厅内服务的具体情况控制着所有传菜服务员每道菜肴的上菜情况，并控制着进入宴会厅的上菜节奏和速度。

宴会厅内主桌菜肴的服务，特别是在非常正式的场合下，尽管主人和主宾坐在不同的位置上，要在主人上菜的同时或者同一时间内给主宾上菜。

在正式的宴请中，会有讲话和祝酒词，这些活动通常会在用餐结束之前举行。但是现在更普遍的做法是在用餐的不同时间段内举行。

饮料和葡萄酒的点选

如果需要，酒水台要设置在远离宴会厅大门口的位置，以避免在这个区域内当顾客抵达时和主持人宣布宴会开始时显得过于拥挤。酒水台要像自助餐台一样铺设桌布，前端离地面的高度为1.3厘米（1/2英寸），吧台的两侧朝里（见7.2部分中的内容）。吧台后部为开放式，以便可以存储用来进行补充的饮料、玻璃杯以及其他所需要的器皿等，像玻璃水壶、苏打瓶、冰桶等。吧台后面要留有充足的空间，并且吧台的后面部分要比平均高度高出一些，如果里面没有层架用来存储物品，那么吧台后面可以使用小的桌子组合起来放入吧台下面用来存储物品。

吧台内的饮料要储存好，通常会在开餐之前大约45分钟才从酒窖内领出。一旦饮料摆放到吧台上，始终要有一名吧员在工作。根据宴会性质的不同，酒水饮料可以以“付费”或者“免费”的方式进行服务。无论在哪一种情况下，酒水的存量要能够保证到完成酒水服务为止。如果有必要，在手头上可以放置些酒水价格表、备用金、装饰物、量杯及酒类经营许可（如果有必要）等。

如果酒水是以付费的方式进行服务，服务的过程或许会比较长，要提高服务效率，酒水服务员要在吧台内靠近接待区域与助手一起工作。他们要准备：

- 菜单
- 酒水单
- 点酒水单
- 布置吧台
- 吧台内准备物品清单
- 酒水服务员的名牌

注：这里表述的是在顾客点选许多葡萄酒用来搭配菜肴的情况下，在菜肴服务开始之前进行的准备工作。

顾客点选的酒水应连同顾客的姓名一起书写在带复印纸的点酒水单的首页上，用来帮助辨别每张餐桌上顾客所点选的酒水。第二联酒水单应送到酒水仓库或者吧台或者酒水管理员处，第一联交给所要进行酒水服务的酒水服务员。顾客所点选的酒水由吧台服务员或者酒水管理员进行制备或准备，当酒水服务员出示酒水单时，他就会端取顾客点选的酒水。在顾客落座之前不要开启葡萄酒，这样会避免如果葡萄酒与顾客所点选的不一致时造成浪费。红葡萄酒要在室温下服务，白葡萄酒要冰镇之后服务。在酒水付费处，酒水服务员更多情形下会作为酒廊服务员在工作，因此要按照一手交钱一手交酒水的方式准备好服务工作。

菜品服务时，主桌必须要先服务酒水。敬酒很多情况下会在服务咖啡后立刻进行。在这时，酒水服务员要完成所有顾客点选的酒水的准备和服务，并收取还没有付费顾客的现金。在讲话过程中，所有的菜品服务员要离开宴会厅。酒水服务员此时如果有必要的话可以巡视服务。

在宴会结束后，食品服务员和酒水服务员要进行撤台服务，随后要上交所收取的酒水费用和归还领取的器皿等，还要归还服务餐巾、工装以及其他用于服务的设备工具等。

11.5 婚宴服务

婚宴主要有两种形式：

- 婚礼早宴
- 婚宴（婚庆招待自助餐）

在最初客户与宴会经理的接触中会做出是喜宴还是婚庆招待自助餐的安排决定，相关详细的内容请见11.3部分中的内容。

客户的需求将取决于喜宴/婚庆招待自助餐的类型、参加婚宴的人数以及人均需支付的费用。婚宴的类型（民俗式或是宗教式）也会影响到喜宴/婚庆招待自助餐的安排以及随之而来的具体要求。需要关注一些额外的要求像婚礼蛋糕支架和切割刀之类，是否需要为新娘和新郎优先准备离开婚宴去共度蜜月，是否展示结婚礼品，如果需要展示的话，需要准备多大空间，是否需要提供摄影服务。菜单可以进行镀银处理，连同新婚夫妻的姓名和结婚日期一起印刷在菜单上，因为这份菜单通常会作为结婚纪念品留存。对于婚宴来说，婚宴菜单中的菜品和酒水会受到文化和宗教饮食的影响，以及对特殊饮食要求的影响（参见4.4部分中的内容）。

喜宴（宴会）

当喜宴以正式的宴会形式举行时，在11.4部分中给出了详细的有用信息。同样要考虑到的因素有：

- 座次安排
- 餐桌平面图
- 餐桌布局
- 餐桌布草
- 服务组织工作
- 员工组织工作
- 点餐服务

附加内容：

- 结婚典礼举行的时间和地点（可能在原址举行）
- 预计抵达的时间
- 婚礼蛋糕和支架由谁提供
- 增加的插花安排
- 招待晚宴举行的时间

除了惯常的祝酒词以外，婚礼上也通常会安排在用餐结束前，在茶/咖啡服务之后切割婚礼蛋糕。

婚宴（婚庆招待自助餐）

将婚宴以自助餐的形式招待宾客，那么招待自助餐本身就处于这样的一个位置上，让所有进入宴会厅的宾客第一眼就可以看到，但是处于方便撤换和添加食物的服务专用门附近。自助餐台要铺设桌布，桌布离地面1.3厘米（1/2英寸），餐桌两端要铺设整齐（见7.2部分中的内容）。自助餐台前面和台面上的桌布折痕应整齐划一。在自助餐台和墙壁之间要留出足够的空间，可以让两位顾客轻松走过，以及可以运送后续添加的菜品和所需要的设备等。

如果喜宴/婚宴是在私人场地的帐篷里举行，那么场地里通常会用帆布搭起帐篷或者用帆布覆盖好，或者用绳子捆缚好的席子搭起来的形式组成。在自助餐台的后面和服务区域之外可以遮挡起来，以避免顾客踩进泥泞之处，并将泥泞带回到帐篷之内。

自助餐台可以分成3个区域部分，以方便给顾客提供服务，如表11–2所述。

表11-2　各个自助餐台的服务要求

自助餐台	要求
食品餐台	餐台上食品要摆放的能够诱人食欲，刀叉和餐盘等餐具摆放的要能够起到装饰餐台的样式，并要靠近所要服务的食品。餐台上要添加补充的食品要放置在随手可取的地方，餐台的中间部位可以高起来，以便可以对食品进行更好的展示
茶和咖啡餐台	这部分自助餐台上的所有设备器皿应该摆放在易于操作的位置。包括有茶杯和茶碟、茶勺、糖盅、冷牛奶壶、茶壶和咖啡壶、热盘器用来加热壶和热奶等。饮料的服务一般不会在祝酒词结束之前进行，因此明智的做法是服务饮料时要比平时的用量略多一些
酒水饮料餐台	这部分自助餐台上应摆好用于饮料服务需要的所有型号的玻璃杯（烈性酒、软饮和矿泉水、鸡尾酒、葡萄酒和香槟酒杯等），以及用于冰镇白葡萄酒、汽酒和玫瑰酒的冰桶、服务托盘、服务餐巾和用于调配混合饮料和鸡尾酒服务所需要的所有辅助设备器皿。备用玻璃杯应放置在自助餐台下面各自的箱子内。也要准备好果汁、非酒精类饮料和健怡饮料等

也可以将整个自助餐台设计成用来摆放、展示食品，另外再设置服务位置用来进行饮料、酒水的服务。这样的设计要视宴会厅的大小、宾客的人数、客户的要求以及需要服务的饮料类型和数量等具体情况而定。

插花摆设

插花摆设对于举办婚宴场所的装饰能够起到非常好的效果。大型的插花通常会摆放在靠近门口处以吸引所有来宾的注意力。另外一个大型的花台可以放置在自助餐台的中心位置，其他的小型插花可以有序的摆放在宴会厅内的餐桌上。插花摆设的最后效果要根据所涉及的费用而定。自助餐台前面的桌布上可以装饰上某些绿色植物的花式造型，或者悬挂上呈皱褶状的彩色丝绒给略显单调的白色自助餐桌布增添上一抹色彩。也可以使用具有特别造型的皱褶丝绒给整个自助餐台外观增色。这些各种颜色的皱褶丝绒可以购买成品直接使用。

婚礼蛋糕

婚礼蛋糕可以单独作为一个结婚典礼上自助餐之外的聚焦点，应与切割刀一起放置在经过特别设置的并铺好桌布的餐桌上。婚礼蛋糕对宴会厅的装饰效果会起到非常重要的作用，可以作为喜宴/婚宴开始举行之后在某一个时段内的一种主要形式，围绕着婚礼蛋糕举行的仪式节目，必须让参加婚礼的每一位宾客都尽收眼底。新娘和新郎的婚礼花束通常也会摆放在婚礼蛋糕的周围，与那些由男傧相或者司仪作为主持内容的一部分而宣读的贺信贺电摆放在一起。

婚宴的布置

婚宴所用的临时服务餐桌应在宴会厅内按一定方式摆放好，并铺上喜庆风格的桌布。餐椅也要分组按餐桌位置摆放好，以保证有足够的空间让宾客来回走动和自由交谈。

所有有助于提供菜品服务效率的辅助项目应该摆放到这些临时服务餐桌上。这些项目包括黄油、面包、餐盘、餐刀、餐巾、糖盅和糖夹、冷切肉和沙拉的配菜、烟灰缸（根据酒店的规定放置）等。这样，大部分的服务员在工作时，就可将主要精力用于服务饮料和撤台服务，而不会涉及自助餐台服务员从事的在自助餐台上服务食品或者切割厨师从事的工作中。

客户的其他要求

举行婚宴的客户可能要求酒店给安排提供摄影师摄像服务，这需要做出额外收费的约定；但是对于这种预订，明智的做法是让客户自己做出决定。摄影师通常会在新娘和新郎抵达酒店后开始拍照，包括一组迎宾队列的照片，新娘和新郎切割婚礼蛋糕的照片，以及整个自助餐台等方面的照片。

图11-6　宴会厅婚宴布置图（照片由六州饭店集团提供）

在所有宾客抵达之前，提供全面服务的衣帽间必须准备到位。

婚宴服务员工

婚宴需要多少服务员工要根据婚宴的性质和婚宴的特别安排而具体来定。作为参考，自助餐型的婚宴服务，要包括下述员工：

服务员工：1名领班/宴会领班
1名服务员服务25～30个餐位
1名酒水服务员服务40个餐位
1名酒吧服务员负责3名酒水服务员的酒水发放
1～2名助理服务员负责引领、运送和撤台
1名大厨服务35～40位顾客

婚宴自助餐接待服务程序

① 所有临时服务员工应在婚宴开始大约一小时前报告完成所有必须的餐前准备工作，

接受工作安排并了解熟悉要从事工作岗位的服务程序。

② 如果需要婚宴主持人（司仪），他要提前大约30分钟在新娘和新郎抵达之前自己熟知举行婚宴餐厅内的所有情况，以确保他能够及时的宣读到达的宾客人员名单。他还必须与伴郎一起讨论好切割蛋糕的时间安排、祝酒的情况以及由谁来进行等。如果婚宴是以社交晚宴的形式进行，那么主持人在整个婚宴举行过程中就是婚宴司仪（MG）。

③ 新娘和新郎应首先抵达。这个时候应拍摄一些照片，并提供开胃酒或者一杯香槟酒。

④ 新娘和新郎父母随后出现，再之后是伴娘等人。这些人通常组成了“迎宾队伍”，当司仪宣读来宾名字时列队欢迎他们。

⑤ 所有的宾客一般都会同时抵达。此时衣帽间的员工必须全部到位。司仪宣读完宾客的名字后通过欢迎的列队进入宴会厅。

⑥ 酒水服务员应站立在酒水服务区域内，当宾客通过欢迎列队到来时，给宾客服务开胃酒或者香槟酒。酒水服务员端着的托盘内摆放着盛满饮料的酒杯，酒水服务员在经过了最初的介绍之后应巡回在宴会厅不同的区域内为所有的宾客提供酒水饮料服务。

⑦ 完成所有宾客的接待工作之后，就应该开始进行自助餐的服务了。自助餐的餐盖应快速、及时的打开，以避免延误从而引起宾客取餐时的拥挤。酒水服务员应来回巡视服务并及时给宾客添加酒水。在婚宴进行中的餐饮服务要记住非常重要的一点是，要确保有部分服务员在进行流动服务，以保持随时进行餐桌上的撤台服务。

⑧ 在约定的时间内，婚宴司仪会宣布由新娘和新郎为各位来宾切割婚礼蛋糕。切割好的蛋糕要分发到每一位来宾手里，此时就要由服务员给每一位来宾送上香槟酒。当这些工作完成之后，婚礼司仪会宣布祝酒词。双方父母和主要人员会聚集到婚礼蛋糕旁边，或者站立在宴会厅的中间位置，以便他们在进行祝酒时可以看到宴会厅的每一位来宾，他们的祝酒词可以被每一位来宾听到。

⑨ 完成祝酒之后，剩余的婚礼蛋糕和蛋糕层架必须收集起来，以备可以让主家带走。婚礼蛋糕上最顶层部分可以保留用作教堂洗礼用。

⑩ 要给新娘和新郎提供更衣间。如果需要的话，可以在更衣间内放置好食物和香槟酒。这样在楼层服务员、客房服务员和宴会厅服务员之间就需要保持畅通的联系，以确保新娘和新郎所关心的时间安排准确无误。

⑪ 当新娘和新郎离开迎候区域时，鲜花要包装好以便可以让主家带走。

喜宴或婚宴接待时的家庭成员队列安排

家庭式喜宴或婚宴接待服务有两种方法：

方法A

主持人（司仪）

大门口

① 新娘的母亲

② 新娘的父亲

③ 新郎的母亲

④ 新郎的父亲

⑤ 新娘

⑥ 新郎
⑦ 伴郎
⑧ 伴娘

方法B

主持人（司仪）
大门口
① 新娘的母亲
② 新娘的父亲
③ 新娘
④ 新郎
⑤ 新郎的母亲
⑥ 新郎的父亲
⑦ 伴娘
⑧ 伴郎

注：伴郎负责确保参加结婚典礼的每一位宾客都已经到达婚宴场所而没有遗漏。因此，伴郎不会在第一时间到达举办婚宴的宴会厅。

婚宴主桌的安排

下面是主桌常见的座次安排方式。

从正面看自左到右：

方法A

① 伴郎
② 新郎的母亲
③ 新郎的父亲
④ 新娘
⑤ 新郎
⑥ 新娘的母亲
⑦ 新娘的父亲
⑧ 主伴娘

方法B

① 伴郎
② 新郎的母亲
③ 新郎的父亲
④ 新娘
⑤ 新郎
⑥ 新娘的母亲
⑦ 新娘的父亲
⑧ 主伴娘

婚宴上祝酒的程序

方法A

① 新娘新郎切割婚礼蛋糕。
② 在切割婚礼蛋糕的同时，伴郎宣读贺电贺信。
③ 服务用于祝酒的婚礼蛋糕和香槟。
④ 主持人（司仪）提议为了新娘和新郎的幸福而干杯，由新娘的父亲或亲属进行敬酒。
⑤ 作为回应，新郎也要为伴郎和伴娘敬酒。
⑥ 伴郎作为回应，也要代表伴娘一起敬酒。
⑦ 其他的敬酒：新娘和新郎的亲属。

方法B

① 服务香槟酒或者其他饮料用于敬酒。
② 主持人（司仪）提议为了新娘和新郎的幸福而干杯，由新娘的父亲或亲属进行敬酒。

③ 作为回应，新郎也要为伴郎和伴娘敬酒。

④ 伴郎作为回应，也要代表伴娘一起敬酒。

⑤ 其他的敬酒：新娘和新郎的亲属。

⑥ 切割婚礼蛋糕：由伴郎宣读贺电和贺信。服务婚礼蛋糕并添加香槟酒。

11.6 户外餐饮服务

户外服务业务应坚定不移的、尽可能的在一年之中开展，以确保户外餐饮服务设备设施（用于户外餐饮服务的特殊设备设施）和员工队伍能够得到充分利用。在每一项户外餐饮服务活动实施过程中，组织者应致力于推进全面的销售工作，不但包括菜品和酒水的销售，也要致力于甜品和小吃类的销售。因为在户外餐饮服务中组织工作必须做到自始至终都要有详尽的计划，在最初的调研要准确而全面。下述各项内容可以用于在最初的调研工作中实行：

- 户外餐饮服务的类型
- 户外餐饮服务的日期
- 任何特殊需要的酒类或者在经营许可范围内顾客所需要的酒类以及当顾客需要时提出的经营申请
- 从酒店/经营场所到户外餐饮服务的地点和距离
- 当地的交通运输情况
- 当地原材料的采购情况
- 员工的招募
- 场地布置
- 预计参加的顾客人数
- 为特殊要求的顾客准备的食品
- 水、电、气的准备，上下水和冷藏设备的准备情况
- 参加顾客的消费能力
- 餐台和服务柜台的详细情况
- 装配和拆除户外餐饮服务设备设施所需要的时间
- 适用于加热和冷藏食物的车载设备
- 确保服务员工之间的通讯联系和及时的供给
- 摄影服务
- 新闻媒体
- 更衣室和卫生间
- 天气/火灾保险

- 急救药品
- 特殊地点的管理费用
- 服务类型（需要做出最适合于这种类型的户外餐饮服务方式），例如：

  —自助餐服务方式适合于餐厅服务方式

  —一次性容器内包装的外卖菜肴服务方式

  —供应一些简单的热菜——汤类、鱼类和土豆类等

  —灵活性的饮料服务：热饮和冷饮——根据天气情况而定
- 餐具清洗设备设施
- 用于盛放垃圾和一次性用品的容器

每一次的外卖服务业务都会有所不同，因此最初的调研重点也各有不同。在以上所述的基本项目中，表明了事先良好的组织管理是成功的关键因素。负责外卖服务的人员需要处事果断、思路敏捷、指挥得当，能够适应各种复杂的情况和环境，而这其中最重要的是要尊重他们下属的工作。

大多数从事外卖服务工作的员工会作为临时员工雇佣。这为组织者带来了很大的管理负担，对员工的监督检查必须非常彻底，以确保有关服务人员的服务质量。

外卖服务的组织管理工作也必须非常彻底，因为外卖服务活动一旦举行，再要纠正错误通常可以说几乎是不可能的。任何忘记了的项目或者没有包装运输的项目将不得不空缺。这将会影响到外卖服务活动的圆满成功并有损于企业外卖服务活动的声誉。

第十二章

餐饮服务的监督管理

12.1 相关法律法规

对于餐饮服务业来说有广泛而多样的法律法规要求。这些法律法规包括公司法、酒类许可条例、就业法等。

有关餐饮服务业中管理人员的主要职责略述如下：

健康、安全和保障

普通法律法规会保护所有遵纪守法的顾客。此外饭店切记不可以：

- 销售不合格的食品和饮料给顾客食用。
- 由食品和饮料引起的对于健康造成的危害。
- 销售的食品和饮料不是顾客所预期的，包括数量和质量。
- 以虚假和误导的方式介绍和描述食品。

对于餐饮运营者来说非常重要的是能够证明已经采取了措施确保良好的食品安全（叫作称职）。

管理人员的工作职责包括要确保：

- 服务标准符合卫生、安全、环境保护和食品卫生的管理规定。
- 工作安排到位以确保顾客和员工的安全、保障和心情愉悦。
- 定期进行风险评估并做好记录。
- 紧急出口都有明显的标志并定期进行消防演习。
- 员工都经过消防培训并会操作灭火器材。
- 员工在发生火灾事件或者恐怖事件像炸弹恐吓时知道如何疏散顾客。
- 有关健康和安全的相关通知张贴在工作区域里。
- 员工和顾客都接受过培训，在适当的时候，会正确的操作相关设施设备。
- 厨师要在安全和卫生的环境下工作。

员工对于卫生和安全的职责详见2.6部分中的内容。

酒类以及其他的经营许可

饮用酒类的销售受制于酒类经营许可证的管理规定，共有4个关键因素：

- 预防犯罪和引起骚乱。
- 公共安全。
- 预防公害。
- 预防儿童免受伤害。

通常需要做到：

- 悬挂酒类经营许可证的相关信息，包括经营的天数和时间、登记股东的姓名、许可证的编号和有效期。

- 悬挂酒水价格表。
- 不向未成年人和当值员工售卖酒类产品。
- 工作期间要有一名管理人员始终在岗。

其他种类的经营许可证还包括，音乐许可（现场演奏或预先录制音乐）、舞会许可、游戏许可、戏剧表演和电视直播许可等。在所有情况下，管理人员和员工应充分认识到经营许可的相关规定和适用范围以确保依法而行。

按重量和度量销售酒水

所有按重量和度量销售的酒水应根据法律规定执行。通常需要做到以下几点：

- 公示用于所有烈性酒、葡萄酒、麦芽酒以及其他所售卖酒类的价格和方法。
- 确保用于售卖的食品和饮料达到了顾客所要求的数量和质量标准，像无意（或有意）中加入了水等情况。这种酒可能是因为开瓶以后倒入醒酒器中长时间放置，从而导致了酒精挥发。同样的，如果醒酒器经过清洗之后没有拭干就倒入酒，遗留在醒酒器内的水分就会融入到酒里，导致酒里的酒精百分比含量发生变化（abv，一定体积内的酒精度含量）。

合同

一份合同是指一方同意由另一方提出的条款。在餐饮服务业里，基本上说有两类的顾客：经过预订的顾客和没有经过预订的顾客（随机顾客或者叫临时顾客）。所有的餐饮经营者应该清楚要如何应对这些不同类型的顾客，包括：

- 可能出现要求顾客进行赔偿的情况，如果顾客经过预订而没有来，或者对提供的菜品和服务不付款。
- 与未成年人签订合同时要格外小心（例如，顾客未满18岁）。

凭借说明销售产品

对管理者来说，这是非常好的做法，能够确保：

- 所有提供的食品、饮料和服务在价格和产品描述方面能够满足顾客的要求并且质量令人满意。
- 食品、饮料和其他的服务在涉及产品的尺寸、质量、成分、生产过程、质量和标准时能够如实描述。
- 所有公布的价格，不论是在广告里、宣传册里、传单里或者网站上，或者通过书信、当面口头说的或者通过电话告知的都要清晰准确。
- 食品、饮料和其他的服务要与在宣传册/宣传材料里的描述相符合。
- 时间、日期、地点和服务承诺要始终如一。
- 无论是口头上的还是书写的顾客发票要清晰、一目了然，反映出了顾客所消费的价格。

因此必须认真做到：

- 菜单和酒单中的措词
- 对菜单和饮料等进行描述
- 说明价格里是否包含当地或者政府的税收
- 收费项目，像附加费、服务费或者其他费用
- 描述给顾客提供的服务项目

避免歧视

餐饮业管理人员应注意到，并且在工作中要确保做到，在经营中员工没有依据血统、种族、信仰、性别或者残障对顾客进行歧视。

有3种可能发生对顾客进行歧视的情况：

① **直接歧视**：例如，对于顾客中特别的血统、种族、信仰、性别或者残障拒绝提供服务。

② **间接歧视**：例如，通过明显的不合理的方式表达出拒绝给顾客提供服务，或者对于血统、性别或者残障人表达了这种不愿意提供服务的暗示。

③ **通过欺骗歧视**：例如，通过①拒绝提供，就是说拒绝承认血统、性别或者残障；或者②不作为服务，也就是说提供给其他种族顾客的服务相对于提供给其他顾客来说明显的质量要差，或者提高了价格。

管理人员的职责是确保在工作中没有对顾客发生这样的歧视的情况。

提供服务

通常情况下，餐饮运营者是在没有特殊要求的情况下给所有的顾客提供服务。但是，管理人员和员工要牢记以下两点是非常重要的：

- 根据环境需要可能必须提供服务。
- 有正当的理由拒绝提供服务。

顾客财物和顾客欠款

管理人员正确的做法是要确保：

- 采用适当的方式照看顾客的随身物品，以便将潜在的损失和伤害降到最低。提醒了顾客之后的“无责”心理，或许可以帮助推卸责任，但却不能够保证免除餐饮运营者的相关法律责任。
- 如果顾客不付账或者不愿意付账，可以依据有关规定按照明确的程序来进行处理。

时间规定

顾客通常有权利期盼着他们已经稳妥预订的日期，尽管这仅仅是出于广告宣传的目的。那么，管理人员通常需要确保：

- 关于顾客的相关信息要保持最新、公正、合法和安全。

- 顾客的相关信息未经同意不可传递到第三方。
- 员工要充分的认识到保护好顾客相关信息的重要性，并遵循相关的保密程序以确保顾客信息的安全性。

12.2 促销活动

酒店内餐饮服务经营的范围在1.1部分中讨论过。部门的划分，基于满足顾客的需求比按照经营的类型来划分会更贴切一些。另外，要确定影响到顾客就餐的各种因素。本部分内容讨论的是有关餐饮服务经营方面的各种促销活动。

促销活动包括涉及旨在促进常规销售的活动。也涉及临时促销以鼓励增加在生意不忙时间段内的业务量，像周一，傍晚时分和在一月/二月份。这些促销活动包括：

- 提供特价套餐，例如，提供免费葡萄酒（或者买一赠一活动），或者提供一份免费的汤或开胃菜作为套餐中的一项内容。
- 开发顾客忠诚度计划。

可以使用特殊产品销售活动来增加销售额，通过特定产品的销售，例如：

- 节庆促销或者所涉及的地方性节日，区域性节日或者国庆节。
- 葡萄酒和烈性酒或者食品促销（可以与供货商一起合作进行）。
- 儿童菜单。
- 糖尿病患者菜单。
- “尝遍全国”菜单等。
- 免费品尝日等。

在餐饮运营过程中有3种类型的促销活动非常实用：

① **通过广告促销：**关注的是联系方式并告知现有的服务项目。

② **通过销售促销：**主要通过销售点促销。主要目标是提高人均消费额。但是也可以用来对特定的服务和产品的促销。

③ **通过个人销售促销：**员工在餐饮运营活动中积极为促销贡献出自己的能力。

广告

广告媒体包括：

- **广播节目：**收音机、电视。
- **印刷品：**报纸——国家级日报、地方性日报，国家级星期日报、地方性星期日报、区域性周刊和免费增刊。

- **消费者指南**：商品目录（黄页广告）、指南、商业杂志、旅游杂志、技术和专业杂志、学术期刊以及其他的杂志（包括当地免费的杂志）。
- **其他媒体**：交通工具上的商业杂志、电脑终端和基站、海报、电影。
- **邮寄广告**：直接邮寄、人工投递。

除了上述的广告活动以外，最值得做的广告宣传活动是根据通信名单对现有的顾客邮寄特别促销活动广告等。保持现有客户总是会比找寻新客户花费的更少。

产品促销

产品促销主要是指销售点促销。主要目标是增加每位顾客的平均消费额。但也可以用来对特别的服务或产品进行促销。

餐饮业促销活动的案例主要体现在视觉上，但也可以使用音频或者视频进行促销。餐饮业促销活动可以包括：

- 芳香促销
- 公告/板报/支架广告
- 路线指示标志
- 广告卡片/宣传册
- 食品和饮料展示
- 餐车（甜品车、酒水车等）
- 自助餐/沙拉吧，自助服务柜台，展示吧台，火焰料理等
- 杯垫和餐垫
- 广告招牌和灯箱广告
- 菜单、饮料和葡萄酒单
- 宣传海报
- 餐桌展示卡
- 其他顾客的食品/饮料

书写/印刷促销材料要给顾客留下深刻印象，同时可以考虑使用图像资料，以确保使用的文字描述生动贴切并且令人过目不忘，就像下面使用的文字一样：

- **用来描述产品新鲜的词汇**：现做的（freshly prepared），纯净的（pure），天然的（natural），真正的（real），鲜榨的（freshly squeezed），每天手工采摘的（hand picked each day），新鲜的（fresh）。
- **用来描述环境的词汇**：自由放养的（free range），粮食喂养的（corn fed），以特定的地址来命名（naming a specific location），原产地或者畜群命名的（source or a herd name），食品从本地市场采购（stating that foods are from a local market），自家出品的（home grown），或者来自于"幸福的动物"（happy animals）。
- **用来描述产品整体的词汇**：当地风味（local flavor），传统风味（traditional），令人舒适（warming），使用别具一格的原材料（inventive use of ingredients），餐厅特选（house speciality），拿手菜（signature dish）。

> 注：在使用诸如健康一类的措词时要格外小心——对于有些人是健康的饮食，对于另外一些人来说却未必就是（参见4.4部分中关于菜单对健康的影响里的内容）。

个人销售

刺激营销必须由优秀的个人销售技巧来支撑，个人销售技巧尤其指餐饮业中员工的个人能力对于促销产品所做出的贡献，这一点对于专门承担销售任务的员工来说特别重要。一份特别定制的菜单或饮料单、一份特别的优惠措施、一项特别的服务通常会因为员工的无能而在履行给顾客的需求时降低了营销策略的价值。因此重要的是对在制订详细销售方案过程中所涉及的员工确保经过了简明扼要的讲解和培训，以便让顾客真正的体验到那些所承诺的服务。

如果员工们掌握了他们所提供的销售产品的相关资料信息，他们在销售方面就会感觉到更加自信。如果他们告诉顾客的越多，他们的销售业绩就会越好。员工需要掌握哪些方面的资料信息，举例如下：

- 产品的描述（食品、葡萄酒或者其他的饮料）并介绍如何服务。
- 产品来自哪里。
- 当地的动物以什么为食。
- 鱼是从哪里捕捞的。
- 当地的水果和蔬菜是哪里出产的。
- 产品是如何运输的。
- 当地的饮料是在哪里和如何生产的。
- 企业有哪些特产及它们的来源。

有很多种增加员工产品知识的方式，例如：

- 安排员工到供应商处参观。
- 走访其他使用当地产品的企业。
- 搜集供货商的相关信息资料。
- 允许员工品尝产品。
- 安排员工参加本地的商品交易会。
- 组织员工培训和对员工的简介会。

结合上下文中的人员销售情况来看，员工应做到：

- 员工以一种见闻广博和引人入胜的方式对所提供的食品、葡萄酒和饮料进行描述，使得顾客对产品感兴趣并值得拥有。
- 当顾客想要购买产品时，利用一切机会推销特殊产品和处理产品。
- 从顾客身上寻找信息以促进某种程度的销售，例如，不是询问顾客是否需要甜品，而是询问顾客需要哪种甜品。
- 利用一切机会增加附加产品项目的销售，像额外添加的配菜、特制的少司或者配餐的饮料，像享用甜食时是否需要甜味葡萄酒佐餐等。
- 对销售的产品提供优质的服务并寻求顾客对食品、饮料和服务接受程度的看法。

对于餐饮服务方方面面的成功来说个人销售的能力是必须的。员工所做出的贡献对于顾客的就餐体验来说是至关重要的。员工对于顾客在金钱、卫生和清洁、服务水平等价值的感知，以及顾客亲身体验到的对用餐氛围的感受方面都起到了一定的作用。

因此优秀的餐饮服务员必须掌握所提供的食品和饮料方面的详尽知识，具备娴熟的服务技能，有良好的人际交往沟通能力和团队合作精神。

12.3 客户关系

人际关系对于服务工作的重要性在2.5部分中的内容中重点的介绍过，人际关系中所包含的信息与餐饮服务过程中不同的工作和职责有关。

客户关系中所关注的是员工在有可能是帮助到或者妨碍到所维护的良好的客户关系标准中的工作状况。这个问题有两个方面：首先，是员工的自身条件，以及第二点，顾客的满意度或者其他顾客在餐饮服务过程中的就餐体验。

为了发展和保持良好的客户关系，管理人员必须有能力做到：

① 充分认识到客户关系退化的各种征兆；

② 将客户关系中出现的问题降低至最低程度。

一些可以预示着能够引起顾客关系所面临问题的症兆包括：

- 关于产品/员工的投诉有所增加
- 事故增加
- 员工在点餐过程中失误频发等
- 对于抵达的顾客没有按照预订优先安排
- 员工之间发生争执
- 员工士气低落
- 设备器皿损坏或短缺
- 员工的流动率高

将客户关系中出现的问题降至最低程度

下面是管理人员应该考虑到的为了保持良好顾客关系的一系列问题。

- 为什么员工没有微笑或者礼貌待客？

  —如果一名服务员没有微笑，可能因为她的脚疼，告诉她再多次微笑也没有用。她的鞋就是症结所在。

  —在我们所身处的社会，我们从小就被教会要彬彬有礼。我们都知道怎么说“请”和“谢谢”。在餐饮服务中使用敬语“先生”“女士”“请”“对不起”和“谢谢”等是在情理之中的事情。如果没有这样做，管理人员就需要问：是员工工作错误吗，如果他或者她没有工作错误，那么问题出现在哪里？
- 每一个部门与其他部门的工作会出现什么问题？
- 一个部门出现的问题是如何影响到其他部门的？

- 一位顾客会经历哪些困难？
  —例如，缺乏相关信息或者方向标识。
- 在工作区域内把重点放在顾客身上了吗？
  —例如，吧台服务员将工作重点转移到在吧台后面吃东西上。
- 什么问题可以通过身体变化来解决？
  —例如，员工一起聚集在餐厅中间的服务柜台前，就会背朝顾客，而不会观察到顾客的情况。
- 因为顾客信息不足存在哪些问题？除此之外，顾客从员工哪里可以获得哪些信息？
- 在员工接待顾客之前，给予了员工足够的关于餐厅和所在地的相关信息了吗？
- 预见到所有问题了吗？
  —例如大型活动的提前组织
- 员工了解了对预见到的问题所设置的解决方案吗？
  —例如，食品售罄。
- 将顾客的投诉作为一个向顾客展示细致入微服务的机会了吗？
- 有处理顾客投诉的服务程序吗？
- 有接待行动不便顾客的服务程序吗？
  —例如，吵架的顾客、醉酒的顾客、不遵从餐厅规定的顾客像公共区域吸烟、着装不整或者使用手机等。
- 如何鼓励员工去发现和解决他们在工作中遇到的问题？

顾客满意度

在1.3部分内容中介绍了有助于顾客用餐体验的各种因素。这些因素可能会影响到顾客在特定环境里用餐过程中的乐趣，包括：

- 餐厅对顾客的欢迎程度、装修环境和氛围
- 工作效率水准，例如顾客的预订是否已经安排妥当，服务过程中是否使用顾客的姓名？
- 餐桌所在位置
- 菜单和酒水单外观呈现整洁卫生
- 在点餐过程中——辨别出主人
- 菜品/酒水知识丰富
- 快捷和高效的服务
- 菜品和饮品的质量
- 员工的殷勤接待
- 冒失的员工/彬彬有礼的员工
- 有能力让顾客关注的员工
- 其他顾客的行为表现
- 处理顾客投诉的方式

- 呈递账单和接受付款的方式
- 热情送别顾客

管理人员负责解决客户关系中出现的潜在问题。他们应该尽可能多的在服务过程中和顾客与服务员的互动过程中关注服务过程中的身体语言。

在餐饮服务运营过程中与顾客之间的相互作用在服务区域以外也时有发生，例如厨房员工、财务部员工、吧台服务员和酒水部员工等。重要的是在餐厅内供应的食品和饮料应看作是所有部门通力合作的结果，各个部门之间都要做到相互理解以满足顾客的需求。

12.4 员工编制、管理和培训

餐饮服务业中的员工管理围绕着对员工进行全面的培训以及能够胜任本职工作以满足顾客期望的服务水准。

服务水准和顾客人数

员工管理的第一步是就顾客期望的服务水准做出决定，这可以从销售记录中得出结论。因为大多数的餐厅在一定的时间段内都会对所服务的顾客人数有一定的限制，同时也要统计那些潜在顾客的数量。

在所服务的就餐人数与他们在餐厅内逗留的时长之间有一定的关系。顾客在不同类型餐厅内逗留的时间不一。顾客在餐厅内逗留的参考时间见表12–1。

表12–1　各类餐厅内顾客用餐/消费所需时间

餐厅类型	所需时间/分钟
餐馆	60～120
现场料理餐厅	45～90
大众餐厅	30～60
自助餐台	15～40
酒吧	30～60
酒馆	30～60
外卖餐厅	20～40

续表

餐厅类型	所需时间/分钟
快餐厅	10~20

就餐人数与餐厅营业时间也有一定的关系。例如，在豪华餐厅里顾客用餐时间平均可以达到一个半小时，如果餐厅营业四个小时，那么或许可以接待两拨顾客。但是，如果经营时间只有两个半小时，那么就不可能接待两拨顾客。

餐厅的经营时间通常要考虑到以下因素：

- 当地的竞争
- 附近景点（像剧院等）
- 餐厅位置（例如，市中心/乡村/市郊等）
- 交通运输情况
- 员工的工作效率
- 预计的业务量
- 地方传统习惯

使用餐桌服务方式和辅助服务方式中的客流量

客流量通常可以由所有的顾客在落座后选择的是餐桌服务或者辅助服务方式来决定。对于一种新的经营方式来说，必须预计到客流量会受顾客用餐时长和经营时间所限制。对于现有的营销记录来说，可以用来作为对潜在顾客客流量的参考。

这样，可以估算出来员工在每一个服务时间段内的工作量并根据具体工作进行分配。还需要估算出员工在服务时间段内所需要的餐前准备工作时间，以及服务时间段之后的撤台工作时间。这样一家餐厅如果在午餐时间内营业两个半小时的话，就需要员工上5个小时的班。

要计算所需要的员工总数为：

① 估计一周内每一个服务时间段内所需要的员工人数。

② 通过在每一个服务时间段内员工工作的小时数增加每一个服务时间段内员工的人数。

③ 通过每周的全天工作将员工的总工作时间进行分配。这样就会给出所需要的员工人数。

④ 将专职员工工作时间与兼职员工工作时间结合在一起以包含所有的服务时间段。

⑤ 拟订员工排班表，可以在两周或者三周一循环的班次里安排休息日。

例如：一家只提供午餐和晚餐的餐厅每周营业6天，最多80个餐位。

- 顾客人数

	M	T	W	T	F	S
午餐	65	75	85	80	85	54
晚餐	85	90	120	140	135	160

• 营业时间

午餐	12.30p.m—2.30p.m	最后点餐时间2.00p.m
晚餐	6.30p.m—午夜	最后点餐时间11.30p.m

• 员工工作时间

11.00a.m—3.00p.m（4个小时）

6.00p.m—1.00a.m（7个小时）

每一个服务时间段内所需要的员工人数就可以计算出来。

在这个例子中需要的员工人数以及经过计算之后大约需要的员工人数为：

需要的员工	M	T	W	T	F	S	S	需要的员工总数	总工作时间
午餐	3	4	4	4	4	3	—	22	88（22名员工×4小时）
晚餐	4	5	6	7	7	8	—	37	259（37名员工×7小时）
员工每周工作的总时间									347（88+259）
需要专职工作的员工（每周工作35小时）									10（347小时÷35小时）

随着计算出每一个服务时间段内所需要的员工人数，就可以拟订出员工排班表。在这个例子中，专职工作的员工是10人，将专职工作的员工和兼职工作的员工搭配在一起工作，例如，5位专职员工工作175小时（5位员工×35小时），剩下172小时（347小时–175小时），包括加班/或兼职员工的工作时间。

也可以使用类似的方法通过计算不同的客流量统计其他服务方式所需要的员工人数，如下所述：

自助餐厅内的客流量

有5个方面能够影响到自助餐厅内潜在的客流量：

- **取菜时间：**每一位顾客通过自助餐台的时间或者从收银台到达自助餐台的时间。
- **营业时间：**自助餐厅实际的服务时间。
- **结账时间：**每一位顾客从开账单到结账花费的时间。
- **用餐时间。**
- **餐厅座位数。**

这其中最重要的评估标准是餐厅的座位数。顾客排队等候的时间是由餐厅内的座位数和顾客平均就餐时间所决定的。

例如，如果餐厅内有186个餐位并且顾客排队买单为每分钟通过9位顾客，大约需要20.66分钟完成选取菜品。如果顾客用餐时间为20分钟，那么自助餐厅将会在第一位顾客离开时坐满顾客。更快些的排队买单通过时间就会意味着最后一位顾客无处落座，太慢的买单时间则意味着自助餐厅内的餐位没有得到充分利用。对个收银柜台来说，每分钟最大服务4～6位顾客买单比较合适。

假设餐厅服务时间是一小时，这间自助餐厅可以提供的服务如下：

55分钟（60分钟－5分钟准备时间）×9（每分钟排队买单的人数）=495人。

自助餐厅需要1小时20分钟的服务时间（1小时经营时间和20分钟的最后一位顾客用完餐的时间）。

要计算自助餐厅内1小时接待200位顾客所需要的座位数，加上5分钟的准备时间和20分钟的平均用餐时间：

方法1

所有顾客需要服务的时间：

60分钟（经营时间）
－20分钟（用餐时间）
－5分钟（准备时间）
=35分钟（服务时间段）

所需要的座位数：

200（顾客数）×20（分钟用餐时间）/35分钟（服务时间段）=114.25餐位。

自助餐厅内需要115个餐位。

排队买单的时间：

$$\frac{115\text{（餐位）}}{20\text{（分钟用餐时间）}}=5.75\text{位顾客/分钟}$$

方法2

如果顾客用餐时间减少到15分钟，那么所有顾客需要服务的时间为：

60分钟（经营时间）
－15分钟（用餐时间）
－5分钟（准备时间）
=40分钟（服务时间段）

所需要的座位数：

200（顾客数）×15（分钟用餐时间）=75餐位

这比方法1中要少需要40个餐位，表示可以节省出相当多的餐位数量。

排队买单的时间会降低到：

$$\frac{75\text{（餐位）}}{15\text{（分钟用餐时间）}}=5\text{位顾客/分钟}$$

这样，工作运行的速度也就会降低，这样就意味着节省了员工人数。

通常，如果顾客用餐时间比服务时间段还要长，那么就需要实际数量的餐位与用餐的顾客总数对应起来。如果所有顾客的用餐时间比服务时间段要短的话，那么餐位数量可以比实际就餐的顾客人数少些，但是排队的顾客可以进行分流，以避免在取餐之前等候的时间过长。

单一售卖服务的客流量

在单一售卖服务点的客流量可以通过收银机柜台的记录来进行判断。所提供的服务项目的增加或减少需要通过在不同时间段内收银机柜台所提供的增加或减少的人数来做出决定（或者使用额外增加的自动售卖机进行服务）。如果自助餐厅区域内提供座位，那么可以使用类似的计算方法（见上文所述）。餐厅内顾客使用座位设施用餐的比例也要考虑到。

提供给顾客的特殊餐饮服务

对于医院和飞机餐饮服务方式，可以根据规定为在病床上的患者或者飞机座位上的乘客提供一定量的饮食服务。至于其他形式的特殊服务方式，可以根据对具体位置最大容量服务的测算或者估计来进行，例如在客房内、酒廊内提供餐饮服务以及送货上门服务等。

日常工作排班表

日常工作排班表的目的是确保所有的工作都可以被有效的完成。工作排班表的确切种类依据餐厅类型的不同而各有不同，要完成的各种工作、员工的人数、员工下班时间以及是否上两头班/一班倒等。图12-1是日常工作排班表的图例，用于餐桌服务的餐厅内开餐前的班次安排和工作安排。

服务员	1.6.10	2.6.10	3	4	5	6	7	8	9	10	11	12	13	14.6.10	任务描述
A	1	11	10	9	8	7		6	5	4	3	2	1		1. 菜单
B	2	1	11	10	9	8		7	6	5	4	3	2		2. 餐厅卫生清洁
C	3	2	1	11	10	9		8	7	6	5	4	3		3. 餐巾
D	4	3	2	1	11	10		9	8	7	6	5	4		4. 热餐盘
E	5	4	3	2	1	11		10	9	8	7	6	5		5. 银器
F	6	5	4	3	2	1	CLOSED	11	10	9	8	7	6	CLOSED	6. 调料配餐
G	7	6	5	4	3	2		1	11	10	9	8	7		7. 餐具准备
H	8	7	6	5	4	3		2	1	11	10	9	8		8. 酒水分配区
I	9	8	7	6	5	4		3	2	1	11	10	9		9. 酒水间
J	19	9	8	7	6	5		4	3	2	1	11	10		10. 辅助工作
K	11	10	9	8	7	6		5	4	3	2	1	11		11. 休班

图12-1 日常工作排班表图例

也可以依据排班表对员工进行培训。安排的详细内容必须包括所有的工作和职责。这些工作和职责内容对于运营中的餐厅来说也是需要达到的服务标准。

员工培训

培训可以定义为对人体系统的开发。培训的总体目标是：

- 通过提高员工的技能增加出品的产量和质量
- 减少事故的发生
- 增加员工的个人奖励，例如，增加工资，获得的荣誉以及其他的员工可以从工作中所获得的待遇
- 在单位数量内生产或销售产品时通过减少所需要的设备和原材料的使用量使得餐厅获利良多
- 使得管理人员可以花费更少的时间在纠正员工工作失误上，从而将更多的时间用在餐饮规划方面
- 将员工因为不称职而遭解雇的风险降至最低
- 提高士气，给员工提供一个更满意的工作环境
- 使得新入职员工的能力能够达到他们从事工作所需要的水平，让老员工接受新的工作思维，采用新的工作方式，提高工作效率，根据企业发展的需要不断做出调整
- 鼓励员工悉心好学、培养对企业的忠诚度、兴趣和勇于争胜的精神

员工培训中使用的术语

工作岗位

在特定的工作环境里，被特定的员工在完成规定的职责时所开展的所有工作。

工作岗位分析

检查一份工作的过程以辨明工作的组成部分和完成情况。这通常需要检查以下几项：

- **工作的目的**——目的是什么，从工作中预计能够得到哪些主要结果
- **布置工作**——从事工作所需要的身体条件、组织条件和社会条件
- **为了达到目的必须完成的主要任务**——员工要做什么
- **提供给员工的资源或者设施条件**——他或者她可以要求的人员、设备、服务等。

工作描述

对一份特定工作的目标、范围、职务、职责等进行一般性的陈述。通常包括以下内容：

- 职务
- 工作的目标和范围
- 对谁负责
- 工作地点

- 向谁负责
- 主要职责
- 主要特点和工作条件
- 绩效评估

分派任务

一份工作的组成部分，表明可以获得的明确的成果。

任务标识

对任务过程进行标识、列表和组合，组成了一份工作。

工作分析

通过一位熟练员工完成一项工作以达到所需要的标准来对技能进行详尽的系统的考察。

工作规范

在一份工作中所涉及的工作明细、所需要的标准以及相关的知识和技能。

工作进度表

一份实习生需要学习到的内容列表，并根据他或者她的知识及能力及工作规范之间进行比较。

培训计划

一份培训大纲，指出每一部分的培训计划或培训的顺序以及所需要的培训时间。

培训手册

对于所培训的员工和实习生来说这是在培训过程中包含着指定培训内容的一份培训指南，以及要达到的标准，使用的教学方法，所需要的设备设施和原材料，表格和保持的记录以及所有的测验和要达到的目标。这些手册也称之为“绩效标准手册”。

培训计划以及管理人员所扮演的角色

思路清晰和完善周密的培训计划的优势，包括：

- 绩效标准的确认
- 提高员工的能力
- 测量员工能力的一种手段
- 更加高效的工作
- 明确员工的责任

管理人员在培训中所扮演的角色是：

- 确保员工能够胜任工作岗位需要他们完成的工作
- 确保遵守国家法律和公司管理规定（例如，员工都年满18周岁）

- 根据工作需要开发和培训员工
- 开发现有员工潜能培训其他人
- 确定目前和将来需要培训的员工
- 提高员工必须的技能以完成如上面所描述的经过精心安排的培训项目中的内容

什么是培训需求?

培训需求是在目前的情况下，两者之间存在的差距：

- 人们在他们的工作中表现出来的知识、能力和观念以及
- 对于他们目前和将来完成工作所需要的知识、能力和观念

分析培训需求

为了系统的确认企业有什么样的培训需求，有必要在下述问题上找到明确的答案。

现状需求

首先要做的是检查员工目前的工作岗位并做出决定员工最需要的是什么样的培训。这包括要考虑到如下内容：

员工

- 企业目前雇用的是什么样的员工?
- 他们适合什么工作岗位?
- 他们在岗位上工作了多长时间，为什么?
- 他们来自哪里?
- 招募到多少新员工，多久招募一次?

工作描述

- 无论在理论上还是实践中员工是如何做的?
- 员工清楚的知道他们在做什么吗?

标准和绩效考核

- 员工培训预计达到的效果和标准是什么?
- 员工有奖励吗?
- 员工在多大程度上能够满足要求?
- 什么原因让他们的要求没有得到满足?

现在的培训

- 目前员工对他们的本职工作了解多少，从哪里了解的?
- 他们学习到多少知识?
- 他们学习进度有多快?

关键问题

- 有什么特殊的困难：

—员工要学习的技能方面

—他们工作在何种情况下

—在组织培训方面

培训资源

- 在培训机构内外有哪些培训设施可以使用或者开放？

未来的需求

培训需求的任何变化随之改变。因此为了查明未来需要什么样的培训，必须广泛征询意见，例如：

普通员工的变化与发展

- 员工的年龄范围？
- 有可能增加什么岗位？因为：

  —退休

  —正常替换

  —调任？
- 因为某人的晋升？
- 有晋升的可能？
- 对员工和实训生有什么培训计划？

其他的变化

- 有什么计划，如果有的话，用于：

  —企业发展

  —新的设施设备

  —新的工作方法
- 现有的工作要做出哪些改变来适应这些变化？
- 现有员工需要哪些更进一步的培训？
- 新员工被要求培训吗？

入职培训

所有新员工必须进行入职培训，培训要包括这些内容：

- 卫生、安全和治安方面的工作准则与工作规程
- 公司就业政策和规范（例如，申诉制度、纪律要求、疾病保障、假期规定、预先通知期限等条款）
- 部门的组织工作，包括同事之间的职责
- 其他部门——他们的职责和责任
- 物品/人员定位
- 日常工作排班表

培训计划

本书中的内容是从一个餐饮企业经营层次来探讨餐饮服务运作中的工作和任务。这些工作和任务在本书总参考图表中进行了描述。这份工作和任务图表是本书内容的基础。

对于单一的餐饮企业来说，可以起草一份相类似的针对于自身企业的工作和任务图表。这份工作和任务图表，一旦编撰完成之后，要对每一项工作所涉及的知识、技能和观念等进行综合分析。也就是说，已经确定了每一项工作和任务的定义和绩效考核标准。现有员工的工作也要依据这些标准进行评估。这些工作中出现的问题就是制订培训需求和培训计划并实行培训所需要内容的依据。

12.5 餐饮定价策略

收入、成本和利润之间的关系

对于餐饮运营企业来说运营成本与创造的收入和获得的利润之间有密切的关系。在餐饮运营企业里，成本有3个要素：

① **食品和饮料成本**：通常称之为销售成本。

② **人工成本**：工资、薪金、员工餐、工装等。

③ **管理费用**：租金、房价、广告费用、燃料费用等。

利润也有两种：

① **毛利**：总收入减去销售成本。

② **净利润**：毛利减去人工成本和管理费用。

在餐饮运营中成本或收入总是等于100%。因此，餐饮运营中的成本和利润因素之间的关系可以从图12-2中看出。

因此餐饮运营中所有的成本和利润因素是按照总销售额中的百分比来进行计算的。在许多零售企业里，销售成本按照100%进行计算，所以毛利率是作为成本价格的百分比进行计算的。

食品和饮料成本	销售成本
人力成本	毛利
营业成本	
纯利润	
销售总额	收入100%

图12-2　餐饮运营企业的收入、成本和利润之间的关系

注：在厨房中毛利通常叫做厨房百分比或者厨房利润。

售价、成本价格和价值

售价是顾客用餐体验的组成部分，也涉及价值因素。售价与盈利率有直接的关系。但是，售价具有灵活性，可以非常容易的进行改变，从而也改变了价值观念和盈利率变化的可能性。

虽然价值附属于各种食品和饮料产品之中，因为可以感觉到这些菜品和饮料能够满足顾客的需要，要实现这些目标却取决于顾客的支付能力。但这不仅仅只是与所需要的金钱数量有关。顾客也会通过他们对于售价、成本、物有所值和价值之间的关系进行综合考虑之后做出自己的选择：

- 售价是需要购买产品付出的款项的数额。
- 成本包括售价之外的费用、本地的成本、运输和时间的成本、应付突发事件的成本、按照所需要的方式进行装饰的成本，以及依据努力工作挣得的钱去支付售价的成本。
- 物有所值是为了满足一系列的既定目标，对一种特定产品的期望值的感觉超过了另外一种产品。
- 价值不仅仅是个人对于产品能够满足一系列目标的能力进行的评价；还是对价值和成本之间平衡的一种感觉。

对于餐饮运营来说物有所值是指所获得的价值大于成本，物非所值是指所付出的成本被视为大于价值。

售价一定要在餐饮运营商期望顾客所拥有的在涉及的产品质量和价值观念之间进行定位。一份高价的产品可能会被认为是货真价实或者是质次价高，一份低价产品可能会被认为是质量低劣或者是货真价实，这些都表明不仅仅是现金的价格决定价值，更在于现金的价格和其他的成本与顾客所感知到的价值有关。

最适宜的做法是在顾客准备支付的价格以内设立一个价格区间。餐饮运营者也可以在准备给顾客提供的食品和饮料以及其他的服务时设立一个价格区间。对于餐饮运营者的工作来说价格重叠部分就是一个价格区间范围。消费者要支付的，是在价格区间内所设定的价格，这个价格区间还应该包含相关特定的细分市场和运营方式。例如，通过市场调研可以确定家庭通过高速公路旅行的价格范围，对于食品和饮料何时准备购买和支付，还可以为一套特定的菜单确定一个价格区间等。

从研究顾客对于价格的态度和表现所获得的相关信息显示出，最低价远远不是顾客考虑的唯一因素。重要的是顾客对于用餐体验中5个要素的态度将会随着他们正在体验的用餐类型的不同而改变。这样对于顾客来说价格的重要性会随着不同的用餐体验而改变，详见表12–2。

表12-2　影响用餐体验的因素

用餐体验的类型	影响用餐体验因素的可能次序
狂欢夜	气氛 食品和饮料 服务 价格 清洁和卫生
美食节	食品和饮料 服务 气氛 清洁和卫生 价格
简餐	价格 食品和饮料 清洁和卫生 服务 气氛
普通晚宴	服务 气氛 食品和饮料 清洁和卫生 价格

定价策略

对于餐饮运营者来说有各种不同的定价方法，但是不管使用哪一种方法，餐饮运营者都要有一个明确的定价策略或者客观意识。这些定价目标可以包括下述内容：

- 销售量的最大化，定价的目标是要达到可能的最高销售量。
- 获取市场份额，定价的目标是相对于整个客户市场和竞争对手而言增加顾客的数量。
- 利润最大化，定价的目标是尽可能的获得最高利润。
- 市场渗透，定价的目标是从零或者较低的市场份额达到一个显著的市场份额。

一旦建立起明确的定价策略，从各种方法中可以提炼出最适合的定价方法，这种定价方法通常是结合了一系列的各种方法之后得出的结果。

餐饮业的定价方法

餐饮经营者们使用的定价方法在适用性和复杂性方面各自不同。在餐饮业中定价方法主要的不同点如下所述：

成本加成

这是一种最常用的方法。先确定原料成本—不一定非常准确—以及所需要的利润（称之为毛利）。其结果是给经营者制定出了这道菜肴所需盈利的售价（尽管应注意到当菜肴被真正售卖之后才会有利润可言）。这种方法具有吸引力是因为其简单易行，但却忽略了价格的敏感性和需求（价格是需求的决定性因素）以及在做出定价决策时必须考虑到金钱的价值。在这种方法里还可以做出一个假设，所需利润可以通过设定一个占销售价格一定比例的来确定（通常在65%～75%），但并未考虑到不同类型的餐馆和不同类别的菜单内容，也并未考虑到每一道菜肴/饮料仅仅是在用餐体验过程中选择出的项目中的一个组成部分。这种方法一旦实施，可以设定不同的百分比，低成本的开胃菜类可以比高成本的主菜类获得更高的利润。

主要成本法

这种方法是将劳力成本纳入到菜品成本里，实际的菜品成本定价同劳力成本一样也包含固定成本和可变成本。可以在最终售价中确定一个这些额外成本所占的百分比（像劳力成本占25%，可变成本占10%等）。主要成本法与成本加成法一样有一定的缺陷：劳动力成本与制作一道菜肴所需要的时间有关，而与用来制备菜肴的原材料价值无关，与营业额或者包含在一道菜肴中的劳动力成本无关，因此，不需要考虑到规模经济和非规模经济因素，每一道菜肴项目中分配的固定成本和可变成本应至少与每一道菜肴的销量有关，而不应是在每道菜肴中使用固定的百分比。

反向定价法

这种方法是将成本与先前确定的用于所期望的潜在市场的价格相匹配。这种以市场为导向的方法—不是真正意义上的反向定价法—最适宜用在新产品开发上，但是仍然很难事先确定必须的利润、原材料和劳动力成本。还要尽量避免使用固定百分比时所出现的问题。不管怎样，要确认顾客能够为一个特定的产品支付多少钱以及要调研餐厅是否可以给顾客提供有利可图的产品，按照这个餐厅所设定的价格就可以避免无利可图。

投资收益率定价法

投资收益率定价法是基于对销售额和成本的预测而建立的一种定价方法，这种方法可以用来帮助经营者做出一个盈亏平衡的矩阵。这个矩阵可以帮助经营者对价格区间进行指导，但其自身却不会确定单独的销售价格。

顾客平均利润定价法

这种定价方法是先确定利润总额并将其分配到预测的每一位顾客平均利润的需求结果中。然后这个“利润”就加到材料中和/或者其他的用于每一道菜肴中产生的销售价格的成本中。另外，这种方法也可以用于盈亏平衡矩阵中，但应谨慎行事，因为利润是顾客需求的一个因素，也是价格的一个因素。但是正如上文反向定价法中所描述的那样，涉及所设定的标准中经营活动所必须的利润率以及顾客可能支付的价格区间可以用来决定经营活动是否可以一直都成功。

弹性定价法

这种方法要了解市场对于物价变动是如何的敏感。为了决定菜单的价格，经营者要尝试着确定物价变动对于需求的影响。一定要记住的是通过降低价格有可能增加顾客需求和盈利能力。要预测物价变动对于市场的反应是非常困难的，但是就弹性定价法而言可以给定价决策提供支持。

竞争定价法

这种定价法就是复制竞争对手的定价。但是你不能保证任何竞争对手提供一个类似产品的成本结构也相似，因此一个特定的市场定价有可能产生更高或者更低的利润。复制竞争对手的定价也可以将对方的打折、促销、优惠时间段、特制餐点、免费葡萄酒和儿童玩具等一起进行复制。所有这些都是短期策略，可能导致成本增加以及基于价格的激烈竞争。

12.6 餐饮财务管理

一套财务管理系统涵盖了餐饮运营中所销售的所有食品和饮料，是获得利润最大化之必须，餐饮企业所使用的财务管理系统种类繁多。

在大型的餐饮企业里财务部会总体负责财务管理系统的高效运转以及操作所使用的财务管理系统。在小型的餐饮企业里这些工作可以由一名经理助理负责，他会亲自完成每日和每周必须的财务报表。所有的财务管理系统操作应尽可能的简单，使得餐饮服务员工可以非常容易的进行操作，使得财务部的员工可以非常方便的检查出任何错误和遗漏并让餐饮服务员工进行纠正。

财务管理的目的

一套财务管理系统从本质上来说是监控着进行销售活动的区域。

- 从各个部门发出的所有食品和饮料项目必须得到有效的管理。
- 通过财务管理系统应将任何偷窃和浪费行为降低到最少程度。
- 出于成本核算的目的应给管理人员提供所需要的任何信息，以便他们在接下来的财务期间内可以做出正确的估算。

- 收银员应该能够准确的填写出顾客的账单，为的是不会多收取或者少收取顾客的费用。
- 财务管理系统应分别显示出销售额和总收入，以便据此对经营情况做出调整和改进。

在餐饮业内使用的财务管理方式主要有：

- 点餐方式（参见6.4部分中的内容）。
- 结账方式（见下文）。
- 销售汇总表（参见12.6部分中的内容）。
- 经营统计分析（参见12.8部分中的内容）。

餐饮收入管理的整个过程概括在图12–3中。这份图表是基于用于菜品是一式三份的方式以及用于酒吧是一式两份的方式进行制作的。在这份图表中显示出所有的第一联内容要送到分配点（酒吧、厨房等），按照这些信息制作的产品直到第一联菜单上的内容与第二联上的内容通过财务管理系统一一对应。

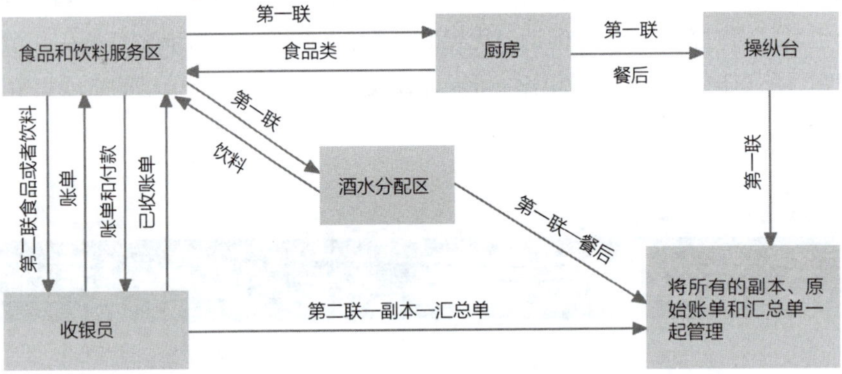

图12–3　餐饮财务管理系统流程图

结账方式

7种基本的结账方式见表12–3中的内容描述。

付款账单

当一名顾客需要结账时，服务员要逐一核实填写在点菜单上的菜品和饮料并由收银计算出总额。然后将账单呈递给顾客。顾客可能使用一种或两种方式进行结账。顾客可以在离开餐厅时到收银台处付款，或者直接将现金交给服务员进行结账，服务员会将找回的零钱交还给顾客。收银员通常会保留一份顾客付款账单，如果顾客需要的话，服务员会交给顾客一份收据和一份账单的复印件。

根据使用的财务管理系统的不同，一名服务员可以从菜单的存根栏里进入到账户列表里填写详细的内容。这份账户列表加上存根项和接受到的付款一起递交给财务部门的当值人员。

表12-3　结账方式

结账方式	描述
付款账单	第二联点餐单作为账单凭证
分别结账	第二联点餐单作为账单呈递给顾客
按点菜单结账	提供点餐服务的同时书写账单，例如，酒吧服务或外卖服务方式
预付费	顾客提前购买餐券或餐卡，无论是套餐还是特价餐都可以支付
代金券	由第三方签发的顾客信用凭证，无论是套餐或者特价餐都可以使用，例如，一份午餐券或者旅行社餐券
免收费用	顾客不用先付——信用交易
延期支付	指的是，例如，大型宴会，由组织者付账或者顾客开设有一个账户

注：所有的结账方式都基于这七种概念。所使用的支持这些结账方式的主要财务管理系统以及不同的结账方式详见12-6中所描述的内容。

如果服务员填写了账单并呈递给顾客，顾客就会随即在离开餐厅时到收银台进行结账支付，收银员在收银结束时会拟订一份经营日报表或者经营分析表。这份经营日报表会显示出每日的经营活动，而经营分析表会显示出每一个服务员的营业收入。

财务部配合在酒吧、酒水间和厨房使用的酒水和菜品点餐单，以及每一个服务员开列出的账单可以进行有效的监管。

分别结账

这种结账方式通常会与一式两联或者一式三联点餐方式配合使用。

从服务员手中接受到第二联点餐单，收银员会根据点餐单上书写的桌号开出账单。出于财务管理的需要，所有的手写账单上都会有序列号。电子账单上的号码在开设时就会被记录，收银员将点餐项目连同价格一起输入到账单中，这份点餐单同时会被厨房和酒吧服务员接收到。当完成服务之后，账单和第二联点餐单会被钉在一起（使用电子系统时只有点餐单钉在一起），并被放置到专用的账簿或文件夹中，里面有根据餐饮服务区域内桌号划分的页码。如果顾客追加

图12-4　电子销售和支付系统

点餐，这些点餐项目要输入到账单里，点餐单要与这一桌号的其他单据一起储存。

当顾客需要账单时，服务员必须从收银员处取回账单，收银员必须首先核实所有的项目都已经输入到账单里而且价格无误并获得总金额。账单的首页要置于旁碟内并对折好呈递给顾客，或者放置在账单夹里呈递给顾客。服务员从顾客处接受到必须的款项之后，要带同账单一起回返到收银处，收银员会接受账单的第二联并将接受到的第一联账单和找回的零钱交给服务员。然后服务员将账单和找回的零钱交给顾客。账单的副本和点餐单钉在一起从专用的账簿或文件夹中取出，放置到一边直到开餐结束时汇总使用。

按点菜单结账

这种结账方式根据餐厅的需要和经营管理所需要的信息程度可以采用多种形式进行。也可以参考6.4部分中——“点餐单和顾客账单”中的内容和“简单的点餐方式”中的内容。

这种结账方式的原理也可以在酒吧内实行，顾客所点选的项目按照需求通过电子键盘记录下来，电子键盘上的每一个按键对应着一种指定的饮料及售价，显示器上当有销售记录和开始计费后会显示出顾客所点选的项目。当顾客所点选的项目结完账之后，总金额就会显示出来。在接收到顾客所付的现金后，显示器上会显示出应找回给顾客的零钱数额，如果顾客需要，可以打印一份收据或者账单明细交给顾客。

这套结账系统对于顾客来说加快了结账的速度并允许在收到现金付款时进行有效的控制，并在适当时给顾客找零，而且还可以管理剩余存货项目。

预付费

这种结账方式是当用于特定场合或者宴会需要进行预付费时使用的方式。组织者必须提前确定好参加宴会的准确人数。在顾客抵达时，通过顾客递交的餐券或者餐卡获得食品和饮料的入场费或者收据。

代金券

这种付款方式涉及由第三方给顾客发放的信用度。第三方可能是他或者她的雇主，以午餐券的方式发放的代金券。午餐券可以以标注的最高值交换其他喜欢的商品、食品和非酒精类饮料。所兑换的商品总计要少于餐券上标注的金额，餐券不可兑换现金以补足购买者的差额。但是如果兑换的商品所需要的价格超出餐券所标注的总额，那么顾客必须支付给供应商商品的差额部分。

其他类型的代金券，可以按照一定的价格发放，作为交换商品或部分交换商品或者接受服务时使用。商品或服务的供应商可以使用这些代金券作为向发行这些代金券的业主、公司或者机构索取未支付的款项的凭据。

免收费用

如果顾客在接受到商品或者服务之后不需要付费，他或者她应只是被要求为这些商品和享受到的服务签字确认即可，账单之后应寄给提供招待的商行或者公司。

在某些情况下，顾客会被要求出示某一证明文件或信件授权提供服务。这种结账的方式也用于：如果餐厅不管出于什么原因，决定不向顾客收费时使用，这种方式叫做“免费招待”。过程是一样的，但是在这种情况下，账单要寄送给授权免费招待的顾客。

延期支付

在延期支付方式中，每家公司所要求的服务，经过确认并完成之后，所提供所有服务的账单在宴会之后要寄送给组织者或者支付款项的顾客。这种结账方式通常会与特别的宴会或者大型活动有关，也适用于顾客在酒店内开设有银行账户，可以直接将支付发票寄送给顾客，通常为每月寄送一次，在这种情况下，顾客通常会出席活动并在账单送交财务部添加到这位顾客的账户里之前在账单上签字。这样做有些类似于酒店内住店顾客的结账方式。

餐饮收入控制系统

接受点餐服务的4种基本方法归纳在表6–1中。7种基本的结账方式归纳在表12–3中。用来支撑这些点餐服务和结账方式服务的管理系统总结如下：

- **人工系统**：使用一式两联或者一式三联手写点菜单用于厨房和酒吧点餐并将相关信息提供给收银员，通常会使用收银台或者收银机，这种系统可以在许多高级餐厅和大众餐厅里使用。
- **提前支付系统**：顾客点选的项目直接通过键盘输入并以一式两份的方式打印出每位顾客的点餐单，保留所有的交易记录。键盘上可以预设好项目名称或者价格，这种系统通常会在提供全面服务的餐厅内和大众餐厅内使用。
- **电子收银机**：有许多种的功能，包括销售分析。电子收银机可以单机安装或者联网安装，这些电子收银机可以在大型餐馆、自助餐厅和酒吧里使用。
- **销售终端系统**：在不同的服务区域内，有单独的键盘式收银系统，与厨房、酒吧等的远程打印机或者显示器相连接。收银终端可以放置在固定位置或者放置在扩充口处，以方便携带使用。在酒店内，这套系统也可以与酒店财务部联网使用，还可以在现代化的餐厅内使用。
- **电脑收银系统**：有许多服务终端、智能收银机和远程打印机通过电脑主机使用标准的硬件进行兼容控制。根据使用的软件不同，收银系统的功能可能还包括不同的绩效评估功能，例如计划编制和成本控制、销售分析、利润报表、库存管理、重新订货和预测分析、增值税返还、工资管理、员工调度和账户信息等。电脑收银系统通常在酒店、快餐厅、连锁餐厅中使用。
- **卫星通信系统**：远程终端通过电话建立链接到总部的中央处理器，使得销售业绩可以进行分析（一般是隔夜进行）并将分析报告返回到餐厅。这套系统可以在快餐厅和连锁餐厅内使用。

电子销售终端的管理（EPOS）

更复杂的收银系统（销售终端系统、电脑收银系统和卫星通信系统等）在销售终端处给顾客提供了越来越高效的服务，同时改善了会计管理中的信息流和信息质量。电子销售终端的优势是一种系统与另外一种系统各有自己的特点，总结如下：

- **出错最少**：输入的销售信息会更准确，因为对于一项特定的交易项目按照顺序输入的错误指令是不被允许的。价格自动查找或者预设的价格键会比人工输入的可靠性更高。
- **处理的更快**：交易可以更加快速的处理，并且可以取得：
  —通过使用手持扫描笔或者将产品通过设置在柜台上的固定装置自动读取价格标价。
  —通过单键输入价格。
  —排除任何人工计算或者手写的辅助。
- **培训时间**：从培训使用常规收银机所需要的数天时间减少到培训使用电子收银系统的数小时时间。这是因为许多电子收银系统都有一个排序功能，这需要使用者在处理具体业务时要根据显示器上的指令，一步一步的进行操作。
- **即时信用审查**：一名顾客的信贷等级可以通过在终端中输入顾客的账户与中央处理器档案文件或者通过在线连接到信用卡供应商处进行对照。
- **详尽的管理信息**：电子控制系统提供了通过计算机更直接的读取数据信息。这改善了电脑化库存管理和会计系统两者之间的细节和品质，使得它们相对于较小的企业来说使用起来会更加经济。
- **增加安全功能**：包括诸如：
  —锁定电子收款机（ECR），只有获得授权人员许可才可以进行操作，总数的改变和重置只能由主管和经理进行操作。
  —在一天营业结束之前不透露收入的总和，这应该列入预算。
- **高级设置的计算模式**：当购买价格相同的某些产品时，有许多产品在不同的价位，或者要填加增值税，系统会通过编程计算总价格。
- **提高打印输出**：根据包含在顾客收据中信息的数量和质量。可以包含以下设施工具：
  —打印的收据中可能包含有销售额和增值税。
  —字母和数字信息可以用黑色和白色或者彩色显示。
  —收据中可以包含所购买产品的名称，以及或者使用序列号代替。
- **改进外观**：现代收银系统的设计风格足以适应现在餐饮业所处装修环境的需要。

个体餐饮运营企业会决定哪种收银系统最适合他们的需要，并给出他们所需要的信息。

收银员管理

在开始营业之前收银员应该将所有相关的账单和所需要的材料准备到位。每一家餐厅都有自己的服务程序，但通常会包括以下内容：

- 核实备用现金：如果数额不对要按照公司管理规定执行。
- 确保现金抽屉里在相应的隔断里已经妥善的放置好纸币和硬币。
- 确保有足够的信用卡/借记卡付款凭证、备用现金、促销产品、单据夹、订书机或者曲别针和笔等。

收银员在餐桌服务和辅助服务中的工作职责可以归纳如下：

- 签发并记录支票簿
- 保留足够的备用零钱
- 准备顾客账单
- 保留食品和葡萄酒点餐的副本连同账单以备服务员或者顾客查询
- 会签作废的票据
- 收取餐费（可以包括现金、信用卡和支票以及就餐券或者其他形式的预付券）
- 接收所有的支票
- 确保人工销售汇总和电子销售汇总支付款项吻合
- 到财务部交付经营日报表和款项

在一些具体的运营中，某些独立的收银机可能需要收取和支付款项。自助餐厅收银台内工作的收银员可以有相类似的工作职责，但是不包括涉及支票的问题。

如果在酒店内酒廊里给住店顾客提供服务以及送餐服务，顾客可能不会现场支付。所以，所有的账单必须让消费的住店顾客签字，以表示他或者她已经接受到了一项酒店提供的特定内容的服务

当住店顾客在账单上签字之后，服务员必须确保顾客所签的房间号码正确无误，以便将顾客的消费记录到正确的账单上。这些账单应立刻传递到财务部。他们的工作是确保这些账单输入到住店顾客的账户里。这样所有住店顾客的账单都会记录到最近的日期，给住店顾客提供的所有服务都已经完成收费。

付款方式

对于接受到的商品和服务有多种的付款方式，有一些付款方式已经在“结账方式”里有所描述。主要的付款方式描述如下。

现金

收银员接受到的现金数额应该始终在顾客面前清点，当给顾客找回零钱时也要当面清点。收银员接受到的任何票据应该仔细核对无误，以确保这些票据不是伪造的。一份详细明细和收入账单应随时变化。

PALM COURT RESTAURANT & LOUNGE
THE LANGHAM, LONDON
VAT: 672331741
703 Yavuz 2

1/1 1289 GST 2
NOV30'09 6:48PM

1	Smoked Salmon	16.00
1	Prawn Cocktail	16.00
1	225g Sirloin	25.00
1	225g Rib Eye	24.00
1	HB 656 Sancerre	21.00
1	425 Ch la Croix	35.00
1	Voss Sparkling	5.50
1	Capuccino	4.50
2	Americano	9.00
	Food	94.50
	Wine	56.00
	Non Alc	5.50
	12.5% SERV CHG	19.50
	PAYMENT	175.50

31
09334000067
American Express 175.50
----23 CLOSED NOV30 8:57PM-----

图12-5　一份餐厅账单的样张

支票

支付保付卡应该陪同支票一起支付。收银员接受到支票之后应确保：

- 填写的日期正确
- 支票抬头的公司名字准确
- 填写的金额正确无误
- 支票上要有指定人员的签名
- 支票上的签名与支付保付卡上的签名一致
- 银行检索代码与保付卡上的代码一致
- 支票保付卡在有效期内，支票上填写的日期范围没有到期

支票保付卡表明银行将满足支票兑付业务（取决于卡背面填写的最大数额）。如果情况属实，即使写在支票上的数额多于他或者她银行账户中的金额，某些信用卡和借记卡也可以充当支票保付卡使用。这方面的例子就如巴克莱卡一样。

信用卡/借记卡/签账卡

- **信用卡：**允许顾客花费到预设的上限。顾客会在每个月末收到一份付款报告单，这样顾客可以全额付清款项或者部分付款，利息是按照余额收取。
- **借记卡：**使用方法与信用卡相类似，但是应支付的数额会从顾客的银行账户里立即扣除。
- **签账卡：**与信用卡使用方法相类似，但是顾客每月开具一次发票。账户必须全额付清，实例有美国运通卡和大莱卡。

接受到信用卡、借记卡或者签账卡之后，收银员应该通过检查卡上的日期核实此卡是否在有效期内。目前接受这些类型的银行卡的付款方式有两种系统：验证签名系统和刷卡及密码系统。

验证签名系统

这是通过人工的方法查验卡的有效期，一般是通过在线验证或者通过电话连线到发卡银行进行验证，再通过电子读卡器读取相关信息。一旦通过验证，交易就会以账单的形式逐项打印出来，然后顾客需要签字确认。这份账单的复印件会交给顾客作为收据。有一些餐厅还会填写一份销货凭证，顾客需要在这份凭证上签字，收银员应将顾客卡上的签名与这个签名一起进行核实。然后，顾客作为收据保留一份凭证的复印件。

刷卡和密码系统

刷卡和密码系统表示顾客在使用信用卡、借记卡或者签名卡时要通过键盘输入他们的密码（私人密码），在商店、酒店或者餐厅内面对面的进行交易。

接受刷卡和密码交易时

- 刷卡机（point of sale）终端会提供一步一步的指示来完成这项交易。
- 首先交易总额会显示在刷卡机终端上。
- 然后会要求顾客出示他们的银行卡。
- 大多数情况下，顾客要将银行卡递交给收银员，但有时候顾客会被要求自己将银行卡插入到读卡器里。
- 将银行卡插入到读卡器里。
- 银行卡一旦被验证，就需要顾客输入密码。
- 读卡器就会核对顾客输入的密码与银行卡内芯片里的密码是否一致。
- 顾客必须输入他们自己的密码——如果由收银员输入密码是不安全的并且顾客也会被要求不要将他们的密码透露给任何人。
- 如果顾客声称他们忘记了密码，那么可以允许他们按照签署付款账单（根据餐厅的财务制度执行）。如果发生这种情况的话，要特别留意这张银行卡的细节和顾客的签名。
- 按照刷卡机屏幕上的提示进行操作，付款正在处理。
- 将银行卡从读卡器上取下。
- 签发收据，将收据和银行卡一起交还给顾客。

在餐厅付款时

在餐厅内处理付款的方式有两种：

①要求顾客亲自到收银台处完成交易付款——有一些顾客可能更喜欢这种方式。

②将一台手持式（便携式）自供电刷卡机支付终端送到顾客的餐桌前进行支付。

密码被锁定

- 如果顾客连续3次输入了错误的密码，这种银行卡就会暂时不可以使用。
- 刷卡机终端上会显示出提示信息，这张银行卡是否可以通过签字付款或者顾客需要提供另外一种方式进行付款。
- 顾客可以对银行卡解锁：

  —通过联系发卡银行。发卡银行的联系电话大多数都在银行卡的背面或者在账单上。

图12-6 一台手持式（便携式）连打印机信用卡/借记卡支付终端图例

残疾人

残疾人的付款过程通常如上所述相同。但是，下面给出了一些特别的注意事项。

- 当顾客需要时要提供帮助，最重要的是要有足够的耐心以确保顾客有充足的时间在没有外来压力的情况下完成交易。

• 确保所有的顾客，包括那些坐在轮椅上的顾客可以很容易的在服务台前或者柜台前在账单上签名或者输入密码。
• 按照刷卡终端提示一某些持卡人可能使用刷卡并签名的方式代替刷卡和输入密码。刷卡终端会识别出这种类型的银行卡并自动要求签名。
• 在适当的情况下，协助或者帮助顾客将密码输入键盘从支架上取下来。
• 当顾客输入密码时，建议顾客遮挡一下输入键盘。

拒绝刷卡交易

拒绝刷卡交易时是否需要签名验证或者输入密码，服务程序与所有的信用卡/借记卡/签账卡付款交易的服务程序相同，一般会要求顾客以另外一种方式付款。

旅行支票

这些旅行支票是由旅游者所在国家的旅游机构或者银行签发的。它们可以是以英镑、美元、欧元或者其他国家的货币发放的。

旅行支票发行时必须要经过签署，当用来购物支付或者兑换现金时还必须要再次签署。兑换率会是在兑换时的比率。

所有的旅行支票有不同的票面，这个票面面值只要两个签署的名字相匹配就会得到保证。当使用旅行支票付款时顾客必须：

• 旅行支票的日期或者规定
• 支付给相关公司
• 在旅行支票上面适当的位置重新签署姓名

收银员要做到：

• 两个签名要相互匹配
• 要求顾客出示其他的身份证明以便核对这两个签名。这一类的身份证明可以是顾客的护照等
• 兑换成旅行支票所需要的货币

代币券和代用币

用餐券，像就餐券类，可以在接受这些用餐券的餐厅内交换到所提供的食品。餐券在使用上有有效期，所购买的食品价格如果超出了餐券的价格，超出部分的金额顾客需要付现金。

代用币可以兑换特别制作的菜肴或者某些等值菜肴。如果购买的菜品价格超出了代用币的价格，那么超出部分顾客也需要付出现金。如果购买的食品价格低于代用币的价格餐厅不会给顾客找零。

不符合规定情况的处理

当处理现金时，在交易过程中或者在清点现金时不要让任何人干扰到你，因为这样只会导致工作混乱不堪。

- 在将接受到的现金放入到收银机抽屉里之前要清点两遍，找出的零钱也是如此。
- 如果是你出现了差错，先道歉并保持礼貌。如果你感觉到情况无法处理时可以寻求主管或者经理的帮助。
- 银行票据要仔细检查以辨真伪，如果发现是伪造的，那么必须拒收。并且给顾客介绍为什么要拒收，并建议顾客报警处理。
- 如果怀疑是信用卡欺诈，信用卡发行公司会要求保留此卡。建议顾客可以与发卡公司联系商讨此事。考虑到隐私顾客可能要求你提供电话使用。

销售汇总表

销售汇总表也被称之为餐厅经营分析表、账目汇总表或者餐厅销售记录表，它们提供了：

- 所有物品不同利润的对账单
- 销售产品信息
- 受欢迎/不受欢迎产品的记录
- 库存管理记录

销售汇总表有各种不同的格式，通常为电子版。根据餐厅的需要，销售汇总表内的信息可以包括有：

- 日期
- 食品和饮料供货商的地址（如果超过一家供货商）
- 服务时间
- 账单编号
- 每张餐桌的人数
- 总费用
- 销售分析，例如，食品、饮料，或者更详尽的资料，像菜单和酒水单的内容等
- 各种绩效评估
- 收银员的姓名

销售汇总表中还可以包括每一位员工或者收银台的销售额

消耗管理

在餐饮服务区域里，食品和饮料可以展示在：

- 冷菜区域
- 自助餐台
- 切割餐车
- 甜品车
- 酒车
- 食品和饮料柜台

消耗管理表		日期：22/06/2010		服务时间：午餐		
项目	分发的份数	退回的份数	消耗的份数	开列账单的份数	差额	
					+	−
水果沙拉	24	6	18	15		3
蛋糕	20	5	15	14		1
馅饼	30	10	20	16		4

图12-7　一份完成填写的消耗管理表

消耗管理方法是用来对分发给服务区域内一定份数或者分量的食品和饮料服务进行管理的方法。通过服务之后，总和扣除退回的产品得出的就是消耗量。然后检查消费额与实际销售额以确定短缺/消耗量。这种管理方法也在餐厅和酒吧服务中使用。

12.7 酒水管理

酒水管理方法与食品管理方法基本上相同。但是对于酒水管理来说，存放酒精类和非酒精类饮料的酒窖是管理的焦点所在。

窖藏仓库

啤酒

确定最佳啤酒窖藏仓库管理的因素是：

- 通风良好
- 清洁卫生
- 恒温在13～15℃（55～58℉）
- 避免风大和大幅度的温度变化
- 领用啤酒时，所有的啤酒桶要平稳放置
- 啤酒桶放置在地面上时应将塞孔朝上以便更好的承受压力
- 用木桩支撑以减轻啤酒桶内的压力
- 啤酒在需要的24小时之内要在啤酒桶上开孔
- 管路和引擎要定期进行清洁处理
- 所有的啤酒生产线每周要使用经过稀释的管路清洗液进行清洗，酒窖的地面每周要使用氯化物和石灰的稀溶液进行冲洗（低浓度漂白剂）
- 下班之后在管路中残留的啤酒液要放净

- 要注意酒窖仓库内啤酒的库存不要太多
- 所有的在服务过程中取下的插管在营业结束时要放回原位
- 酒窖仓库内所有的设施设备应该保持的非常干净
- 所有不足量的啤酒桶应尽快送还给啤酒厂
- 每周固定一天在检查完瓶装啤酒、葡萄酒、矿泉水的库存之后提出重新订购计划
- 必须实行严格的库存周转制度，新进成箱的啤酒或者桶装啤酒要靠后面放置，陈货要放置在前面先发货

葡萄酒

葡萄酒最好是储存在地下酒窖里，方向朝北，避免振动、过于潮湿、风大和有异味。酒窖内应该非常洁净、通风良好、光线柔和，保持12.5℃（55℉）恒温以助于葡萄酒的缓慢发酵。

葡萄酒瓶应侧放在酒架上以便让葡萄酒可以接触到软木塞。这样做可以让软木塞保持在膨胀状态以防止空气进入到葡萄酒里——进入空气这个过程可以将葡萄酒快速的变酸。葡萄酒也可以将商标朝上的侧放储存，这样能够确保葡萄酒辨认起来非常方便，标签能够起到保护作用（总是从底部开始）确保任何沉淀物质总是沉淀在远离标签的一侧，这种方法也用于像带有螺旋瓶塞的葡萄酒的储存。白葡萄酒、含气葡萄酒和玫瑰葡萄酒要储存在酒窖内最冷的地方并且酒架要靠近地面（因为热气朝上升）。红葡萄酒最适宜储存在酒架的上部位置。大型商业机构通常会有特制的冷库或者冷藏展示柜用于保存他们的含气葡萄酒、白葡萄酒和玫瑰葡萄酒。

其他的酒水饮料

烈性酒、利口酒、蔬菜汁、水果汁和矿泉水要像强化葡萄酒一样在原包装箱内直立存放。唯一的例外是波特葡萄酒，要平放保存，其他的则与强化葡萄酒一样保存。

确定库存量

所有在公司内部的独立店面像酒廊、高级酒吧、鸡尾酒吧、啤酒屋、专用酒吧和楼面服务酒吧等应每天或者每周从酒窖仓库内领取他们所使用的酒水。每一家店面要维持一个酒类的固定库存量（或者称标准库存量），足够一天或者一周服务时间内的用量。库存量的多少主要由服务区域内可用的储存空间多少以及所考虑到预期的销售量所决定。在每一家独立的店面结束营业之前，每一个服务时间段内、每天或者每周都要申领补充一定量的酒水，这样就会将他们的总库存量恢复到标准库存量的水平。

对于作为一个整体来经营的酒吧来说，中心仓库的库存需要为了满足预期的销售额，可以参照过往的日销售额来做出决定。一个有用的公式是：

$$M=W(T+L)+S$$

这其中：

M——最高库存量；

W——平均使用率（在工作时间内）；

T——审核时间（订单间隔时间）；

L——需要的时间（从下订单到到达所需要的时间）；

S——安全库存量（缓冲量或者最低库存量）。

例如：

W=每周使用24瓶

T=4周

L=1周

S=1周24瓶的使用量

因此：

$$M=24\times(4+1)+24=144\text{瓶}$$

最低库存量（缓冲量或者安全库存量）也可以按照下述方法计算：

$$L\times W=1\times 24=24\text{瓶}$$

再订货量（ROL）也可以按照下述方法计算：

$$(W\times L)+S=(24\times 1)+24=48\text{瓶}$$

对所有类型的酒精类饮料和非酒精类饮料，无论是基于如上所述的按单位例如成瓶采购，还是按照数量例如升/加仑购买，都可以使用相同的统计方法。

利用此种方法在餐饮运营过程中可以做出满足预期需求的库存量的决定。与此同时库存中使用了最低资金占用量。良好的库存管理还可以通过“准时化”（JIT）采购制度得到支持。JIT采购制度涉及为了满足计划的需求只根据实际需要订购产品，而不是为了有备无患，将库存保持在一个不必要的高水平上。

酒水管理程序

在任何一家餐饮企业里收入之一是来自于销售酒水，在经营过程中必须使用一套经营和成本核算管理系统。这套管理系统的使用完全依赖于企业的经营方针。下述所列出的部分或者全部单据内容，根据各自餐饮企业的不同需求情况，可以各取所需。

单据名称	用途
订单簿	给供货商的订购单
货物转入/收到簿（收货单）	从供货商处接受货物
退货单	货物退回给供货商
周转箱管理簿	使用周转箱将货物退回给供货商

续表

单据名称	用途
酒窖仓库分类账	酒窖仓库内货物进出登记
库存记录卡	酒窖内单一货物记录
领货单	每一个服务区域使用的领货订单
日常消费单	每一个服务区域内货物使用情况
损耗登记簿	破损、洒（散）漏、损耗等
外卖记录簿	以外卖价格销售的货物
调拨单	不同服务区域之间相互调拨货物

尽管这里使用了许多单据，但是现代库存管理系统都是使用计算机进行管理，然而，不管使用哪种方法，按照日期进行记录的基本流程都是相同的。

图12–8是一家酒吧和酒窖仓库管理基本流程总结图

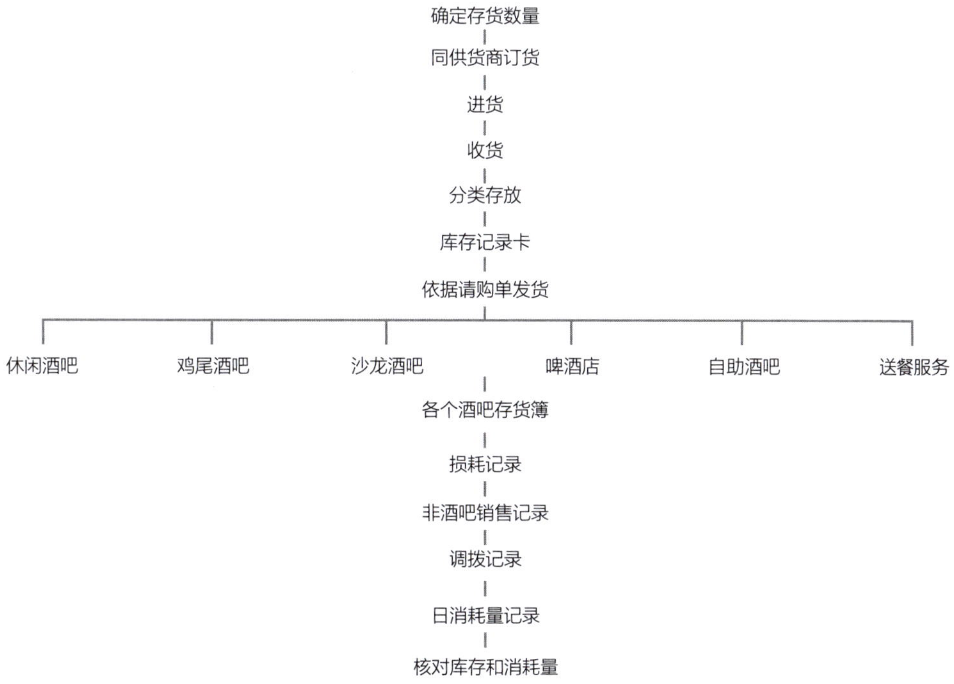

图12–8　酒吧和酒窖仓库管理基本流程图

订货单

酒窖仓库管理人员为了保持企业仓库内货物的储存量，负责采购所有的酒精类和非酒精类饮料。订货单应采用一式两联的正式订货单方式填写。第一联送交给供货商，第二联保存在订单簿里用于收到货物时对照使用。还有一些企业使用的是一式三联的订货单，这三联分别送交给：

- **第一联：**送交给供货商
- **第二联：**送交财务部
- **第三联：**保留在仓库订单簿里

货物转入/收到簿（收货单）

所有已交付的货物应在收货单上做好详细的登记。每一笔交付的登记项目包括：

- 交货单/发票号码
- 供货商的姓名和地址
- 订单号
- 收货日期
- 交货项目一览表
- 货物数量
- 货物单位
- 货物价格
- 折扣，如果有的话
- 总价格

当货物送交给企业时，应该带有一份交货单或者发票。无论递交的是哪一份，所含有的信息应该是一样的，只有一个例外，发票上填写有所有货物的价格而交货单上则没有。送交的货物必须先对照交货单进行清点和核对，以确保所有交货单上的货物准确无误。酒窖仓库保管员还可以通过对照订单簿里的原始订单对交货单进行更进一步的核对。这样能够确保所订购的货物，送达时数量正确。不接收订购单上没有列出的货物项目，从而不用增加额外的费用。

退货单

记录的所有返还给供货商登记在进货单上的货物或者将货物单独写在退货单上。这份单据还可以包括周转箱记录像啤酒桶、葡萄酒桶、气瓶，或者可以将这些记录在一份单独的周转箱管理簿里。

酒窖仓库分类账

酒窖仓库分类账是酒水管理中不可或缺的部分内容，可以用来代替收货单使用，或者可以说是收货单工作的延伸，因为它能够显示出所有进入企业仓库后的货物运作情况，以及分发到酒吧或者其他服务点的情况。所有货物进出酒窖仓库的运作情况通常是以成本或者售价的形式进行登记，如图12-9。

库存项目______ 编号/货号__________				
日期	货物名称	货号	总数	单价

图12-9　酒窖仓库分类账图例

库存记录卡

库存记录卡（见图12-10）是用来表示酒窖仓库内每一项单独的货物的具体库存量。所有货物从仓库的进出都应该记录在各自的库存记录卡里。

每次一种货物的发放和接收都必须记录到相对应的库存记录卡里并且要显示出剩余总额。这样的话，库存记录卡上应该显示出，在任何特定的时间内，每一项具体的货物当前在仓库内的总库存量。

库存记录卡通常还可以用来显示出最大库存量和最少库存量，这样当仓库管理员在需要重新订货时就会给他提供相应的帮助。最少库存量表示已经达到了需要重新订货水平，保留足够的存货量使其能够使用到新的货物抵达为止。最大库存量表示可以重新订购多少货物并出于这样的考虑，像仓库的储存能力，每一种特定货物的流通量以及在一定的程度上，要考虑到公司预算内的现金数额（见“确定库存量”中的内容）。

葡萄酒名称		编号（年份）	
日期	收货时间	剩余数量	统计人签名

图12-10　库存记录卡

领货单

每一个使用酒精饮料的部门应使用某种形式的领货单以从酒窖仓库内领取酒精类饮料。这些领货单可以通过单据的颜色或者编号进行管理，通常是一式三联。使用方法如下所述：

- **第一联：**给酒窖仓库
- **第二联：**给财务部

- **第三联**：部门从酒窖仓库内收取货物时，进行核对时使用

领货单上要包含下述信息：

- 领用部门名称
- 日期
- 所领用的货物名称列表
- 每一种所领用货物的数量和单位
- 相关人员签名，可以是领用人或者是收货人

使用领货单的目的是对货物从酒窖仓库内分发到各使用部门之间的运转情况进行监管以避免在同一时间内领用太多的货物，这样酒吧内就不会出现存货过多的情况。酒吧内货物的存储水平称之为“标准”库存。每天领取的货物数量应该是将货物补充到标准库存水平上。重新订货的数量要考虑到以下这些因素之后再做出决定：

期初存货加上增加的货物数量—期终存货等于消耗量（重新订购的数量，每一种货物最接近全部数额）。

仓库保管员不可以发出货物，除非他或者她收到一封正式的领用单，正确的填写了日期并有相关部门的管理人员签字。仓库保管员应该有一组管理人员的签名表，如果有以上管理人员的签名，仓库保管员就可以发出货物。为了有效的协助保管员的工作，所有的领货单应在每天固定的时间内递交给他或者她，当所有的货物发放完毕之后，在某些情况下，根据企业的管理规定，还可以每天发放两次货物，一次是在上午营业之前，另一次是在晚上营业之前。

损耗登记簿

每一个服务点必须有一份登记簿用于记录清洗管路时消耗的啤酒数量、破损的瓶装啤酒、洒出酒的数量或者其他所有需要记账的事情。

外卖记录簿

外卖登记簿包含着酒瓶的数量记录，不管是啤酒、烈性酒还是葡萄酒，以外卖的售价卖出以及在外卖价格和特价出售（这里是指酒水在酒吧内通过量杯销售的价格）之间销售的价格差距。对应着总利润来说可以允许有些许差异。

调拨单

在各种酒吧内必须尽量的减少各个酒吧内不同价格之间酒水的调拨，否则这样会造成相应酒水的短缺。如果发生酒水短缺的情况，那么所有这些酒水之间的调拨必须记录在调拨单里。

日常消费单

日常消费单里列出的是在每个服务区域内销售的所有酒水情况，例如按数量出售了多少

杯烈性酒、多少瓶葡萄酒或者啤酒。这些信息可以用来计算出接收到多少用于所点选酒水的酒水单。

饮料名称	编号	周一	周二	周三	周四	周五	周六	周日	合计

图12-11　日常消费单

酒水总利润

非酒精类饮料和酒精类饮料的销售数据分析以及库存情况可以从两方面的业绩考核中获得：

- 总利润
- 在预算的现金收入中包含的销售的溢余款或者短缺的款项以及现有存货

确定好日期就可以进行分析，以找出在酒水总利润中发生各种变化的原因。

总利润的计算

总利润是由从销售额中扣除酒水的成本所决定的。因此实际的酒精类饮料库存至少要每月盘点一次，如果觉得有必要的话也可以每月进行多次盘点。

要确定销售的溢余款或者短缺的款项部分就必须估算出在一定的时间段内基于售价卖出的数量，已经挣了多少钱。卖出的数量必须一瓶一瓶、一桶一桶的计算出价格。

例如，一家酒吧已经卖出了12×75厘升瓶装威士忌（按照每25毫升量杯的酒量2.7英镑计算），6×75厘升瓶装雪利酒（按照每50毫升量杯的酒量2.5英镑计算）和5桶（每桶9加仑）（按照每品脱2.5英镑计算）桶装酒：

威士忌：12×30量杯×2.5英镑　　=972英镑

雪利酒：6×15量杯×2.5英镑　　=225英镑

桶装酒：5×72品脱×2.5英镑　　=900英镑

（注：1桶=9加仑×8品脱=72品脱）

估计收入　　=2097英镑

实际现金收入　　=2184.26英镑

溢余款　　=87.26英镑

87.26英镑占实际现金收入的4.16%

酒水总利润中的各种变化

已经售卖的各种葡萄酒、啤酒和烈性酒通常会有助于了解为什么某一个月份的总利润会低（因为卖出了大量的啤酒）或者会高（因为卖出了大量的烈性酒）。但是，还有其他一些使得总利润过高或过低的原因：

- 低价销售并保持此差价，例如，以0.5英镑替代1.5英镑售出，这样酒吧损失了1英镑。收银机应定人定点使用，这样无论是顾客还是管理人员都可以用肉眼核实键入的钱数或者记入收银机内。
- 因为购物单上太多的“缺货”会给人造成酒水短缺的误解。总是禁止使用缺货键也不现实，因此，每一次结账时购物单都要细心检查所缺货物账目已经移除，所以过多的使用缺货键当场就可能会受到质疑。
- 购物单本身会非常明显的透露出相关信息。有时候可以发现有许多小件的销售记录或者平均销售额比平时要低一些或者一个收银员要比另一个收银员要低些。这样的迹象可以用来说明已经发生了潜在的问题。
- 随着收银机现金抽屉的打开，如果收银机上没有设置关闭抽屉键，那么给顾客找零钱时就可以不用按键，或者键入数字金额。
- 不能保证所有的外卖产品与酒吧用量杯出售的产品分离开，而且使用单独的库存。所有外卖的产品应输入到单独的账簿里。酒吧内使用量杯售卖的酒水产品价格与外卖产品价格之间的差异要让仓库盘点员知晓。
- 出租酒吧内的员工要计算每日的现金收入数额，应能够让所售卖产品的收支平衡以符合预期的销售目标 。
- 在远离酒吧的酒廊或者在餐桌前进行酒水销售也可能会出现问题。收银票据提供了一个简单易行的核对服务方式。如果每一位服务员给顾客提供服务，顾客及时为酒水付款时，他们会给顾客提供一份票据。顾客知道他们付的款项已经输入到收银机里了，这让他们在酒店内应付自如。这种方式的另外一个优点是，除非有串通舞弊行为，酒吧员工不会向服务员要价过高或者低价交易。尽管这是一种非常简便的酒水服务管理方式，但是仍然存在有被滥用的行为。员工早已经知道可以再次使用这些票据，但也仅仅是获取酒水而不用为此付账。

一位称职的经理会确保首先清点所有的款项，然后再由收银机读取，而不是先读取收银机再清点顾客所付款项。在生意繁忙的酒吧内，最切实可行的做法是在工作结束之前先收集好大部分的票据，在钱票抽屉里保留一份临时票据。

使用电子设备可以帮助找出已经发生的损耗情况，但是电子设备本身却不会预防这些情况的发生。绝大多数的电子设备主要是用来便于进行分析和记录销售情况。这样的电子设备可以用来，例如可以给超过一千种产品自动进行定价，包括了半品脱和一品脱啤酒、威士忌、杜松子酒、金汤力等，从而大大的减少了出现计算错误的可能性，使得错误操作更容易的被察觉。

12.8 工作绩效评估

产品销售组合

产品销售组合图可能是取之于一份销售汇总表并显示在一份简单的报表里，像表12–4所示，并以一份应用百分比的形式显示在表12–5中。

食品和饮料的销售可以进一步的分解成按照日期提供产品销售。这不仅仅兼顾产品按照利润进行销售，还提供了如下信息：

- 菜单/酒水单上受欢迎/不受欢迎的产品项目
- 记录用于库存管理，例如，用来帮助对下一步的需求情况进行预测
- 改变顾客的嗜好
- 利润/损耗来自何处

表12-4 销售报表

服务项目	总计 £英镑	食品 £英镑	酒水 £英镑
午餐	90	60	30
晚餐	80	50	30
小吃	15	15	—
每日总计	185	125	60

表12-5 百分比表

服务项目	总计		食品		酒水	
	£英镑	%	£英镑	%	£英镑	%
午餐	90	49	60	67	30	33
晚餐	80	43	50	62	30	38
小吃	15	8	15	100	—	—
每日总计	185	100	125	68	60	32

成本百分比（成本率）

所有的成本像销售成本、劳动力成本或者管理费等可以分解到相关的销售成本中。这样，以劳动力成本为例：

劳动力成本占总工资成本=部门劳动力成本 ÷ 总工资成本 × 100

劳动力成本在销售成本中所占百分比=劳动力成本 ÷ 收入 × 100

这些劳动力成本计算的方法汇总在表12–6中。

表12–6　劳动力成本百分比

成本		直接劳动力成本	占总劳动力成本的百分比	占部门成本的百分比
食品	125英镑	35	78%	28%
酒水	60英镑	10	22%	17%
总计	185英镑	45	100%	45%

通过使用类似的方法，所有的成本（食品、劳动力或者日常开支等）可以归于到收入里的返款中。

注：餐饮运营中的销售额总是等于100%，所有的成本和利润是按照销售金额的百分比进行计算的。餐饮运营中成本和利润两者之间的关系概括在图12–2中。

生产力指数（表示劳动力成本的一种替代方式）

生产力指数是通过将总劳动力成本（包括员工福利成本）分解到总销售额中计算所得。

生产力指数根据餐饮运营类型的不同而有多种变化。例如，一家受欢迎的快餐企业就有很高的生产力指数，因为劳动力成本相对较低，反过来，一间顾客和员工配比非常高的餐厅相对应的生产力指数就会低得多。因为薪资成本可控，并且与可预测的营业额有关，可以建立一个标准的劳动力指数，随着时间的推移来测量出这两个相关要素的准确程度。

座位翻台率

座位翻台率是一个工作效率指标。表示在一个服务周期内一个座位被使用了多少次。有关座位翻台率的报表举例请见表12–7。座位翻台率是将在一个服务周期内所服务的顾客人数处以实际的餐位数计算所得。因此：

- 在快餐吧里的一个服务周期内，座位翻台率可以是4～5次
- 在一家高档餐厅里，在一个服务周期内座位翻台率可能只有一次

在顾客不会占用特定座位（像在自助餐厅或者外卖餐厅）的餐厅内，来就餐顾客的人数是在每个服务周期内（例如午餐）或者时间段内（例如每个小时）通过收银机缴费人数统计而成。

表12-7　座位翻台率统计示例

服务时间	服务的人数	座位数	座位翻台率
午餐	60	80	0.75次
晚餐	85	80	1.0次

人均消费/平均消费额

人均消费是计算在一个服务周期内每位顾客的平均消费的数额。它是通过总销售额除以就餐顾客人数或者所服务的顾客数量所得。在餐厅内在顾客人数是已定的情况下，这是一个非常实用的工作指标。

平均消费额是计算在每一个服务周期内，每一份点餐单的平均花费，是通过总销售额除以点餐单的数量所得。这个工作指标在酒吧或者外卖餐厅内当顾客的实际人数未知的情况下非常实用。这两种计算方法如表12-8所示。计算出这些工作指标有助于对销售数字的分析。例如：

- 如果从一个服务周期到下一个服务周期收入增长了，这是因为售价提高了还是服务了更多的顾客，还是相同的顾客人数消费了更多的金额？
- 如果从一个服务周期到下一个服务周期收入减少了，这是因为服务的顾客人数降低了还是相同的顾客人数消费额降低了？

表12-8　平均消费额和人均消费示例

	总收入£英镑	点餐单的数量	平均消费额	顾客人数	人均消费£英镑
食品	490	16	30.62	48	10.20
饮料	280	13	21.54	39	7.18
总额	770	29	26.55	87	8.85

这些资料也可以用来计算每桌就餐顾客的平均人数。这可以由顾客人数除以点餐单的数量而得出。在食品销售中使用表12–8中的这些资料，就可以：

48位顾客，除以16份点餐单=每桌平均3位顾客。

每个餐位的销售额

每个餐位的销售额显示出在餐厅内、咖啡厅内等地方每一个餐位可以赚取的销售值。可以用来对不同类型的经营方式进行比较，还可以作为在一段时间内每个餐位收入的记录。它是通过在特定的服务时间内在餐厅就餐时的销售额除以餐位数而得出。

每平方米的销售额

餐饮企业之间的另外一种比较方式是计算每平方米或者平方英尺的销售额。这种方式在每个座位的收入不好统计的酒吧或者外卖餐厅内特别好用。它是通过在一个特定的服务时间内，将总收入除以服务区域的平方面积而得出。

库存周转率

库存周转的比率表示在一个给定的时间内库存周转的平均次数。采用如下方法计算：

库存周转比率=在特定时间段内消耗的食品和饮料成本÷平均库存成本（食品或饮料）

平均库存成本是通过将期初库存值，加上期末库存值除以2得出。高的库存周转率可以预示着的是在餐厅内使用的是都是新鲜食品。低的库存周转率则表示使用了方便食品。太高的周转率表示包含有措手不及的采购这样潜在的问题并且缺乏预测性。太低的周转率则表明资金在未动用的库存上被长期占用。

附录A 烹饪和服务术语

在这部分的附录内容里列出了一系列的传统的和其他常用的烹饪及服务术语，并给出了它们的定义。许多烹饪方面的术语源自于传统的欧洲烹饪。术语中大多情况下使用的是法语词汇，因为这些法语烹饪术语已经成为通用语言，例如，出版发行的《Le Répertoire de la Cuisine》（烹饪指南）一书。这些就如同在意大利术语中的音乐（music，在意大利使用的音乐术语），法语单词是芭蕾（ballet，在法国使用的舞蹈术语）以及在航空交通管制中，英语作为国际语言通用一样。

A

a la	以……方式。例如a l' Anglaise 英国式；a la Francaise法国式；a la Maison 餐厅式（餐厅自制）
a la broche	肉串
abats	内脏，动物和家禽的内部器官，像心、腰子、肝脏等
accompaniment	副菜或配菜，提供给顾客的调味品或调味料，用于增加和改善菜肴的口味
aceto	醋，意大利语，例如，Balsamico意大利香脂醋
achar	印度泡菜
acidity	酸度，表示菜肴和饮料中的酸性程度
advocaat	蛋黄酒，使用白兰地、蛋黄、白糖和香草香精制成的利口酒，来源于荷兰
agneau	羊羔肉，在菜单中表示羊肉
agrodolce	酸甜少司（意大利一种传统少司）
aiguillettes	肉类或者家禽类切割而成的细长条
ail	大蒜
aioli	产自于普罗旺斯的大蒜蛋黄酱。用来配冷的鱼类菜肴和作为沙拉酱使用，像蔬菜沙拉（crudites）
ajo blanco	大蒜杏仁蓉（西班牙）
al dente	将食物煮至有嚼劲和筋道（意大利面条或者蔬菜）
ale	涵盖所有酿造啤酒的通用词，麦芽啤酒
allumette	火柴状的条，将食物切成火柴粗细的条状
amaretti	意式蛋白杏仁饼干，macaroon
amontillado	奥梦提拉度，半干雪利酒，属于强化葡萄酒（或者利口酒）
amuse-bouche	咸味餐前小吃，在开胃菜之前提供
anchoide	用大蒜、银鱼柳和橄榄油制成的普罗旺斯风味酱料

angostura bitters	安格斯特拉苦酒，安格斯特拉苦精，芳香风味苦味剂，用来给饮料添加风味，像红杜松子酒
anguille	鳗鱼
antipasti	不同于意大利面和米饭类菜肴的开胃菜（意大利语）
aperitif	餐前酒，可以使人胃口大开
arborio rice	阿皮罗米，粗圆形的意大利米，用来制作意大利调味饭（risotto）
armagnac	阿马尼亚克酒，产自法国阿马尼亚克地区的高品质白兰地酒
aroma	芳香气味，表示闻到的气味或者香味，通常指葡萄酒
arroser	浇汁
arrosto	烤（意大利语）
arugula	芝麻生菜，带辛辣风味的叶类生菜（意大利语）
aspic	透明而美味的肉冻，用来给大块的冷切肉进行装饰使用
assiette	餐盘
assiette anglaise	肉类的冷拼盘
au bleu	烹调虹鳟鱼的一种方法，当用来表述铁扒牛排时，这个词语表示将牛排烹至三成熟
au four	在烤箱里烤
au gratin	在食物的表面放上面包糠和磨碎的奶酪置于焗炉内焗至金黄色
au jus	原汁，使用汁液或者肉汁烹制
au naturel	未经过烹调或者原汁原味食用
au sec	变干燥
auslese	精选酒，德国酒标术语，表示精选的晚采摘的葡萄，含糖量高，可以制作甜味葡萄酒

B

baba	婆婆蛋糕，将酵母发酵的蛋糕或者餐包浸泡在不同口味的糖浆中以使其滋润，例如朗姆蛋糕
babaganoush	茄子泥，中东风味开胃菜
bacardi	巴卡迪朗姆酒，产自古巴的白朗姆酒专属品牌
back of house	后台工作区域，顾客看不到的工作区域或者供顾客使用的工作区域，像备餐间、布草房、储藏室等
bagel	百吉饼，质地耐嚼的环形面包
baguette	长棍形的法式面包
bain-marie	方形或圆形隔水加热容器，上方的容器里可以缓慢的加热食品或者给食品保温以准备给顾客提供服务
baklava	果仁酥皮饼，土耳其和希腊使用酥皮制成的甜品，表面有坚果仁和蜂蜜

ballotine	去骨之后的肉类、鱼类或家禽等酿馅并做成肉卷
balsamic vinegar	意大利香脂醋，葡萄酒醋，最佳产地是在意大利北方的摩德纳
balthazar	巴尔萨泽杯，容量相当于16个标准尺寸的75厘升的含气葡萄酒
bard（barder）	覆盖，在家禽、野味或者肉类上覆盖或者包裹上切成薄片的培根，以使得食物在烤的过程中不至于变干
baron	双份的西冷牛排或者连腿的羊马鞍肉，例如baron de boeuf roti（烤西冷牛排）
barquette	船形的小馅饼
basil	罗勒、紫苏、调味香草，适合于搭配番茄一起烹调
basmati rice	印度香米，巴斯马蒂米，用于印度烹调中的长粒带芳香味道的大米，例如biryani（印度炒饭）
baste	浇淋，涂抹，在烹调过程中用勺将汁液浇淋到食物上，例如将烤盘内热的油和汁液浇淋到烤肉上
baton	条，将根类蔬菜切成条形
bavarois	巴伐利亚奶油冻——一道由鸡蛋、奶油和明胶制成的奶油冻甜品，冷食
bayleaf	香叶，月桂树叶，可以使用新鲜的或者干的给各种菜肴增添风味，例如在炖菜中使用，也在“bouquet garni”（香草束）中使用
beard（ebarber）	从牡蛎、贻贝等壳类海鲜上除掉鳃
béarnaise	边尼士少司，用于配鱼类和铁扒肉类的热少司，使用鸡蛋黄与黄油和焙浓的酒醋及他力干（龙蒿）的汁液一起搅拌而成
Beaujolais	博若莱红葡萄酒，口味清淡的水果味法国红葡萄酒，产自法国的博若莱地区
beaum	博美比重计，熬糖时用于测量糖的温度
béchamel	贝夏美少司，基础白色少司，使用黄油炒面粉和热牛奶一起制成，可以用来给奶油汤增稠，或者用于其他种类的少司中，例如mornay sauce（奶油蛋黄少司），moutarde（奶油芥末少司）等
beer	啤酒的统称，包括淡味啤酒、麦芽啤酒和黑啤酒等，由大麦麦芽发酵或者其他的谷粮类发酵并加入啤酒花制成的一种含有酒精的饮料
beignets	贝奈特饼，炸水果饼或者面包圈
belacan	巴拉煎，东南亚国家酿造的虾酱
bercy	贝尔西少司，用白葡萄酒制作的配鱼类菜肴的少司
bergamot	橙味香草，原产于美洲，可以给格雷伯爵茶增添独特的香味，也可以用于甜食菜肴的制作中和草药茶中
beurre blanc	黄油白少司，使用白葡萄酒、醋、香葱和黄油制成的口味清淡的少司
beurre fondu	融化黄油，黄油融化之后加入柠檬汁在使用之前加热到金黄色
beurre moitre d’hotel	餐厅主管式黄油，黄油和柠檬汁加上切碎的香芹制成，用来装饰鱼类菜肴和铁扒肉类菜肴
beurre manie	黄油面酱，将黄油和面粉揉捏到一起用来给汤和少司增稠

beurre noisettes	榛色黄油，可以加入一点柠檬汁带走油腻并增加口感
bhaji	蔬菜丸子，蔬菜挂格兰面粉糊炸制而成（印度菜）
bianco	半甜型白/金色味美思酒
bien cuit	全熟，表示铁扒牛排烹调的程度
billfold	钱夹，用来将账单呈送给主人，并带回收据和零钱
bind（lier）	勾芡，用鸡蛋、奶油等将汤和少司增稠。用来搅拌意大利面时，可以与肉末、蔬菜与少司混合在一起
biryani	印度炒饭，长粒大米，使用藏红花增加香味和色泽。在烤箱内烤好之后配肉类（印度菜）
bisque	大虾浓汤，浓稠的海鲜汤，通常加入番茄和干邑白兰地，例如，bisque d' homard（龙虾浓汤）
bistro	小型的非正式餐馆、酒吧或者夜总会
bitters	苦味酒，也叫比特酒，给酒增添风味和不同的酒精度，例如安格斯特拉苦酒、金巴利苦酒、佛南布兰卡酒和安德伯格酒
blanc	白色，在水中加入面粉用来在烹调时保持蔬菜的洁白，例如芹菜
blanch（blanchir）	焯，在开水或者热油中烫过并控干。同时让原材料在色泽不变的情况下部分成熟
blanquette	白汁烩肉，浓稠的白汁烩羊肉、小牛肉、兔肉或者用鸡蛋黄和奶油给鱼肉增稠
blini	小薄饼，小而厚的使用荞麦粉制成的薄饼，用来配鱼子酱（俄罗斯风味）
boeuf	在法国菜单中指牛肉
boeuf stroganoff	俄罗斯式炒牛肉，牛肉条与蘑菇、番茄、洋葱在浓稠的奶油汁中加上干白葡萄酒、柠檬汁和他力干调味制成
boeuf bourguignonne	勃艮第牛肉，红酒炖牛肉，由牛肉加上红葡萄酒、小洋葱和蘑菇、培根炖制而成，摆上心状的面包片
bollilto misto	煮的各种肉类
bolognaise	肉酱少司，由瘦肉末、烧汁、红葡萄酒、洋葱、番茄制成，调味料中还包括了大蒜
bombe	半球形冰淇淋，一种由两种不同口味的冰淇淋混合制成的甜品
bonito	干的金枪鱼小薄片，用在日本料理中制作鱼汤并给“鲣鱼汤”调味
bonne femme	家常式，使用蘑菇装饰鱼类菜肴，或者与洋葱和培根一起用于鸡类菜肴中
bonne-bouche	美味小点心，小的一口酥，通常盛放在小的酥盒中
bordelaise	波尔多少司，用红葡萄酒制成的味道浓郁的褐色少司
borlotti	波罗蒂豆，干的带斑点扁豆，用来制作调味酱和沙拉
bortsch	罗宋汤，浓郁的清汤，在东欧国家流行
bouchees	小的咸味或者甜味酥皮小吃，小个的酥盒
boudin	法语单词，表示英国黑色或者白色的布丁，黑色的包含猪血，白色的是由鸡肉、小牛肉或者猪肉制成

bouillabaisse	马赛鱼汤，地中海风味鱼汤，使用炖焖的方法用马赛港出品的特产海鲜制成
bouillon	肉清汤，未经过澄清的肉汤或者蔬菜汤
bouillon, court	煮鱼的汤，调味料可以是切片的根类蔬菜、胡椒粒、香叶迷迭香和调味品
bouquet	芳香味或气味，例如一瓶增香之后的葡萄酒
bouquet garni	一束捆缚好的香草束，像香芹、百里香、香叶和胡椒粒，用来给炖焖菜肴、砂锅类菜肴炖汤和制作少司时增加风味用
bourbon	波本威士忌，美国威士忌，以发酵的谷物类制成
bourride	蒜味烩鱼，来自于法国普罗旺斯地区
braise	炖、焖，法国菜单/烹饪术语，表示炖、焖肉类
braising pan (bisiere)	炖锅，盖上盖烹制菜肴
brandy	白兰地、蒸馏酒、葡萄酒采用“蒸馏器”法制成的酒
brasserie	法语单词，指贩卖食品和饮料的小餐馆和酒吧
breadcrumb (paner)	面包糠，覆盖住鱼类、肉类、家禽类等，先涂抹上调味面粉，再涂抹蛋液或者黄油之后撒上面包糠
breathe	醒酒，移除软木塞之后让空气与葡萄酒接触，提升酒香
brioche	质地柔软、蓬松的面包卷或者餐包，使用鸡蛋、黄油、面粉和酵母制成
brochette, en	指烧烤肉串，例如羊肉串，源自于土耳其语，通常配烩米饭
brodo	意大利语中指高汤的术语，在汤中、少司中和炖菜中的基础材料
broyer	压碎或者磨细
brunch	早午餐，通常代替早餐和午餐的晚早餐
brunoise	小丁，用来描述将蔬菜、火腿或者鸡肉等切成小丁
bruschetta	烘烤的面包片，涂上油并撒上香草，作为开胃菜服务给顾客
brut	极干，香槟/含气葡萄酒标用语，表示极干型酒
bulgur	未煮熟的碎小麦
busboy/girl	餐馆勤杂工，美式英语表示在餐饮服务区域内从事清洁工作，也用来表示服务员

C

caffeine	咖啡因，一种苦味的白色生物碱，存在于茶、可可和咖啡中，可以用作兴奋剂使用
Cajun	卡真料理，美国/法国料理中，主要原材料使用的是辣椒、洋葱、芹菜和胡椒
calamari	鱿鱼，法国烹饪术语，指软体动物
canapés	小块的面包，通常切成各种形状之后烘烤，或者使用克力架/淡味饼干，在上面摆上各种美味食材，然后作为开胃菜食用
cane spirit	使用甘蔗蒸馏而成的白酒，例如朗姆酒
cannellini beans	意大利白豆，白色的腰豆，质地略微蓬松，主要在意大利烹调中使用

cannelloni	一种使用意大利面制成的大面卷，通常馅料包括奶酪、肉类和蔬菜粒，在面卷上覆盖上一层奶酪少司之后在烤箱内烘烤（意大利菜）
cannoli	西西里风味甜点，馅料是乳清奶酪、巧克力和蜜饯果皮
canteen	在学校、医院或者工厂食堂内开设的餐厅，服务方式是自助式。这个术语还可以用来表示在紧急情况之下设置的临时性或者移动式用餐地方
Cantonese	粤菜，通常在西方化的中餐厅使用的烹调方式，是中餐烹饪中四大菜系之一
carafe	滤酒器，一种玻璃瓶或壶，用来在餐桌上斟酒和倒水，也可以叫作醒酒器
caramel	焦糖，将糖加热至褐色，也称之为"Black Jack（黑杰克）"
caramelise（carameliser）	使成焦糖，在模具中倒入薄薄的一层焦糖，或者在水果上覆盖上一层焦糖，或者蘸上碎的焦糖。也用来表示将糖或者食物加热到褐色，例如将洋葱和胡萝卜加热至褐色
carbonara	白汁意面，用鸡蛋、培根和巴美贤奶酪制成的配意大利面的一种少司
carbonnade	啤酒炖牛肉，用啤酒和褐色少司一起炖的牛肉，使用大蒜调味
carciofo	洋蓟、朝鲜蓟
carpaccio	最初的意思是指薄的生牛肉片，现在也指生的鱼肉片
carpet bag steak	布袋牛柳，牛柳中填入牡蛎，然后封好后铁扒
carre	法语中用来表示肋骨羊排的术语，包括所有的切割好的肋骨羊排
carte du jour	当日菜单
carte,a la	零点菜单，菜单上所有的菜品都是单列，并标出价格，通常在顾客点选之后才烹制并服务给顾客
cassata	卡萨塔冰淇淋，使用不同口味的冰淇淋制成不同的层次，通常是三层，加入蜜饯并用利口酒调味
casserole,a	砂锅菜肴，煲类菜肴，采用砂锅炖制菜肴的烹调方法
casserole,dish	耐高温陶器餐具，圆形或者椭圆形，带盖
Cavo	术语用来表示采用传统方法制成的西班牙起泡葡萄酒
caviar	鱼子酱，由鲟鱼的卵制成，以鲟鱼的种类命名，例如，sevruga（闪光鲟鱼子酱）或beluga（白鲟鱼子酱）
cayenne	红辣椒粉，可以配牡蛎和烟熏三文鱼
celestine	咸味薄饼条，用于装饰清汤
centiliters	厘升，100厘升等于1升
chafing dish	一种煎锅，使用明火用来在餐桌旁烹制食物或者给食物保温
champignons	蘑菇，法语词汇
chantilly	尚蒂尼，加糖和香草香精打发的奶油
chapatti	恰巴提，未经过发酵的面包，原产自印度搭配各种咖喱菜肴
char grill	炭烧，在铁扒炉上烹调食物，热源是煤炭、木炭、电力或者煤气等
charcuterie	冷的熟食和腌制的肉类产品，特别指猪肉制品，例如，肉糕、火腿、香肠和培

	根等
chard	君达菜，类似于菠菜带厚厚的白色筋脉的可食用叶菜
charlotte	夏洛特，各种造型的甜奶冻、奶油冻、慕斯或者水果蓉
charsiu	叉烧肉
chartreuse	查特酒，香草风味，以白兰地为基酒的利口酒
chartreuse，en	野味配卷心菜
chateaubriand	夏多布里昂牛排，大块牛排，双份大小的牛柳，从牛柳的厚端切割而成的牛排
chaudfroid	肉冻，用于冷食的少司，分为褐色胶冻或者白色少司，用来浇淋并装饰冷肉类和鱼类菜肴
cherniser	在模具中铺设、摆放好食物
chermoula	摩洛哥风味腌鱼料
chervil	细叶芹，绿色的叶类香草用来调味使用，特别是在法国烹调中，味道类似于八角
chevre	山羊奶酪
chiffonade	蔬菜细丝，将生菜叶或者蔬菜切成非常细的丝，用于大虾杯中或者作为蔬菜盘使用，例如卷心菜丝
chilli con carne	炖的肉末，通常指牛肉、辣椒和紫花豆一起炖成的菜肴，来自于墨西哥
chilli sauce	辣椒酱，产自于中国的辣少司配中餐食品
chine	牛肉、羊肉、猪肉或者鹿肉的脊骨，两侧带肉
Chinese green tea	中国绿茶，中餐馆中提供的最常见的茶，茶叶未经过发酵，茶水中带有清淡而柔和的味道
Chingkiang	原产自中国的类似于意大利香脂醋的黑米醋
chinois	漏勺，圆锥形过滤器
chioca	山药
chives	细香葱、香草类
choisum	菜心
chop suey	炒杂菜，含有鸡肉或者猪肉、豆芽和其他的蔬菜，配炒饭
chorizo	辣的猪肉和肥肉香肠，原产自西班牙，用大蒜、柿椒粉和柿椒风味
choucroute	泡菜，见sauerkraut（德国泡菜）
choux	泡芙，可以填加甜馅，用来制作手指形泡芙（éclair）和巧克力泡芙（profiteroles）
chow mein	炒面，各种熟肉类和蔬菜类配炒面条
chowder	周达汤，由壳类海鲜制成的奶油浓汤，特别是海蛤和蔬菜，例如海蛤周达汤，又称为奶油海蛤汤
chutney	酸辣酱，印度酱汁的通用词，常见的有甜芒果酱、辣芒果酱，也指辣泡菜和特制的布兰森泡菜。印度酸辣酱可以用于印度烧烤和其他的印度菜肴中，还有一些酸辣酱可以配冷切肉或者奶酪

ciabatta	扁形的意大利白面包，用小麦粉和酵母制成
cilantro	香菜，在美国和加拿大用来指coriander（香菜）
citron	法语中指柠檬
civet	烩野味，通常指烩野兔
clafouti	烤面糊做成的塔，馅料通常使用的是樱桃
claret	指产自于法国的葡萄酒产区波尔多出品的一种传统红葡萄酒
clarified	澄清，从黄油、高汤、汤或胶冻中去除杂质
cloche	餐盖（通常是钟形），顶端有一个把手，用来在将菜肴服务到餐桌之前盖住菜肴并保温
cloud ears	云耳，一种干的蘑菇类，用来做汤、鱼类菜肴和鸡类菜肴使用
clouted（orange）	橙子上点缀着丁香，用来制作加香料的葡萄酒
coat（napper）	覆盖，浇淋，使用少司、胶冻或者奶油将菜肴或甜品完全覆盖住。通过浇淋或者蘸的方式进行
cocotte	小圆形的耐火陶器餐具，用来烹制鸡蛋，例如boeuf en cocotte（砂锅牛肉）。也可以用来表示一个大的椭圆形带盖砂锅，制作炖鸡、炖肉（红烧）等菜肴
Cognac	干邑白兰地，产自法国西南干邑地区的高品质白兰地
compote	烩水果，将水果在糖浆/水果糖浆中煮好，也叫做stewed fruit
concasse	切碎（番茄），在法国烹调中用途非常广泛，例如，可以用来制作少司，炖菜、沙拉、装饰等
conde	康德，奶油水果甜食，用煮水果（煮梨）和奶油米饭制成的冷食甜品
condiment	调味品，在餐桌上提供给顾客用于给菜肴增添口味和风味的调味品。例如，盐和胡椒、辣根少司等
confit	原汁炖，指去骨肉（野味、鸭子、鹅或者猪肉）在原汁中慢火烹制成熟
confiture	法语中指果酱
consommé	清汤，使用牛肉或者鸡肉高汤制成的清汤，可以趁热喝或者制作冷汤，可以加入各种汤料
coque，a la	带壳未煮熟，例如煮鸡蛋
coquilles saint Jacques	鲜贝
coral	某些壳类海鲜的卵和蛋
corbeille	表示“篮子”，通常使用水果和坚果用来作为甜点的盛器
cordial	水果基酒，甜味，不含有酒精的饮料，也用来表示浓缩的水果汁，例如浓缩青柠汁
coriander	有时候也称之为香菜，这种香草味道新鲜类似于橙子的味道，是制作咖喱的重要材料
corkage	开瓶费，开启并服务由顾客带进餐厅的成瓶葡萄酒收取的费用
corked	有木塞味道的，由于损坏的或者发霉的软木塞带来的味道不佳的葡萄酒，或者

	由于不当的储存方式引起的不佳味道
cos lettuce	长叶生菜，有时也叫做罗纹生菜（romaine lettuce），叶细长、脆嫩，但有皱褶，主要用在沙拉制作中和用来装饰菜肴
cotechino	意大利语，熏猪肉香肠，使用瘦肉和猪肥肉、白葡萄酒和香料制成的香肠，通常配豆类趁热食用
coulis	水果和蔬菜蓉，用来装饰和点缀菜品使用
courgette	西葫芦，英国是miniature marrow，在美国叫zucchini，在意大利通常叫做Italian squash
court bouillon	用来煮食物的调味汤，常用来煮鱼，称为煮鱼汤
couscous	古斯古斯，蒸粗麦粉，将粗粒小麦加工成细粒状，原产自北非
couvert	成套餐具，根据顾客人数摆放的餐具，为点选套餐的顾客摆放的餐具，为顾客点选的特别菜式摆放的餐具
couverture	巧克力涂层，糖果上的巧克力，口味可以是甜的或者半甜的，可以用于烘烤、涂抹、用于装饰和制作少司
cover charge	服务费，在顾客账单中加入的额外费用
crème anglaise	英式蛋奶酱，味道浓郁的奶油少司，浓度稠到可以进行浇淋，用于配甜食
crème brulee	焗布里，焦糖布丁，浓稠而幼滑，味道浓郁的蛋奶羹，顶端带一层焦糖
crème fraiche	法式鲜奶油，浓稠的奶油中加入了“培养基”，可以单独食用或者加入各种水果风味
crème patissiere	蛋奶羹或者蛋奶冻，使用面粉或者其他的淀粉类增稠而制成
crepe	可丽饼，带馅薄饼，馅料有甜味和咸味
crevettes	法语词汇，表示虾
croissant	牛角面包，牛角包，可颂面包，新月形的面包，在丹麦面包面团中加入酵母制成
croquettes	油炸丸子，家禽肉馅、野味肉馅、猪肉馅、鱼肉、土豆泥或者蔬菜等均可以加上少司，调味料之后修整成圆柱形（软木塞形状），再沾上面粉、蛋液和面包糠炸至金黄色
corss-— contamination	交叉污染，细菌从一种食品上污染到另外一种食品上、设备上或者工作台面上
crostini	小块的烤面包，以面包片为基座的各种开胃小吃，见“canapés”
croustades	油炸的小圆形塔底，可以加入甜的或者咸的馅料
croute	面包皮或者馅饼皮
croutons	油炸面包丁，烘烤面包丁，炸的面包丁用来装饰菜肴，切成小丁形状的可以用于汤类菜肴和沙拉菜肴的装饰，例如凯撒沙拉；也可以切成其他各种不同的造型用于其他菜肴的装饰，例如，切成心形
crudités	蔬菜沙拉，可以作为开胃菜，由小块的各种蔬菜，像胡萝卜和节瓜等配上各种美味的蘸酱食用

crumb down	在服务两道菜肴之间清理桌布上的碎屑（面包屑）
crustacean	贝类等有壳带肢体的海鲜类，例如，龙虾、螃蟹、大虾、螯虾、海蜇虾等
cuisine minceur	清淡烹饪法，一种法式烹饪方法，采用低卡路里的原材料来代替在法国菜肴中传统的油腻食物
Cumberland sauce	坎伯兰少司，酸甜少司，加入橙汁和柠檬汁以及橙皮和柠檬皮，红醋栗胶冻以及波特酒。用来配冷食的野味类菜肴和熟肉制品

D

dacquoise	蛋白饼，蛋白饼层配打发的奶油或者黄油及新鲜的浆果
daikon	白萝卜，大个的白萝卜，有时候也叫日本白萝卜泡菜通常配鱼一起食用。可以擦成丝用来做装饰
dariole	金属制成的圆柱形的小模具，材料有铜或者铝
darne	鱼肉块，圆形鱼身切成的厚片，包括脊刺
dashi	木鱼汤，日式鱼汤，由木鱼花和昆布及味噌混合制成的味噌汤
doube,en	在烤箱内使用密封的焖锅慢火烹调肉类的一种方法（焖牛肉或者羊肉），以保留肉类的原汁原味
dauphinoise	多非内式土豆，土豆片加上奶油（或者牛奶和奶酪），用豆蔻和大蒜调味之后烤熟
decant	倒出，滤出，将葡萄酒或者其他的酒类缓慢的倒出，通过过滤布或者过滤纸将酒瓶内的沉淀物滤出
deglaze	调制肉汁，通过加热在烤盘内加入的葡萄酒或者高汤以溶解在烤盘中焦化的沉淀物所形成的汁液
degorger	浸泡清洗鱼类或者某些蔬菜以除掉杂质
delice	法语表示修整之后将鱼柳叠放好，例如德利杰龙利鱼柳
demi-glace	提炼而成的褐色高汤（基础烧汁，基础褐色少司）质地幼滑细腻的少司，能够浇淋在食物表面，用来作为制作其他少司、汤类和炖菜的基础材料
demi-tasse	半杯，小杯（意大利浓咖啡杯）
depouiller	剥皮，去除，指去除液体表面的层皮或者浮沫
dessert	餐后甜点，原本是指使用水果篮服务的新鲜的水果和坚果，但现在一般都指菜单中的甜食
dessert wine	餐后甜酒，甜酒的一种类型，例如，苏恩特甜白葡萄酒，马斯喀特葡萄酒，奥斯雷斯酒等通常配甜食一起食用
devilled-a la diable	表示炸或者铁扒的鱼类或肉类菜肴配非常辣的调味料（辣椒面）佐餐和使用辣的调味料腌制并配辣的少司
dhal	扁豆蓉汤，作为咖喱菜肴的配菜
digestif	餐后酒，作为餐后饮品服务的所有含有酒精的酒类，例如，利口酒、白兰地、波特酒等

dim sum	点心，中餐中的各种面食小吃
donburi	盖浇饭，日本料理中顶端有菜肴的一碗米饭
dorer	刷上蛋黄液，在面点或者面包上刷上蛋黄和水的混合液，也可以刷上蛋黄和牛奶的混合液
du jour	法语，字面意思是“当天的”，例如，carte du jour，表示餐厅内的当天菜单，当日菜单
dubarry	杜芭莉式，指使用菜花或含有菜花的食物对菜肴进行装饰
dum	印度料理中表示蒸，特别用于印度肉饭中（pilau rice）
dumb waiter	传菜服务员，表示从服务区域内的服务橱柜上或者从送菜升降机里将食物送至餐厅内或者楼层内的服务员
duxelles	蘑菇馅，切碎的蘑菇和香葱，使用黄油煸炒至软，用于制作菜肴的馅料或者用在少司中或者用来装饰菜肴

E

earthenware	强化瓷器，多用于酒店行业中
elver	幼鳗
embrocher	串在烤肉叉上烧开或者串在烤肉钎上铁扒或者炸
en cocotte	使用圆形的瓷器餐具炖制食物，可以是鸡蛋（焗鸡蛋）或者肉类（炖肉）
en papillote	纸包烤，法语中表示鱼肉或者肉类包裹在油纸中在烤箱里烤熟
endive	苦苣，略带些苦味的蔬菜，用于制作沙拉或者炖菜，在英国叫做chicory，而在法国和美国叫做endive
entrecote	从去骨牛腰肉（西冷牛肉）上切割下来的牛排（contrefilet de boeuf）
entrée	配有少司的肉菜，切成小块的肉类和家禽类，经常作为主菜，例如，带配菜的炸肉排、牛胰腺等
entremets	每天菜单中的甜品菜肴，包括大多数的冷食甜品类和少量热食甜品类
escalopes	去骨拍成薄片的小牛肉、牛肉或者猪肉。小牛肉片的原料使用的是里脊肉（牛柳）或者臀部肉，猪肉来自于猪柳或者去骨之后的猪外脊肉，牛肉来自于去骨之后的西冷牛肉
etuver	使用黄油在带盖的砂锅内慢火炖焖食物的一种烹调方法，例如，炖卷心菜
evian	依云矿泉水，来自法国的矿泉水品牌

F

falafel	由干蚕豆制成的肉饼。煎熟之后配辣酱油佐餐
faraona	意大利语，带有野味的珍珠鸡，令人联想到野鸡。可以烤、炖或者焖
farce	烹饪术语，指美味可口的馅料
fennel	茴香，球状的叶茎可以作为沙拉原料生食或者整个炖焖之后作为蔬菜上桌，也

	可以配奶酪少司。八角味道的茴香叶是鱼类菜肴的传统配菜，茴香植物的茴香籽可以用于鱼类菜肴、咖喱菜肴和苹果派中
fenugreek	葫芦巴，这种植物的种子磨成粉之后可以用来作为香料制作咖喱粉和酸辣酱，主要在印度菜肴中使用
fettuccine	与tagliatelle相类似的薄形带状意大利面，可以是绿色和白色，绿色意大利面的颜色来自于菠菜泥
feuillantine	千层酥，条状的酥皮面团上刷上蛋液之后撒上糖烤熟
feuilletage	千层酥，用作咸味菜肴和甜食菜肴中，例如，vol-au-vent酥盒，小肉馅饼，羊角酥以及其他的菜品
feuillete	三角形的千层酥
feves	蚕豆，通常与奶油少司一起食用
filet mignon	免翁肉排，从羊里脊上切割下来的小羊排，也可以用来表示从整条牛柳最细一端切割下来的小圆形牛排
filo pastry	费罗酥皮，像纸张一样薄和脆的酥皮，用来制作甜品，肉馅饼，水果酥皮等
fine champagne	上等白兰地，最优质的白兰地之一，表示上等品质
fines herbes	杂香草，混合香草，传统的法国杂香草里包括细切的香葱、他力干（龙蒿）、香芹、细叶芹等
flageolet	嫩绿的小腰豆
flambé	火焰菜，在餐桌旁烹制菜肴或者烹制菜肴的最后一道工序并在锅内倒入烈性酒或者利口酒“点燃”菜肴，例如白兰地、朗姆酒等
fleurons	烤好的新月形或者其他各种别致的形状的酥皮，用来装饰各种菜肴，例如肉类菜肴、煮鱼和壳类海鲜菜肴等
float	将不同面值的钱款放置在钱格内以便开始服务
flute	细长玻璃杯，有柄而杯肚细长的玻璃杯，常用来盛放含气葡萄酒，细长的杯肚可以将气体（气泡）保留更长的时间
focaccia	佛夏卡面包，圆形扁平的意大利面包，有各种口味
foie de veau	法语词汇，表示小牛肝，可以配洋葱（里昂式）或者配培根
foie gras	鹅肝，可以切成片或者用来制成鹅肝酱食用
forestiere	使用蘑菇装饰
fortified wine	强化葡萄酒，通过加入酒精增加葡萄酒中的酒精度，通常是白兰地，例如，雪利酒和波特酒，在欧盟叫做利口酒
four,au	在烤箱中烘烤
frappe	冷藏，例如melon frappe（冰镇西瓜）或者冰镇薄荷酒
French dressing	法国少司，法国汁，使用油和葡萄酒醋或者柠檬汁以及调味料调制而成的冷少司，也可以加入芥末和香草，通常用来搅拌沙拉用
friandises	餐后的各种花色小甜点，另一个名字是petit four，在用餐结束之后与咖啡一起

	提供给顾客，见petit four和sweetmeats
fricassee	白汁炖家禽、猪肉、小牛肉或者兔肉，在炖菜时使用浓汁
frittata	菜肉馅煎蛋饼，平的，没有折叠的蛋卷
froid	冷的，表示所有的食品是冷食的或者酒类经过了冰镇
fromages, assortis	法语词汇，表示各种奶酪
frost	挂霜，通过在玻璃杯口边缘蘸上柠檬汁然后粘上白糖或者彩色糖对鸡尾酒进行装饰，适用于某些鸡尾酒的装饰
fruits de mer	大海里的果实。法语词汇表示各种海产品
fume	在菜单上表示烟熏，例如，truite fume（烟熏鳟鱼）
fumet	原汁，鱼类、猪肉类、野味类或者家禽类的高汤，制作少司、炖菜汤菜等的基础汤
funghi	意大利语表示野生蘑菇，最有名的是牛肝菌，是一种在欧洲广泛食用的高品质蘑菇
fusil	磨刀棒

G

gailan	芥蓝
galangal	高良姜、山柰，姜科属根类香料，多用于泰国烹调中，略带有樟脑的味道。有根状或者粉状出售，常在远东的咖喱菜肴中以及马来西亚菜肴中使用
galantine	冻肉卷，冻肉冷盘，家禽或肉类，去骨的、酿馅的、在浓汤中炖熟的都可以浇淋上一层肉冻（结力）之后进行装饰
galette	圆形的甜味或者咸味的糕饼或者饼干
ganache	甘纳许（巧克力酱），蛋糕的馅料或者顶料（顶部装饰料），由巧克力和打发的奶油制成，还可以用来制作裱花装饰或者制作各种装饰造型
garnish	装饰品，任何用来装饰、补充或者完成一份菜肴的原材料，许多菜肴可以由它们的装饰材料而得名，例如，Chicken Maryland（马里兰鸡扒）（油煎玉米饼、炒香蕉、铁扒培根卷和番茄），所配辣根少司单独上桌
gastrique	焦糖和醋混合用来给少司增添风味
gateau	蛋糕，也称为架都，通常指味道浓郁的海绵蛋糕，有层出不穷的装饰和各种各样的风味，例如，Gateau Moka（摩卡咖啡蛋糕），某些蛋糕没有用海绵蛋糕作为基底，例如，Gateau Macmahon（麦克马洪蛋糕使用的是酥饼基底）或者Gateau St Honore（圣奥诺奥蛋糕使用的是酥皮和泡芙馅料）
gazpacho	西班牙番茄冻汤，由番茄、黄瓜、洋葱、红柿椒和大蒜制成的冷汤，有时候也可以使用油炸面包丁装饰
gelato	意大利软冰淇淋，有各种不同的口味
genoise	清蛋糕，非常浓郁而轻柔的海绵蛋糕，由等量的鸡蛋、白糖和蛋糕粉，加上少

	量的黄油制作而成
gentlemen's relish	鱼酱、黄油、香草和香料的注册商标品牌。主要用来涂抹在食物上使用，通常用来制作开胃小吃
ghee	印度语，表示澄清黄油，移除沉淀物质之后是留下的黄色的液体状黄油
gibier	野味，例如，野鸡、鹧鸪、松鸡等
ginger	姜，辛辣的根茎类香料，有多种使用方式，姜粉很常用，但是腌制整姜也很常见，姜粉可以配瓜果类，腌姜则可以在寿司中使用
glace	法语中表示冰淇淋的词汇
glaze（glacer）	在蛋糕或者甜品的表层撒上糖粉，在焗炉里将表层焗上色；将切成各种形状的蔬菜在黄油中炖熟，直到黄油能够挂在蔬菜表面呈琉璃的光泽；通过不断的浇淋肉汁让烤肉带上油亮的光泽；通过在冷菜、糕点和甜食行浇淋上一层快要凝固的胶冻或者结力形成晶亮的外观
gluhwein	辛辣的热葡萄酒，主要原料是红葡萄酒、白糖、柠檬、橙子、豆蔻、桂皮和香草棒
gluten	谷蛋白，面筋，谷物中的蛋白质成分，主要存在于小麦中，可以代替面粉
gnocchi	用面粉或者土豆做成的团子，粉类（意大利面）菜肴，由含有淀粉类的面粉、粗面粉、土豆或者玉米粉等支撑，原产自意大利
gomme syrup	橡胶糖浆，用于调配某些鸡尾酒作为增香材料的白色糖浆，例如，酸威士忌
gosht	印度语中表示肉的词汇
gougere	填充有美味馅料的环形泡芙，填充材料通常是奶酪
goujons	手指鱼，法语单词表示细条鱼柳，例如 goujons de sole（龙利鱼柳条），制作方法是，将鱼条蘸均匀调味面粉，沾上蛋液和面包糠（法语是pane），然后炸至金黄色
goulache	砂锅炖肉，肉可以是牛肉、小牛肉、羊羔肉、猪肉或者绵羊肉再加上洋葱，加入柿椒粉和番茄调味
grana	碎的奶酪
gratin au	在菜肴上撒上磨碎的奶酪，奶酪也可以与面包糠和一点黄油混合，然后在焗炉里或者烤箱里将表面焗上色。也可以指简单的将甜食或者咸味食物在焗炉里焗上色
gravadlax/gravlax	腌渍三文鱼，用糖、盐、胡椒和鼠尾草腌渍的生三文鱼
gremolata	混合了柠檬皮、香芹、大蒜、番茄碎并调好口味用来装饰烩牛膝（ossa buco）的调味品
griottines	酒渍樱桃，莫利洛黑樱桃，通常使用酒腌渍
grissini	细长而香脆的面包棒，可以代替面包（在意大利）
gross sel	粗盐或者岩盐，这是一种比食盐更少的一种精盐。在煮牛肉时提供给顾客使用，也广泛使用在研磨瓶中（盐瓶）

guacamole	鳄梨酱，香辣的鳄梨少司，由番茄、洋葱、青辣椒、香菜叶、柠檬汁和奶油加入到现做的鳄梨泥中制成
gueridon	在顾客餐桌旁服务或者制备并现场烹调的餐车或者服务餐桌
gumbo	香辣烩海鲜和蔬菜，材料中包括秋葵（起到增稠剂的作用）。在美国这个词汇表示任何含有秋葵作为原材料的菜肴
gurnard	鲂鱼，小圆形的淡水鱼，也称之为“鲂鮄”，例如，红色鲂鱼和银色鲂鱼可以用来炖或者烤

H

HACCP	危害分析与关键控制点，全称是Hazard Analysis Critical Control Point，食品安全自我检测系统
hocher	法语词汇意思是将肉切碎或剁细，像制作烩牛肉一样，例如，hachis de boeuf（牛肉末）
haggis	传统的苏格兰菜肴，使用燕麦片、切碎的牛或者羊的内脏，调味之后酿入到动物的胃里煮熟
halal	清真
haldi	印度语中表示黄姜的词汇，见turmeric
halloumi	哈罗米奶酪，由山羊奶制成的奶酪
hang	悬挂、排酸，将现宰杀的肉类或者野味类置于一个凉爽处并与空气接触，过一段时间，直到肉类品质变得更加鲜嫩，口味得到改善
harissa	中等辣度的红辣椒酱，使用蒜瓣、香草、小茴香、葛缕子籽和干薄荷调味，在北美菜肴couscous（蒸粗麦粉）中使用，也在摩洛哥烹调中使用
harusame	透明的米线
hash browns	土豆煎饼，来自于美国的菜肴，使用土豆泥和洋葱，加入鸡蛋，整成形之后煎熟
haute cuisine	高级烹饪术，法语词汇，表示最高等级的烹饪和服务
hawthorn strainer	滤冰器，鸡尾酒吧内必不可少的工具，用来在制作鸡尾酒时，与调酒器和调酒杯结合使用
hock	英语名称，表示德国莱茵河畔葡萄酒庄内所生产的葡萄酒
hoisin	海鲜酱，由大豆、面粉、醋、大蒜、芝麻、盐和胡椒粉制作的酱汁
Hollandaise	荷兰少司，用蛋黄和黄油为基础制成的少司。荷兰沙司或者由荷兰少司派生的其他少司可以作为铁扒牛排所配少司，例如sauce béarnaise（边尼士少司）
Hollands	荷兰出品的杜松子酒，使用大麦麦芽和黑麦在罐式蒸馏器内采用重蒸馏的方式制成的杜松子酒，通常装在石瓶内出售
homard	龙虾
homardine	白葡萄酒少司，最后加入龙虾黄油并用龙虾肉切成的丁装饰

hors d'oeuvr	开胃菜或者头盘，可以是热的或者冷的
horseradish sauce	辣根少司，由辣根（山葵）制成。通常需要加入奶油。是配烤牛肉和马里兰鸡扒的传统少司，不加奶油时，还可以用来配冷食的烟熏鱼类菜肴
house wine	招牌葡萄酒，饭店特选葡萄酒。由酒店推荐的以可以接受的平均口感并以适中价格出售的红酒、白酒或者玫瑰酒

I

Indian pickles	印度泡菜，不甜的辣泡菜，以青柠、芒果、茄子等为原材料制成，作为印度菜肴（或者其他菜肴）的配菜
infuse	浸泡，浸泡原材料，例如，浸泡香草、泡茶，使得液体中充满风味
insalata	表示沙拉，原材料本身可以作为一道菜肴，或者作为装饰材料用来装饰其他菜肴
irish coffee	爱尔兰咖啡、甜酒咖啡，使用爱尔兰威士忌、白糖制成，上面漂浮着甜奶油

J

jaggery	粗糖，棕榈糖，未经过提炼的糖
jalousie	烤馅饼的表面上摆上用馅饼面做成的条，形成格子的形状
jambonette	火腿和像猪肉香肠样式的菜肴
jambonneau	指家禽类的小腿
jardinière	将绿叶蔬菜切成火柴形状的条，用来做菜肴的装饰或者作为蔬菜盘
jasmine tea	茉莉花茶，中国产的绿茶带有茉莉花的香味
jeroboam	大瓶装香槟酒，相当于四个标准尺寸（75厘升）瓶的容量
joue	牛脸或者猪脸
jugged hare	罐焖兔肉，传统的兔肉菜肴，由经过红葡萄酒腌制的兔肉在砂锅中加入一点红葡萄酒炖焖，也可以加入蔬菜和调味品，还可以加入兔血以增添风味并使得汁液变得浓稠
julienne	丝，食物，特别是蔬菜，切成均匀的细丝
jus	原汁，例如，水果汁或者从烤肉上滴落的汁液
jus lie	浓的肉汁

K

kasundi	热的印度泡菜，主要原料是切碎的芒果。配印度开胃菜肴使用
kebab	肉串，土耳其语，相当于法语中的“en brochette”意思是串烧，烤肉串
kedgeree	鸡蛋葱豆饭，由米饭制作的开胃菜，加有煮鸡蛋、烟熏鱼（通常是烟熏鳕鱼）可以用黄姜粉或者藏红花调味
ketjap manis	印度尼西亚语，带甜味的酱油，可以代替盐使用

khao niao	泰国产糯米，煮熟之后变甜和黏，主要用于制作甜品和制作烤的菜肴
khoresh	水果和坚果炖肉
khoshaf	浸泡的果脯制作的沙拉，包括杏脯、葡萄干和杏仁等
kilojoule（kj）	千焦耳，食品中衡量“能量”的指标
knead（fraiser）	揉和，在案板上或者大理石板上揉面
kohlrabi	甘蓝，带萝卜/卷心菜味道的蔬菜，有紫色和绿色两种，可食用的茎干带有萝卜的味道，可以在煮熟或者擦碎之后制作沙拉使用
konafa	土耳其面食，类似于麦丝卷
korma	使用浓郁的椰奶少司制作的香辣柔和的砂锅炖肉，起源于印度北部地区
kosher	犹太洁食，按照犹太饮食教规宰杀、制作并服务的肉类制品
kulebyaka	俄罗斯三文鱼米饭馅饼
kulfi	印度冰淇淋，使用浓缩的牛奶制成
kway teow	马来西亚宽面条

L

lady's fingers	秋葵，源自于非洲，表示秋葵（okar或gumbo）。用来给汤增稠和炖菜，也可以作为蔬菜食用
lager	拉格啤酒，底层发酵啤酒
laifen	中国产的管状面条
lait, au	表示“配牛奶”，例如，café au lait（欧蕾咖啡，牛奶咖啡）
laksa	叻沙，辣味米粉汤，马来西亚海鲜米粉汤
langouste	表示小龙虾，大小与龙虾相近但是没有螯
langoustine	海螯虾，被列为甲壳类，见scampi
lard（larder-piquer）	通过针管将肥肉条酿嵌到肉块中，通过肉针在肉块的表层酿嵌肥肉条
lardon	肥肉片，可以使用培根片或者肥肉片，用来在烹调生肉的过程中增加风味，也可以用来作为沙拉和蔬菜类菜肴的装饰材料
lasagne	宽叶面，大片的带状意大利面，由全麦面粉制成，也可以加入菠菜汁制成绿色宽叶面（lasagne verdi）
legume	豆类，带豆荚的豆类蔬菜，例如豌豆、蚕豆、荷兰豆和扁豆等
lentil	扁豆，豆类的一种，富含蛋白质，是制作豆汤的基本材料，也可以制作成扁豆浓汤
levin	使用活性干酵母和面粉发酵而成的面团
linguini	意大利扁面条，意大利面条切成细长的扁平状
liqueur	利口酒，带甜味和香味的烈性酒，有时候也称为餐后酒
loin	腰肉，大块的肉，包括羊肉、猪肉或者小牛肉，根据烹调的需要可以是剔骨的、调好味的、酿馅做成卷捆绑好的。是制作烤肉的最佳原料

lumpfish roe　圆鳍鱼的卵，通常被当作鱼子酱（这是不正确的），有橙色和黑色两种颜色，产自冰岛的较为常见

lyonnaise sauce　里昂少司，在黄油中炒洋葱碎，然后加入酒醋和烧汁制成

lyonnaise a la　里昂式，表示一种装饰，或者是洋葱少司，例如，Pomme Lyonnaise（里昂式洋葱炒土豆）、Foie De Veau Saute，Sauce Lyonnaise（炒小牛肝配里昂少司）

M

macaroon　蛋白杏仁饼，耐嚼的杏仁饼干，由白砂糖、鸡蛋清和杏仁粉制成，也可以加入椰子肉

macchiato　黑糖玛奇朵，特浓意大利浓缩咖啡，配上少许冷牛奶

mace　肉豆蔻的外皮

macedoine　蔬菜和水果均匀切割而成的小丁，例如，macedoine de legumes

macerate　主要指浸泡，浸渍、浸透或者是腌渍

magret　野鸭的去骨胸脯肉

maître d'hotel butter　主管黄油，包含着香芹和柠檬汁的香草黄油，配铁扒肉类使用

malt　麦芽，谷粮类，最好品质的是大麦，浸泡在水中促进其生长，然后在热空气中烘干，在烘干的过程中通过热空气干燥的时间和强度（烘烤）的不同会产生不同颜色的麦芽，从浅色麦芽到深色麦芽不等。麦芽烘烤的程度决定了所生产出啤酒的类型。例如，浅色麦芽制作出淡色爱尔啤酒（pale ale）

mancha　绿茶粉

mandolin　手动蔬菜切片机

mange tout　荷兰豆，扁平的绿豌豆，掐去头尾之后经过烹调可以整根食用

mantecato　将黄油和巴美贤奶酪搅拌进意大利调味饭中的过程

marbling　大理石花纹，脂肪沉淀在肌肉组织中所形成的花纹

marinade　腌制，调味液体，用来对生的鱼类、家禽肉和野味等增添风味并使其软化

marinate　浸泡，将鱼类、肉类、家禽类和野味类在调味液体中浸泡一会，使其风味得到改善并变得更加鲜嫩

marjoram　马玉兰、牛膝草，多年生草本植物香草，带有非常清淡的味道，与阿里根奴（牛至）非常相似，在许多法国菜和意大利菜中使用，特别是以番茄为基底的少司中

marmite，petite　牛肉和鸡肉风味的清汤（consomme），有时候也指盛放汤类的容器

marron　可以生食、烤、煮或者糖炒栗子之后加上糖浆使其油亮，例如，marron glace（香草汤汁栗子）

marsala　马沙拉白葡萄酒，西西里岛出品的强化葡萄酒（或者利口酒），归类于餐后甜酒，主要用于烹调中

martini　马提尼，苦艾酒（味美思）的品牌，这是强化过的芳香葡萄酒，有红酒、白酒

	和玫瑰酒之分以及干和甜（bianco）之分
masalas	芳香剂和香料混合，原产于印度的葡萄酒，也被称之为masala。口感有柔和型也有浓郁型。其中混合的材料包括有胡椒、姜、黄姜粉、香菜、小茴香、丁香和辣椒，例如，garam masala（综合香料粉）
matelote	炖鱼，法式加红葡萄酒或者白葡萄酒炖的淡水鱼
mayonnaise	蛋黄酱，马乃司，沙拉酱，由鸡蛋黄和油脂制成，添加的调味料有醋、香草和盐、胡椒粉。可以配冷的煮鱼及沙拉类菜肴，也可以为作为制作其他少司的基础少司，例如，tartare sauce（鞑靼少司）
meat glaze（glaze de viande）	将带骨髓之类的骨头汤煮浓，煮到呈胶状浓度时，用来给烹调好的肉类增加色泽和亮度，以改善肉类的外观和风味
medaillon	小圆形的切割肉排，也可以叫做“rosette”，可以从去骨之后的肉类上切割、卷紧之后捆缚好的羊排上切割，通常可以用来制作炒的菜肴
melba toast	非常薄的呈卷曲状的烤面包片，可以将烤好的面包片分开，去掉四边之后将没有烘烤的那一面再烤上色，或者使用切的极薄的面包片直接烘烤好
membrillo	甜榅桲酱
mesquite	豆科灌木，产自美国，树木用来做烧烤使用
methode champenoise	法国香槟的制作过程
meuniere	文也，烹调用语，表示煎，例如，filet de plié meuniere（文也鱼柳）
mignonette	胡椒碎
mile-feuille gateau	酥皮糕、千层酥,加入果酱和打发的奶油之后，再用封登糖在表面进行装饰的糕点
millet	小米
mineral mater	矿泉水，水中包含有各种有益于健康的矿物质。可以是纯净水或者苏打水
minestrone	意大利蔬菜汤，牛肉汤或者蔬菜汤中包含各种蔬菜、面条和香草
minute steak	薄牛排，薄而鲜嫩的牛排，通常从牛腰肉上切割（sirloin），有时候也称之为entrecote minutes（带骨薄牛排），可以煎或者铁扒，但烹调至成熟的过程会非常快速（仅仅一分钟），牛排的四边成熟，但中间位置不要过度的加热烹调
mirepoix	杂菜，调味蔬菜，用于装饰的各种蔬菜丁，洋葱、胡萝卜、芹菜和培根等，以及各种香草，用来给高汤、汤菜、少司和炖菜增加风味
mirin	味淋，日本甜味米酒，用于日本火锅料理和日本少司中
mise en place	法语词汇，表示“准备到位”，表示做好开餐之前的准备工作，包括要完成的餐厅内或者厨房内所有的准备工作
miso	味噌，日本豆面酱，发酵过的咸味黄豆酱，呈红色或者黄色，可以增强许多菜肴的口感
mitsuba	日本绿叶香草
mizuna	日本芜菁，带胡椒味道的生食叶菜

mocha	摩卡咖啡，阿拉比卡咖啡豆，可以制作味道浓郁的咖啡。原产自也门古老的摩卡港
moelle	牛骨髓
monte	通过混合黄油、鸡蛋黄、奶油来给菜肴增加风味
morilles	美味的食用菌，有时候叫做松蘑，在春季和初夏时节采摘
mornay	摩尼少司，奶油蛋黄少司，通常由牛奶制成，加入点芥末可以改善风味，例如，choufleur mornay（菜花摩尼少司）
mortadella	莫泰泰拉香肠，经过烟熏的意大利粗香肠，原料可以是猪肉/大蒜及调味品
moselle	摩泽尔白葡萄酒，德国摩泽尔河两岸葡萄庄园出品的清新口味的白葡萄酒
moule	法语词汇，表示青口贝（贻贝）在蒸熟开口之后，以半壳供应，归于软体海鲜类，最著名的菜肴是传统的moules mariniere（白葡萄酒煮青口贝）
moussaka	木沙卡，希腊菜肴，由羊肉末、茄子、番茄、洋葱、大蒜经过调味之后浇上奶酪少司烤熟的菜肴
mousse	慕斯，柔软而蓬松混合体，通常都是甜味并冷食。例如，mousse aux frais（草莓慕斯）
mousseline	木斯林，经过过滤之后非常细腻的鱼肉或肉蓉，与奶油少司混合均匀而制成的少司，木斯林少司归类于荷兰少司，加入了打发的奶油，配煮鱼类菜肴或者蔬菜
muddle	调制鸡尾酒所用词汇，表示将几种材料在调酒杯中使用平头的调酒棒（勺）一起搅碎，例如，薄荷和白糖一起搅碎
mulled wine	加香料的热葡萄酒，慢慢的加热红葡萄酒，加入糖、柠檬和香料做成含有酒精趁热喝的饮料
murgh	表示鸡的印度语
muselet	铁丝封口，用来固定含气酒酒瓶软木塞瓶口安全防护的装置
mushimono	蒸物，日本料理中表示蒸的词汇
mustard	（英式）英国芥末，通常是辣的，可以使用芥末粉制成或者使用瓶装芥末。可以配烤牛肉、煮牛肉、铁扒类菜肴、冷切肉类和肝酱类菜肴，还可以用来作为制作沙拉汁的材料，例如，调味油醋少司（vinaigrette）
mustard	（其他种类）芥末，种类很多，包括法国芥末，au poivre（胡椒芥末）、bordeaux（波尔多芥末）、meaux（缪克斯芥末）、dijon（大藏芥末）、douce（甜味芥末）、德国芥末等，用来配冷切肉、铁扒类菜肴和制作少司

N

naan	囊，扁圆形，松脆而略微膨胀的面包，可以用来配咖喱菜肴
nage, a la	在调味汁中烹调
nam pla	泰国鱼露
nam prik	泰国辣酱

nantua	龙虾少司
nappe	使用少司或者凝胶遮盖或者完全将食物覆盖住，例如，在自助餐台上的冷菜上使用胶冻装饰菜肴
naturel, au	自然状态下，例如，清煮，不加入任何调味料或者装饰物
navarin	蔬菜土豆炖羊肉
neat	涉及酒类的术语，意思是未经过稀释的酒类，例如neat rum（未经稀释的朗姆酒）
nicoise	尼斯沙拉，尼古斯沙拉，金枪鱼沙拉，吞拿鱼沙拉，法式沙拉，传统的原材料包括芸豆、番茄、土豆、金枪鱼、银鱼柳、橄榄和大蒜
nimono	日本料理术语，表示慢火炖
nip	微量，公认的计量单位，通常用于高度酒的计量，例如nip of whisky（25毫升或者50毫升威士忌）
noisettes	从肋骨上切割下来的小块肉，通常指羊肉
nori	紫菜，海苔，用来制作寿司、日本醋饭
nose	嗅觉，当品尝葡萄酒时，酒中的芳香和酒香的结合
nouvelle cuisine	法式烹调的一种形式，以更清淡的菜肴代替传统方式烹调中那些油腻的菜肴

O

oeuf en cocotte	焗鸡蛋，将鸡蛋放入到蛋盅中在烤箱里隔水焗熟
oeuf mollet	未煮熟并去壳的鸡蛋，煮的时间约为5分钟
offal	内脏，动物的器官，例如，心、肝、脑、腰、舌、肚和胰腺
olive oli	橄榄油，由橄榄压榨而成，不含有胆固醇，用于调制少司和烹调使用
olives	橄榄，有黑橄榄或者青橄榄，果实浸泡在盐水中保存，作为开胃食品使用，也可以用来作为菜肴和饮料的装饰
on-the-rocks	浇淋到一定量的冰块上，例如苏格兰威士忌加冰块
oregano	阿里根奴，牛至，多年生的调味香草，类似于牛膝草，可以用来调配油醋少司，也可以在法国菜、意大利菜、希腊菜肴以及番茄沙司中使用
osso buco	烩牛膝，使用干白葡萄酒、番茄和蔬菜，加上大蒜、香芹末、紫苏和百里香炖的小牛膝，一般要配米饭一起食用
ouzo	茴香酒，希腊产的茴香味烈性酒，与pernod（法国绿茴香酒）有些类似，名称来自于pastis（茴香或甘草风味的烈性酒）
oyster	牡蛎，蚝，壳类海鲜，通常生食，最佳品质的牡蛎产自于克尔切斯特以及惠茨特布尔（对于英国人来说），可以热食或者冷食
oyster cruet	牡蛎调味盅，配牡蛎一起上桌的一组调味品，包括辣椒面、胡椒磨、辣椒汁和醋泡辣椒
oyster sauce	蚝油，用于给许多菜肴增添风味

P

paella	西班牙海鲜烩饭，使用藏红花增添风味和色泽的米饭类菜肴，有鸡肉、海鲜、各种蔬菜包括豌豆、红柿椒、蒜味香肠、蒜末以及盐和胡椒，还要加入鸡汤
pak chol	白菜，这种植物无法形成“菜心”，与菠菜有些类似。可以在沙拉中生食，也可以用来炒米饭
pakora	印度语，表示炸蔬菜
panada	面糊，用来混合肉馅使用，由面粉、牛奶或者水、鸡蛋、黄油制成
pancetta	意大利培根
panee	挂糊，指挂面粉，鸡蛋和面包糠糊纸盒煎或者炸的方法
paneer	印度奶酪，印度奶豆腐
panna cotta	意式奶油布丁，味道浓郁的意大利奶油甜品，与巴伐利亚奶油冻类似，使用的原材料与萨芭雍（sabayon）相似
papillote	纸包食品，以便在烹调加热的过程中，能够保持肉类或鱼类的香气及风味
pappardelle	边缘有皱褶的意大利鸡蛋宽面
paprika	红粉，红柿椒粉，西班牙柿椒粉，给食品增添风味和深红的色泽，例如，Hungarian Goulash（匈牙利红粉烩牛肉）。可以用来装饰菜肴以及海鲜杯中使用
parboil	氽烫，在煮开的液体中加热食物
parfait	巴菲，冻糕，由白糖、鸡蛋黄和高脂奶油等制成的味道浓郁的冰淇淋
parma ham	帕尔马火腿，口味柔和，熏制而成的意大利火腿，可以作为沙拉食用，或者作为头盘，例如melon and parma ham（帕尔马火腿配蜜瓜）
parmesan	巴美贤奶酪，巴马奶酪，帕玛森奶酪，原产自意大利的非常硬和干的奶酪品种，用于意大利烹调中，可以擦碎或者擦成丝，配意大利蔬菜汤和意大利面一类的菜肴
passato	制成泥之后过滤
pasta	意大利面，使用硬质小麦面粉和成的面团制成的各种形状的干面条，例如，通心粉、细实心面、粉丝面、宽叶面和云吞面等
pastille	鸽子派，传统的摩洛哥菜肴，使用鸡蛋、柠檬和洋葱少司制成，在面皮中加入了杏仁以增加甜度，然后在顶层撒上桂皮粉和糖烤制而成
pastis	茴香酒，甘草酒，茴香或者甘草风味的酒精饮料，例如ouzo（希腊茴香酒）和pernod（法国绿茴香酒）
pate de foie gras	鹅肝酱，由搅成细泥的肥鹅肝制成，可以使用黑菌（松露）点缀或者装饰，见foie gras条目
pate maison	自制鹅肝酱，酒店根据大厨的配方制作的各具特色的鹅肝酱
paupiettes	肉卷，薄的肉片或者鱼片，放入肉馅然后卷起，煎过之后在烤箱里炖熟，通常

	材料有牛肉、小牛肉或者龙利鱼，例如，paupiettes de boeuf braises（炖牛肉卷）
pave	牛腿排的名称，比传统的牛腿排（rump steak）筋腱要少些
pavlova	奶油蛋白甜饼，蛋白霜蛋糕（马令）填入打发的奶油，顶端摆上水果，也可以洒上果酱，例如，覆盆子酱
paysanne	小片，将蔬菜切成非常薄的小片，大小相当于一个便士，用来作为菜肴的装饰，例如，consomme paysanne（蔬菜清汤）
peach melba	蜜桃梅尔巴，蜜桃冰淇淋，蜜桃和香草冰淇淋加上覆盆子酱，用打发的奶油装饰
pecorino	佩科里诺奶酪，羊奶奶酪
peperonata	炖青椒和蔬菜（意大利菜）
peppercorns	胡椒粒，青胡椒粒通常是使用盐水浸泡至柔软，可以在许多菜肴中使用。白胡椒粒和黑胡椒粒在许多菜肴中也可以使用，黑胡椒粒通常放在胡椒磨内摆放在餐桌上供顾客使用，有时候也可以与白胡椒粒混合在一起使用
pepperoni	意大利香辣肠，意大利干香肠，使用粗切的猪肉和牛肉和多量的红辣椒面及其他香料制成，常用于比萨中
persillade	一种调味酱，用香芹末和蒜末制成
petit four	餐后小甜点，各种各样的小的、精致的、烘烤的蛋糕或者饼干，但现在也指各种水果蘸上巧克力和糖浆或者其他的糖果，诸如使用杏仁蛋白软糖、冰淇淋、酿枣和水果、酥饼等制成的甜点，与咖啡一起提供给顾客，有时候也称之为friandises（花式小甜点）
piatto	盘子或者餐碟（意大利语）
piccalilli	辣泡菜，香辣少司腌制的泡菜（主要指黄姜粉和糖），配冷切肉、农夫午餐、清淡的小吃等，在自助餐中也常常用到辣泡菜
piccata	意大利语，表示挂糊之后大片的肉
pieds de mouton	绵羊蹄
pilaf	皮拉夫，在烤箱内焖煮而成的米饭，用大虾、鸡肝、火腿、蘑菇或者鸡肉进行装饰。现在将皮拉夫都翻译成烩米饭
pilau	印度皮拉夫，指包括鸡肉、羊肉或者山羊肉或者这些肉类混合在一起并进行调味之后焖煮的米饭
pimento	大个的红柿椒
pimenton	西班牙香料，与红粉类似，由西班牙柿椒制成，新鲜的柿椒，最有名的使用方法是将红柿椒酿馅在西班牙青橄榄中
pipe	挤出，将柔软的材料或者面团通过带一个带平嘴或者花式嘴的裱花袋挤出。在酒吧术语中，是指容量为523升（115加仑）的波特酒桶
piquant	辛辣的，表示辣的、刺激的、开胃的等味道，少司或者菜肴中略带的苦味，例如，sauce piquante（皮肯特少司，混合了香葱、水瓜柳、酸黄瓜、酒醋和香

	草及烧汁制成的少司）
piquer	食物中酿嵌有肥肉、大蒜、松露、丁香等
piri-piri	葡萄牙辣酱，原产自非洲。配鸡、虾和螯虾类菜肴
pirozhki	美味可口的小点心
pitta	皮塔饼，原产自希腊的面包，也被称之为“袋式面包”，因为皮塔饼可以从中间拆开并酿馅，皮塔饼是双层的面包，形状为扁圆形或者椭圆形
plancha, a la	将食物在扒炉上铁扒
poach（pocher）	煮，烫，在容器中将食物慢慢加热直到成熟，或者在水中煮食物，水的温度在沸点以下，例如oeuf poche（煮牛肉）
poeler	加入黄油，盖上盖炖的菜肴，添加小许汤汁和切成丁的根类蔬菜，有时候也称之为pot roast（原锅焖烤，罐焖），只适用于质量好的肉类和家禽类
point, a	表示铁扒牛排至半熟程度
polenta	玉米糕，使用印度玉米磨成的粉，不但可以做成粥喝，还可以用来配鱼类和肉类菜肴一起食用
pomme de terre	土豆
pont-neuf	挤入杏仁奶油酱和杏仁蛋白的千层酥皮，pommes pont neuf 是指将土豆切成大粗条之后炸制而成的土豆条
poppadum	非常细腻、薄而脆的华夫饼状的小甜饼，使用扁豆粉炸或者铁扒而成，配咖喱类菜肴
pot roast	罐焖，原锅焖烤大块肉放在锅里或者砂锅里加上蔬菜和高汤，盖上盖之后放在烤箱里烤制而成
pot still	传统的蒸馏方式，用来蒸馏干邑白兰地、阿马尼亚克白兰地、深色朗姆酒、龙舌兰酒、卡巴度斯苹果酒和麦芽威士忌酒等，烈性酒是按批次蒸馏的
pot-au-feu	法国菜肴，使用肉类和蔬菜在高汤中烹调成熟，先喝此菜中的肉汤，然后将烹调好的肉和蔬菜作为主菜食用
poulet	法式烹调中表示鸡的词汇，例如，Poulet roti a' laAnglaise(英式烤鸡)
poussin	童子鸡，春鸡，重量在450～900克（1～2磅），可以用来烤、铁扒、炒。通常一只童子鸡为一份菜肴
praline	果仁糖，使用杏仁，有时候也加入榛子，加糖炒成焦糖状时拌合在一起，使用时压碎加入到各种甜品中
preserves	果酱，在早餐或者下午茶时所提供的各种果酱，例如草莓果酱、覆盆子果酱、樱桃果酱、李子果酱、橙味果酱等
profiterole	空心泡芙饼，冷食甜品，由小的泡芙填入打发的奶油并浇淋上巧克力而制成，也可以覆盖上封登糖
prosciutto	意大利烟熏火腿，意大利帕尔马火腿，切成薄片之后可以生食的美味腌渍火腿，参见parama ham

prosecco	现在这个词汇用来表示意大利含气葡萄酒
provencal	由番茄、洋葱和大蒜在橄榄油中炒好制作而成的少司
provencale, a la	普罗旺斯式，地域或者区域的烹调风格，一般认为是加入大蒜、洋葱和番茄的烹调方法
pumpernickel	裸麦粉粗面包，深棕色或者黑色的裸麦面包，可以用来制作canape（用面包做底座的开胃小吃，又称开面小吃）
punch	宾治酒，以葡萄酒为基酒加上烈性酒、利口酒、柠檬水、草本茶和水果糖浆等材料来提高口感的酒精性饮料。也可以加入香料，像丁香、桂皮粉和豆蔻粉以及柠檬等来增添风味，此种饮料也可以热饮
punt	某些葡萄酒瓶的凹底，目的是为了增强葡萄酒瓶的强度，特别是需要在酒瓶内进行二次发酵的酒类，例如，香槟酒
puree	泥，蓉，细泥，或者将食物过筛，或者指各种菜泥做成的浓汤

Q

quail	鹌鹑，可以用来烤、铁扒或者炒的小的野味禽鸟类，通常两只鹌鹑是一份菜肴
quenelles	椭圆形，也用来表示使用各种肉类的细腻柔滑的肉馅制成的椭圆形的肉丸，例如，小牛肉、鸡肉、野味和鱼肉等，使用小火煮熟
quiche	乳蛋饼，馅饼模具内加入蛋羹再加上其他的材料，例如，蔬菜、蘑菇和培根等一起烤成的菜肴
quince	温柏，柑橘，硬质、黄色带酸味的亚洲产水果，带着柔和的香味，加热时会变成粉红色，主要用来制作蜜饯

R

roble	法语烹调用语，表示脊骨肉，通常指野兔脊骨肉
rock（of lamb）	羊马鞍，羊脊肉，表示大块肋骨肉，常用来制作烤肉，例如，carre d'agneau roti（烤羊排）
ragout	蔬菜汁炖肉，香浓的炖肉/砂锅炖肉，通常指牛肉或者羊肉加上根类蔬菜一起炖成，例如，ragout de boeuf（蔬菜炖牛肉）
ragu	番茄肉末少司，配意大利面的一种肉类少司
raita	黄瓜酸奶酱，起源于印度的一种以酸奶为主要原料的配菜
ramekin	小陶瓷盅，可以重复使用的用来当作烤盘使用的单个盛器
rang	法语词汇，表示餐厅内员工组成的团队或者一个班次，以及他们的职权范围，例如，commis de rang（助理服务员）
rapini	小芜菁，椰菜家族之一，略带苦味
rare	三成熟，指烹调牛排的程度
ras-el-hanout	摩洛哥混合香料，用来给米饭、中东米（古斯古斯）、和"tagines"，在摩洛哥

	流行的一种炖菜增添风味
ratatouille	什锦炖菜，普罗旺斯炖蔬菜，由茄子丁、番茄、西葫芦、青红辣椒、洋葱和大蒜在橄榄油中炖菜
ravioli	意大利云吞，肉类或者蔬菜馅料的小个四方饺
rechaud	酒精灯，用来在餐桌上进行烹调并用来保温
rechauffe	回锅加热，将以前烹调过的原材料重新加热
reduce	熗，浓缩，在锅内的食材里加入葡萄酒或者其他的液体材料，然后用小火熬制到所需要的浓度，以得到浓郁的风味
remoulade	以蛋黄酱为主要材料制成的冷汁，包含有水瓜柳、酸青瓜、银鱼柳、香芹和细香草等的风味
rillettes	猪五花肉切成丝，在猪油中烹制，炒至柔滑，装到罐里，再加入鹅肉或者兔肉，源自法式烹调
ripleno	酿馅
ris de veau	小牛的胰腺，外观呈浅白色，味道鲜嫩，位置在颈部和心脏位置的胸腺部位，可以用来炖焖或煎炒
risotto	意式调味米饭，包含有蔬菜的烩米饭，例如，切成小丁的洋葱和用来调味的香草束，在鸡汤中烩制而成
roast（rotir）	烤肉、家禽或者野味以及蔬菜等，例如，土豆、萝卜等
roe	鱼卵，鱼籽，柔软的鲱鱼籽带有自然色泽和柔滑的质地，可以作为开胃菜使用或者用来装饰菜肴，烟熏鳕鱼籽通常用来制作taramasalata（产自希腊的红鱼子酱）
romesco	加泰罗尼亚少司，由番茄、杏仁、雪利酒、大蒜和红粉制成
rosti	土豆擦碎并煎成土豆饼
roti	烤，源自印度，表示面包，通常指环形、扁平、没有经过发酵的面包，与chapati（恰巴提面饼）类似
rôti	法国烹调用语，意思是烤，例如，cote de porc roti（烤猪肉）
rouille	大蒜蛋黄酱，普罗旺斯少司，由捣碎的辣椒、大蒜和面包糠（或者熟土豆）与橄榄油和鱼高汤一起混合制成，用来配煮鱼和鱼汤类菜肴，像bouillabaisse（普罗旺斯鱼汤，马赛鱼汤），如果要配鸡肉普罗旺斯汤，那么在制作少司的时候要加入鸡汤
roulade	甜味或者咸味的酿馅卷，例如，薄肉片酿馅后卷起来——paupiette de boeuf（牛肉卷），或者一块薄薄的蛋糕，涂抹上果酱和打发的奶油之后按照瑞士蛋糕卷的方式卷起来而制成
roux	黄油炒面粉，油面酱，将等量的黄油和面粉在一起用慢火加热直到颜色变成白色、金色或者褐色的糊状，用来增稠汤和少司
royale, a la	皇家式，法式烹调用语，表示汤菜的装饰，例如consomme royale（皇家清汤，

	使用咸味的蛋羹切成的小丁装饰清汤）
rye	黑麦，裸麦，用来制作面包的谷物，也可以采用发酵的方式制作美式威士忌

S

sabayon	萨芭雍，法语词汇，表示一种甜品少司，用来给许多菜肴增稠、使其味道变浓郁和改善菜肴的外观。马萨拉白葡萄酒和白糖一起可以制作zabagilone（意大利萨芭雍）
sable	萨比，法式酥饼
sachertorte	沙赫蛋糕，味道浓郁的巧克力蛋糕，浇淋上甘纳许（ganache）和杏酱
saffron	藏红花，用来给食物增添风味的香料，产自藏红花的柱头，能给食物增加明黄色，是制作西班牙海鲜饭、马赛鱼汤以及查特酒的关键食材
sake	日本米酒，原产自日本，这是一种略带甜味，无色的米酒，通常要热饮，但也可以在冰镇之后冷饮
salamander	焗炉，顶端有热源的焗炉，用于给食物上色和烹调食物
salami	色拉米，原产自意大利味道浓郁的香肠，通常为冷食，由牛肉、猪肉和猪肥肉制成，并加入大蒜和辣椒，一般用作开胃菜和头盘使用
salpicon	丁类馅料，多种食物切成小丁，与少司混合均匀，用来作为馅料使用，例如，salpicon de volaille（酿馅鸡）
salsa	萨萨酱，源自于墨西哥的一种调料酱，现在则表示以生的番茄为主要材料加上洋葱、香菜和辣椒做成的各种不同辣度的调料酱
salsify	婆罗门参，带牡蛎味道的白色根类蔬菜
sambal	参巴酱，由生的蔬菜或者水果制成的味道刺激、香辣带酸味的调料酱或者酸辣酱
samosa	萨摩撒三角饺，小的面食里面带香辣的肉类或者蔬菜的馅料，炸制而成
sansho	花椒面，烹调时撒在食物表面
sashimi	刺身，源自日本，表示生吃的鱼片和海鲜
satay	沙爹，鱼肉或者肉类切成块之后穿成串，在炭炉上烧烤而成，配带花生风味的酱汁
sauce gribiche	冷少司，以蛋黄酱为基料，加入水瓜柳、酸黄瓜、煮好的鸡蛋清，加上调料调配而成
sauerkraut (choucroute)	德国泡菜，由切成细丝的白色卷心菜腌制而成的泡菜，配培根和香肠热食，是德国的国菜，法国阿尔萨斯的大众菜
sauté	炒，煎，加入一点黄油，加入一点油脂，使食物上色
sauter	一种快速烹调的方法，在炒锅或者煎锅内使食物快速上色，或者是在一定的温度下快速拌炒食物
sauteuse	煎焖锅，带斜边和锅盖的浅底锅，食物在先煎炒过之后再炖焖

savarin	萨瓦林饼，加有酵母的环形糕饼，通常会浸泡在带有朗姆酒风味的糖浆中，然后在中间填上水果沙拉，例如，savarin au fruits（水果萨瓦林）
scampi	在英国叫做挪威海螯虾，在美国叫做小龙虾，有时候也叫在海鳌虾
schnitzel	炸肉排，由小牛肉或者鸡肉做成的薄肉片，挂上面包糠的小牛肉片，例如，wiener schnitzel（维也纳炸肉排）
score	花刀，在食物的表面刻划上各种划痕
sea salt	海盐，来自于蒸发海水之后形成的盐，用来调味，特别是用于煮牛肉，也可以在餐桌上的盐磨里使用
sec	表示香槟酒和含气葡萄酒的甜度程度，或者它们含有的糖分，这里表示中等甜度
sekt	德国含气葡萄酒，由罐式香槟法生产（在密封罐内二次发酵）
sepia	乌贼，像鱿鱼一样制备，可以整个用来在油内炒，或者用来酿馅之后煮熟，足可以烫过之后用来炖焖
service cloth	服务巾，约与餐巾的尺寸相同，餐厅服务员用来端取热的器皿隔热使用，以及在服务食品时协助递送餐具使用
shaoxing	绍兴酒，一种琥珀色的米酒
sherry	雪利酒，强化酒或者利口酒，加入了葡萄蒸馏酒（白兰地）以改善酒精度，由白葡萄制成
shitake	香菇，深黑色的蘑菇，带有独特的泥土味道，用来给菜肴增加服务和装饰菜肴
shish kebab	羊肉串，源自土耳其语，表示小块的肉，通常是嫩羊肉，间隔着与口蘑一起串成肉串之后烧烤而成，可以配马德拉少司
shooter	由不同密度的酒制成的分层鸡尾酒，最重的一层在杯底，最轻的一层在最上面，也被称之为彩虹鸡尾酒或者彩层酒，使用埃尔金利口酒杯盛放
short（of pastry）	含有很高的脂肪
shred（eminbcer）	将肉或者蔬菜切成薄片或者细条（丝）
sichuan peppercorns	花椒，与胡椒科无关
skim	撇去浮沫，从汤类菜肴和高汤的表面使用撇沫勺撇去浮沫和脂肪
skorthalia	源自希腊的大蒜少司
smorgasbord	瑞典式自助餐，源自斯堪的纳维亚用语，表示自助餐，在斯堪的纳维亚采用的方式相当于有数道菜肴的丰盛的一餐。提供多种不同数量的菜肴，包括有沙拉类、奶酪类、肝酱类、冷切肉类以及包括鲱鱼类的菜肴
smorrebrod	丹麦的小三明治（开餐前食用），单片面包（又称为开面）三明治，或者称之为斯堪的纳维亚三明治，可以使用各种面包来制作，包括全麦面包、黑麦面包、裸麦粗粉面包、面包卷以及方面包和黑面包等，在三明治的食材方面，肉类、腌渍的鱼类、肉批和鱼批、色拉米肠以及各种沙拉都可以作为三明治的食材
soba	荞麦面，源自日本，使用白小麦或者金荞麦制成，配海苔和辣根食用
soffritto	一种少司，以煎炒的蔬菜丁炖制而成，有时候也加入培根

sorbet	果汁冰，浆果类水果风味冰水，也可以加入利口酒或者葡萄酒，可以当作甜食，或者在两道菜肴之间食用以除味解腻
soubise	洋葱奶油少司，配各种肉类菜肴
soufflé	苏夫里，蛋奶酥，一道烘烤而成的甜味或者咸味的松软点心，以打发的蛋清制成
soy bean	黄豆，富含蛋白质，用来制作豆腐，鲜黄豆或者干黄豆均可以用来炖菜使用
soy sauce	酱油，中餐的主要调味料，用来给许多菜肴增添风味和色泽，例如，汤菜、炖菜和少司，由黄豆制成
spaetzele (spaetzeli)	鸡蛋面疙瘩，瑞士和奥地利面食，可以用特制的鸡蛋面团通过滤器压制而成颗粒状面团，然后用盐水煮熟
spare ribs	排骨、牛肉和猪肉的肋骨，经过腌制之后可以烤或者烧烤
spatchcock	嫩鹅禽鸟或者鸡，从脊骨处切开之后将其弄平，然后用来煎或者铁扒
spirits	所有蒸馏酒的总称，最常见的是威士忌、白兰地、金酒、伏特加和朗姆酒
split	饮料专业词汇，表示酒瓶的大小，通常指小瓶或者半瓶（285毫升）含气饮料，例如汤力水、苏打水或者柠檬水
spring roll	春卷，源自中国的使用薄饼卷起的卷，加入肉馅和蔬菜之后卷起炸制而成
spumante	斯布曼德，意大利苏打白葡萄酒
station	服务工位，服务台，指的是服务员们在给某个所负责区域内的餐桌提供服务的地方
still	蒸馏器，生产烈性酒的器皿，可以是罐式蒸馏器，或者是连续蒸馏器，例如，白兰地酒是将葡萄酒在铜罐蒸馏器内蒸馏所得
stillroom	食品储藏室，不在面客区域，负责提供食品和饮料，不负责制作食物和调配酒水
stillset	传统的商用装置，由热水器和储存器构成，用来储存咖啡以及热奶。后者是靠蒸汽加热，并附带一个蒸汽喷射器
stir fry	炒，中餐烹调技法，旺火速成的方法
stockfish	鳕鱼干，可以炖、焖、煎或者用在沙拉中生食。也可以捣碎做成美味的鱼酱，或者加入黄油做成肉酱
stout	烈性黑啤酒，带着顺口的麦芽味道，呈乳状质地，由烘焙至深色的麦芽酿造而成
strudel	果馅卷，由酥皮或者费罗薄酥皮加入各种水果为馅料制成的水果甜点，可以热食或者冷食
sugar syrup	糖浆，由汤和水一起煮成；用来作为调配鸡尾酒的材料时，称之为gomme syrup（橡胶糖浆）
sumac	产自中东的香料，干燥之后其浆果是深砖红色，可以整粒使用或者磨成粉状使用，可以撒在鱼上，加入到沙拉中，还可以用来给串烧调味

supreme	表示家禽和飞禽的翼或者胸脯切割而成的肉块。也表示斜切的无骨鱼块
sushi	寿司，日本甜味醋饭和海苔是制作寿司的主要材料，其他的材料还包括菠菜、蘑菇或者泡姜
sweetmeat	蜜饯，糖果，带糖衣的糖果和蜜饯，例如，小巧可爱的糕饼类，也指琉璃水果，参见petit four
syllabub	乳酒冻，含有奶油和柠檬汁味道浓郁的甜食，用甜白葡萄酒和白兰地酒调味，经过冰镇之后盛入玻璃杯内

T

tabasco	辣椒仔，美国辣椒汁，由辛辣的印第安辣椒制成的香辣汁，两种主要材料是醋和红辣椒，在克里奥尔烹调中大量使用，可以配牡蛎（生蚝）、海蛤和其他的海鲜类
tabbouleh	塔博乐沙拉，由碾碎的干小麦和番茄、洋葱、柠檬汁、薄荷和香芹制成
tagliolini	细面条，原产自意大利
tahini	芝麻酱，作为调味料广泛用于中东和拉丁美洲烹调中
tamarind	罗望子，产自非洲的一种乔木的果实，在印度也有出产，果实中含有非常酸的汁液，在某些印度菜肴中可以使用到。罗望子的果实经过干制之后磨成粉状用来制作咖喱粉
tandoor	印度烧烤炉，顶端敞口的泥烤炉，在印度北方比较流行
tandoori	泥烤炉炭火烧烤烹调，食物在印度烧烤炉里用炭火进行烧烤，例如碳烤鸡
tannin	单宁，在葡萄籽和茎中含有，在酿造葡萄酒的过程中其作用相当于防腐剂，特别是在酿造红葡萄酒的过程中，也是茶水中褐色的来源
tapenade	特芙娜，橄榄酱，由水瓜柳、黑橄榄、银鱼柳、大蒜还有金枪鱼制成的调料酱
taramasalata	希腊红鱼籽泥沙拉，源自希腊，由腌制而成的咸鲻鱼籽干或者鳕鱼籽干，加上大蒜、柠檬汁和橄榄油一起制成粉红色的乳状酱料
tarka	塔卡，印度用热油冲泡香料的方法
tarragon	他力干，龙蒿，一种细长的绿色叶状香草，可以用于制作边尼士少司、煮鱼和鸡类菜肴的香料
tartare	塔塔少司，以蛋黄酱为基料的冷少司，加入了切成细末的水瓜柳、酸黄瓜和细香草，用来配炸鱼
tartare steak	鞑靼牛排，生的牛里脊肉切成末，与香芹、水瓜柳、酸黄瓜、洋葱末和调味料一起混合好之后冷食
tarte tatin	法式苹果塔，烤好之后扣出
tartufo	松露，意大利语，一种可食用的菌类，见truffle
T-bone steak	T骨牛排，带有T形牛骨的牛排，从带有牛里脊和牛外脊的一端切割（porterhouse）下来的牛排，带有牛里脊和西冷牛排两部分的牛肉

tempura	天妇罗，海鲜和蔬菜蘸过面糊之后炸制而成的菜肴
tequila	龙舌兰酒，墨西哥烈性蒸馏酒，从发酵的龙舌兰植物的汁液中制作而成
teriyaki	照烧，沾糖色烤，鱼或者肉类在味淋、日本酱油和鸡汤调成的汁液中腌渍之后烤制而成
terrine	肉批，肉类、鱼类或者蔬菜等的混合材料经过调味之后在肉批焗盅内烹制而成，冷却之后在原盅内冷食。肉批焗盅，是一种长方形、直边带密封盖的烹调器具
tian	浅烤的蔬菜碎
tikka	腌渍的鱼肉块、猪肉块或者家禽肉块，源自印度，例如tikka masala（香烧鸡柳），参见masalas
timbale	半圆锥形金属模具，菜品在模具中烹制之后带模具一起上桌，通常适用于鱼肉、猪肉、米饭或者蔬菜连少司一起，或者水果带尚蒂尼少司
tisane	草药茶，香草茶，不含有咖啡因或者单宁的所有草药茶的统称，可以是热饮，也可以是冷饮，例如薄荷茶、玫瑰茶和柠檬茶等
tokay	匈牙利产甜白葡萄酒，有3种类型，最有名的是tokay aszu（阿苏葡萄酒）
torte	德国大德国，表示圆形的奶油的分层蛋糕或者果馅饼，经过装饰之后切割成份状。含有干果仁、奶油和水果或者果酱
tortilla	墨西哥薄饼，墨西哥产圆形，扁平的未发酵的饼，由玉米面制成，加入豆类或者肉类和少司之后卷起，热食
tostada	西班牙语，烤的意思
tournedos	托尼度，小牛里脊排，从经过修剪之后的牛里脊中间部位切割而成的圆形牛里脊肉
toxin	有毒物质，由分泌产生的某些物质
tranche	酥皮条块，内填入了水果馅料，可以冷食或者热食，例如，tranche aux pommes（苹果酥皮）
trenette	一种长扁的意大利面条，另外一种叫法是linguini
trifolato	使用油、大蒜和香芹炒蔬菜的一种烹调方法
tripe	牛肚，牛百叶，传统做法是加上洋葱一起炖制成菜肴
tronc	小费共同储金，餐饮服务员收到的小费总计
troncon	从比目鱼一类的鱼肉上横切下来的鱼块，带着鱼骨，例如，tronconde turbot（比目鱼排）
truffle	松露、俗称黑菌，分黑白两种，可食用的菌类，出产于靠近橡树和山毛榉树的根部，出产于法国的佩里格尔黑菌和出产于意大利的皮埃蒙特白菌以它们的美味和香味而闻名于世。黑菌通常用来作为肝酱类和胶东类菜肴的装饰点缀使用，白菌通常切好之后用于沙拉、意式烩米饭、意大利面和鸡蛋类菜肴中，这个词汇也可以用来表示巧克力糖

truss	捆缚，捆绑，将家禽或者猎禽捆绑好之后用于烹调中，以保持外形美观
tuile	脆饼干，传统口味的为杏仁风味
tureen	盖碗，汤盅，餐桌服务时，用来给顾客盛汤的带盖餐具，有仅供一人食用份装的汤盅，也有供一桌顾客使用的大汤盅
Turkish coffee	土耳其咖啡，在传统的叫做尹布里克的长柄咖啡壶中制作而成的咖啡，用小号咖啡杯盛放的黑浓但是带甜味的咖啡
turmeric	黄姜粉，略带辛辣气味的香料，颜色明黄，可以用来制作咖喱粉，在印度黄姜粉叫哈尔迪，出产于姜科植物的根茎部，经过干燥磨成粉之后就叫黄姜粉
tutti frutti	蜜饯水果冰淇淋，冰淇淋中混合了各种切成丁的蜜饯，源自意大利

U

udon	乌冬面，用日本白麦粉制成的细面条，配高汤和各种肉类蔬菜的菜肴
underberg	安得伯格酒，产自德国，以白兰地为基酒制成的带有香草风味和苦味的酒
underliner	底盘，垫盘，餐盘上面放置着餐巾，花纸或者垫纸，上面放置菜肴
univalve	单壳软体动物，例如蜗牛、蛤蚌

V

vacherin	夹心蛋糕，由马令（焗蛋白）制作而成的甜品，加上鲜浆果例如覆盆子或者草莓等和打发的奶油以及水果酱制成
veal	小牛肉，法语中是veau，例如，escalope de veal（炸小牛排），参见escalope
vegan	素食者，严格意义上的素食者，不食任何动物性制品
vegetarian	素食者，不吃鱼和肉，但是可以吃鸡蛋和奶制品
veloute	滋味奶油，质地柔滑的白色少司，由白色高汤、浅色黄油炒面粉和调味品制成，此种少司的种类由所加入的高汤种类而定，可以使用：鱼高汤、小牛肉高汤、羊高汤或者鸡高汤，还可以用来表示由此种方式制成的汤菜
verjuice	酸果汁，用来代替醋的酸葡萄汁或者沙果汁
vermicelli	意大利细面条，原产自意大利，可以用来装饰汤菜，天使细面是最细的片状意大利面
vermouth	苦艾酒，味美思酒，经过强化和添加香料的葡萄酒，3种主要的类型是白型、红型（意大利）和干型（法国）
vichyssoise	土豆奶油汤，土豆大葱浓汤，用橄榄装饰，通常冷喝
viennoiserie	维也纳甜面包，由酵母发酵面团烤制而成的产品
vierge	打起的黄油或者橄榄油，使用盐、胡椒粉和柠檬汁调味，配蔬菜一起食用
vinaigrette	油醋少司，混合了油和醋，或者是柠檬汁加入调味品制成的少司，也可以加入芥末和香草，用来配蔬菜沙拉
vindaloo	来自于印度南方，非常辣的酸咖喱少司，使用醋增添香味和风味，例如chicken

vindaloo（酸辣咖喱鸡）

voiture　用于服务餐车的术语，在餐饮服务区域内使用，用于服务开胃菜、甜食、奶酪、酒类、客前切割等用途

vol-au-vent　酥盒，圆形或者椭圆形的开口酥皮点心，像大个的酥皮肉馅饼，可以填入咸味的食材，例如鸡肉、蘑菇或者芦笋等，每一个酥皮上都要浇淋上浓稠的奶油少司

W

Water’s friend　开酒器，可放入口袋内的带着折叠的小刀的组合开酒器，可以随时方便使用，也称之为酒刀

wakame　裙带菜，广泛使用在沙拉里，作为泡菜的材料，还可以撒到米饭上

wasabi　山葵酱，青芥辣，日本辣根，类似于常见的辣根，带有刺鼻的气味和辛辣味道，有粉状和绿色的膏状，用作寿司和其他亚洲菜肴的调味料，吃日本寿司必备

whitebait　银鱼，小鲱鱼，可以整个炸制之后食用，最好是在春季和夏季食用

wok　圆底锅，中餐锅，最适宜用来炒菜

won ton　云吞

worceshershire sauce　辣酱油，李派林，用醋浸泡混合香料和水果，用来作为配料和调味料使用，通常以其品牌而闻名“lea and perrins（李派林）”

Y

yakimono　烧物，烤，日本料理中烧烤和煎的烹调方法

yellow bean　黄豆酱，发酵之后制成泥状的黄豆，富含营养成分

yum neau　这是泰国独有的烹调形式，将经过香料腌制的西冷牛排煎烤成酸辣风味之后与黄瓜、番茄、洋葱、香菜和鲜辣椒制作成的沙拉一起拌和在一起

yuzu　柚子

Z

zabaglione　萨巴里安尼，由蛋黄、白糖和马萨拉酒（西西里出品的深色甜味强化葡萄酒）一起打发而成的轻柔型乳状甜品

zahtar　扎塔调味粉，黎巴嫩由百里香、盐和漆树粉制成的调味料

zest　柑橘类水果的外层薄皮擦成的丝，使用细眼擦床擦成

zucchini　西葫芦，在英国叫做courgette

附录B 鸡尾酒单和调配饮料单及配方

下述所列出的鸡尾酒和混合饮料配方来自于不同的渠道，其中包括了本书的上一个版本，国际调酒师协会官方配方和英国调酒师协会，在制作鸡尾酒和混合饮料时，最重要的是要了解清楚在自己的国家内所允许的饮用酒类管理方法，包括不可向未成年人销售许可等。

鸡尾酒所使用的玻璃杯范例请见3.11部分中图3–12所示。

鸡尾酒	原材料	制作方法
海波（Highball）	5厘升威士忌 干姜水	将冰块放入高球杯内，加入威士忌搅拌冷却好，加入适量的干姜水，用螺旋柠檬皮装饰
高地库勒（Highland Cooler）	1厘升苏格兰威士忌 1茶勺白砂糖 1厘升鲜榨柠檬汁 少许安格斯特拉苦酒 姜汁汽水	将威士忌、柠檬汁、白糖和安格斯特拉苦酒加冰块一起摇均匀，倒入加有冰块的老式杯内，再倒入姜汁汽水
曼哈顿（Manhattan）	5厘升美国黑麦威士忌 2厘升甜味美思 少许安格斯特拉苦酒	将材料倒入调酒杯里，搅拌至冷却，过滤到鸡尾酒杯中，用一粒红樱桃装饰。
干曼哈顿（Dry Manhattan）	使用2厘升干味美思替代甜味美思	用一片柠檬和一个橄榄装饰
薄荷茱莉普（ Mint Julep ）	3.5厘升波本威士忌 苏打水少许 白砂糖 薄荷叶 碎冰	将薄荷叶和白糖放入到海波杯内，加入苏打水晃动，使得白糖全部溶化，加入波本威士忌，加入碎冰，搅拌之后用薄荷装饰，配吸管
古典鸡尾酒（Old Fashioned）	4厘升波本、苏格兰或者黑威士 少许安格斯特拉苦酒 1块方糖	在一个古典杯内，用小许安格斯特拉苦酒浸泡方糖（或者一茶勺白糖），再加入一点水，轻轻晃动杯子，使得糖被溶解，加入威士忌，加入冰块，搅匀，用一片橙子 和两粒红樱桃装饰
生锈钉（Rusty Nail）	2.5厘升苏格兰威士忌 2.5厘升苏格兰威士忌利口酒	将所有的材料直接倒入到一个加有冰块的古典杯内，轻轻搅匀，用一片柠檬装饰
柯林斯威士忌（Whiskey Collins）	3厘升美国黑麦威士忌 2茶勺白砂糖 3厘升柠檬汁 苏打水	柯林斯是盛放在柯林斯杯（或者海波杯）内的酸味鸡尾酒，酒的顶部是苏打水，配吸管

续表

鸡尾酒	原材料	制作方法
威士忌酸酒 (Whiskey Sour)	4.5厘升波本威士忌 3厘升鲜榨柠檬汁 少许鸡蛋清 1.5厘升糖浆	将所有材料加入到放有冰块的调酒壶内，摇均匀，过滤到酸式杯内(或者老式酒杯)，用一片橙子和一粒红樱桃装饰
	其他各种酸酒还包括：金酸酒、波本酸酒、朗姆酸酒(黑朗姆酒)/苏格兰酸酒、戴克瑞酸酒(淡色朗姆酒)	
金酒鸡尾酒	**原材料**	**制作方法**
干马提尼 (Dry Martini)	5厘升金酒 2.5厘升干味美思	将金酒和味美思连冰块一起倒入到调酒杯里，搅拌均匀，过滤到冷藏过的鸡尾酒杯里，从柠檬皮里挤出几滴汁液到杯中，可以使用上面插有一个橄榄的食签或者一片柠檬装饰
甜马提尼(Sweet Martini)	5厘升金酒 2.5厘升红味美思	基本做法与干马提尼相同，只是点缀一粒红樱桃
	其他：伏特加马提尼	使用伏特加代替金酒
吉布森(Gibson)	6厘升金酒 1厘升红味美思	将所有的材料倒入到调酒杯内的冰块上，搅拌均匀，过滤到一个冷却过的马提尼杯内，用一个鸡尾洋葱装饰
金费斯 (Gin Fizz)	4.5厘升金酒 3厘升鲜榨柠檬汁 1厘升糖浆 8厘升苏打水	将除了苏打水的所有材料加冰块装入调酒壶内摇均匀，过滤到一个高球杯(海波杯)内，使用柠檬装饰并配吸管
	其他种类：金色费斯，与金费斯做法相同，只是加入蛋黄；皇家费斯，与金费斯相同，只是加入了鸡蛋；银费斯，做法与金费斯相同，最后只加入蛋清	
粉色金 (Pink Gin)	5厘升金酒 2滴或者3滴安格斯特拉苦酒 冰水	在巴黎高脚杯或者岩石杯内加入碎冰，使杯子冷却，倒掉碎冰，将安格斯特拉苦酒在杯内晃动沾匀，将多余的苦酒倒出，再加入金酒，冰水通常单配，由顾客根据需要自己进行添加
新加坡司令 (Singapore Sling)	4厘升金酒 2厘升樱桃白兰地 0.5厘升君度酒 0.5厘升当酒 1厘升红石榴糖浆 8厘升菠萝汁 3厘升鲜榨柠檬汁 小许安格斯特拉苦酒	将所有的材料加入到调酒壶内再加入冰块，摇晃均匀，过滤到高球杯内，用一片菠萝和一粒红樱桃装饰

续表

金酒鸡尾酒	原材料	制作方法
约翰科林斯（John Collins）	4.5厘升金酒 3厘升鲜榨柠檬汁 1.5厘升糖浆 6厘升苏打水	将所有的材料直接倒入到高球杯内，加入冰块，轻轻的搅拌均匀，用柠檬片和红樱桃装饰，滴入几滴安格斯特拉苦酒。（注：制作汤姆科林斯时，使用“老汤姆”金酒）
白美人 （White Lady）	3厘升金酒 1.5厘升君度酒 1冷厘升鲜榨柠檬汁 小许鸡蛋清	将所有的材料与冰块一起加入到调酒壶内，摇均匀，过滤到鸡尾酒杯内，用一片柠檬装饰
白兰地鸡尾酒	**原材料**	**制作方法**
B &B（B和b）	3.5厘升干邑白兰地 3.5厘升本尼迪克汀酒	在调酒杯内与冰块一起搅拌均匀，过滤到利口酒杯内（或者白兰地杯内）
温床（Between The Sheets）	1.5厘升干邑白兰地 1.5厘升君度酒 1.5厘升白朗姆酒 半个柠檬榨汁	将所有的材料与冰块一起放入到调酒壶内，摇晃均匀，过滤到古典杯内
蓝美人 （Blue Lady）	1.5厘升干邑白兰地 1.5厘升柑桂酒 1.5厘升柠檬汁 1个鸡蛋清	将所有的材料与冰块一起加入到调酒壶内，大力摇晃，然后过滤到鸡尾酒杯内
白兰地亚历山大（Brandy Alexander）	2厘升干邑白兰地 2厘升鲜奶油 2厘升深色可可酒	将所有的材料与冰块一起放入到调酒壶内摇晃均匀，过滤到一个冰镇过的鸡尾酒杯内，表面撒上现磨的豆蔻
侧车（Sidecar）	3厘升干邑白兰地 3厘升君度酒 3厘升鲜榨柠檬汁	将所有的材料与冰块一起摇晃均匀，过滤到高球杯内，然后装填些碎冰
朗姆酒鸡尾酒	**原材料**	**制作方法**
巴卡迪 （Bacardi）	4.5厘升巴卡迪白朗姆酒 2厘升鲜榨柠檬汁或者青柠汁 0.5厘升糖浆	将所有的材料与冰块一起加入到调酒壶内，摇晃均匀，过滤到一个鸡尾酒杯内
自由古巴（Cuba Libre）	5厘升白朗姆酒 10厘升可乐	将白朗姆酒倒入到装了冰块的柯林斯杯内，用柠檬/青柠角装饰，再根据口味需要倒入适量的可乐
戴吉利 （Daiquiri）	4.5厘升戴吉利白朗姆酒 2厘升鲜榨柠檬汁/青柠汁 0.5厘升糖浆	将所有的材料与冰块一起倒入到调酒壶内，摇晃均匀，过滤到一个鸡尾酒杯内

续表

朗姆酒鸡尾酒	原材料	制作方法
霜冻戴吉利（Frozen Daiquiri）	如上相同，只是加入了一个冰淇淋球	将所有的材料与碎冰一起加入到搅拌器内，搅打至呈雪泥状柔滑，倒入到冷却过的高脚杯内
莫吉托（Mojito）	4厘升白朗姆酒 3厘升鲜榨青柠汁 3小枝薄荷 2茶勺糖 苏打水	将薄荷加入白糖和青柠汁一起在高球杯内混合好，加入朗姆酒，最后再倒入苏打水，用一小枝薄荷叶瓣装饰，配吸管
皮纳克拉大（Pina Colada）	3厘升白朗姆酒 3厘升椰浆 9厘升菠萝汁	将所有的材料加上冰块在调酒壶内摇晃均匀或者在调酒杯内搅拌均匀至柔滑，过滤到冰镇过的高球杯内，用鲜切的菠萝块和一粒红樱桃装饰，配吸管
伏特加鸡尾酒	**原材料**	**制作方法**
黑俄罗斯（black russian）	5厘升伏特加 2厘升咖啡利口酒	将所有的材料倒入到古典杯内，加入冰块，轻轻搅拌均匀
白俄罗斯（white russian）	如上同，但是增加了3厘升的鲜奶油	做法如上同，加入一勺鲜奶油，并轻轻的搅拌好
血玛丽（bloody Mary）	4.5厘升伏特加 9厘升番茄汁（或者根据需要添加） 1.5厘升柠檬汁	将材料与冰块一起加入到调酒壶内，摇晃均匀，调整口味之后倒入到高球杯内
	各种口味：给番茄汁增加香辣味道，可以加入盐、胡椒和辣酱油。 也可以加入下述材料以增加口感：几滴辣椒汁、鲜榨柠檬汁、现磨的胡椒或者辣椒面，点缀装饰物也可以多有变化，使用芹菜条胡萝卜条或者柠檬角等	
四海为家（cosmopolitan）	4厘升伏特加 1.5厘升君度酒 1.5厘升鲜榨柠檬汁 3厘升蔓越莓汁	将所有的材料加入到调酒壶内，加入冰块，摇晃均匀，过滤到大的鸡尾酒杯内，用青柠片装饰
撞墙的哈维（Harvey wallbanger）	4.5厘升伏特加 9厘升橙汁 1.5厘升加利安奴酒	将伏特加和橙汁直接倒入到高球杯内的冰块上
神风（kamikaze）	3厘升伏特加 3厘升君度酒 3厘升柠檬汁	将所有的材料倒入到调酒壶内，加入冰块，摇晃均匀，过滤到鸡尾酒杯内，用青柠角装饰，配搅拌棒
迈代（mai-dai）	3厘升白朗姆酒 3厘升黑朗姆酒 1.5厘升橙味甜酒 1.5杏仁糖浆 0.5厘升冰糖糖浆 1厘升鲜榨青柠汁	将所有除去黑朗姆酒之外的材料倒入到调酒壶内，加入冰块，摇晃均匀，过滤到高球杯内，将黑朗姆酒从勺背上倒入到杯内，使其漂浮在表面，用菠萝块和青柠皮装饰，配吸管

续表

伏特加鸡尾酒	原材料	制作方法
莫斯科之骡 （Moscow mule）	5厘升伏特加 1.5厘升鲜榨柠檬汁 适量姜汁啤酒	在高球杯内装入冰块，加入伏特加和鲜榨柠檬汁，搅拌均匀使其充分冷却，根据需要倒入姜汁啤酒，使用柠檬片/青柠片装饰
咸狗（salty dog）	5厘升伏特加 10厘升西柚汁	在调酒壶内将伏特加和西柚汁摇晃均匀，过滤到一个加有冰块、杯口沾有盐的高球杯内。
海风（sea breeze）	4厘升伏特加 12厘升蔓越莓汁 3.厘升西柚汁	将所有材料依次倒入到加入冰块的高球杯内，用青柠切角装饰
性感沙滩 （sex on the beach）	4厘升伏特加 2厘升桃味利口酒 4厘升橙汁 4厘升蔓越莓汁	将使有材料倒入到调酒壶内，摇均匀，倒入到一个加有冰块的高球杯内，用橙片装饰
螺丝刀 （screwdriver）	5厘升伏特加 10厘升鲜榨橙汁	将所有的材料倒入到加有冰块的高球杯内，轻轻搅拌并使用一片橙片装饰
伏特加马提尼 （vodka martini） （干型或甜型）	5.5厘升伏特加 1.5厘升干/甜味美思	制作方法与干马提尼一样，使用橄榄、螺旋柠檬皮或者一粒红樱桃装饰，根据使用味美思的不同而名字不同
龙舌兰鸡尾酒 （Tequila Cocktail）	**原材料**	**制作方法**
玛格丽特 (Margarita)	5厘升龙舌兰 5厘升鲜柠檬汁 2.5厘升君度酒或橙皮甜酒	将所有材料加入到带有包括的调酒壶内，摇均匀，过滤到一个杯口边缘沾有盐的鸡尾酒杯内
龙舌兰日出 （Tequila sunrise）	4.5厘升龙舌兰酒 1.5厘升红石榴糖浆 9厘升橙汁	将龙舌兰和橙汁倒入到加有冰块的科林斯杯内，搅拌均匀，使其冷却并混合好，加入红石榴糖浆，此时不要搅拌，使用一片橙片、一粒红樱桃装饰，配吸管和搅拌棒
以葡萄酒为基酒的鸡尾酒	原材料	制作方法
基尔（Kir）	1厘升黑醋栗甜酒 9厘升白葡萄酒（勃艮第干白）	将黑醋栗甜酒倒入到一个经过冷却的葡萄酒杯内，加入充分冰镇过的白葡萄酒，搅拌均匀
加香料的热葡萄酒（Mulled Wine）（可制作出20份）	2瓶勃艮第或者罗纳红葡萄酒 1/4瓶黑朗姆酒 1/2瓶杜本内酒 1/2瓶饮用水 一个橙子，酿嵌着丁香 2根桂皮棒 25克（1盎司）葡萄干 2瓣柠檬 5克混合香料 1×400克（1磅）蜜糖	将酿嵌着丁香的橙子放入烤箱里烘烤10分钟，使其味道能够挥发出来，使用香料袋将香料捆缚好，以防止弄混葡萄酒，将除了朗姆酒以外的所有材料倒入一个大锅内，保留一些蜜糖以备最后调味使用，，将锅用小火加热，不时的搅拌，将锅加热到快要沸腾时，但不要烧开，之后根据口味需要加入蜜糖调整口味，在盛入小号的巴黎高脚杯上桌服务之前加入朗姆酒，在每一杯酒上都撒入些豆蔻粉

续表

香槟鸡尾酒	原材料	制作方法
贝里尼（bellini）	10厘升冰镇好的干型香槟酒 5厘升鲜桃肉蓉	在长笛形香槟酒杯内，先加入鲜桃肉蓉，然后倒入冰镇好的干型香槟酒或者含气葡萄酒，用一片桃子装饰，桃子也可以切碎以制作出幼滑的桃汁
黑天鹅绒（black velvet）	健力士 冰镇好的干型香槟酒	在健力士上面倒入冰镇好的干型香槟酒，可以使用银酒杯盛放此款酒
巴克斯菲兹（bucks fizz）	5厘升冰镇好的香槟酒 10厘升鲜榨橙汁	在长笛形香槟酒杯内，先加入鲜榨橙汁，上面倒入冰镇好的香槟酒，使用橙皮装饰
香槟鸡尾酒（Champagne Cocktail）	1/2块方糖 2滴安格斯特拉苦酒 5厘升冰镇好的香槟酒或者含气葡萄酒 0.5厘升白兰地酒	在长笛形香槟酒杯内或者郁金香杯内用安格斯特拉苦酒浸泡方糖块，再倒入冰镇好的香槟酒，最后通过一把茶勺背将白兰地酒轻缓的倒入到香槟酒的表面，使用一片橙片和一粒红樱桃装饰
	注：这类鸡尾酒可以使用任何含气葡萄酒来制作，但是名字应该使用所添加的葡萄酒的名称，而不应使用这些香槟鸡尾酒的名字命名。	
皇家基尔（Kir Royale）	9厘升干型香槟酒 1厘升黑醋栗甜酒	将糖黑醋栗甜酒倒入到一个冷却好了的郁金香杯内，加入冰镇过的香槟酒，不要搅拌
其它种类的鸡尾酒	原材料	制作方法
美国人（americano）	3厘升金巴利 3厘升红味美思 苏打水	将金巴利和甜味美思酒倒到杯内的冰块上，搅拌好使其冷却，根据口味需要在杯内加入苏打水，使用半片橙片和柠檬皮装饰
B52（B52）	2厘升咖啡利口酒 2厘升百利甜利口酒 2厘升金万利利口酒	将原材料依次倒入到一个大的酒杯内，配搅拌棒一起上桌
蛋诺(Egg Nogs)	5厘升干邑白兰地或者其他白兰地或者威士忌及金酒（杜松子酒）等均可 鸡蛋 适量白糖 豆蔻	将冰块、鸡蛋、两茶勺白糖和酒一起放入到调酒壶内，大力摇晃均匀，过滤到一个鸡尾酒杯内，撒上豆蔻粉，根据使用酒的名称命名此款鸡尾酒
金色梦幻（golden dream）	2厘升加利安奴香草甜酒 2厘升君度酒 2厘升鲜榨橙汁 2厘升鲜奶油	将所有的材料连冰块一起在调酒壶内大力摇晃均匀，过滤到一个冷却好了的鸡尾酒杯内
蚱蜢（grasshopper）	2厘升薄荷酒 2厘升白可可甜酒 2厘升鲜奶油	将所有的材料倒入到调酒壶的冰块上，彻底摇晃均匀，过滤到一个冷却好了的鸡尾酒杯内

续表

其它种类的鸡尾酒	原材料	制作方法
内格罗尼（内格罗尼）	3厘升金酒 3厘升甜味美思 3厘升金巴利酒 小许苏打水	将所有的材料连同冰块在调酒杯内搅拌均匀，过滤到一个添加有碎冰的科林斯杯内，加入适量的苏打水，用一片柠檬片装饰
皮姆斯（pimms）	5厘升皮姆斯酒 9厘升柠檬水/汤力水	将皮姆斯酒倒入到一个沃辛顿杯或者高球杯内，加入冰块，再倒入柠檬水或者其他的饮料，用切片的苹果、橙子、柠檬、青柠和螺旋状的黄瓜皮装饰，也可以只使用薄荷叶进行装饰，可以配搅拌棒或者吸管
周游世界（round the world）	3厘升香蕉利口酒 3厘升苏格兰威士忌 0.5厘升君度酒 0.5厘升浓缩橙汁 橙片	将香蕉利口酒和威士忌及大量的冰块一起倒入到调酒壶内，加入君度酒和没有稀释的橙汁，摇晃之后过滤到一个鸡尾酒杯内，用橙片装饰
雪利杯（sherry cup）	5厘升干雪利酒 9厘升苹果酒 现切的未除皮黄瓜片	要使用充分冰镇过的材料，将雪利酒倒入到高球杯或者沃辛顿杯内，上面倒上苹果酒，用现切的黄瓜片装饰
不含酒精类鸡尾酒	**原材料**	**制作方法**
水果杯（fruit cup）	3厘升橙汁 3厘升西柚汁 3厘升苹果汁 柠檬水/苏打水	将除了柠檬水/苏打水之外的所有的材料倒入到加有冰块的玻璃水壶内，搅拌均匀并使其冷却，加入切成片状的水果进行装饰，再加入柠檬水或者苏打水，充分冷却之后盛入到经过冷却的高球杯内或者沃辛顿杯内
普斯福特（猫步 pussyfoot）	2厘升橙汁 1厘升鲜柠檬汁 1厘升浓缩青柠汁 0.5厘升红石榴糖浆 1个蛋黄 苏打水	将除了苏打水之外的所有材料连同冰块一起倒入到一个调酒壶内，大力摇晃以充分混合好，过滤到盛放有碎冰的科林斯杯内，再倒入苏打水，配吸管
圣克莱门茨（saint clements）	4.5厘升橙汁 4.5厘升苦柠檬水	在沃辛顿杯内混合好橙汁和苦柠檬水及冰块，搅拌均匀，用一片橙片和柠檬装饰
秀兰·邓波（shirley temple）/罗伊罗杰斯（Roy Rogers）	9厘升姜汁汽水 0.5厘升红石榴糖浆	将冰块放入到一个高球杯内，加入红石榴糖浆，再倒入冰镇姜汁汽水，用水果进行装饰，配吸管。
	其他的各种变化包括：使用姜汁汽水和鲜榨青柠汁或者姜汁汽水和浓缩青柠汁	
果缤纷(tropicana)	4.5厘升菠萝汁 4.5厘升橙汁	将冰镇好的材料倒入到盛放着碎冰的吉姆杯内混合好，配吸管